KB152410

칸트전집

Immanuel Kant

Die Religion innerhalb der Grenzen der bloßen Vernunft

이성의 오롯한
한계 안의 종교

칸트전집 8

임마누엘 칸트

한국칸트학회 기획 | 김진 옮김

한길사

『칸트전집』을 발간하면서

칸트는 인류의 학문과 사상 발전에 지대한 영향을 미쳤으며, 지금
도 그 영향력이 큰 철학자다. 칸트철학은 여전히 전 세계적으로 가
장 많이 논의되며, 국내에서도 많은 학자가 전문적으로 연구하고 있
다. 이를 반영하듯 영미언어권에서는 1990년대부터 새롭게 칸트의
저서를 번역하기 시작하여 『케임브리지판 임마누엘 칸트전집』(*The
Cambridge Edition of the Works of Immanuel Kant*, 1992~2012) 15권을
완간했다. 일본 이와나미(岩波書店) 출판사에서도 현대 언어에 맞게
새롭게 번역한 『칸트전집』 22권을 출간했다. 국내에서는 칸트를 연
구한 지 이미 100년이 훨씬 넘었는데도 우리말로 번역된 칸트전집을
선보이지 못하고 있었다.

물론 국내에서도 칸트 생전에 출간된 주요 저작들은 몇몇을 제외
하고는 여러 연구자가 번역해서 출간했다. 특히 칸트의 주저 중 하나
인 『순수이성비판』은 번역서가 16종이나 나와 있다. 그럼에도 칸트
생전에 출간된 저작 중 '비판' 이전 시기의 대다수 저작이나, 칸트철
학을 이해하는 데 많은 도움을 줄 수 있는 서한집(Briefwechsel), 유작
(Opus postumum), 강의(Vorlesungen)는 아직 우리말로 번역되지 않았
다. 게다가 이미 출간된 번역서 중 상당수는 관련 분야에 대한 전문

성이 부족해 번역이 정확하지 못하거나 원문을 글자대로만 번역해 가독성이 낮아 독자들이 원문의 의미를 제대로 이해하기가 쉽지 않다. 번역자가 전문성을 갖추었다 해도 각기 다른 번역용어를 사용해 학문 내에서 원활하게 논의하고 소통하는 데 장애가 되고 있다. 이 때문에 칸트를 연구하는 학문 후속세대들은 많은 어려움에 빠져 혼란을 겪고 있다. 이런 상황에서 '한국칸트학회'는 학회에 소속된 학자들이 공동으로 작업해 온전한 우리말 칸트전집을 간행할 수 있기를 오랫동안 고대해왔으며, 마침내 그 일부분을 이루게 되었다.

『칸트전집』 번역 사업은 2013년 9월 한국연구재단의 토대연구 분야 총서학 지원 사업에 선정되어 '『칸트전집』 간행사업단'이 출범하면서 본격적으로 시작되었다. 이 사업은 영남대학교 '인문과학연구소' 주관으로 '한국칸트학회'에 소속된 전문 연구자 34명이 공동으로 참여해 2016년 8월 31일까지 진행되었으며, 수정과 보완작업을 거쳐 지금의 모습으로 결실을 맺게 되었다. 이 전집은 칸트 생전에 출간된 저작 중 『자연지리학』(Physische Geographie)을 비롯해 몇몇 서평(Rezension)이나 논문을 제외하고는 거의 모든 저작을 포함하며, 아직까지 국내에 번역되지 않은 서한집이나 윤리학 강의(Vorlesung über die Ethik)도 수록했다. 『칸트전집』이 명실상부한 전집이 되려면 유작, 강의, 단편집(Handschriftliche Nachlass) 등도 포함해야 하지만, 여러 제한적인 상황으로 지금의 모습으로 출간하게 되었다. 아쉽지만 지금의 전집에 실리지 못한 저작들을 포함한 완벽한 『칸트전집』이 후속 사업으로 머지않은 기간 내에 출간되길 기대한다.

『칸트전집』을 간행하면서 간행사업단이 세운 목표는 1) 기존의 축적된 연구를 토대로 전문성을 갖춰 정확히 번역할 것, 2) 가독성을 최대한 높일 것, 3) 번역용어를 통일할 것, 4) 전문적인 주석과 해제를 작성할 것이었다. 이를 위해 간행사업단은 먼저 용어통일 작업에 만전을 기하고자 '용어조정위원회'를 구성했다. 위원회는 오랜 조정 작업 끝에 칸트철학의 주요한 전문 학술용어를 통일된 우리말 용어로 번역하기 위해 「번역용어집」을 만들고 칸트의 주요 용어를 필수 용어와 제안 용어로 구분했다. 필수 용어는 번역자가 반드시 따라야 할 기본 용어다. 제안 용어는 번역자가 그대로 수용하거나 문맥에 따라 다른 용어를 사용할 수 있는 용어다. 다른 용어를 사용할 경우에는 번역자가 다른 용어를 사용한 이유를 옮긴이주에서 밝혀 독자의 이해를 돕도록 했다. 사업단이 작성한 「번역용어집」은 '한국칸트학회' 홈페이지에서 확인할 수 있다.

번역용어와 관련해서 그동안 칸트철학 연구자뿐 아니라 다른 분야 연구자와 학문 후속세대를 큰 혼란에 빠뜨렸던 용어가 바로 칸트철학의 기본 용어인 transzendental과 a priori였다. 번역자나 학자마다 transzendental을 '선험적', '초월적', '선험론적', '초월론적' 등으로, a priori를 '선천적', '선험적' 등으로 다양하게 번역해왔다. 이 때문에 일어나는 문제는 참으로 심각했다. 이를테면 칸트 관련 글에서 '선험적'이라는 용어가 나오면 독자는 이것이 transzendental의 번역어인지 a priori의 번역어인지 알 수 없어 큰 혼란을 겪을 수밖에 없었다. 이런 문제점을 해소하기 위해 간행사업단에서는 transzendental과 a priori의 번역용어를 어떻게 구분해야 하는지를 중요한 선결과제로 삼고, 두 차례 학술대회를 개최해 격렬하고도 심도 있는 논의를 진행했다. 하지만 a priori를 '선천적'으로, transzendental을 '선험적'으로 번역해야 한다는 쪽과 a priori를 '선험적'으로, transzendental을 '선험론적'으로 번역해야 한다는 쪽의 의견이 팽팽히 맞서면서 모든 연구자가 만족할 수 있는 통일된 번역용어를 확정하는 일은 거의 불가능한 것처럼 보였다. 이런 상황에서 '용어조정위원회'는 각 의견의 문제점에 대한 다양한 비판을 최대한 수용하는 방식으로 합의를 이끌어내기 위해 오랜 시간 조정 작업을 계속했다. 그 결과 a priori는 '아프리오리'로, transzendental은 '선험적'으로 번역하기로 결정했다. 물론 이 확정안에 모든 연구자가 선뜻 동의한 것은 아니었으며, '아프리오리'처럼 원어를 음역하는 방식이 과연 좋은 번역 방법인지 등은 여전히 숙제로 남아 있다. 그럼에도 이 안을 확정할 수 있도록 번역에 참가한 연구자들이 기꺼이 자기 의견을 양보해주었음을 밝혀둔다. 앞으로 이 용어가 사용되기 시작하면 이와 관련한 논의가 많아지겠지만, 어떤 경우든 번역용어를 통일해서 사용하는 방향으로 진행되길 기대한다.

간행사업단은 전문적인 주석과 해제작업을 위해 '해제와 역주위원회'를 구성하여 전집 전반에 걸쳐 균일한 수준의 해제와 전문적인 주석 작업을 할 수 있도록 '해제와 역주 작성 원칙'을 마련했다. 이 원칙의 구체적인 내용도 '한국칸트학회' 홈페이지에서 확인할 수 있다. 번역자들은 원문의 오역을 가능한 한 줄이면서도 학술저서를 번역할 때 허용하는 범위 내에서 가독성을 높일 수 있도록 번역하려고 많은 노력을 경주했다. 이를 위해 번역자들이 번역 원고를 수차례 상호 검토하는 작업을 거쳤다. 물론 '번역은 반역'이라는 말이 있듯이 완벽한 번역이란 실제로 불가능하며, 개별 번역자의 견해와 신념에 따라 번역 방식도 차이가 날 수밖에 없다. 따라서 번역의 완성도에 대해서는 전적으로 독자의 판단에 맡기겠다. 독자들의 비판을 거치면서 좀더 나은 번역으로 거듭날 수 있는 기회가 있기를 바랄 뿐이다.

『칸트전집』 간행사업단은 앞에서 밝힌 목적을 달성하려고 오랜 기간 공동 작업을 해왔으며 이제 그 결실을 눈앞에 두고 있다. 수많은 전문 학자가 참여하여 5년 이상 공동 작업을 수행한다는 것은 우리 학계에서 그동안 경험해보지 못한 전대미문의 도전이었다. 이런 이유로 간행사업단은 여러 가지 시행착오와 문제점에 봉착했으며, 그것을 해결하는 일은 결코 쉽지 않았다. 그럼에도 이견을 조정하고 문제점을 해결해나가면서 길고 긴 공동 작업을 무사히 완수할 수 있었던 것은 『칸트전집』 간행을 성공적으로 마무리하여 학문 후속세대에게 좀더 정확한 번역본을 제공하고, 우리 학계의 학문연구 수준을 한 단계 끌어올려야겠다는 '한국칸트학회' 회원들의 단결된 의지 덕분이었다. 이번에 출간하는 『칸트전집』이 설정한 목표를 완수했다면, 부정확한 번역에서 비롯되는 칸트 원전에 대한 오해를 개선하고, 기존의 번역서 사이에서 발생하는 용어 혼란을 시정하며, 나아가 기존의 칸트 원전 번역이 안고 있는 비전문성을 극복하여 독자가 좀더 정확하게 칸트의 작품을 이해하게 될 것이다. 물론 『칸트전집』이 이러한 목표를 달성했는지는 독자의 판단에 달려 있으며, 이제 간행사업단과 '한국칸트학회'는 독자의 준엄한 평가와 비판에 겸허히 귀를 기울일 것이다.

끝으로 『칸트전집』을 성공적으로 간행하기 위해 노력과 시간을 아끼지 않고 참여해주신 번역자 선생님 모두에게 진심으로 감사하는 마음을 드린다. 간행사업단의 다양한 요구와 재촉을 견뎌야 했음에도 선생님들은 이 모든 과정을 이해해주었으며, 각자 소임을 다했다. 『칸트전집』은 실로 번역에 참여한 선생님들의 땀과 노력의 결실이라 할 수 있다. 또 한국연구재단의 지원 아래 『칸트전집』 간행사업을 진행할 수 있도록 큰 도움을 주신 '한국칸트학회' 고문 강영안, 이엽, 최인숙, 문성학, 김진 선생님께도 감사의 말씀을 전한다. 『칸트전집』 간행 사업을 원활하게 진행할 수 있었던 것은 무엇보다도 공동연구원 아홉 분이 활약한 덕분이다. 김석수, 김수배, 김정주, 김종국, 김화성, 이엽, 이충진, 윤삼석, 정성관 선생님은 번역 이외에도 용어 조정 작업, 해제와 역주 원칙 작성 작업, 번역 검토 기준 마련 등 과중한 업무를 효율적이고도 성실하게 수행해주었다. 특히 처음부터 끝까지 번역작업의 모든 과정을 꼼꼼히 관리하고 조정해주신 김화성 선생님께는 진정한 감사와 동지애를 전한다. 사업을 진행하기 위해 여러 업무와 많은 허드렛일을 처리하며 군말 없이 자리를 지켜준 김세욱, 정제기 간사에게는 그저 고마울 따름이다. 그뿐만 아니라 열악한 출판계 현실에도 학문 발전을 위한 소명 의식으로 기꺼이 『칸트전집』 출판을 맡아주신 한길사 김언호 사장님과 꼼꼼하게 편집해주신 한길사 편집부에도 심심한 감사의 말씀을 드린다.

2018년 4월
『칸트전집』 간행사업단 책임연구자
최소인

『칸트전집』 일러두기

1. 기본적으로 칸트의 원전 판본을 사용하고 학술원판(Akademie-Ausgabe)과 바이세 델판(Weischedel-Ausgabe)을 참조했다.

2. 각주에서 칸트 자신이 단 주석은 *로 표시했고, 재판이나 삼판 등에서 칸트가 직 접 수정한 부분 중 원문의 의미 전달과 상당한 관련이 있는 내용은 알파벳으로 표 시했다. 옮긴이주는 미주로 넣었다.

3. 본문에서 [ ] 속의 내용은 독자의 이해를 돕기 위해 옮긴이가 넣었다.

4. 본문에 표기된 'A 100'은 원전의 초판 쪽수, 'B 100'은 재판 쪽수다. 'Ⅲ 100'는 학 술원판의 권수와 쪽수다.

5. 원문에서 칸트가 이탤릭체나 자간 늘리기로 강조 표시한 부분은 본문에서 고딕체 로 표시했다.

6. 원문에서 독일어와 같이 쓴 괄호 속 외래어(주로 라틴어)는 그 의미가 독일어와 다 르거나 칸트의 의도를 파악하는 데 도움이 될 경우에만 우리말로 옮겼다.

7. 칸트철학의 주요 용어에 대한 우리말 번역어는 「번역용어집」(한국칸트학회 홈페 이지 kantgesellschaft.co.kr 참조할 것)을 기준으로 삼았지만 문맥을 고려해 다른 용 어를 택한 경우에는 이를 옮긴이주에서 밝혔다.

차례

이성의 오롯한 한계 안의 종교

이성의 오롯한 한계 안의 종교

김진 옮김

차례

이성의   VI 1
오롯한 한계 안의
종교

일러두기

『이성의 오롯한 한계 안의 종교』(*Die Religion innerhalb der Grenzen der bloßen Vernunft*)는 초판(Königsberg, Friedrich Nicolovius. 1793[A])과 재판(Zweyte vermehrte Auflage. Königsberg, Friedrich Nicolovius, 1794[B])을 대본으로 사용했고, 학술원판(Kants gesammelte Schriften, hrsg. von der Königlich Preußischen Akademie der Wissenschaften, Bd. Ⅵ, Berlin, 1907, pp.1-202), 바이셰델판(*Schriften zur Ethik und Religionsphilosophie*, in Immanuel Kant Werke in zehn Bänden, Bd. Ⅶ, hrsg. von Wilhelm Weischedel, Darmstadt, 1983; 8., unveränderte Auflage 2016, in fünf Bänden, Bd. Ⅳ, pp.645-879), 그리고 포어랜더판(Immanuel Kant, *Die Religion innerhalb der Grenzen der blossen Vernunft*. Hrsg. von Karl Vorländer. 9. Aufl. Hamburg, Meiner, 1990) 을 참조했다.

칸트의 각주는 그의 방식에 따라서 초판은 *로, 재판은 †로 표기했다.

초판의[1] 머리말

AB Ⅲ; Ⅵ 3

도덕은 인간, 즉 그 자신의 이성으로 스스로를 무조건적인 법칙에 매이게 하는 그런 자유로운 존재자의 개념에 기초하고 있다. 그러므로 도덕은 인간의 의무를 인식하기 위하여 그보다 높은 다른 어떤 존재의 이념이 필요하지 않으며, 자신의 의무를 준수하기 위해 법칙 자체를 제외한 다른 어떤 동기도 필요하지 않다. 만일 인간이 그런 동기들을 필요하다고 여긴다면, 그것은 적어도 그 자신에게 책임이 있다. 또한 그 자신이나 그의 자유에서 나온 것이 아닌 다른 어떤 것으로도 그의 도덕성의 결핍이 채워질 수는 없으므로, 역시 다른 어떤 것으로도 그러한 요구를 제거할 수는 없다. ── 그러므로 도덕은 그 스스로를 위해서 (객관적으로 하고 싶음이나 주관적으로 할 수 있음과 관련하여[2]) 결코 종교가 필요하지 않고, 오히려 순수한 실천이성에 AB Ⅳ 힘입어서 그 자체만으로 충분하다. ── 왜냐하면 도덕법칙들은 그것에 따라서 취할 수 있는 준칙[3]의 보편적 합법칙성이라는 단순한 형식에 따라 모든 목적의 최상의 (그 자체 무조건적인) 조건으로서 구속력을 가지기 때문이다. 따라서 도덕에는 일반적으로 자유로운 자의[4]를 위한 어떤 실질적 규정근거도 전혀 필요하지 않다.* 다시 말하 AB Ⅴ 면, 도덕에는 무엇이 의무인지를 인식하거나 의무의 이행을 촉구하 Ⅵ 4

기 위해서 그 어떤 목적도 필요하지 않다. 오히려 도덕은 의무를 문제 삼게 될 경우에는 모든 목적을 배제할 수 있고, 또한 그렇게 해야만 하는 것이다. 그리하여 가령 내가 법정에서 증언할 때 진실해야 하는지, 또는 나에게 맡긴 타인의 재산에 대한 반환 청구에 대하여 신용을 지켜야만 하는지 (또는 할 수 있는지) 그렇지 않은지를 알기 위해서, 내가 그 진술로써 성취하고자 하는 목적에 대하여 물을 필요가 전혀 없다. 왜냐하면 그 목적이 어떤 것이든지 간에 전혀 상관이 없기 때문이다. 오히려 그가 법적으로 자백을 요구받았을 때, 여전히 그가 어떤 목적을 고려할 필요를 느낀다면, 그 점에서 이미 자격을 잃게 되는 것이다.

AB VI 그러나 물론 도덕은 그 자체를 위해서는 의지규정에 선행해야만 하는 목적의 표상이 전혀 필요하지 않지만 도덕이 그러한 목적, 다시

---

* 전적으로 형식적인[5] (법칙성의) 규정근거 자체가 의무 개념을 위한 규정근거로 충분하지 않다고 보는 사람들조차도, 자신의 안락[6]을 지향하는 자기애[7] 안에서는 이러한 규정근거를 발견할 수 없다고 시인할 것이다. 그렇다면 이제 오직 두 가지 규정근거만이 남게 되는데, 그 하나는 합리적인 것으로서 자기 자신의 완전성이고, 다른 하나는 경험적인 것으로서 타인의 행복[8]이다. — 그런데 만약 그들이 전자를 유일한 완전성인 도덕적 완전성(즉 법칙에 무조건적으로 복종하는 의지)으로 이미 이해하지 않는다

VI 4 면, — 그들은 그 경우 순환논법으로 설명하는 것이어서 결국에는 인간의 자연 완전성을 뜻할 수밖에 없게 된다. 그런데 이 자연 완전성은 스스로를 드높일 수 있고, (예술과 학문에서 숙련성, 취미, 신체의 민첩성 등과 같이) 다양한 방식으로 존재할 수 있다. 그러나 이런 것들은 언제나 조건적인 방식에서만 선하다. 즉 이것들은 (단지 무조건적으로 명령하는) 도덕법칙과 상충하지 않도록 사용한다는 조건 아래에서만 선한 것이다. 그러므로 목적으로 설정한 자연 완전성은 의무 개념의 원리가 될 수 없으며, 바로 이 사

AB V 실은 다른 사람들의 행복을 지향하는 목적에 대해서도 마찬가지일 것이다. 왜냐하면 어떤 하나의 행위는 그것이 타인의 행복을 지향하기 전에, 그 자체로서 먼저 도덕법칙에 따른다는 사실을 고려해야 하기 때문이다. 그러므로 이처럼 타인의 행복을 촉진하는 것은 조건적인 방식에서만 의무이고, 도덕적 준칙의 최상의 원리로 기여할 수는 없다.

말하면 그것들[9])에 따라 취해진 준칙들의 근거로서가 아니라 그 필연적인 결과들로서 목적에 대해서는 어떤 필연적 관계를 갖는다[10]고 생각할 수 있을 것이다. 왜냐하면 목적관계가 일절 없다면 인간에게는 어떤 의지규정도 생겨날 수 없기 때문이다. 의지규정은 어떤 작용결과 없이는 있을 수 없고, 그러한 작용결과의 표상은 비록 자의의 규정근거나 의도에 선행하는 목적으로서가 아니라, 법칙을 통한 자의에 따른 규정의 결과로 주어지는 하나의 목적(결과로서 일어나는 목적[11])으로 받아들여질 수 있어야 한다. 그와 같은 목적이 없다면 자의는 계획한 행위에 대하여 객관적으로나 주관적으로 규정한 어떤 대상도 생각하지 못하고 — 자의는 이런 대상을 가지고 있거나 가지고 있어야 하지만, — 어떻게 작용해야 하는지는 지시하나, 무엇을 위해 작용해야 하는지는 지시하지 않음으로써 그 스스로 만족할 수 없다. 그리하여 도덕은 올바른 행동을 하기 위하여 어떤 목적도 필요하지 않으며, 자유 사용의 형식적 조건 일반을 포함하는 법칙으로 충분   VI 5
하다. 그러나 도덕에서 하나의 목적이 생겨난다. 왜냐하면 이런 우리   AB VII
의 올바른 행위에서 도대체 무엇이 생겨나는가, 또한 이것을 우리의 힘 안에서 전적으로 가지지 않았다고 하더라도, 우리의 행위와 방관이 최소한 하나의 목적과 일치할 수 있으려면 무엇을 지향해야 하는가 하는 물음에 어떻게 대답할 수 있는지에 대해 이성은 절대로 무관심할 수 없기 때문이다. 그러므로 그것은 물론 단지 하나의 객관의 이념, 즉 우리가 가지고 있어야만 하는 모든 목적의 형식적 조건(의무)과 또한 그것과 일치하며 우리가 가지고 있는 목적들의 모든 조건(의무의 이행에 적합한 행복)을 함께 통일하여 자기 안에 포함하는 객관의 이념, 곧 이 세계에서 최고선의 이념[12]이다. 또한 이 최고선의 가능성을 위하여 우리는 이 두 요소를 통합할 수 있는 하나의 유일한 존재, 즉 더 높고 도덕적이며, 가장 거룩하고 전능한 존재를 상정하지 않을 수 없다.[13] 그러나 이 이념은 (실천적인 관점에서 볼 때) 우리의 모든 행위와 방관 전반에 대하여 이성이 정당화할 수 있는 어떤 하나의 궁극목적을 생각하려는 자연적 욕구를 충족해주지만, 그렇지 못할 경우에 이 욕구는 도덕적 결단의 장애가 되기 때문에 전적으로 공허한 것은 아니다. 그러나 여기에서 가장 중요한 것은 이 이념이 도덕에서 생겨나는 것이고 도덕의 토대는 아니라는 사실이다. 그것은 목적이 되기 위해서 이미 윤리적 원칙들을 전제하고 있다. 그러므로 도덕은 만물의 궁극목적이라는 개념을 형성할 수 있는가 그렇지 않은가에 무관심할 수가 없다. 물론 궁극목적에 부합하기 위하여 도덕적 의무들의 수를 늘리는 것은 아니지만, 그것들에 모든 목적을 통일하는 하나의 특수한 계기점을 마련해야 한다. 왜냐하면 이를 통해서만 우리에게 반드시 필요한 자유에서 합목적성과 자연 합목적성의 결합이 객관적으로 실천적인 실재성을 얻을 수 있기 때문이다. 도덕법칙을 존경하면서 (그가 회피하기 어려운) 다음과 같은 생각, 즉 만약 그가 그러한 능력이 있고, 또한 그 자신이 그 세계의 일원이라고 할 경우에, 그가 실천이성의 지도를 받아서 어떤 세계를 창조할 것인가 하는 생각을 떠올리는 사람이 있다고 가정해본다면, 그때 만일 그가 단적으로 선택권을 가지고 있다면, 그는 최고선이라는 그 도덕적 이념을 함께 가지고 있는 바로 그런 세계를 선택할 뿐만 아니라, 또한 그런 세계가 실제로 존재하기를 바랄 것이다. 왜냐하면 도덕법칙은 우리를 통하여 가능한 한 최고선이 작동하기를 바라기 때문이다. 이 이념 자체에서 볼 때 그는 비록 그 자신의 개인적 행복이 아주 많이 손상될 위험이 있음을 알면서도 그렇게 되기를 바랄 것이다. 그의 행복이 손상될 위험이 있다는 것은 이성이 조건으로 제시하는 행복의 요구에 어쩌면 그 자신이 부합하지 못할 수도 있기 때문이다. 그러므로 그는 이러한 판단을 마치 타인이 내린 것처럼 아무런

AB Ⅷ

AB Ⅸ

Ⅵ 6

26

당파성도 없이 느끼는 동시에, 또한 자기 자신의 것으로 인정하도록 이성이 강제하는 것처럼 느낄 것이다. 이로써 인간은 그 자신 안에서 도덕적으로 작용하는 욕구, 즉 자신의 의무 이외에 그 결과로 하나의 궁극목적을 생각하려는 욕구를 증명하는 것이다.

그러므로 도덕은 불가피하게 종교에 도달하게 되며, 그로써 도덕은 인간의 밖에 있는 막강한 도덕적 입법자라는 이념을 향해 확장해 나간다.* 이 입법자의 의지 속에 있는 (세계창조의) 궁극목적은 동시   AB X

---

* "신이 있다. 그와 함께 이 세계에는 최고선이 있다"라는 명제는 그것이 만일 (신앙명제로서) 단순히 도덕에서 나온 것이라면, 하나의 아프리오리한 종합명제다. 이 아프리오리한 종합명제는 비록 그것이 실천적인 관계에서만 상정되더라도, (도덕이 담고 있는 자의의 질료가 아니라 자의의 오롯한 형   AB X 식적 법칙들을 전제하는) 의무의 개념을 넘어서는 것이어서, 이 의무에서 분석적으로 전개될 수 있는 것이 아니다. 그러나 어떻게 그와 같은 아프리오리한 명제가 가능한가? 도덕적 입법자의 오롯한 이념과 모든 인간의 일치는 물론 의무 일반과 도덕적 개념의 일치와 동일한 것이고, 그런 한에서 이 일치를 명령하는 명제는 분석적이다. 그러나 그 도덕적 입법자의 현존을 상정하는 것은 그러한 대상의 오롯한 가능성 이상을 말한다. 여기에서 나는 이 과제를 해결하기 위한 열쇠를 상세하게 기술할 수는 없으나, 알 수 있다고 믿는 정도에서만 제시할 수 있을 뿐이다.

목적은 언제나 애착[14]의 대상, 즉 그[욕구하는 자]의 행위로 물건을 점유하고자 하는 직접적인 욕구의 대상이다. 그것은 마치 (실천적으로 명령하는) 법칙이 존경의 대상인 것과도 같다. 객관적인 목적(즉, 우리가 마땅히 가져야만 하는 것)이란 오롯한 이성이 우리에게 목적으로 부과한 것이다. 다른 모든 목적의 불가피한, 그리고 동시에 충분한 조건을 내포하는 목적은 궁극목적이다. 각자의 행복은 이성적 세계존재의 주관적인 궁극목적이다(모든   AB XI 이성적 세계존재는 감성적 대상들에 의존하는 그의 자연적 본성 때문에 이러한 궁극목적을 갖고 있는데, 이에 대하여 "사람들이 이러한 궁극목적을 마땅히   VI 7 가져야 한다"라고 말하는 것은 불합리하다). 그리고 이 궁극목적을 기반으로 하는 모든 실천 명제는 종합적인 동시에 경험적이다. 그러나 '모든 사람이 이 세계에서 가능한 최고의 선을 궁극목적으로 삼아야 한다'는 것은 아프리오리한 종합적 실천 명제이고, 그것도 순수 이성이 부과한 객관적인 실천 명제다. 왜냐하면 그것은 세상의 의무 개념을 넘어서서 도덕법칙들에 들어 있지 않은, 따라서 도덕법칙들에서 분석적으로 전개할 수 없는 의무의 결과를 덧붙이는 명제이기 때문이다. 다시 말하면 도덕법칙들은 그 성과가 무엇이 되든지 간에 단적으로 명령하고, 심지어는 어떤 하나의 특정한 행위와 관련하여 그 성과는 전적으로 무시할 것을 강요하며, 그렇게 함으로써 우리에게 의무를 추천할 뿐이고, 그 의무를 이행하게 하는 동기가 될 만한 어떤 목적(그리고 궁극목적)을 부과하거나 제시하지 않으면서 의무를 위대한 존경의 대상으로 만든다. 모든 인간은 (마땅히 그래야 하는 것처럼) 단적으로 법칙 안에 있는 순수 이성의 명령만을 지키려는 것으로도 충분하다. 세계 과정이 초래하게 될 그들의 도덕적 행위와 방임의 결과를 알 필요가 어디에 있겠는가? 그들에게는 자신의 의무를 행하는 것으로 충분하다. 아마도 현세의 생활로 모든 것이 끝나버리고, 또한 현생에서 주어지는 행복과 그 행복을 누릴 품격[15]은 결코 일치하지 않을지도 모른다. 그러나 모든 행위에서 그 결과를 고려하는 것은 인간과 그의(또한 역시 다른 모든 세계존재의) 실천적 이성능력의 불가피한 한계 중 하나다. 인간이 그 모든 행위에서 그 결과를 고려하는 것은 그 가운데서 그에게 목적이 될 만하고 또한 그 의도의 순수성을 증명할 수 있는 무엇인가를 발견하기 위한 것이다. 목적은 실행[16]에서는 최종의 것이지만 표상과 의도[17]에서는 최초의 것이다. 비록 그것이 오롯한 이성에 의해 드러난다 하더라도 인간은 이 목적에서 그가 *사랑*할 수 있는 무엇인가를 추구한다. 그러므로 인간에게 오롯한 경외심을 불러오는 법칙은 욕구로서 저것을[18] 인정하지는 않더라도, 그것을 위하여 이성의 도덕적 궁극목적을 자신의 규정근거들 속에 받아들이는 데까지 나아간다. 다시 말하면, "세상에서 가능한 최고선을 네 궁극목적으로 삼아라"라는 명제는 **아프리오리한** 종합명제로서 도덕법칙 자체에 따라 성립한 것이다. 이로써 실천이성은 도덕법칙을 넘어서 자기 자신을 확장한다. 그런데 이러한 실천이성의 확장은 도덕법칙이 모든 행위에 대하여 법칙 이외에 또 하나의 목적을 생각하지 않을 수 없는 인간의 자연적 속성(이 자연적 속성은 인간을 경험의 대상으로 만든다)과 관련됨으로써 가능하게 된다. 그리고 이러한 확장은 (이론적이면서 또한 아프리오리한 종합명제들과 동일하게) 다만 이 명제가 경험 일반에서 자유로운 자의의 규정근거들을 인식하는 아프리오리한 원리를 갖게 됨으로써만 가능하게 된다. 그런데 이것은 목적들에서만 도덕의 작용들을 제시하는 이 경험이, 세계 안에서 원인으로서 윤리 개념에다 실천적이지만 객관적 실재성을 부여하는 한에서만 가능하다. — 그러나 도덕법칙들을 가장 엄격하게 이행하는 것을 (목적으로서) 최고선을 초래하는 원인으로 생각해야 한다고 하더라도 인간의 능력은 이 세계에서 행복과 그것을 누릴 품격이 일치하게 하는 데 충분하지 않으므로 하나의 전능한 도덕적 존재를 세계지배자로 상정하지 않을 수 없으며, 이 존재자의 배려 아래 도덕은 불가피하게 종교에 이른다는 이런 일이 일어나는 것이다.

28

에 인간의 궁극목적이 될 수 있고 또한 그렇게 되어야 하는 것이다.

*   *   *

도덕이 가장 위대한 존경의 대상을 자기 법칙의 신성성에서 인식할 때, 도덕은 종교의 단계에서 저 법칙들을 수행하는 최고의 원인에 AB XI; VI 7 서 경배 대상을 표상하고 위엄 있게 나타난다. 그러나 모든 것은 제 아무리 숭고한 것일지라도, 인간들이 그 이념을 자기 소용대로 쓸 때 AB XII; VI 8 에는 그들의 수중에서 작아지게 된다. 그때에는 그에 대한 존경이 자 유로운 한에서만 진정으로 존경받을 수 있는 것이 오직 강제법칙들 AB XIII 에 의해서만 권위를 마련해줄 수 있는 그러한 형식들을 마지못해 따 르도록 강요한다. 그리고 모든 사람 각자의 공적인 비판에 저절로 내 맡겨질 것은 강제력을 갖춘 비판, 다시 말해 검열을 받지 않으면 안 된다.

그러나 '당국에 순종하라!'는 지시도 도덕적인 것이고, 그런 지시 의 이행은 모든 의무의 준수와 마찬가지로 종교에까지 적용할 수 있 으므로, 종교의 특정 개념을 다루는 논문이 이러한 복종의 실례를 스 스로 보여주는 것은 당연한 일이다. 그러나 이러한 복종은 국가의 어 AB XIV 떤 단일한 질서유지의 법률에 대한 단순한 주의나 다른 모든 질서규 정에 대한 맹목적 주의를 통해서가 아니라, 모든 질서유지에 대한 일 관된 존경을 매개로 통일적으로 입증할 수 있다. 무릇 저술을 심사하 는 신학자는 순수하게 영혼의 성화[19]를 고려하는 인사를 임명해야 하고, 또한 동시에 학문의 성화까지도 살펴보아야 하는 인사를 임명 해야 한다. 전자의 재판관은 순수하게 성직자를 임용할 수 있어야 하 고, 후자의 재판관은 동시에 학자를 임용할 수 있어야 한다. 모든 학 문의 개발이나 학문에 대한 침해를 보호할 업무를 맡고 있는 (대학이라는 이름의) 공공기구의 구성원인 후자에게는 전자의 검열이 학문의 영역에서 어떤 파괴도 일으키지 못하도록 조건을 정함으로써 전자의 월권을 규제할 막중한 임무가 있다. 그리고 두 재판관이 성서신학자일 경우에는, 성서신학을 다루도록 위임받은 학부의 대학 구성원인 후자에게 좀더 높은 검열권이 주어지는 것이 마땅할 것이다. 왜냐하면 첫째 관심사(영혼의 성화)에 대해서는 두 재판관 모두가 동AB XV 일한 하나의 과업을 가지지만, 둘째 관심사(학문의 성화)에 대해서는 대학의 학자인 신학자가 또 하나의 특별한 기능을 관장하지 않으면 안 되기 때문이다. 이와 같은 규칙을 벗어나게 되면, 결국 일찍이(예를 들어 갈릴레오 시대에) 있었던 것과 같은 일에 봉착하고 말 것이다. 즉, 성서신학자는 학문의 자긍심을 손상하게 하고, 또한 그 스스로VI 9 학문들과 논쟁하는 수고를 덜기 위하여, 천문학 또는 예컨대 고대지질학과 같은 다른 학문들에 개입하려 할 테고, 걱정스러운 공격에 대하여 방어할 능력이나 진지함을 충분하게 갖추지 못한 민족들이 그들 주위에 있는 모든 것을 초토화하는 것처럼, 인간 지성의 모든 시도를 괴멸하고자 할 것이다.

그러나 학문 영역에서는 성서신학과 철학적 신학이 맞서 대립하는데, 후자는 다른 학부에서 주관한다. 이 학문은 오직 이성의 오롯AB XVI 한 한계 안에 머물러 있으며, 그 명제들을 확증하고 해명하기 위하여 모든 민족의 역사와 언어, 문헌들, 그리고 심지어는 성경까지도 활용한다. 그러나 이 학문은 그 명제들을 성서신학에 끌어들여서 성직자가 우선적 권한을 가지고 있는 공적 교리들을 자신의 원리대로 변경하고자 하는 것은 아니므로, 그것이 미치는 범위 안에서 그 자체를 발전시킬 수 있는 전적인 자유를 가져야 한다. 물론 전자가 만일 실제로 자신의 한계를 넘어서서 성서신학에 개입한 사실을 확인했을 경우에는 (순수하게 성직자로 여겨지는) 신학자에게 검열권이 있다는 데에 논란의 여지가 없다. 그러나 이런 영역 침해 사태가 아직 의문의 여지가 있고, 또한 그런 일이 철학자의 저술이나 다른 어떤 공개 강연에서 과연 일어났는가 하는 물음이 있을 때는 즉시 그 학부의 구성원인 성서신학자에게만 상급검열권이 주어져야 한다. 왜냐하면 이 재판관은 공동체의 둘째 관심사, 즉 학문의 번영도 배려할 것을 위임받았으며, 그것도 역시 첫째의 재판관과 똑같이 적법하게 임명받은 것이기 때문이다.

더욱이 그 경우에 첫째 검열권은 이 학부[신학부]에 속하지 철학   AB XVII
부에 속하지 않는다. 왜냐하면 신학부만이 일정한 교리들에 대해서 우선적 권한을 갖고, 철학부가 그 교리들을 공개적으로 자유롭게 다루고자 하는 경우에만 오로지 신학부는 철학부가 그들의 독점적 권리들을 침해한다고 불평할 수 있기 때문이다. 그러나 이러한 침해에 대한 의문은 양편의 학설이 서로 근접해 있고, 철학적 신학 쪽에서 한계들을 넘어설 우려가 있다고 하더라도, 이러한 불법이 철학자가 성서신학에서 무엇인가를 가져와서 그 자체의 의도를 위해 사용하려는 데서 일어나지 않았다는 사실을 알게 된다면 쉽게 떨쳐버릴 수 있다. (왜냐하면 성서신학 자체도 역시 순수한 이성의 학설들에 공통적인 것을 많이 가지고 있으며, 거기에다가 또한 역사학이나 언어학에 속함으로써 그들의 검열에 따라야 할 다수의 것을 함유하고 있다는 사실을 부인할 수 없기 때문이다.) 철학자가 신학에서 차용한 것을 순수한 이   VI 10
성에는 알맞지만, 신학에는 맞지 않는 의미로 사용하더라도 불법이라고 할 수 없다. 오직 철학자가 성서신학에다가 무엇인가를 집어넣음으로써 그것을 신학 체제가 허용하는 것 이외의 다른 목적으로 돌   AB XVIII
리고자 할 때에만 불법이 일어난다. 그러므로 예컨대 자연법의 교사가 자기의 철학적 법론을 위해서 로마의 법전에서 많은 고전적 표현이나 정식들을 빌려 쓰고 또한 그것들을 제아무리 자주 로마법전의 해석가들이 취하는 것과 정확하게 일치하지 않은 의미로 사용하더라도, 그가 그것들을 실제의 법률가나 법정이 그와 같이 사용하기를 원하지 않는다면, 그가 로마의 법을 침해한다고는 말할 수 없을 것이다. 만약 그에게 이런 권한이 없다면, 성서신학자들과 규약을 준수하는[20] 법학자들은 그 반대로 철학의 영역을 무수히 침해해왔다고 비난받을 수 있을 것이다. 이 양자[신학과 법학]는 이성, 즉 학문과 관련해서는 철학이 필요하고, 오로지 쌍방을 위한 것이지만, 매우 자주 철학에서 차용하지 않으면 안 되기 때문이다. 그러나 만약 전자[성서신학자]가 가능한 한 종교적인 일에서 이성과 전혀 관계하지 않기

AB XIX 로 작정한다면, 어느 편에 손실이 날지는 쉽게 알 수 있다. 왜냐하면 이성에 대해 주저하지 않고 선전포고하는 종교는 지속적으로 이성에 대항하여 견디어내지 못할 것이기 때문이다. ― 나는 감히 다음과 같은 제안을 하고 싶다. 즉 성서신학의 전문교과를 수료한 졸업 지원자가 갖추어야 할 필수적인 준비사항으로, 항상 이 책과 같은 것(또는 이와 같은 종류들 가운데서 더 좋은 것이 있으면 다른 책도 좋다)을 입문서로 해서 (모든 것을, 성경까지도 이용하는) 순수한 철학적 종교론에 관한 특별강좌를 하나 더 추가하는 것이 좋지 않을까 하는 것이다. ― 왜냐하면 학문들은 제각기 우선 독자적으로 하나의 전체를 구성한 연후에만 비로소 그것들을 통합하여 고찰하는 시도를 할 수 있으므로, 학문은 오직 개별화에 따라서만 얻어지기 때문이다. 그러므로 성서신학자는 다만 그가 철학자에게 귀를 기울일 때에만, 철학자와 일치하거나 철학자를 반박할 수밖에 없다고 생각할 수 있을 것이다. 이렇게 해서만 성서신학자는 철학자가 그에게 제기하는 모든 난제에 대항하여 미리 그 자신을 무장할 수 있게 되기 때문이다. 그러

AB XX 나 이러한 난제들을 은폐하거나, 심지어는 그것들이 신에게 불경스러운 일이라고 비방하는 것은 설득력이 없는 궁색한 미봉책이다. 그

러나 이 둘[성서신학과 철학]을 뒤섞어 성서신학자의 편에서 가끔 지나가는 시선을 그것[철학]에 돌리는 것도 철저하지 못한 태도다. 이런 경우에는 결국 어느 누구도 성서신학자가 종교론 전반에 관해 서 어떤 견해를 가지고 있는지 올바로 알 수 없다. Ⅵ 11

나는 이 책에 수록된 논문 네 편에서 한편으로는 선한 소질을 가 지고 있으며, 다른 한편으로는 악한 소질을 가지고 있는 인간의 본 성과 종교의 관계를 밝히기 위하여 선한 원리와 악한 원리의 관계, 즉 각각 그 자체로서 독립적으로 인간에게 작용하는 두 원인의 관계 를 제시하고자 한다. 이들 중에서 첫째 논문은 이미 『월간베를린』[21] 1792년 4월호에 발표했지만, 그것은 지금 여기에 추가한 세 논문의 소재들과 엄밀한 연관성이 있으므로 여기서 뺄 수가 없었다. ── *[22]

---

* "첫째 장이 나의 정서법과 다른 점에 대해서는, 원고 작업을 여러 사람이 한데다가 내가 교정 볼 수 있는 시간이 짧았던 탓에 생긴 일이므로 독자의 양해를 구하고자 한다."

재판의 머리말[1]

재판에서는 잘못 인쇄된 부분과 몇 가지 표현을 조금 수정한 것 외에는 달라진 것이 없다. 새로 덧붙인 추기(推記)에는 본문 아래에 십자가(†)로 표시해두었다.

이 책의 제목에 대하여 (그 속에 숨겨진 의도가 있을 것이라는 의심이 제기된 바 있으므로) 나는 계시란 그 안에 적어도 순수한 이성종교를 포괄할 수 있지만, 그 반대로 후자가 전자의 역사적 측면을 포괄할 수 없으므로, 전자는 더 좁은 영역인 후자를 그 안에 포섭하는 신앙의 더 넓은 영역으로(서로 떨어져 있는 두 원으로서가 아니라 동심원으로서) 볼 수 있다는 점을 밝힌다. 철학자는 (아프리오리한 오롯한 원리에 근거를 둔) 순수한 이성의 교사로서 후자 안에 자신을 한정해야 한다는 사실에서 모든 경험을 배제하지 않으면 안 된다. 이러한 견지에서 나는 이제 역시 둘째의 시도, 즉 어떤 하나의 것에 대하여 언급하는 계시에서 출발하여, 그리고 또한 (그것이 스스로 존립하는 체계를 이루는 한에서) 나는 순수한 이성종교를 배제하면서 역사적 체계로서 계시를 도덕적 개념들에 단지 단편적으로만 연관시키면서, 이 체계가 그와 동일한 종교의 순수한 이성 체계로 환원되는지 검토해보고자 한다. 종교의 순수한 이성 체계는 이론적 의도에서는(이에 대해서는 기술론[2]으로서 교육방법의 기술적·실천적 관점도 고려해야 한다) 그렇지 않지만, 도덕적·실천적 의도에서는 자주적이고, 고유한 종교에 대해서는 단지 그러한 관계 속에서만 발생할 수 있는 (일체의 경험적인 것을 배제한 후에 남는) 아프리오리한 이성 개념[3]으로도 충분 B XXIII 할 것이다. 만일 이러한 시도가 적중한다면 이성과 성경 사이에 원만 VI 13 한 관계뿐만 아니라 일치가 이루어질 것이다. 그리하여 (도덕적 개념들의 인도 아래서) 이성을 따르는 사람은 역시 성경을 따르는 데도 어려움이 없을 것이라고 말할 수 있다. 만일 그렇지 않다면 우리는 한 사람이 두 종교를 갖게 되거나, 또는 하나의 종교와 하나의 제의를 갖게 될 것이다. 그러나 전자는 불합리하다. 그런데 이 경우에 후자는 (종교처럼) 목적 자체가 아니라 단지 수단으로만 가치를 가지므로, 이 양자는 가끔 함께 뒤섞여 짧은 동안 결합할 수는 있으나, 곧바로 다시 물과 기름처럼 서로 갈라질 뿐만 아니라 순수 도덕적인 것(이성종교)이 그 위에 떠다닐 수밖에 없게 될 것이다.

그런데 나는 이러한 통일이나 통일의 시도가 종교를 연구하는 철학자에게도 충분한 권리가 주어진 과업일 뿐만 아니라, 결코 성서신 B XXIV 학자의 특별한 권리를 침해하는 것이 아니라는 사실을 이미 제1판 머리말에서 개진한 바 있다. 그 이후에 나는 이 두 분야에 정통한 고미카엘리스[4]가 그의 저서 『도덕』(제1부 5-11쪽)에서 이러한 주장을 제기하고, 그의 저서 전반에서 다루었음에도, 그의 책에서 결코 상부 학부[신학부]의 권리가 침해당하지 않았다는 사실을 알게 되었다.

나는 이 저술에 대하여 유명·무명의 존경하는 여러 인사가 보내 준 비평들을 (모든 외국 문헌처럼), 그것들이 이곳에 너무 늦게 배달되었기 때문에 재판에서 내가 원하는 바대로 다 고려할 수가 없었다. 특히 튀빙겐의 저명한 스토르 박사의 『간략한 신학적 주석』[5]에 관해서는, 그 특유의 예리함과 함께 최대한 감사를 받기에 충분한 근면성과 공정성을 바탕으로 검토해주었으므로 그에 대하여 답변하고는 싶지만 노령 때문에 특히 추상적 개념 작업을 하기가 힘들어서 감히 답변하겠다는 약속을 할 수 없는 지경이다. — 그러나 그라이프스발트[6]에서 나온 하나의 비평, 즉『그라이프스발트의 신비평소식』제29호[7]에 실린 비평에 대해서는 그 서평자가 내 책에 대하여 한 것처럼 간략하게 언급할 것이다. 그 서평자의 판단에 따르면 내 저술은 나 스스로 제기한 물음, 즉 "어떻게 교의학의 교회적 체계가 그 개념과 정리(定理)들에서 순수한(이론적·실천적) 이성에 따라서 가능할 수 있는가"에 대한 답변일 뿐이다. — 그 서평자는 다음과 같이 말했다. "이러한 시도는 도대체 그(칸트)의 사상 체계를 알거나 이해하지도 못하고, 또한 그러기를 원하지도 않는 사람들에게는 아무 상관도 없으며, 따라서 그들에게 이런 체계는 존재하지 않는 것으로 여겨질 수밖에 없다." — 이에 대하여 나는 다음과 같이 답하고자 한다. 이 저술의 본질적 내용을 이해하려면 단지 일상적인 도덕이 필요할 뿐이고, 실천이성비판이나 특히 순수이성비판에는 관여할 필요가 없다. 예를 들면 덕이 (그 합법성에 의거하여) 의무에 맞는 **행위들의** 완결성일 경우에는 **현상적 덕**[8]이라 한다. 그러나 그 동일한 덕이 (그 도덕성 때문에) 의무에서 나온 그 행위들의 영속적인 **심정**을 의미할 경우에는 **예지적[지성적] 덕**[9]이라 한다. 그러나 이러한 표현들은 단지 학파들이 사용하는 것뿐이고, 그 용어들의 내용[10] 자체는 대중적인 아동교육이나 설교에서 다른 언어들로 드러나 있고, 또한 쉽게 이해될 수 있다. 만일 우리가 후자[예지적 덕]를 단지 종교론에 속하는 것으로 보는 신적 본성의 신비에 대해서만 찬양할 수 있다면 얼마나 좋겠는가! 그런데 이러한 신비는 마치 누구나 이해할 수 있는 대단히 대중적인 것인 양 교리문답서에서 사용된다. 그러나 그 신비가 누구나 이해할 수 있는 것이 되려면 결국 도덕적 개념으로 변환되지 않으면 안

36

될 것이다.

1794년 1월 26일, 쾨니히스베르크에서

내용

제1편

선한 원리와 악한 원리의 동거, 또는 인간의 본성 안에 있는 근본악에 대하여

제2편

인간을 지배하기 위한 선한 원리와 악한 원리의 투쟁에 대하여

제3편

악한 원리에 대한 선한 원리의 승리, 그리고 지상의 하느님 나라 건설

제4편

선한 원리의 지배 아래에서 봉사와 거짓봉사, 또는 종교와 성직제도에 대하여

철학적 종교론 제1편

AB 1; VI 17

제1편
선한 원리와 악한 원리의 동거 또는
인간의 본성 안에 있는 근본악에 대하여[1]

이 세계가 악한 상황에 처해 있다는 탄식이 나온 지는 역사만큼이나 오래되었다. 아니 그보다 더 오래된 시예술만큼이나 오래되었고, 실로 모든 시가 중에서 가장 오래된 사제종교의 시가만큼이나 오래되었다. 그러나 모든 시가는 세계가 선[좋음]으로 시작했다고 묘사하고 있다. 이 세상이 황금시대 혹은 낙원의 삶에서, 또는 천상의 존재들과 함께하는 공동체 안의 더 행복한 삶으로 시작했다고 그리고 있다. 그러나 시가들은 이러한 행복을 이내 꿈처럼 사라지고 악의 상태(물리적인 악이 항상 짝을 이루는 도덕적인 악)로 타락하여 점점 더 AB 4 사악한 상태로 더욱더 빠르게 추락해가는 것으로 묘사한다.* 그리하여 우리는 지금(이 **지금**은 역사만큼이나 오래된 것이다) 말세를 살고 있으며, 최후심판과 세상의 몰락이 문 앞에 와 있다. 인도의 몇몇 지역에서는 이미 세계의 심판자이자 파괴자인 (흔히 **시바**[3]로 불리기도 하는) **루트라**[4]를 지금 지배적인 신으로 숭배하는데, 그것은 세계유지자[5]인 **비시누**[6]가 세계창조자인 **브라마**[7]에게 물려받은 직무에 지쳐

---

*   선조들의 시대보다 더 큰 악에 빠졌던 부모들의 시대는 그보다도 더 악한 우리를 낳았다. 그리고 우리는 나중에 우리보다 더 악한 후손들을 낳게 될 것이다. -호라티우스[2]

서 이미 수백 년 전부터 자신의 직무를 유기한 데서 연유한다.

더 근래의 것이기는 하지만 훨씬 더 적게 알려진 정반대의 영웅적 사상이 있다. 그것은 아마도 철학자들 가운데서만 볼 수 있는 것으로, 우리 시대에는 특히 교육학자들 사이에서 발견하게 된다. 이러한 사상에 따르면 이 세상은 정반대 방향, 곧 더 나쁜 것에서 더 좋은 것으로 부단하게 (비록 거의 알아챌 수는 없지만) 전진하며,[8] 적어도 그런 소질을 인간의 본성에서 찾을 수 있다는 것이다. 그러나 (문명화가 아니라) 도덕적 선 또는 악이 문제가 될 경우, 그들은 확실히 이러한 생각을 경험으로 얻은 것은 아니었다. 모든 시대의 역사는 그러한 생각에 강력한 반증을 제시하며, 그러한 생각은 세네카[9]에서 루소에 이르는 도덕론자들이 우리 안에 있는 타고난 선의 소질을 — 인간 안에서 선을 위한 자연적 토대를 기대할 수만 있다면 — 꾸준히 함양하도록 독려하기 위하여 세운 그럴듯한 가설에 불과하기 때문이다. 여기에 덧붙여 사람들은 인간의 신체가 본성적으로(즉, 인간이 흔히 그렇게 태어나듯이) 건강하다고 여겨질 경우에 그의 정신 역시 본성적으로 건강하고 선하다고 생각하지 못할 아무런 이유가 없다고 말한다. 그러므로 자연 자체는 우리 안에 있는 선의 도덕적 소질을 함양하도록 촉진한다는 것이다. 그리하여 세네카는 "우리는 나을 수 있는 병을 잃는 것이다. 따라서 우리가 만일 낫기를 원한다면, 자연은 정상적으로 낫도록 우리를 돕는다"라고 말했다.

그러나 이런 사실들은 그럴듯하게 보일 수도 있어서 사람들이 이 두 가지 이른바 경험에서 모두 착각에 빠졌을지도 모르며, 여기에서 인간은 적어도 그 중간이 가능한 것은 아닌가, 즉 인간은 그 유형[11]에서 선하지도 악하지도 않은 것일 수도 있고, 또한 모든 경우에 이것일 수도 있고 다른 것일 수도 있어서 부분적으로는 선하고 부분적으로는 악하기도 할 수 있지 않은가 하고 생각할 수도 있다. — 그러나 어떤 인간을 악하다고 하는 것은, 그가 악한(즉 법칙에 반하는) 행위를 하기 때문이 아니라 그 행위들이 그의 마음속에 악한 준칙들이 있다고 추론하게 하는 그런 성질의 것이기 때문이다. 우리는 경험을 바탕으로 법칙에 반하는 행위들을 인지할 수 있을 뿐만 아니라 (적어   AB 6 도 자기 자신에 대해서) 그러한 행위들이 의식적으로 법칙을 위반한 것도 인지할 수 있다. 그러나 사람들은 준칙을 관찰할 수 없으며, 자기 자신 안의 준칙들조차도 항상 관찰할 수 있는 것은 아니다. 그러므로 어떤 행위자가 악한 인간이라는 사실은 결코 경험에 근거를 두어 확실하게 판단할 수는 없다. — 결국 어떤 사람을 악하다고 하려면 그가 의식적으로 행한 몇 가지 악한 행위 또는 단 하나의 악한 행위에서 그 행위들의 근거에 놓여 있는 악한 준칙을 아프리오리하게 추론할 수 있어야 한다. 그리고 이 준칙에서 그 행위의 주관 안에 보편적으로 놓여 있는, 도덕적으로 악한 모든 특수한 준칙의 근거, 그 자체로 또한 준칙인 근거를 추론할 수 있어야 한다.

그러나 **본성**[11]이라는 표현이 (흔히 그렇듯이) 자유에서 일어난 행위의 근거와 반대되는 것을 뜻할 경우, **도덕적으로 선하다든가 악하**   VI 21 다고 하는 술어들과 곧바로 모순에 직면하게 될 것이다. 그러므로 여기서 인간의 본성이란 감각으로 포착되는 모든 행위에 앞서 있는 (객관적 도덕법칙에 따르는) 자유 사용의 주관적 근거일 뿐이라는 사실을 주의해야 한다. 이 근거는 어디에나 있을 수 있으나 주관적 근거는 언제나 재차 스스로가 자유의 작용이지 않으면 안 된다. (그렇지 않다면 인간의 자의를 사용하거나 오용한 데 따른 책임을 윤리 법칙의 관점에서 인간에게 돌릴 수 없고, 인간 안의 선 또는 악을 도덕적이라고   AB 7 할 수도 없기 때문이다.) 이로써 악의 근거는 경향성[12]에 따라 자의를 **규정하는** 객관들 안이나 자연충동 안에 있는 것이 아니라, 선택의지를 자유롭게 사용하기 위하여 스스로 정하는 규칙, 즉 준칙에 있다.

그런데 이 준칙에 대해서는 그 준칙을 채택하고 그와 반대되는 준칙을 채택하지 않은 주관적 근거가 무엇인지 더는 물을 수 없다. 왜냐하면 이 근거가 결국 그 자체로 더는 준칙이 아니고 온전히 자연충동에 불과한 것이라면, 자유의 사용은 전적으로 자연원인들에 의한 규정들로 소급할 수 있지만, 그렇게 된다면 이는 자유와 대립하기 때문이다. 따라서 인간이 본성적으로 선하다 또는 악하다고 말할 때, 그 것은 인간이 선한 준칙 또는 악한(법칙에 반하는) 준칙을 채택하는 (우리로서는 탐구 불가능한) 어떤 최초 근거*를 가지고 있고, 이 근거는 모든 인간에게 보편적으로 주어져 있으며, 이를 통하여 인간은 그 유의 본성을 표현한다는 것을 의미한다.

AB 8

그러므로 우리는 (인간을 다른 가능한 이성적 존재자와 구별해주는) 이런 성격들 가운데 하나에 대해서, 그것[성격]은 그[인간]에게 생득적인 것이라고 말할 것이다. 하지만 그때 (그 성격이 악하다면) 그것[성격]의[13] 탓이 자연[본성]에 있고,(그 성격이 선한 경우에) 그 공이 자연에 있는 것이 아니라 인간 스스로가 그것[성격]의 창시자라는 사실에 만족해야 할 것이다. 그러나 그 스스로 언제나 자유로운 자의 안에 놓여 있어야 하는, 우리 준칙들을 선택하는 최초 근거가 경험에서 주어질 수 있는 사실일 수 없으므로, (도덕법칙과 관련해서 이 준칙 또는 저 준칙을 채택하는 주관적인 최초 근거로서) 인간 안에 있

VI 22

---

* 도덕적 준칙을 채택하는 최초의 주관적 근거가 탐구 불가능하다는 것은 다음 사실에서 이미 잠정적으로 짐작할 수 있다. 즉 이러한[준칙의] 채택은 자유로운 것이고, (예를 들면 내가 왜 악한 준칙을 채택하고 선한 준칙을 택하지 않았는가 하는) 그 채택 근거는 본성의 동기에서가 아니라 언제나 다시 하나의 준칙 안에서 찾아야만 한다. 그리고 이 준칙 또한 그 자신의 근거를 가지고 있어야 하지만, 그러나 자유로운 의의 규정근거는 준칙 이외의 다른 어떤 것으로 추론해서는 안 되고 또한 그럴 수도 없다. 따라서 주관적 규정 근거의 계열을 무한히 소급해 올라가더라도 그 최초 근거에는 도달할 수 없다.

는 선 또는 악이 생득적이라는 것은 단지 그것이 경험 속에 나타나는 (유년기에서 출생 시까지 소급하는) 자유 사용에 대하여 기초가 된다는 것, 그리고 그것이 출생과 동시에 인간에게 나타나는 것으로 여겨진다는 그런 의미일 뿐이지 출생이 선악의 원인이라는 그런 의미가 아니다.

주석

위에서 제시한 두 가설 간의 다툼에는 인간은 (본성에서) 윤리적으로 선하거나 윤리적으로 악하다는 하나의 선언적 근거명제[14]가 놓여 있 AB 9 다. 그러나 모든 사람이 쉽게 물을 수 있는 것은 도대체 이러한 선언성[둘 중 하나를 선택하는 것]이 옳은가, 그리고 어떤 이는 인간은 본성상 선하지도 악하지도 않다고 말할 수 있지 않은가, 또한 다른 어떤 이는 그와 반대로 인간은 동시에 양쪽 모두여서 어떤 점에서는 선하고 다른 점에서는 악하다고 주장할 수 있는 것이 아닌가 하는 점이다. 경험은 양극단 사이의 이러한 중간을 증명하는 것처럼 보인다.

그러나 윤리론 일반에서는 행위에서나 인간의 성격에서도 도덕적으로 어떤 모호한 중간적 태도[15]를 가능한 한 허용하지 않는다는 점이 중요하다. 그렇게 모호할 경우에는 모든 준칙이 정확성과 견고성을 상실할 위험에 빠지기 때문이다. 사람들은 일반적으로 이처럼 엄정한 사고방식에 찬성하는 사람들을 엄격주의자[16]라고 부른다. (이는 분명히 비난의 뜻을 내포하지만 사실은 칭송하는 명칭이다.) 또한 사람들은 그 반대편에 서 있는 이들을 관용주의자[17]라고 부른다. 그러므로 이들은 중립을 표방하는 관용주의자이거나 연합을 강조하는 관용주의자인데, 전자는 무관심주의자[18]라고 해도 좋고 후자는 절충주의자[19])라고 부를 수 있다.*

AB 10; Ⅵ 23　　엄격주의의 결단방식[††]에 대한 위의 물음은 도덕에 대하여 다음

　　선=a가 있을 경우, 그것과 모순적으로 대립하는 것은 불선이다. 그런데
이 불선은 선의 근거의 전적인 결핍=0의 결과이거나 선의 대립=−a의 적
극적 근거의 결과다. 후자에서 불선은 적극적 악이라고 부를 수 있다. (쾌
락과 고통에서도 그와 같은 중간이 있다. 쾌락=a, 고통=−a, 그리고 양자 모두
해당하지 않은 상태, 즉 무관심=0이 존재한다.) 그러므로 만일 우리 안에 있
는 도덕법칙이 자의의 동기가 아닌 경우에 도덕적 선(즉 자의와 법칙의 일
치)=a, 불선=0에서 이 불선은 도덕적 동기의 결여=a×0일 것이다. 그런
데 우리 안에서는 법칙이 동기=a이다. 따라서 자의와 법칙의 일치 결여
(=0)는 단지 자의에 실재적으로 대립하는 규정, 즉 자의의 반항=−a의 결
과로만, 즉 단지 악한 자의로만 가능하다. 그러므로 그것으로 행위의 도덕
성을 판정해야 하는 악한 심정과 선한 심정(즉, 준칙의 내적 원리) 사이에는
어떤 중간도 존재하지 않는다.[†]

AB 10

Ⅵ 23

†　　도덕적으로 무관심한 행위[20])는 전적으로 자연법칙에서 결과하는 행위일
뿐이다. 그러므로 그것은 자유의 법칙인 윤리법칙과는 아무런 관련도 없
다. 왜냐하면 그러한 행위는 사실이 아니며, 그것에 관해서는 명령, 금지 그
리고 허용(법적 권한)도 불가능하고, 또한 필요하지도 않기 때문이다.[21])

††　　실러[21]) 교수는 거장의 솜씨로 쓴 「도덕에서 우아와 존엄」에 대한 그의 논문
(탈리아, 1793, 제3편)에서 이와 같은 의무의 표상 방법이 마치 사상누각과
같은 기분을 일으킨다고 비난했다. 그러나 우리는 중요한 원칙들에서 의견
이 일치하므로, 만일 우리가 서로를 이해할 수만 있다면 이 점에 관해서 어
떤 불일치도 없을 것이다. 나는 의무 개념에다 그 존엄을 강조할 목적으로
우아 개념을 덧붙일 수 없었던 점을 토로한다. 왜냐하면 의무 개념은 무조
건적 강제성을 내포하는데, 우아는 이러한 강제성과는 곧바로 모순되기 때
문이다. 법칙의 위엄(시나이산의 율법과 마찬가지로)은 (뒤로 물러서게 하는
공포도 아니고 친밀하게 이끌리게 하는 매력도 아닌) 외경을 불러일으킨다.
그런데 이 외경은 신하가 그의 지배자에게 느끼는 존경과 같은 것이지만,
이 경우에 지배자는 우리 자신 속에 있으므로, 어떤 아름다움보다도 더욱
우리 마음을 사로잡는, 우리 자신의 사명에 대한 숭고한 감정을 불러일으킨
다. 그러나 덕, 즉 의무를 정확히 수행하고자 확고히 다져진 심정은 그 결과
에서도 자연이나 예술이 이 세계에서 이룩할 수 있는 모든 것보다도 유복
하다. 이 덕 안에서 모습을 드러내는 위대한 인류의 상은 능히 그라치에 자
매들[22])의 동반을 허락할 만하다. 그러나 오직 의무만이 문제가 되는 경우
에는 그라치에 자매들은 정중하게 거리를 취하여 물러선다. 그러나 덕이

과 같은 중요한 소견에 근거를 두고 있다. 즉 선택의지의 자유는 매우 독특한 성질이 있어서 오직 인간이 그 자신의 준칙 안에 받아들인(즉 인간이 그것에 따라서 하고자 스스로 보편적 규칙으로 삼는) 동기 이외의 어떤 다른 동기로도 규정될 수 없으며, 그런 경우에만 하나의 동기는 그것이 어떤 것이든 간에 (자유의) 선택의지의 절대적 자발성과 함께 존립할 수 있다. 그러나 이성의 판단에서 도덕법칙은 그 자체만으로 동기가 되며, 도덕법칙을 자신의 준칙으로 삼는 자는 **도덕적으로 선하다**. 이제 만일 어떤 사람의 법칙이 그 법칙과 관계하는 행위의 관점에서 자의를 규정하지 않는다면, 그 법칙과 대립하는 어떤 동기가 반드시 그 사람의[28] 자의에 영향을 주어야 한다. 그리고 이런 일은 앞에서 전제한 바에 따르면, 인간이 이 동기를 (그러므로 또한 도덕법칙을 거부하는 것조차도) 자신의 준칙으로 채택함으로써만(이

B 11, 12; Ⅵ 24

A 11

어떻게든지 이 세계 안에 들어와서 세계 안에서 펼쳐질 우아한 결과를 고려할 경우에 도덕적 정향성을 지닌 이성은 (상상력을 동원해) 감성을 함께 작동하게 할 것이다. 헤라클레스는 괴물을 무찌른 후에야 **무사게트**[23]가 되는데, 이런 활동을 보고서 저 착한 그라치에 자매들은 뒤로 물러선다. 이 우라노스 비너스[24]의 동반자들이 의무를 규정하는 일에 개입하여 그에 대한 동기를 부여하려고 하면 즉시 비너스 디오네[25]를 시중드는 정부들이 된다. 그런데 덕의 감성적 성질, 즉 덕의 기질이 어떤 것인지, 그것이 용감하고 유쾌한 것인가 또는 불안에 사로잡혀 의기소침한 것인가 하고 물을 수 있다. 그러나 이에 대한 대답은 거의 필요 없다. 후자의 노예적 심정은 법칙에 대한 숨겨진 **증오** 없이는 결코 생겨날 수 없다. 그리고 (법칙을 인정할 때의 편안함이 아니라) 그의 의무 수행에서 느끼는 유쾌한 심정은 덕스러운 심정의 순수함의 표시다. 이는 경건에서도 마찬가지인데, 경건은 후회하는 죄인의 (매우 애매한, 그리고 흔히 사려의 규칙을 범한 데 대한 내적 비난에 불과한) 자책에 있는 것이 아니라, 앞으로 더 선해지려는 확고한 결심에 있다. 그런데 이러한 결심은 선한 진보가 자극하여 즐거운 마음을 일으키지 않을 수 없다. 이러한 즐거운 마음이 없다면, 인간은 선을 또한 좋아하게 되었고, 따라서 선을 자기의 준칙으로 받아들였다는 사실을 결코 확신하지 못할 것이다.[26]

Ⅵ 24

B 12

경우에 그는 악한 인간이다) 일어날 수 있으므로, 인간의 심정은 도덕법칙과 관련하여 결코 무관심할 수 없다. (즉 두 가지 중에서 어떤 것도 아닌 것, 그러므로 선하지도 않고 악하지도 않은 것일 수는 없다.)

　　그러나 또한 인간은 어떤 점들에서는 윤리적으로 선하고, 동시에 다른 점들에서는 악할 수 없다. 왜냐하면 인간이 어떤 점에서 선하다고 하면, 그가 도덕법칙을 자신의 행위원칙[준칙]으로 삼고 있다는 것이고, 또한 다른 점에서 인간이 동시에 악하다고 하면, 도덕법칙은 의무 일반을 이행함에서 유일하고 보편적인 것이므로, 도덕법칙과 관계하는 준칙이 보편적이면서 동시에 특수하다는 것은 모순이기 때문이다.*

　　이런 심정이나 저런 심정을 본성적으로 생득적 성질로 가진다는 것은, 그 심정이 그것을 지닌 인간이 획득한 것이 전혀 아니라는 사실, 즉 그가 그 심정의 창시자가 아니라는 것을 뜻하는 것이 아니라, 그 심정이 단지 시간상에서 획득된 것이 아니라는 사실(즉 인간은 어

---

*　고대 도덕철학자들은 덕에 대하여 말할 수 있는 거의 모든 것을 다루었는데, 그들은 위의 두 물음도 그냥 지나치지 않았다. 그들은 첫째 물음을 도대체 덕은 학습되어야 하는가(즉 인간은 본성적으로 덕과 악덕에 무관심한가?)라고 표현했다. 그리고 둘째 물음은 도대체 하나 이상의 덕이 존재하는가(즉 인간은 어떤 점들에서는 덕스럽고, 또 다른 어떤 점들에서는 악할 수 있다는 것은 일어날 수 없지 않은가?)라고 규정했다. 그들은 이 두 가지 물음 모두 엄격주의적 규정성을 갖고서 단호하게 부정했는데, 그것은 당연한 일이었다. 왜냐하면 그들은 덕 **자체**를 (인간이 어떻게 해야만 하는가 하는) 이성의 이념에 근거를 두어 고찰했기 때문이다. 그러나 만일 사람들이 이 도덕적 존재, 즉 인간을 그 **현상**에서, 다시 말하면 경험에 따라 우리에게 알려지는 바대로 윤리적으로 판단하려 할 때는, 앞에서 언급한 두 가지 물음에 긍정적으로 대답할 수 있을 것이다. 왜냐하면 그 경우에 인간은 순수 이성의 저울 위에서가(즉 신의 법정 앞에서가) 아니라, 경험의 척도에 따라 (인간인 재판관에 의해) 판정하기 때문이다. 이에 대해서는 다음에 더 다루겠다.

려서부터 항상 이러하거나 저러하다는 것)을 뜻한다. 이 심정, 즉 준칙을 채택하는 최초의 주관적 근거는 오직 유일한 것이고, 자유의 전적인 사용에 보편적으로 관계하는 것이다. 그러나 심정 자체는 자유로운 자의에 따라 채택된 것이 아니면 안 된다. 왜냐하면 그렇지 않을 경우에 그 심정에 대한 책임을 물을 수 없기 때문이다. 이러한 준칙의 채택에 대하여 또다시 그 주관적 근거 또는 원인을 인식할 수는 없다. (비록 그것에 대해 묻는 것이 불가피하더라도 그렇다. 그렇지 않으면 이 심정을 채택하는 준칙을 다시 제시해야만 하고, 마찬가지로 그 준칙은 또다시 그 근거를 가질 수밖에 없기 때문이다.) 그러므로 우리가 이 심정 또는 그 최고 근거를 자의의 어떤 최초의 시간 활동에서 도 A 13 출할 수는 없으므로, 우리는 이 심정(사실 이것은 자유에 근거를 두지 만)을 자의에 본성적으로 속하는 성질이라고 부른다. 그러나 우리가 인간에 대해 그가 본성상 선하다 또는 악하다고 말하는 경우에 그 인간을 개별적인[28] 인간으로 이해하는 것이 아니라(그럴 경우에는 어떤 사람은 본성상 선하고, 다른 사람은 본성상 악한 것으로 받아들여질 수 있다), 오히려 전 인류[29]를 뜻한다고 보는 것이 적절하다. 이런 사실은 오직 인간학적 탐구로 계속해서 우리로 하여금 어떤 인간에게 B 15 두 성격 중 하나를 생득적인 것으로 정당화할 근거들이 있어서 다른 어떤 인간도 그 성격에서 제외할 근거가 없고, 따라서 그 성격이 모든 인류에게 타당하다는 사실이 밝혀질 때에야 증명할 수 있을 것이다.

I. 인간의 본성 안에 있는 선의 근원적 소질에 대하여

우리는 인간을 규정하는 요소들인 소질을 그 목적과 관련하여 세 가지로 적절하게 분류할 수 있다.

1) 생명체로서 인간의 동물성의 소질

2) 생명체이면서 동시에 이성적 존재로서 인간성의 소질

A 14 3) 이성적이면서 동시에 **책임을 질 수 있는** 존재로서 그 인격성의 소질*

---

* 이[인격성의] 소질은 그 앞의[인간성의] 소질 개념에 이미 들어 있는 것으로 볼 수는 없고, 오히려 하나의 특수한 소질로 보지 않으면 안 된다. 어떤
B 16 존재자가 이성을 가지고 있다는 사실에서 이성이 자의를, 보편적 법칙을 부여하는 그 준칙들의 자격에 대한 순수한 표상을 통하여 무조건적으로 규정할 수 있고, 따라서 그 자체로서 실천적일 수 있는 능력을 가진다는 귀결이 나오지는 않기 때문이다. 적어도 우리가 통찰할 수 있는 한에서는 그렇다. 최고로 이성적인 세계존재자도 그의 자의를 규정하려면 항상 경향성의 객관들에서 나오는 어떤 동기들을 필요로 할 것이다. 그러나 또한 그는 이에 대해서 동기들의 최대 총합과 그 동기들로 규정된 목적을 달성하기 위한 수단들에 대해 가장 이성적인 성찰을 할 것이다. 그러나 그것은 자체로서,[30] 그것도 최고 동기로서 스스로를 알리는, 그리고 전적으로 명령하는 도덕법칙 같은 것에 대해서는 가능성조차도 생각하지 못한다. 만일 이 법칙이 우리 안에 주어져 있지 않다면, 우리는 그것을 하나의 법칙으로 이성을 통하여 교묘하게 생각해내거나 자의에 억지로 떠맡기지는 못할 것

1. 인간에게 있는 **동물성**의 소질은 신체적이고 단순히 **기계적인** 자 B 16
기애, 즉 이성이 필요하지 않을 자기애라는 일반적인 명칭 아래[31] 자 A 15
리매김할 수 있다. 이 소질에는 세 종류가 있다. 그것은 **첫째**, 자기 자
신을 보존하려는 소질, **둘째**, 성충동에 따라 자신의 종(種)을 번식하
려는 소질과 성적 관계로 출생한 것을 보존하려는[32] 소질, **셋째**, 다른
인간들과 공동생활을 하려는 소질, 즉 사회 충동이 그것이다. — 이
소질들은 온갖 패악들[33]과 결합할 수 있다. (그러나 이 패악들은 저 소
질을 근간으로 하여 저절로 발아하는 것은 아니다.) 이 패악들은 자연 B 17; Ⅵ 27
야성의 패악이라고 부를 수 있다. 그리고 그것들이 자연목적에서 가
장 심하게 이탈할 경우에 **폭식, 환락,** (다른 사람들과의 관계에서) **야만
적 무법성** 등 야수적 패악[34]이라고 부른다.

2. **인간성**의 소질은 신체적이지만 그럼에도 (이성을 필요로 하는)
비교적인 자기애라는 일반적 명칭 아래 배치할 수 있다. 이것은 다른
사람과 비교함으로써 자신이 행복한지 불행한지를 판정하는 것이
다. 여기에서 다른 사람의 의견에서 어떤 가치를 얻으려는 경향성이 생
겨난다. 그것은 근원적으로 어느 누구에게도 자신의 위에 서는 우월
성을 허락하지 않는 전적인 **평등**의 가치로, 다른 사람들이 그런 우월
성을 얻으려고 노력할 것이라는 끊임없는 걱정과 이어져 있다. 이러
한 걱정에서 점점 자기 스스로 타인의 위에 서는 우월성을 획득하려
는 부당한 욕망이 생긴다. 여기에서 이른바 질투심과 경쟁심으로 우 A 16
리가 타인으로 간주하는 모든 사람에 대한 은밀하고 공공연한 적대
감이라는 최대의 패악들을 접목할 수 있다. 그럼에도 이러한 패악들
은 본래 그 뿌리인 자연에서 저절로 생겨나는 것이 아니라, 오히려

이다. 그러나 역시 이 법칙은 우리에게 우리의 자의가 다른 모든 동기에 의
한 규정에서 독립적이라는 것(즉 우리의 자유)을, 그리고 이와 함께 동시에
모든 행위의 귀책 능력이 있다는 점을 의식하게 하는 유일한 것이다.

다른 사람들이 우리가 싫어하는, 우리보다 우월해지려는 시도를 한
B 18 다고 우려하면서도 안전을 위한 예방책으로서 스스로 타인들에 대
한 우월성을 마련하려는 경향성들이다. 자연은 참으로 그런 경쟁심
의 이념을(이것 자체는 서로에 대한 사랑을 배제하지 않는다) 단지 문
화의 동기로 이용하고자 한다. 따라서 이러한 경향성에 접목한 패악
들은 **문화의 패악들**이라고 할 수 있고, 그것이 최고도로 악의적인 경
우에는 (그 경우에 악의성[35]은 전적으로 인간성을 넘어서는 악의 극한
치 이념이기에), 예를 들면 **시기, 배은망덕, 타인의 불행을 기뻐함** 등에
서 보는 것처럼 **악마적 패악들**이라고 부른다.

3. **인격성의 소질**은 그 자체만으로 자의의 충분한 동기가 되는 도
덕법칙에 대한 존경의 감수성이다. 우리 안에 있는 도덕법칙에 대한
순수한 존경의 감수성은 도덕 감정이지만, 그러나 그 자체만으로는
아직 자연 소질의 목적을 이루지 못하고, 다만 그것이 자의의 동기인
한에서만 그렇다. 그런데 이러한 일은 오로지 자유로운 자의가 도덕
A 17 법칙을 자신의[36] 준칙으로 채택함으로써 가능하기 때문에 그런 자
의의 성질은 선한 성격이다. 이러한 선한 성격은 일반적으로 자유로
운 자의의 모든 성격처럼 다만 획득될 수 있는 어떤 것이다. 그러나
그것이 가능하려면 거기에는 어떠한 악도 절대로 결합할 수 없는 소
VI 28 질이 우리의 본성 안에 존재하지 않으면 안 된다. 도덕법칙의 이념과
B 19 그것에서 분리될 수 없는 존경은 단지 그것만으로 인격성의 소질이라
고 부르기에는 아직 적합하지 않다. 그것은 **인격성 자체**(즉 오직 지성
적으로만 고찰된 인간성의 이념)다. 그러나 우리가 이 존경을 동기, 즉
우리의 준칙으로 채택하는 주관적 근거는 인격성에 관련이 있는 것
으로 보이며, 따라서 그것은 인격성을 위한 소질이라는 이름을 얻을
수 있다.

이상에서 언급한 세 가지 소질을 그 가능성의 조건들에 따라서 고

찰할 경우, **첫째** 소질은 이성에 근거를 두는 것이 아니고, **둘째** 소질은 실천적이지만 단지 다른 동기들에 봉사하는 이성에 근거를 두며, 셋째 소질만이 그 자체로 실천적인, 즉 무조건적으로 법칙을 수립하는 이성에 근거를 둔다는 사실을 알 수 있다. 인간 안에 있는 이 소질들은 모두 (소극적으로) 선할(즉 도덕법칙과 상충하지 않을) 뿐만 아니라 (도덕법칙의 준수를 촉진하는) 선의 적극적 소질들이기도 하다. 이 소질들이 인간 본성의 가능성에 속한다면, 그것들은 **근원적인** 것이다. 인간은 물론 앞의 두 소질을 목적에 어긋나게 사용할 수 있지만, 그렇다고 해도 그것들 중 어떤 것도 말살할 수는 없다. 우리는 어떤 존재의 소질들에서 그 존재에게 필요한 구성요소뿐만 아니라 그 존재이도록 하는 구성요소들이 결합하는 형식으로 이해한다. 소질들이 어떤 존재의 가능성에 필연적으로 속한다면, 그것들은 **근원적인** 것이다. 그러나 만약 그 존재가 그런 소질 없이도 스스로 가능할 수 있다면, 그것들은 **우연적인** 것이다. 한 가지 더 주의할 사항은 여기서는 욕구능력과 자의의 사용에 직접적으로 관련한 소질들 이외에 다른 어떤 소질도 다루지 않았다는 점이다.

A 18

B 20

II. 인간의 본성 안에 있는 악의 성벽에 대하여

나는 **성벽**[37]을 그것[경향성]이 인간성 일반에 대하여 우연적인 한

에서, 경향성[습성적 욕구][38]을 가능하게 하는 주관적 근거로 이해

B 21; VI 29 한다.† 성벽은 생래적인 것일 수 있지만, 그럼에도 그런 것으로 생각

해서는 안 되고, 오히려 (그것이 선하다면) **얻어진** 것으로, 또는 (그것

이 악하다면) 인간 자신에서 **유래한** 것으로 생각할 수 있다는 점에서

소질과 다르다. 그러나 여기에서 논란은 단지 자유로운 자의의 규정

A 19 으로만 가능하고, 오직 자의의 준칙을 통해서만 선 또는 악으로 판정

될 수 있으므로 본래적인 악, 즉 **도덕적인 악으로서 성벽**뿐이다. 따라

B 20 † 성벽은 본래 단지 향락 욕구의 **성향**이어서 주관이 향락을 경험한 후에는 그
향락에 대한 경향성이 생겨난다. 그리하여 모든 야만인은 도취를 일으키
는 사물들에 이끌리는 성벽을 갖는다. 왜냐하면 그들 중 다수는 도취에 대
해 전혀 알지 못하고, 따라서 도취를 일으키는 사물들에 대한 욕구를 전혀
가지고 있지 않지만, 단 한 번이라도 그 사물들을 맛보게 되면 그들은 그것
에 대한 근절하기 어려운 욕구를 일으키게 되기 때문이다. — 욕구의 대상
과 친숙함을 전제하는 성벽과 경향성 사이에 또한 **본능**이 있다. 본능은 사
람들이 (동물들의 기교 충동이나 성적 충동처럼) 그것에 대해 아직 어떤 개
념도 갖지 못한 것을 행하거나 향유하려고 느끼는 욕구다. 끝으로 경향성
다음에는 욕구능력의 또 하나의 단계인 **열정**이 있다. (열정은 정동이 아니
다. 왜냐하면 정동은 쾌 · 불쾌의 감정에 속하기 때문이다.) 열정은 자기 자신
에 대한 지배를 배제하는 경향성이다.[39]

서 도덕적-악은 준칙들을 도덕법칙에서 이탈할 수 있게 하는 주관적 근거 안에 놓여 있다. 그리고 이 성벽을 일반적으로 인간에게(그러므로 인류의 유형적 성격에) 보편적으로 속하는 것으로 상정할 수 있다면, 인간의 자연적 성벽은 악으로 불리게 될 것이다. ― 여기에 덧붙인다면, 자연적 성벽에서 생기는 이른바 도덕법칙을 자기의 준칙으로 채택하거나 채택하지 않는 자의의 유능과 무능은 선한 또는 악한 심성으로 불리게 될 것이다.

사람들은 이것[심성]을 세 가지 단계로 다르게 생각할 수 있다. 첫째 단계는 채택한 준칙 일반을 이행하는 데서 인간 심성의 연약함, 또는 인간 본성의 허약성[40]이고, 둘째 단계는 (비록 선한 의도에서, 그리고 선의 준칙 아래서 일어난 경우에도) 비도덕적인 동기들과 도덕적 동기들을 뒤섞으려는 성벽, 즉 불순성[41]이며, 셋째 단계는 악한 준 B 22 칙들을 채택하려는 성벽, 즉 인간 본성 또는 인간적인 심성의 악의성이다.

첫째로, 어떤 사도[바울로]는 인간 본성의 허약성[42]을 자신의 탄식 속에서 이렇게 표현했다. "나는 하고자 하는 마음은 있으나, 그것을 실행하지는 못한다."[43] 다시 말해서, 나는 선(법칙)을 내 자의의 준 A 20 칙으로 채택했으나, 객관적으로 이념에서는 (정립에서) 확고부동한 동기이지만, 준칙이 지켜져야 하는 경우에는 주관적으로 (가정에서) (경향성에 비해) 더 허약한 동기다.

둘째로, 인간 심성의 불순성(불결성, 불량성)은 준칙이 그 대상에 관 VI 30 해서는 (법칙의 의도적인 준수라는 점에서는) 선하고 또한 어쩌면 그 실천에서도 충분한 힘이 있으나, 순수하게 도덕적이지 않다는 점에 있다. 즉, 마땅히 그러해야만 하듯이 법칙만을 충분한 동기로서 그 안에 채택한 것이 아니라, 의무가 요구하는 바로 자의를 규정하기 위해서 그 동기 이외에 흔히(거의 항상) 또 다른 동기들을 필요로 한다는 점에 있다. 다시 말하면, 의무에 부합하는 행위들이 순수하게 의무로 행해지지 않는다는 점에 있다.

B 23   **셋째로**, 인간 심성의 **악의성**(허물, 삐딱함)[44] 또는 (만일 사람들이 오히려 이렇게 부르고 싶다면) **부패성**(타락)[45]은 도덕법칙에서 나온 동기를 (도덕적이지 않은) 다른 동기들 뒤에 놓는 방식으로 준칙들을 채택하는 자의의 성벽이다. 이것은 또한 인간 심성의 **전도성**(선후도 착, 전복)[46]이라고도 할 수 있는데, 그것은 자유로운 자의의 동기들에 대해 윤리적 순서를 거꾸로 뒤집어놓기 때문이다. 이와 함께 설령 언

A 21   제나 법칙적으로 선한(법적) 행위들이 있다고 하더라도, 그 사유방식은 그로써 (도덕적 심정에 관한 한) 그 뿌리에서 부패했으며, 그 때문에 인간은 악하다고 하는 것이다.

여기서 인간에게는, 심지어 (행위로 볼 때) 가장 선한 인간에게도 악에 기울어지는 성벽이 있다는 것을 알 수 있는데, 이 사실은 인간들 가운데서 악에 대한 성벽의 보편성 또는 여기서 같은 것을 뜻하지만, 그 성벽이 인간의 본성과 얽혀 있다는 사실을 입증해주는 것이다.

그러나 훌륭한 예절을 갖춘(좋은 소양을 지닌)[47] 인간과 윤리적으로 선한(도덕적으로 훌륭한) 인간 사이에는 행위와 법칙의 일치에 관해서는 아무런 차이가 없다(적어도 아무런 차이가 없어도 된다). 다만 차이가 있다면, 전자[예의바른 인간]에서는 그 행위들이 법칙을 언

B 24   제나 유일한 최고 동기로 삼는 것은 아니고, 사실은 어쩌면 한 번도 그런 일이 없는 데 반하여, 후자[도덕적으로 선한 인간]에서는 법칙을 **항상** 최고의 유일한 동기로 삼는다는 점이다. 전자는 법칙을 문자적으로(즉 법칙이 명령하는 행위에 관한 한) 따른다고 말할 수 있으나, 후자는 법칙을 정신에 따라(도덕법칙의 정신은 이 법칙이 그 자체만으로 동기로 충분하다는 데 있다) 지킨다는 것이다.[48] 이러한 신앙에서 일

어나지 않은 것은 (그 사유방식에서) 죄다.[49) 왜냐하면 만일 자의가 합 A 22
법칙적인 행위를 향하도록 규정하기 위해 법칙 자신 이외에 다른 동
기들을(예를 들면, 명예욕, 자기애 일반, 동정심과 같은 선한 심성을 지 VI 31
닌 본능일지라도) 필요로 한다면, 행위와 법칙의 일치는 단지 우연적
인 것에 불과하기 때문이다. 그 행위들은 법칙을 위반하는 데로 나아
갈 수도 있다. 그러므로 인격의 모든 도덕적 가치가 그 선함에 따라
평가되어야 하는 준칙은 법칙에 어긋나는 것이고, 그 인간은 행위에
서 순수하게 선하다고 할지라도 악하다.

이러한 성벽의 개념을 규정하기 위하여 다음과 같은 해명이 더 필
요하다. 모든 성벽은 자연존재로서 인간의 자의에 속한다는 점에서
신체적이거나, 도덕적 존재로서 인간의 의지에 속한다는 점에서 도
덕적이다. 첫째 의미에서는 도덕적 악에 기울어지는 성벽 같은 것은
없다. 도덕적 악은 자유에서 발생해야만 하고, 또한 어떤 자유를 사
용하기 위한 (감성적 충동에 기초하는) 신체적 성벽은 선에 대해서든 B 25
지 악에 대해서든지 모순이기 때문이다. 그러므로 악에 기울어지는
성벽은 오직 자의의 도덕적 능력에만 결합할 수 있다. 그러나 이제
우리의 고유한 행위 이외의 어떤 것도 윤리적으로 (즉 책임을 물을 수
있는) 악하지 않다. 그와 반대로 사람들은 성벽의 개념을 **모든 행위에**
선행하는, 그리하여 그 자체로는 아직 행위가 아닌 자의의 주관적 규
정근거라고 이해한다. 왜냐하면 악을 향한 전적인 성벽이라는 개념 A 23
안에서, 만일 이 행위라는 표현이 서로 다른 두 가지 의미, 즉 그 양자
가 자유의 개념과 일치하는 것으로 받아들여질 수 없다면 모순이 일
어날 것이기 때문이다. 그러나 행위라는 표현 일반은 최상의 준칙을
(법칙에 부합하든지 그렇지 않든지 간에) 자의 안에 채택하는 자유의
사용에 대해서뿐만 아니라, 또한 행위 자체가 (그 실질적 내용에서,
즉 자의의 대상들에 대하여) 그 준칙에 의거하여 실행하는 경우의 자

유 사용에도 적용할 수 있다. 이제 악의 성벽은 첫째 의미의 행위(원죄)[50]로 그리고 동시에 둘째 의미에서 모든 위법적인 행위의 형식적 근거로 이해할 수 있다. 이 위법적인 행위는 그 실질 내용에서 법칙과 상충하는 것으로서 패악(파생적 죄)[51]이라고 부른다. 그리고 (법칙 자체 안에 존재하지 않는 동기들에서 발생하는) 둘째 죄책을 자주

B 26 피할 수 있다 하더라도 첫째 죄책은 그대로 남는다. 첫째 죄책은 예지적인 행위로서, 일체의 시간조건을 초월하여 전적으로 이성을 통해 인식할 수 있고, 둘째 죄책은 감각적이고 경험적인 것으로서, 시간에서 주어지는 것(현상적 사실)[52]이다. 전자는 특히 후자와 비교해볼 때, 근절할 수 없다는 사실에서 전적인 성벽, 그리고 생득적인[53] 것으로 부른다. (그것을 근절하려면 최상의 준칙이 선해야 하는데, 그

VI 32 준칙은 저 성벽 자체에서 이미 악한 것으로 상정하기 때문이다.) 그러나
A 24 특히 우리가 왜 우리 안에서 악이 바로 그 최상의 준칙을 부패시켰는지에 대해, 그 악이 우리 자신의 행위라고 할지라도 그 원인을 제시할 수 없기 때문이다. 우리는 지금 말한 사실에서 우리가 왜 이 절의 맨 처음에서 도덕적인 악의 세 가지 근원을 감성(수용성)을 촉발하는 것 안에서 구하지 않고 자유법칙에 의거하여 우리 준칙을 채택하거나 준수하는 최상의 근거를 촉발하는 것 안에서 구했는지 알게 될 것이다.

Ⅲ. 인간은 본성적으로 악하다

"결함 없이 태어나는 자는 없다." - 호라티우스[54]

　이상의 논의에 따르면 인간은 악하다는 명제는 인간이 도덕법칙을 의식하면서도 (때에 따라서)[55] 법칙에서 이탈하는 것을 그의 준칙으로 채택했다는 점을 말하고자 한 것이라고 할 수 있다. 인간은 본성적 B 27 으로 악하다는 것은 이 사실이 인류의 관점에서 본 인간에게 타당하다는 것을 말한다. 그러나 그 성질을 인간의 유 개념(즉 인간 일반의 개념)에서 도출할 수 있는 것은 아니며(왜냐하면 그럴 경우 그 성질은 필연적인 것이므로), 경험으로 알 수 있는 인간의 상태에 따르면 그렇게 판단할 수밖에 없다는 것, 또는 사람들은 악을 모든 인간에게서, 가장 선한 인간에서조차도 주관적·필연적인 것으로 전제할 수 있다는 것을 말한다. 이제 이 성벽은 그 자체가 도덕적으로 악한 것으로, A 25 또한 자연소질로서가 아니라 인간에게 책임을 물을 수 있는 어떤 것으로 보아야 하며, 따라서 자의의 위법적인 준칙 안에서 존립한다. 그러나 이 준칙은 자유 때문에 그 자체를 우연적인 것으로 보지 않을 수 없다. 또한 자유는 만일 모든 준칙의 주관적인 최상의 근거가 무엇에 의해서든지 간에 인간성 자체와 함께 결부되어 있고, 또한 그 속에 뿌리박고 있는 것이 아니라면, 악의 보편성과 부합하지 않을 것이다. 그러므로 우리는 이 근거를 악으로의 자연적 성벽이라고 부를 수 있다. 또한 그것은 언제나 스스로 책임을 질 수밖에 없으므로, 그 성벽 자체를 인간의 본성 안에 있는 **근본적이고 생득적인** (그럼에도 우리 자신이 초래한) 악이라고 부를 수 있다.

B 28; VI 33

A 26

B 29

이제 그렇게 더 **타락한**[56] 성벽이 확실히 인간에게 뿌리박고 있다는 사실에 대하여 **인간의 행위들**에 관한 경험이 수많은 분명한 실례들을 우리 눈앞에 제시하므로, 그에 관한 형식적인 증명은 생략할 수 있을 것이다. 그러한 실례들은 많은 철학자가 그 안에서 인간 본성의 자연적인 선성을 보고자 희망하는 그런 상태, 이른바 **자연상태**에서 얻고자 한다면, 사람들은 단지 **토포아,**[57] 뉴질랜드, **사모아제도**에서 벌어진 살해 장면에서 나타나는 끔찍한 잔혹성의 광경들,[58] (헌[59] 선장이 전하는 바) 북서 아메리카의 광활한 황야에서 끊임없이 반복되지만 그것에서 어떤 인간도 조금의 이익도 얻지 못하는 것과 같은† 동일한 사태들을 그들의 가설과 비교해보는 것이 좋을 것이다. 인간은 이런 견해를 피하기 위하여 필요 이상으로 야만성의 패악에 기댄다. 그러나 만일 인간의 본성이 (그 안에서 그 소질이 더 완전하게 발달할 수 있는) 개화된 상태에서 더 잘 인식할 수 있다는 견해에 동의한다면, 그 사람들은 인간성을 고발하는 우울한 긴 탄식에 귀를 기울이지 않으

---

† 가령 아라타페스카우 인디언과 훈트스리벤 인디언 사이의 끊임없는 전쟁은 단지 살육 이외의 어떤 다른 의도도 가지고 있지 않은 것 같다. 야만인들의 생각에 따르면 전쟁에서 용기는 최고 덕이다. 개화된 상태에서도 용기는 경탄의 대상이며, 이것을 유일한 공적으로 삼는 신분계층이 요구하는 특별한 존경의 근거이고, 이것은 이성 안에서 모든 근거 없이 있는 것이 아니다. 인간이 자신의 생명보다 더 높이 평가하고, 그것을 위하여 모든 사리사욕을 단념하는 어떤 것(즉 명예)을 소유하고, 그것을 목적으로 삼을 수 있다는 것은 인간의 소질 안에 있는 일종의 숭고성을 증명하는 것이기 때문이다. 그러나 우리는 승리자들이 그들의 위업(대량학살, 무차별 살상 등)을 찬양하는 안일에서 단지 그들의 우월성과 그들이 일으킬 수 있었던 파괴만을 볼 수 있을 뿐, 그들이 본래 무엇인가 좋은 일을 하고자 한 어떤 다른 목적은 볼 수 없다.[60]

면 안 될 것이다. 가장 친밀한 우정에서조차 은밀한 거짓이 있으므로 가장 친한 벗들 사이에서 마음을 서로 여는 데도 신뢰의 정도를 제한하는 것이 교제에서 사려의 보편적 준칙으로 여겨진다는 것, 또한 사람들은 자신에게 빚진 자를 미워하는 성벽이 있으므로 자선하는 사람은 항상 이 점을 각오하지 않으면 안 된다는 것, 그리고 진정한 호의를 갖더라도 우리의 가장 친한 친구들의 불행이 우리에게 전적으로 싫지는 않다[61]는 점을 인정하게 된다는 것, 또한 다른 많은 외형적인 미덕 속에 패악들이 마각을 드러낸 것은 말할 것도 없이 숨겨져 있다는 것 등에 대한 탄식에 귀를 기울이지 않으면 안 될 것이다. 왜냐하면 우리가 선하다고 부르는 자가 일반적인 부류의 악인이기 때문이다. 그리고 그는 (모든 패악 중에서 가장 병적인) 문화와 문명의 패악들에 싫증이 나서, 그 자신 또 다른 하나의 패악인, 인간 증오의 패악을 일으키지 않으려고 차라리 인간의 행위들에서 눈길을 돌리고자 할 것이다. 그러나 그가 이것으로 아직 만족하지 못한다면, 그는 단지 두 상태[자연상태와 개화상태]가 놀라운 방식으로 결합한 상태, 곧 여러 민족의 외적 상태를 고려해보는 것도 좋을 것이다. 문명화된 여러 민족은 야만적인 **자연상태**[62](지속적인 전쟁체제의 **상태**)에서 대립하고 있고, 또한 그런 상태에서 결코 벗어날 수 없다고 굳게 믿고 있다. 그리고 그는 국가들†이라고 불리는 거대한 사회들의 근본원칙

VI 34

A 27

B 30

---

† 사람들이 이 국가들의 역사를 단지 우리에게 많은 부분이 숨겨진 인간성의 내적 소질의 현상으로 본다면, 국가들의(즉 민족들의) 목적이 아니라 오히려 자연의 목적, 즉 목적들을 향한 자연의 기계법칙적인 진행을 알게 될 것이다. 각각의 국가는 한 국가가 다른 국가를 정복하고자 희망하는 한 그 나라를 정복함으로써 자기를 확대하고 하나의 보편왕국을, 즉 그 안에서 일체의 자유와 그리고 그것과 함께하는 (자유의 결과인) 덕, 취미, 학문을 소진할 수밖에 없는 하나의 체제를 향해 애쓴다. 그러나 (그 안에서 법칙들이 점차 그 힘을 상실하는) 이 괴물은 모든 이웃 나라를 삼켜버린 다음에 결국은 폭동과 분열이 일어나 많은 작은 국가로 저절로 해체되고 만다. 그런

들이 공개적인 표명과는 전적으로 모순적이면서도 결코 폐기할 수 없다는 것, 아직 어떤 철학자도 이 원칙들을 도덕과 일치시킬 수 없었으며, 또한 (유감스럽지만) 인간의 본성과 조화할 수 있는 더 좋은 원칙들을 제시할 수 없었다는 점을 알게 될 것이다. 그리하여 세계 공화국으로서 국제연맹에 기초한 영원한 평화[64] 상태를 희망하는 철학적 천년왕국설[65]은 전 인류의 완성된 도덕적 개선을 대망하는 신학적 천년왕국설[66]과 마찬가지로 하나의 망상으로 일반의 비웃음을 받게 된다.

그런데 이러한 악의 근거는 1) 사람들이 흔히 말하듯이, 인간의 감성 및 그것에서 생겨나는 자연적 경향성들 안에 있는 것이 아니다. 왜냐하면 이것들은 악과는 아무런 직접적 관계도 없으며(오히려 도덕적 심정을 그 힘에서 증명할 수 있는 것, 즉 덕에 대하여 기회를 주는 것이고), 그래서 우리는 이것들의 존재에 대하여 책임을 질 필요가 없기 때문이다. (우리는 그에 대한 책임을 질 수도 없는데, 그것들은 천부적인 것으로서 우리가 그 창시자가 아니기 때문이다.) 그러나 우리는 참으로 악에 대한 성벽에 책임을 져야 한다. 악의 성벽은 주관의 도덕성과 관련이 있으며, 따라서 자유롭게 행위하는 존재자로서 주관 안에서 마주치는 것이므로, 스스로 죄책이 있는 주관에 그 책임이 돌려질 수밖에 없다. 이 악에 기울어지는 성벽은 자의 안에 깊이 뿌리 박혀 있고, 바로 그 때문에 악의 성벽은 본성적으로 인간 안에 있다고 말할 수밖에 없다. — 또한 이 악의 근거는 2) 도덕적으로-입법하

B 31

VI 35

A 28

데 이 작은 국가들은 하나의 국가연합(자유롭게 연맹한 민족들의 공화국)을 향해 노력하는 대신에, 다시금 그들 각각이 전쟁(이 인류의 재앙)을 정말로 끊이지 않게 하는 놀이를 또다시 새롭게 시작한다. 전쟁은 보편적 독재정치라는 무덤(또는 전체정치가 어느 단일 국가 내에서도 나약하게 되지 않기 위한 국제연맹)보다는 덜 구제 불가능한 악이기는 하지만, 그럼에도 옛사람이 말했듯이, 전쟁은 악한 인간들을 제거하기보다는 더 많이 만든다.[63]

는 이성의 **부패**에 있다고 설정할 수도 없다. 이것은 마치 이성이 자신 안에 있는 법칙 자체의 권위를 말살하고, 이 법칙에서 나오는 구속성을 부인할 수 있다고 보지만, 이런 일은 절대로 불가능하기 때문이 다. 자신을 자유롭게 행위하는 존재자라고 생각하면서도 또한 그런 존재에게 합당한 법칙(도덕법칙)에 매이지 않았다고 생각하는 것은 (자유에서는 자연법칙들에 따른 규정을 제외하므로) 일체의 법칙 없이 작용하는 원인을 생각하는 것이나 마찬가지이므로, 그것은 모순이다. ── 그러므로 감성은 자유에서 생겨날 수 있는 동기들을 제거함으로써 인간을 **동물적인** 것으로 만들기 때문에 인간 안에 있는 도덕적 악의 근거를 제시하기에는 너무나 부족한 상태에 있다. 그 반면에 도덕법칙에 얽매이지 않는, 즉 **사악한 이성**(즉 단적으로 악한 의지)은 너무나 풍족한 상태에 있다. 왜냐하면 사악한 이성을 통한 법칙과의 상충이 동기로까지 상승함으로써(일체의 동기 없이 자의를 규정할 수 없으므로) 주체를 하나의 악마적 존재로 만들 것이기 때문이다. ── 그러나 이 둘 중 어느 것도 인간에게는 적용할 수 없다.

B 32

A 29

그러나 이제 인간 본성 안에 있는 이러한 악의 성벽의 현존 사실을 시간 안에서 실제로 발생하는 인간의 자의와 법칙의 상충에 대한 경험적 증명들로 밝혀낼 수 있다 하더라도, 이 경험적 증명들은 이 성벽의 본래적 성질과 이러한 상충의 근거를 가르쳐주지 못한다. 오히려 이 성벽의 본래적 성질은 자의와 (그러므로 그 개념이 경험적이지 않은 그러한 것)의 관계가(그것에 관한[67] 개념 역시 순수하게 지성적인) 동기로서 도덕법칙과 관련이 있으므로, 이 악은 자유의(구속력과 책임 능력의) 법칙들에 따라서 가능한 한 이 악의 개념에서 아프리오리하게 인식하지 않으면 안 된다. 악의 개념은 다음과 같이 펼쳐진다.

B 33

인간은 (가장 사악한 자일지라도) 어떤 준칙에서도 도덕법칙을 반

VI 36

역적으로(즉 복종을 거부하면서) 포기하지는 않는다. 도덕법칙은 오히려 인간에게 그의 도덕적 소질에 따라 불가항력적으로 육박해온다. 그리고 그것에 반하여 작용하는 다른 어떤 동기도 없을 경우에 인간은 역시 도덕법칙을 자의의 충분한 규정근거로서 그의 최상의 준칙으로 채택할 것이다. 다시 말해 그는 도덕적으로 선하다. 그러나 인간은 역시 아무 죄과 없는 자신의 자연적 소질 때문에 감성의 동기들에 의존하며, 또한 그것들을 (자기애의 주관적 원리에 따라) 자신의 준칙으로 채택한다. 그러나 만약 인간이 (자기 자신 안에 가지고 있는) 도덕법칙에 얽매이지 않고 이 감성의 동기들을 의지를 규정하기 위해 그 자체만으로도 충분한 그의 준칙으로 채택한다면, 그는 도덕적으로 악한 것이다. 이제 인간이 자연스럽게 이 둘[도덕법칙과 감성의 동기]을 준칙으로 채택하고, 또한 이 둘 중 각각이 독자적으로 있다 하더라도 의지를 규정하기 위해 충분하다고 볼 것이므로, 준칙들의 차이가 단지 (준칙들의 질료인) 동기들의 차이, 즉 법칙 또는 감관충동 중에서 어떤 것이 그러한 동기를 제공하느냐에 있다면, 인간은 도덕적으로 선하면서 동시에 악한 것이다. 그러나 이것은 (서론에서 본 바와 같이[68]) 모순이다. 그러므로 인간이 선한지 혹은 악한지의 차이는 그가 그의 준칙으로 채택하는 동기들의 차이에 있는 것이 아니라(즉 준칙의 질료에 있는 것이 아니라), 그가 이 둘 중 어느 것을 다른 것의 조건으로 만드는가 하는 종속관계(즉 준칙의 형식)에 있다. 따라서 인간이(가장 선한 인간이라도) 악한 것은 오직 그가 동기들을 자기 준칙 안에 채택할 때 동기들의 윤리적 질서를 전도할 때뿐이다. 즉 도덕법칙을 자기애의 법칙과 나란히 준칙으로 채택하기 때문에 악한 것이다. 그러나 하나의 법칙이 다른 하나의 법칙과 양립할 수 있는 것이 아니라, 오히려 하나가 그것의 최상 조건인 다른 하나에 따를 수밖에 없다는 사실을 그가 알게 될 때, 후자[도덕법칙]가 오히려 전자[자기애의 동기와 그 경향성들]의 만족을 위한 **최상 조건**으로서 자의의 보편적 준칙인 유일한 동기로 채택해야 함에도, 그는 자기애의 동기와 그 경향성들을 도덕법칙의 준수 조건으로 삼게 된다.

윤리적 질서에 반하는 그의 준칙에 의한 동기들의 이와 같은 전도에도 그 행위들은 마치 진정한 원칙들에서 발생한 것처럼 합법칙적인 것으로 좋게 보일 수도 있다. 이성이 만일 도덕법칙에 고유한 준칙들 일반의 통일성을 **행복**이라는 이름을 걸고서, 그렇지 않을 경우에 전혀 부합할 수 없는 준칙들의 통일성을 순전히 경향성의 동기들 안으로 밀어 넣기 위해 사용한다면, 그 경우 경험적 성격은 선하다고 해도 예지적 성격은 언제나 악하다. (예를 들면, 사람들이 진실성을 원칙으로 채택한다면, 우리의 거짓말을 서로 부합하게 하거나, 거짓말의 미궁에 스스로 말려들어가게 되는 불안에서 우리를 벗어나게 한다.)

이제 그와 같은 성벽이 인간의 본성 안에 있다면, 인간은 악을 향한 본성적인 성벽을 지닌 것이다. 그리고 이러한 성벽 자체는 결국 자유로운 자의 안에서 찾을 수밖에 없고 그에 대한 책임을 물을 수 있으므로, 도덕적으로 악한 것이다. 이 악은 모든 준칙의 근거를 부패시키기 때문에 **근본적**인 것이다. 또한 동시에 그것은 자연적 성벽으로서 인간의 힘으로는 **근절**할 수 없다. 이것을 근절하는 일은 선한 준칙들로만 일어날 수 있는데, 모든 준칙의 최상의 주관적 근거를 부패한 것으로 전제한다면, 이러한 일은 일어날 수 없기 때문이다. 그럼에도 악에 기울어지는 성벽은 자유롭게 행위하는 존재인 인간에게서 발견되므로 그것을 **극복**하는 것은 가능하다.

그러므로 인간 본성의 악의성은 엄밀한 의미에서 악성,[69] 곧 악을 악으로서 자기의 준칙에 동기로 채택하는 심정(준칙들의 주관적 **원리**)이 아니다(이런 심정은 악마적인 것이다). 그보다는 오히려 심성의 전도성[70]이라고 할 수 있는데, 이러한 심성은 그 결과에서 **악한 심성**이

B 35

VI 37

A 32

B 36

라고 할 수 있다. 이런 악한 심성은 일반적으로 선한 의지와 양립할 수 있으며, 채택된 원칙들을 준수하기에 충분히 강하지 못한 인간 본성의 허약성에서 발생한다. 그런데 이 허약성은 동기들을(선한 의도로 하는 행위들의 동기들조차도) 도덕적 규준에 따라서 서로 분리하지 않고, 결국은 기껏해야 동기들이 법칙과 부합하는지를 주의할 뿐이고 법칙에서의 도출, 다시 말하면 유일한 동기로서 법칙에는 주의를 기울이지 못하는 불순성과 결합하여 생겨난다. 여기에서 언제나 위법적인 행위와 그것을 향한 성벽, 즉 **패악**이 발생하지는 않지만 패악의 부재를 이미 (덕을 위한) 의무의 법칙과 **심정**의 일치로 해석하는 사유방식은 (이 경우에 준칙의 동기는 전혀 주의를 끌지 못하고, 단지 축자적인 법칙 준수만을 고려하므로) 그 자체가 이미 인간 심성 안에 있는 근본적 전도성이라고 일컬을 수밖에 없다.

생득적 죄과[71]는 아주 어릴 때라도 인간 안에서 자유로이 사용되면서 곧바로 지각할 수 있기에 그렇게 부른다. 그럼에도 그것은 자유에 근거를 두었으며, 따라서 그에 대한 책임을 물을 수 있으므로, 첫째의 두 단계(허약성과 불순성)에서는 고의적이 아닌 것(과실)[72]으로 보인다. 그러나 셋째 단계에서 고의적인 범죄라고 판정할 수 있는 이 죄과는 인간 심성의 어떤 **간악성**(불량한 간계)을 특성으로 한다.[73] 즉 이것은 자기 자신의 선한 또는 악한 심정에 대하여 자기 자신을 기만하며, 그 행위들이 그 준칙에 따라 초래할 수도 있었던 악을 결과로 갖지 않는다면, 자기의 심정 때문에 불안해하기보다는 오히려 법칙 앞에서 자기 자신의 정당성을 주장하는 간악성에서 빚어진다. 그러므로 많은(그들의 견해에 따르면 양심적인) 사람에게는 법칙을 무시하거나, 적어도 법칙을 최우선적으로 고려하지 않는 그들의 행위들이 다행스럽게도 악한 결과에서 벗어나기만 한다면 양심이 평안해지고, 더욱이 타인들이 저지른 것과 같은 그런 범행들을 자기는 저지

르지 않았다는 느낌에서 자기가 공적을 세우고 있다는 생각이 일어
나게 한다. 그리고 이 경우에 그들은 그런 일이 그저 행운 덕택은 아
닌지, 그리고 또한 무능력, 기질, 교육, 유혹으로 이끄는 시간과 장소   B 38
의 상황(즉 우리에게 책임이 돌려질 수 없는 것)이 그들을 패악에서 멀
리 떨어져 있도록 하지 않았다면, 사유양식에 따라 그들이 원할 경우
에 언제라도 터져 나올 수 있는 똑같은 패악들을 그들도 저지르지 않
았을지 생각해보려고도 하지 않는다. 자기 자신을 파란 연기로 기만
하는[74] 이러한 불성실성은 우리 안에 순수한 도덕적 심정을 세우는
것을 저해하고, 타인에 대한 허위와 기만으로 외부로까지 확장해나
간다. 이 불성실성은 악성이라고 할 수는 없지만 적어도 비열함[75]이
라고 부를 수 있으며, 인간 본성의 근본적인 악에 있다. 그런데 이러
한 근본적 악은 (사람이 어떠한 인간이어야만 하는가에 관한 도덕적 판
단력을 엇나가게 하여 내적으로나 외적으로 책임 규명을 매우 불확실하
게 함으로써) 인류의 썩은 오점을 만들어 우리가 이 얼룩을 제거하지   A 35
않는 한, 그것이 없어질 때 가능할지도 모르는 선의 종자가 발현하는
것을 방해한다.

영국 의회의 한 의원[76]은 격분하여 "인간은 누구나 그 자신을 팔
아넘길 때 부를 가격을 생각하고 있다"라고 주장한 바 있다. 만일 이
것이 사실이라면(이에 대해서는 각자가 스스로 결정할 수 있으나), 즉
어떤 정도의 유혹도 넘어뜨릴 수 없는 덕이 전혀 없다면, 또한 악한   VI 39
영이 우리를 그의 편으로 끌어들일지 아니면 선한 영이 그렇게 할지
가 단지 어느 쪽이 더 많은 값을 부르고, 그 둘 중 어느 편이 더 빨리
그 값을 지불하는지에만 달렸다면, 한 사도가 "여기에는 아무런 차   B 39
이도 없습니다. 그들은 모두가 죄인입니다. 즉 — 선을(법칙의 정신에
따라서) 행하는 이는 한 사람도 없습니다. 단 한 사람도 없습니다"[77]
라고 말한 것은 인간 일반에게 보편적으로 참일 것이다.*

* 도덕적으로 심판하는 이성의 이런 유죄 판결에 대한 본래 증명은 오히려 이 앞 절에서 언급했다. 이 절에서는 단지 경험에 따라 그 판결의 확증을 제시했을 뿐이다. 그러나 경험은 법칙에 관계하는 자유로운 자의의 최상의 준칙 안에 있는 악의 뿌리를 결코 드러낼 수 없다. 왜냐하면 악의 뿌리는 모든 경험에 선행하는 **예지적 행위**[78]이기 때문이다. 여기에서, 즉 준칙이 관계하는 법칙의 통일성 중에서 최상의 준칙의 통일성으로부터 또한 우리는 왜 인간의 순수한 지성적 판단의 근거에 선과 악 사이의 중간자를 배제하는 원칙이 있어야만 하는지를 이해할 수 있다. 이와 반대로 감성적 행위[79] [실제적인 행위 일체]에 따른 경험적 판단의 근저에는 이 양극단 사이의 중간자, 즉 한편으로는 모든 교육에 앞서는 무관심이라는 소극적 중간자와 다른 한편으로는 부분적으로는 선하고 부분적으로는 악한 것의 혼합으로서 적극적인 중간자가 존재한다는 원칙이 있음을 이해할 수 있다. 그러나 후자[경험적 판단]는 단지[80] 현상에서 인간의 도덕성에 대한 판단일 뿐이고, 최종 판정에서는 전자[지성적 판정]에 따르지 않으면 안 되는 것이다.

IV. 인간의 본성 안에 있는 악의 근원에 대하여

근원(최초의 것)이란 어떤 결과가 그 최초의 원인, 즉 그 자체가 또다시 동일한 유형의 어떤 다른 원인의 결과가 아닌 그런 원인에서 유래하는 것을 말한다. 근원은 이성 근원이 아니면 시간 근원으로 생각할 수 있다. 첫째 의미의 근원 개념(이성적 근원)에서는 단지 결과의 현존만을 고찰할 뿐이다. 그러나 둘째 의미의 근원 개념(시간적 근원)에서는 결과의 발생 자체를 주목하게 되는데, 이때 결과는 사건으로서 시간 안에 있는 그의 원인에 관련된다. 결과가 도덕적 악에서처럼, 자유의 법칙에 따라 그와 관련이 있는 원인과 관계를 갖게 될 때, 결과를 발생시키는 자의의 규정은 시간 안에 있는 그의 규정 근거가 아니라 오히려 이성 표상 안에 있는 규정 근거와 결합하는 것으로 생각해야 하며, 어떤 선행하는 상태에서 나올 수 없다. 이와 반대로 악한 행위가 세계 내적인 사건으로서 그의 자연 원인에 관계된다면 언제나 선행 상태에서 나와서 행해지지 않으면 안 된다. 자유로운 행위 자체에 관하여 시간적 근원을 (마치 자연결과들에서처럼) 구하는 것은 하나의 모순이다. 또한 인간의 도덕적 성질에 대하여 그것이 우연적으로 생각되는 한 시간적 근원을 구하는 것은 모순이다. 왜냐하면 인간의 도덕적 성질은 자유의 **사용** 근거를 의미하며, 그것은 (자유로

B 40

A 37; VI 40

운 자의 일반의 규정 근거와 마찬가지로) 오직 이성의 표상들 안에서만 찾아야 하기 때문이다.

그러나 또한 인간 안에 있는 도덕적 악의 근원이 어떤 성질의 것이든지 간에 우리 인류의 모든 구성원을 통한, 그리고 인류의 모든 자손에게서 악의 전파와 존속에 관한 모든 표상 방식 중에서 가장 부적당한 것은 악이 유전적 상속을 거쳐 최초의 부모들에서 우리에게 전해져왔다고 표상하는 것이다. 왜냐하면 우리는 시인이 선에 관하여 한 말, 즉 "동족과 조상, 그리고 우리 자신이 스스로 행하지 않은 것은 우리 것이라고 할 수 없다"[81]라는 말을 도덕적 악에 관해서도 또한 말할 수 있기 때문이다.* 또 한 가지 주목해야 할 것은 우리가 악의 근원을 탐구할 때 무엇보다도 먼저 악에 기울어지는 성향을 (잠재적 죄악으로서) 고려하지 않고 단지 주어진 행위의 현실적인 악을 그의 내적

_____

* 이른바(대학에서) 세 개의 상위 학부[기초학부인 철학부에 대하여 상위 전문학부인 의학부, 법학부, 신학부를 가리킨다]는 각각 그들의 방식대로 이 죄의 상속을 설명할 것이다. 즉 그들은 이것을 [의학부는] 유전병으로 [법학부는] 상속된 부채로 또는 [신학부는] 원죄로 설명할 것이다. 1. 의학부는 유전적인 악을 촌충과 같은 어떤 것으로 생각할 것이다. 실제로 몇몇 자연과학자는 그에 관하여 그것이 우리 안에서밖에는 어떤 요소 안에서도 발견하지 못하고, 또한 다른 동물 안에서도 발견하지 못하므로 우리의 최초 부모들 안에 있었음이 틀림없다고 생각한다. 2. 법학부는 유전적인 악을 조상에게서 우리에게 남겨진, 그리고 중한 범죄를 지니고 있는 유산 상속의 법률적 결과라고 본다. (왜냐하면 탄생한다는 것은 우리의 존속에 필수 불가결한 지상의 재화를 획득하는 것에 지나지 않기 때문이다.) 그러므로 우리는 대가를 지불(죄의 보상)하지 않으면 안 되며, 결국은 (죽음으로) 이 소유에서 추방당하는 것이다. 법률상 이 얼마나 정당한 일인가? 3. 신학부는 이 악을 저주받은 반역자의 타락에 우리의 최초 부모가 개인적으로 참여한 것이라고 본다. 우리는 (지금은 그것을 의식하지 못하지만) 그때 친히 동참했거나, 아니면 현재 그 반역자의(이 세상의 군주로서) 지배하에 태어나서 이 세상의 재보에 천상의 지배자의 최고 명령에 대해서보다도 더 마음을 쓰며, 그것에서 벗어나려는 성실성도 충분히 지니지 못했다. 그러므로 우리는 앞으로 반역자와 운명을 함께하지 않으면 안 된다.

70

가능성에 따라서, 그리고 악의 행위가 행해지기 위하여 자의 안에 함께 일어나야 할 것들에 관해 고찰할 뿐이라는 것이다.

각각의 악한 행위는 그의 이성적 근원을 구할 때에는, 마치 인간이 A 39; VI 41 무죄 상태에서 직접 악한 행위로 떨어진 것처럼 생각하지 않으면 안 된다. 왜냐하면 그의 이전 상태가 어떻든 간에 그에게 영향을 주는 자연적 원인이 어떤 것이든지, 즉 그 원인들을 그의 안에서 발견하든지 밖에서 발견하든지 간에 그의 행위는 자유로운 것으로서 이 원인들 중 어느 것에도 구속받지 않기 때문이다. 따라서 항상 그의 자의의 근원적 사용으로 판정할 수 있고 또 그렇게 판정하지 않으면 안 된다. 어떠한 시간적 상황이나 어떠한 관계 안에 있었다 하더라도 그는 그 행위들을 중단했어야만 했다. 왜냐하면 이 세상에 있는 어떤 원인으로도 그가 자유롭게 행하는 존재임을 멈출 수 없기 때문이다.

인간은 과거의 자유로운, 그러나 위법적인 행위에서 나오는 **결과들**까지도 책임져야 한다고 말하는 것이 정당하기는 하다. 하지만 이 말 B 43 이 뜻하는 바는 단지 그 원인이었던 분명히 자유로운 행위 안에 책임져야 할 충분한 근거가 있으므로, 그런 구실을 만들어내거나 결과들이 자유로운 것인지 결정하려고 할 필요가 없다는 것이다. 그러나 어떤 사람이 바로 직전의 자유로운 행위에 이르기까지 아직 대단히 악하다고(제2의 본성으로서 습관이 될 만큼) 하더라도, 과거에 좀더 선했어야 하는 것이 그의 의무일 뿐 아니라 미래에 더욱 선해져야 하는 것도 또한 그의 의무다. 마치 그가 선에 대한 자연적 소질(자유와 불 A 40 가분의 관계에 있는)을 부여받았으면서도 무죄 상태에서 악으로 넘어간 것처럼, 그는 그 자신을 한층 더 선하게 만들 수 있어야 한다. 만일 그렇게 하지 못하면 인간은 행위하는 순간에 책임질 능력이 있어야 하며, 또한 문책을 받게 된다. 그러므로 우리는 이 행위에 대해 시간적 근원을 물어서는 안 되고 단지 이성적 근원을 물어야 한다. 왜냐하면 그의 이성적 근원에 따라 성향, 즉 우리의 준칙 안에 법칙의 위반을 채용하는 보편적·주관적 근원을 (그런 것이 있다면) 규정할 수 있고, 또한 가능한 한도에서 그를 해명할 수 있기 때문이다.

B 44 　그런데 성서에서 악의 근원을 인류에게서 시작한 악으로 묘사하는 표상방식은 앞에서 펼쳐본 우리 견해와 아주 잘 일치한다. 성서는 악의 근원을 하나의 설화 안에서 표현하는데, 이 설화 안에서는 그의 본성상 (시간 조건을 고려하지 않고) 최초의 것으로 생각해야 할 것이 시간상 최초의 것으로 나타난다. 이 설화에 따르면 악은 근거에 놓여 있는 악의 성향에서 시작하는 것이 아니다. 만일 악이 그렇게 시

VI 42 작한다면 악은 자유에서 나오는 것이 아니라 죄에서(이 죄는 신의 계명인 도덕법칙의 위반을 의미한다) 나오는 것이 될 것이다. 그러나 악의 모든 성향에 앞서는 인간의 상태는 무죄라고 성서는 말한다. 성서의 이 설화에서 도덕법칙은 순수하지 못하고 본능적 경향성에 유혹받는 존재, 즉 인간에게 마땅히 그래야 하듯이 금지로 미리 주어져 있

A 41 다(모세1경 2: 16~17).[82] 그런데 인간은 이 법칙을 충분한 동기(이 동기만이 무조건적으로 선하며, 이에 대해서는 더는 다른 생각이 있을 수 없는)로 곧바로[83] 따르는 대신에 단지 조건적으로만(즉 그에 따라 법칙 위반이 생기지 않는 한에서) 선할 수 있는 다른 동기들을 찾아 헤맨다(모세1경 3:6).[84] 또한 인간은 행위가 의식적으로 자유에서 나왔다고 생각할 때에도, 의무감에서 의무의 법칙에 따르는 것이 아니라 다른 동기들에 대한 고려에서 그를 따르는 것을 준칙으로 삼았다. 따라서 인간은 이와 함께 다른 어떤 동기의 영향도 물리치는 신의 계명의 엄격성을 의심하기 시작했고, 그다음에는 명령에 대한 복종을 단지 (자기애의 원칙 밑에 있는) 조건으로 주어진 수단의 성격으로 끌어내

B 45 리는 부당한 궤변을 늘어놓게 되었다.* 그리고 여기에서 결국 법칙에서 나오는 동기를 능가하는 감성적 충동의 우월성을 행위의 준칙 안

에 채용함으로써 죄를 범하게 되었다(모세1경 3:6). "이름만 바꾼다 A 42
면 이 이야기는 당신에 관하여 말하는 것이다."[87] 우리가 매일 꼭 같
이 그렇게 한다는 것, 즉 "아담 안에서 모든 인간이 죄를 지었고" 또
아직 죄를 짓고 있다는 것은 이상과 같은 설화에서 분명해진다. 단
지 우리는 이미 법칙 위반의 생득적인 성향을 전제하지만, 최초 인간
에게는 그와 같은 성향을 전제하지 않고 시간상으로 무죄를 전제했
다. 따라서 우리의 법칙 위반이 우리 본성의 악의성에서 나온다고 표
상한 것과 달리, 이 최초 인간의 법칙 위반은 타락[88]이라고 불려왔다.
그러나 성향이 뜻하는 것은 다른 것이 아니라 악을 그 시간적 시초에
관하여 설명하려고 할 경우, 우리는 법칙의 의도적 위반의 모든 원인
을 우리가 이성 사용을 전개하기 이전의 삶의 초기에서 구하게 된다 B 46; VI 43
는 것이다. 따라서 생득적이라고 불리는(자연적 근본 소질로서) 악의
성벽에까지 거슬러 올라가 악의 원천을 추구하지 않으면 안 된다는
것이다. 이것은 이미 이성을 사용할 충분한 능력을 지닌 자라고 생각
하는 최초 인간에게는 필요하지 않으며 또한 가능하지도 않다. 그것
이 필요하거나 가능하다면 그 토대(악한 성벽)가 천부적인 것이 아
니면 안 되기 때문이다. 따라서 그의 죄는 무죄 상태에서 직접 발생
해서 나오는 것으로 드러난다. 그러나 우리는 우리에게 책임이 돌려
지는 우리의 도덕성 성품에 관하여 결코 어떤 시간적 근원도 추구해

---

*   도덕법칙에 그 자체로 충분한 동기로서 그의 준칙 안에서 자의의 다른 모
     든 동기를 능가하는 우월성을 인정하지 않고 도덕법칙에 대한 존경을 표
     명하는 것은 모두 위선일 뿐이며, 이러한 성벽은 내적인 기만, 즉 도덕법칙
     을 해석할 때 법칙을 손상시키는 방식으로 자기 자신을 기만하는 것이다
     (모세1경 3, 5).[85] 그 때문에 (기독교 부분[신약]의) 성서도 역시 (우리 자신
     속에 존재하는) 악의 창시자를 처음부터 거짓말쟁이[86]라고 하며, 악의 주
     요 근거가 자신의 안에 있는 것처럼 보이는 것과 관련해서 인간에게도 그
     런 특징을 부여한다.

A 43 서는 안 된다. 우리가 도덕적 성격을 **설명**하려 할 때, (그렇기에 성서
도 역시 우리의 이러한 약점에 맞추어 이 도덕적 성격을 그렇게 표상하
기는 했지만) 그렇게 하는 것이 아무리 불가피하더라도 그래서는 안
된다.

그러나 종속적인 동기들을 최고의 것으로 준칙 안에 받아들이는
방식에서 나타나는 우리의 자의의 탈선, 즉 악에 기울어지는 성향의
이성적 근원은 우리에게는 파악 불가능한 것으로 남는다. 왜냐하면
그 근원 자체에 대해 우리는 책임이 있으며, 따라서 모든 준칙의 최
고 근거가 또다시 악한 준칙의 채용을 요구하기 때문이다. 악은 오
직 도덕적 악에서만(우리 본성의 단순한 제한성에서부터가 아니라) 발
생할 수 있다. 그러나 인간의 근원적 소질은(그가 부패한 책임이 인간
에게 있다면 인간 이외의 어떤 존재도 이 소질을 부패시킬 수는 없었기
B 47 때문이다) 선의 소질이다. 그러므로 도덕적인 악의 최초 발생 근거로
이해할 수 있는 어떤 근거도 우리에게는 없다. ─ 성서에서는 이 이
해 불가능성을 그 역사 설화에서* 인류의 악의성에 대한 더 상세한

---

* 여기에 진술한 것을 성서 해석처럼 여겨서는 안 된다. 성서 해석은 이성의
오롯한 능력의 한계를 넘어서 있다. 사람들은 어떤 하나의 역사적 진술을
도덕적으로 이용하고자 할 때, 그것이 원저자가 의도한 의미인지 아니면
단지 우리가 그런 의미를 부여했는지 결정하지 않고도 그것을 해명할 수
있다. 그러나 이것은 단지 그 역사적 진술이 역사적 증명이 전혀 없이도 그
자체로 참되고, 그와 함께 그 저술의 한 구절에서 우리의 개선에 도움이 될
수 있는 무엇인가를 이끌어낼 수 있을 만큼 탁월한 것일 때에 한해서만 가
능할 수 있다. 그렇지 않다면 그 개선은 우리의 역사적 인식에서 실속 없는
증대에 불과할 것이다. 사람들은 (그것을 어떻게 이해하든지 간에) 더 선한
인간이 되는 데 보탬이 되는 것을 역사적 증명 없이도 인식하고, 더군다나
역사적 증명 없이도 인식하지 않으면 안 될 경우에는 더 선한 인간이 되는
데 아무런 도움도 되지 않는 것에 대해서, 그리고 그런 것들의 역사적 권위
에 대해서 필요 없는 투쟁을 해서는 안 된다. 아무런 내적 타당성도 없고,
누구에게나 타당한 관계를 갖지 않는 역사적 인식은 도덕적 행위와 무관

규정과 함께 다음과 같이 서술했다. 즉 성서의 설화에 따르면 악은 세계의 시초에서 인간 안에 놓여 있었던 것이 아니라, 그에 앞서 이미 본래는 인간보다 한층 더 숭고한[89] 운명을 지녔던 영 안에 놓여 있었다. 이 같은 성서 설화로 볼 때 모든 악 일반의 최초 시작은 우리에게는 파악 불가능한 것으로 여겨진다. (그렇다면 그 영에서 악은 어디에서 왔는가.) 그러나 인간은 단지 **유혹**을 받아 약속을 어겼으므로 그 근거에서부터(즉 선을 향한 최초 소질에서부터) 타락한 것은 아니다. 유혹하는 영, 다시 말하면 육신의 유혹이 그의 죄과를 감면시킨다고는 볼 수 없는 그런 존재자와 달리, 인간은 아직도 개선할 능력이 있는 존재로 묘사되어 있다. 비록 타락한 심성이라도 선한 의지를 소유한 인간에게는 악에서 벗어나서 또다시 선으로 돌아갈 수 있는 희망이 아직도 남아 있다.

A 44

VI 44

B 48

하므로, 누구에게든지 그것이 자신에게 유익하면 그것을 지지해도 좋다고 여기게 할 것이다.   VI 44

일반적 주석[90)

선의 근원적 소질에 다시 활기를 불어넣음에 대하여[91)

[은총의 작용에 대하여]

도덕적 의미에서 인간이 어떤 존재인지 또는 어떤 존재가 되어야 하는지, 선한지 악한지에 대해서는 인간 자신이 **스스로를** 그렇게 만들었고 또한 그렇게 만드는 것이 분명하다. 인간이 선하든 악하든 모두 자유로운 자의의 결과가 아니면 안 된다. 왜냐하면 그렇지 않다면 인간에게 그 도덕적인 것에 대한 책임을 물을 수 없으며, 따라서 인간은 **도덕적으로** 선하다고도 악하다고도 말할 수 없게 되기 때문이다. 만약 인간이 "선하게 창조되었다"라고 말한다면, 그것은 단지 인간을 선을 지향하도록 창조했고, 인간 안의 근원적 소질이 선하다는 것만 뜻할 뿐이지 그 이상은 아니다. 인간은 이 소질 자체만으로는 아직 선하다고 볼 수 없다. 오히려 이 소질이 내포하는 동기들을 자기의 준칙 안에 채용하는가 하지 않는가에 따라서(이것은 전적으로 그의 자유로운 선택에 맡겨져야 한다) 그 자신을 선하게 만들기도 하고 악하게 만들기도 한다. 선하게 되기 위하여 어떤 초자연적인 도움이 필요하다는 것을 강조한다 하더라도 이 초자연적인 도움은 단지 방해물을 덜어주거나 적극적으로 도와주거나 하는 것에 불과하다. 그럼에도 인간은 먼저 자신을 이런 도움을 받을 만한(이것은 결코 작은 것이 아니다) 가치가 있는 존재로 **만들어야** 하며, 적극적인 힘의 증대를 그의 준칙 안에 채용해야만 한다. 오로지 이로써만 인간은 그의 선에 대해 책임을 질 수 있으며 선한 인간으로 인정받을 수 있게 된다.

자연적으로 악한 인간이 자기 자신을 선한 인간으로 만드는 일이 A 46 어떻게 가능한지는 우리의 모든 이해를 넘어서 있다. 도대체 어떻게 VI 45 악한 나무가 선한 열매를 맺을 수 있단 말인가?[92] 그러나 앞에서 인정한 바와 같이 근원적 소질에 따라 선한 나무가 악한 열매를 산출했고* 선에서 악으로 타락했다는(악이 자유에서 발생한다는 것을 잘 생각한다면) 것도 악에서 선으로 전향하는 것만큼이나 이해하기 힘든 일이다. 그러므로 악에서 선으로 돌아갈 가능성도 역시 반박할 수 없는 것이다. 왜냐하면 그러한 타락에도 "우리는 더 선한 인간이 되지 B 50 않으면 안 된다"라고 하는 명령이 이전과 다름없이 우리 영혼 속에서 울려 나오기 때문이다. 따라서 우리는 비록 우리 능력만으로는 불충분하고 그 때문에 불가사의한 차원 높은 도움에 마음이 쏠리게 되기는 하지만, 선한 인간이 되려고 노력하지 않을 수 없다. 물론 여기서 전제해야 할 것은 우리 속에 있는 선을 향한 소질이 그의 순수성을 그대로 간직하고 있다는 것이다. 즉 그것은 근절할 수도 없고 부패할 수도 없으며 또한 자기애도 아니다. 왜냐하면 자기애**는 우리가 채용 A 47

---

* 소질에서 좋은 나무라도 행위에서는 아직 좋은 것만은 아니다. 만약 그 나무가 행위에서도 좋다고 한다면 그 나무가 나쁜 열매를 맺지 않을 것이 확실하기 때문이다. 인간이 오직 도덕법칙을 위하여 그의 안에 놓인 동기를 자신의 준칙으로 채택했을 때에만 인간은 선한 인간(나무는 단적으로 좋은 나무)이라고 불린다.

** 전혀 다른 이중적인 의미로 받아들일 수 있는 낱말들은 종종 가장 명백한 A 47 근거들이 있는 확신조차도 오랫동안 저지한다. 사랑 일반과 마찬가지로 자기애도 호의의 자기애와 만족의 자기애로 나눌 수 있다. 그리고 이 둘[93]은 (그 스스로 이해하는 것처럼) 이성적인 것이 아니면 안 된다. 전자[호의의 자기애]를 자신의 준칙으로 받아들이는 것은 자연스러운 일이다. (그 누

가 항상 좋은 것을 원하지 않겠는가?) 그러나 그것이 이성적인 것은, 한편으로는 목적과 관련해서 가장 크고 가장 지속적인 행복과 공존할 수 있는 것만 택하고, 다른 한편으로는 행복의 이러한 구성 요소들 각각에 가장 적합한 수단을 선택하는 한에서 그러하다. 이 경우에 이성은 단지 자연적 경향성의 시녀 자리를 차지할 뿐이다. 그러나 여기에서 사람들이 행복을 위하여 채택하는 준칙은 도덕성과는 전혀 아무런 관계도 갖지 못한다. 이러한

B 51

준칙이 일단 자의의 무조건적인 원리가 되고 나면, 그것은 도덕성과 예측할 수 없을 정도로 크게 상충하는 원천이 된다. — 그런데 자기 자신에 대해서 마음에 드는[94] 이성적 사랑은 이미 언급한 것처럼, 자연적 경향성의 충족을 목표로 하는 준칙들(이러한 준칙들을 따름으로써 그 목적이 달성되는 한에서) 안에서 만족하는 것으로 이해할 수 있다. 그리고 이 점에서 이 이성적 사랑은 자기에 대한 호의의 사랑[95]과 마찬가지다. 사람들은 자신의 상업적인 의도들이 잘 들어맞아서 그때 그 자신이 취한 준칙들에 대해 자기의 탁월한 예지를 기뻐하는 상인처럼, 자기 자신을 마음에 들어 한다. 그러나 자

VI 46

기 자신에 대한 무조건적인(행위의 결과로 주어지는 이득이나 손실에 의존함이 없는) 만족이라는 자기애의 준칙은 우리의 준칙이 도덕법칙에 종속한다

A 48

는 조건 아래서만 우리에게 가능한 만족의 내적 원리일 것이다. 도덕에 무관심하지 않은 사람이라면 누구든지 자기 안에 있는 도덕법칙과 일치하지 않는 준칙을 의식하면 자신을 흡족하게 여길 수 없고, 오히려 자기 자신에 대한 처참한 불만감을 떨칠 수 없다. 사람들은 이것을[96] 그 자신에 대한 이성애[97]라고 부를 수 있을 것이고, 이러한 이성애는 자기 행위의 결과에서 (그 행위들로 얻어지는 행복이라는 이름으로) 생기는 만족의 다른 원인들이 자의의 동기들과 뒤섞이게 되는 것을 전적으로 저지한다. 그런데 이제 이 후자가 법칙에 대한 무조건적 존경을 의미한다면, 왜 사람들은 이성적인, 그러나 오직 둘째 조건 아래에서만 도덕적인 자기애라는 표현으로 순환에 빠지면서까지(왜냐하면 사람들은 도덕법칙에 대한 존경을 자유로운 자의의 최고 동기로 삼는 자신들의 준칙을 의식하는 한에서만 도덕적인 방식으로 자기를 사랑할 수 있기 때문이다) 쓸데없이 원칙의 분명한 이해를 어렵게 만들

B 52

려고 하는가? 감성의 대상들에게 의존하는 존재인 우리에게 행복은 우리 자신의 본성에서 제일의 것이고, 또한 우리가 무조건적으로 갈구하는 것이다. 그러나 이 행복은 이성과 자유를 타고난 존재로서 우리 본성상으로는 (사람들이 우리에게 생득적인[타고난] 것을 일반적으로 그렇게 부르고자 한다면) 결코 제일의 것도 아니고 무조건적으로 우리 준칙들의 대상이 되는 것도 아니다. 우리 준칙들이 목표로 하는 대상은 행복해도 좋을 품격, 즉 우리의 모든 준칙과 도덕법칙의 일치다. 이것[행복해도 좋을 품격]이 객관적으로, 그 아래에서만 전자[행복]에 대한 희망이 입법적인 이성과 부합할 수 있는 유일한 조건이라는 사실에 모든 도덕적 교훈이 존립하고, 또한 오직

하는 모든 준칙의 원리로 받아들여질 때 악의 근원이 되기 때문이다. B 51

그러므로 우리 안에 있는 선의 근원적 소질을 회복한다는 것은 상 B 48; Ⅵ 46
실한 선의 동기를 획득한다는 의미가 아니다. 왜냐하면 도덕법칙에
대한 존경을 내용으로 하는 선의 동기는 우리가 결코 상실할 수 있는 A 49
것이 아니기 때문이다. 만약 그런 일이 가능하다고 하면, 우리는 결
코 선의 동기를 다시 획득하지 못할 것이므로 선을 향한 소질을 회복
한다는 말도 옳지 않다. 그러므로 선의 소질을 회복한다는 것은 단지
우리의 모든 준칙의 최고 근거인 도덕법칙의 순수성을 확립하는 것
을 뜻한다. 이러한 회복에 따라 도덕법칙은 한갓 다른 동기들과 결
합하거나 그 동기들을 조건으로 하여 다른 동기들 아래에 종속하기
보다는 오히려 그 자체의 전적인 순수성에서 자신만으로 **충분한** 자
유로운 자의를 규정하는 동기로써 준칙을 받아들인다. 근원적인 선
은 자기 의무를 준수함으로써 오롯이 의무에서 나온[98] 준칙들의 신 B 53
성성[99]이다. 이 순수성을 자기 준칙으로 채택하는 사람이 그 사실만
으로 아직 성스럽게 된 것은 아니지만(준칙과 행위 사이에는 아직 커
다란 틈새[100]가 있으므로), 그럼에도 그는 무한한 전진 속에서 그것에 Ⅵ 47
다가가는 길 위에 서 있다. 우리는 자신의 의무를 준수하는 데서 완
벽함에 도달한 확고한 결의를 적법성으로 보아서, 즉 그 경험적인 성
격에서 덕(현상적 덕)[101]이라고 부른다. 그러므로 덕은 **합법칙적** 행위
들의 불변적인 준칙을 갖는다. 그리고 이러한 합법칙적 행위들을 위
해 사람들이 자의에 필요한 동기를 어디서 취하더라도 상관없다. 따
라서 이런 의미의 덕은 **점진적으로** 획득하는 것이기 때문에 어떤 이
들은 이것을 (법을 준수하는) 오랜 습관이라고 부른다. 이런 오랜 습

그런 조건 아래서만 행복하기를 희망하는 심정에 도덕적 사유방식이 존립
하는 것이다.

관 덕분에 사람들은 자기 행위를 점차 개선하고 또한 자기 준칙을 강화하여 패악의 성벽에서 반대 성향으로 넘어오게 되었다. 그런데 이를 위해서 필요한 것은 심성의 변화[102]가 아니라 윤리[103]의 변화다. 인간은 자신이 자기 의무를 수행하려는 준칙을 확고하게 지킨다고 느낄 때 자신이 덕이 있다고 여긴다. 그는 비록 모든 준칙의 최고 근거 자체인 의무에서가 아니라, 예를 들면 건강을 위하여 무절제에서 절제로, 명예를 위하여 거짓에서 진실로, 평안이나 이익을 위하여 불의에서 시민적 정직성으로 되돌아가는 경우에도 그렇게 여겼다. 이

모든 것은 행복의 원리에 따르는 것들이다. 그러나 어떤 사람이 한갓 **법적으로뿐만** 아니라 **도덕적으로** 선한(신의 마음에 드는) 인간, 즉 예지적인 성격에서 덕(예지적 덕[104])을 가진 사람이라고 한다.[105] 그는 어떤 것을 의무로 인식했을 때 의무 자체의 표상 이외에 어떤 다른 동기도 더는 필요하지 않은 그런 사람이 된다는 것을 뜻하며, 이때 준칙의 기초가 불순하다면 점진적인 개혁으로는 가능하지 않고 인간 안에 있는 심정의 **혁명**(심정의 신성성이 준칙으로 이행하는 것)으로 이루어지지 않으면 안 된다. 그는 오직 새로운 창조(요한 3, 5[106]; 1모세 1, 2[107] 비교 참조)와 같은 일종의 재생으로, 그리고 심성의 변화로만 새로운 인간[108]이 될 수 있다.

그러나 인간이 그의 준칙들의 근거에서 타락해 있다면, 그가 자신

의 힘으로 과연 이 혁명을 수행하여 스스로 선한 인간이 되는 것이 어떻게 가능하다는 말인가? 그럼에도 의무는 그렇게 되기를 명령한다. 그러나 의무는 우리가 할 수 있는 것 외에는 아무것도 명령하지 않는다. 이것은 바로 사고방식에 대해서는 혁명이 필연적이지만, (저런 방해들에 대립하는) 감각양식에 대해서는 점진적인 개혁이 필연적일 수밖에 없다는 사실, 따라서 인간에게 그것이 가능하지 않으면 안되는 것으로 조화시키는 일이다. 다시 말하면, 인간은 단 한 번 유일

한 결단을 내림으로써 그를 악인이 되게 한 최고 근거를 전복시킬 때 B 55; VI 48 (그리하여 새로운 인간[09]으로 변할 때), 또한 그런 경우에 한하여 원칙과 사고방식에 따라 선을 수용할 수 있는 주체다. 하지만 그는 단지 지속적인 작용과 성장 속에서만 선한 인간이다. 즉 그가 자유로운 자의의 최고 준칙으로 취한 원칙에 그런 순수성과 견고성이 있을 때 그 자신이 악에서 선을 향하여 부단히 전진하는 (비록 좁기는 하나) 더 선한 길을 가는 것으로 기대해도 좋은 것이다. 이런 사람은 심성의(자의의 모든 준칙의) 예지적인 근거를 통찰하는 존재로서 이러한 전진의 무한성이 통일성을 갖는 존재인 신에게는 실제로 선한(즉 하느님의 마음에 드는) 인간과 다름없다. 그리고 그런 한에서 이 변화는 혁명으로 보일 수 있다. 그러나 자신과 자기 준칙들의 힘을 자신이 시간 안에서 감성보다 우위를 가지고 평가할 수 있는 인간의 판단에 A 52 서는 이러한 변화를 더 선한 존재를 향한 부단한 노력, 즉 뒤집힌 사고방식인 악을 향한 성벽의 점진적인 개혁으로 간주할 수 있다.

이상의 진술들에서 인간의 도덕적 발전은 윤리적 실천의 개선에서가 아니라, 오히려 사고방식의 전환을 통한 특정한 성격 기반의 변혁에서 시작하지 않으면 안 된다는 결론이 나온다. 그러나 사람들은 대개 이와 다르게 행동하여 개개의 악덕들과 싸우면서 그 악덕들의 B 56 보편적인 뿌리는 그대로 남겨둔다. 그러나 가장 편협한 사람조차 자기애 때문에 행위의 준칙에 영향을 줄 수 있는 다른 동기들을 생각에서 제거해나가면서 의무에 맞는 행위에 대한 점점 더 큰 존경심에 감동을 받을 수 있다. 또한 어린아이들조차 불순한 동기들이 뒤섞여 있는 매우 작은 흔적을 발견하는 능력이 있다. 행위에 불순한 동기들이 뒤섞이게 되면 그들의 행위들은 순식간에 모든 도덕적 가치를 상실하게 된다. 우리가 만일 선한 인간들의 (합법칙성에 관한) 사례를 보여주면서 도덕을 배우는 자들이 그들 행위의 실제적 동기들에서 나오는 준칙들의 불순성을 판정하게 한다면, 선의 이러한 소질은 비교도 안 될 만큼 교화될 뿐만 아니라 점진적으로 사고방식의 변화로 나아갈 것이다. 또 그렇게 함으로써 의무는 그 자체만으로도 그들의 심성 속에서 현저한 비중을 갖기 시작할 것이다. 그러나 제아무리 큰희생을 치렀다 하더라도 덕 있는 행위들에 대해서만 **경탄하도록** 가르치는 것은 배우는 사람의 마음을 도덕적인 선으로 나아가도록 할 수있는 올바른 지도 방식이라고 보기는 어렵다. 왜냐하면 아무리 덕이있는 사람일지라도 그가 항상 선을 행할 수 있게 하는 모든 것은 단지 의무일 뿐이기 때문이다. 자신의 의무를 행한다는 것은 일상적인윤리적 질서에 속하는 것을 행하는 데에 지나지 않으므로 특별히 경탄할 만한 일이 아니다. 오히려 이러한 경탄은 의무에 복종하는 것이마치 유별난 것이고 공적을 세우는 일이나 되는 것처럼 여김으로써의무에 대한 우리 감정을 무디게 한다.

그러나 우리 영혼 속에는 우리가 그것을 제대로 주시한다면 최고로 감탄하며 바라보지 않을 수 없는, 그리고 그에 대한 경탄을 정당하게 하고 동시에 영혼을 고양하는 어떤 것이 들어 있다. 다시 말하면, 그것은 우리 안에 있는 근원적인 도덕적 소질 일반이다. 도대체우리에게 있는 그 무엇이 (우리가 우리 스스로에게 물을 수 있는 것처럼) 그토록 많은 욕망을 통해서 자연에 의존하는 존재인 우리를 부단하게 그리고 근원적 소질의 이념 안에서 이러한 자연을 넘어서서 그처럼 자신을 드높이도록 해서 우리가 이 모든 욕망을 무가치한 것으로 여기게 할까? 또 우리가 그리고 우리 이성이 강력하게 명령하는법칙을 위반하면서까지 생명을 부지하는 데만 필요한 욕망들을 탐닉하게 될 때, 어떤 약속을 하거나 위협을 하지 않으면서도 우리 자신을 존재할 가치도 없는 것으로 여기게 할까? 의무의 이념 안에 있는 신성성에 대해 앞에서 다룬 바 있으나, 비로소 이 법칙에서 기인

A 53

VI 49

B 57

A 54

하는 자유의 개념 탐구에까지는 아직 이르지 못한,* 아주 평범한 능 B 58
력을 지닌 사람은 누구나 이 물음의 심각성을 마음속 깊이 느끼지 않 VI 50
을 수 없을 것이다. 또한 신적인 근원을 알려주는 이러한 소질의 이 B 59
해 불가능성조차도 마음에 작용하여 감동을 일으켜서 그 의무에 대 A 55

---

*   자의의 자유 개념은 우리 안에 있는 도덕법칙의 의식에 선행하는 것이 아
     니라, 오히려 단지 무조건적 명령인 이 도덕법칙에 따라 우리의 자의를 규
     정하는 가능성에서만 추론할 수 있다. 이런 사실에 대해 사람들은 어떻게
     우리가 법칙을 위반하려 할 때마다 그렇게 큰 동기를(즉 "팔라리스가 너에
     게 거짓말을 하라고 명령하고, 그의 황소를 내세워 위증을 시키려 해도"[110])
     확고한 결의를 가지고 극복할 수 있다는 것을 확실하고도 직접적으로[111]
     의식하는지 어떤지를 우리 스스로에게 물어보면 쉽게 확인할 수 있다. 모
     든 인간은 그런 일이 일어날 때 그의 의도가 흔들리지 않을 수 있는지 알 수
     없다고 고백하지 않을 수 없을 것이다. 그러나 의무는 그에게 "너는 성실하
     지 않으면 안 된다"라고 무조건적으로 명령하는 것이다. 그러므로 여기에서
     그는 정당하게 그것을 할 수 있어야 한다는 것이므로, 그의 자의가 자유롭
     다는 것을 **추론**할 수 있다. 이 규정 불가능한 특질을 완전히 파악할 수 있는
     것처럼 꾸며대는 사람들은 **결정론**이라는 단어를 가지고(내적인 충족 원리
     에 따라 자의를 규정한다는 명제를 가지고) 마치 곤란한 문제가 결정론과 자
     유를 조화시키는 데 있는 것 같은 환상을 만들어낸다. 그러나 그런 문제 때
     문에 고민하는 사람은 없다. 오히려 문제는 어떻게 예정론이 자유와 조화
     를 이룰 수 있는가 하는 것이다. 즉 자연적 사건인 자의적인 행위에 의거하
     여 시간적으로 그것에 선행하는 규정 근거를 갖는다고 보는 **예정론**이 모순 A 55; VI 50
     적인 두 행위, 즉 어떤 행위와 그의 반대 행위가 일어나는 그 순간에 모두
     주체의 힘에 달려 있다고 보는 자유와 어떻게 양립할 수 있는가 하는 문제
     다. 이것이 사람들이 알기를 원하지만 결코 이해하지 못하는 사실이다.
     자유의 개념과 필연적 존재로서 신의 이념을 조화시키는 것은 결코 어려운
     일이 아니다. 왜냐하면 자유는 행위의 우연성(행위가 결코 원인들에 의해 결
     정된 것이 아니라는) 안에, 즉 비결정론(만일 신의 행위가 자유롭다고 할 수 B 59
     있다면 선을 행하는 것도 악을 행하는 것도 신에게는 동일하게 가능하다고 보
     는) 안에 있는 것이 아니라 절대적 자발성 안에 있는 것이기 때문이다. 그
     런데 이 절대적 자발성은 행위의 규정 근거를 선행하는 시간 안에 가지고 있
     으며 그 결과 지금의 행위가 나의 힘에 의존하는 것이 아니라 자연에 의존
     하는 것이므로 나를 불가항력적으로 결정한다고 보는 예정설에 따라 위험
     에 빠지는 것이다. 그러나 신 안에서는 어떤 시간적 계기도 생각될 수 없으
     므로 이 난점은 사라진다.[112]

한 존경이 그에게 요구할지도 모르는 희생을 감당할 수 있는 마음을 연단할 것이 분명하다. 그 도덕적 사명의 숭고성에 대한 이러한 감정을 자주 촉진하는 것은 윤리적 심정을 일깨우는 수단으로서 특별히 장려할 만하다. 왜냐하면 이러한 감정은 취해야 할 모든 준칙의 최고 조건인 법칙에 대한 무조건적 존경에서 동기들 가운데 근원적인 도덕적 질서와 함께 인간의 심성 속에 있는 선의 소질을 순수한 그대로 회복하기 위해 우리의 자유로운 자의의 준칙들 안에서 동기들을 전도하는 태생적인 성벽들을 저지하기 때문이다.

그러나 자력을 사용한 이러한 회복은 일체의 선에 대한 인간의 생래적 부패성이라는 명제와 직접적으로 대립하는 것이 아닌가? 물론 이해가능성, 즉 회복의 가능성에 대한 우리의 **통찰**에 관한 한에서 그렇다. 그리고 어떻게 이러한 대립은 시간 안에 주어진 것(변화)으로, 또한 그런 한에서 자연법칙에 따라 필연적인 것으로 표상해야 하는 모든 것과 그 반대의 것이 동시에 도덕법칙 아래에서 자유를 통해 가능한 것으로 표상하지 않으면 안 되는가 하는 통찰과 관련해서 그렇다. 그러나 이 명제는 그 회복의 가능성 자체와 대립하는 것은 아니다. 왜냐하면 도덕법칙이 만약 우리에게 지금 더 선한 인간이어야만 한다고 명령한다면, 우리는 그것을 할 수 있다는 것이 불가피한 귀결이기 때문이다. 태생적인 악에 대한 명제는 도덕적 교의학[113]에서는 아무 소용도 없다. 왜냐하면 도덕적 교의학의 명령들은 그것을 위반하려는 생래적인 성벽이 우리 안에 있든지 없든지 간에 동일한 의무들을 포함하며, 동일한 강제력을 계속 유지하기 때문이다. 그러나 도덕적 **수양론**[114]에서 이 태생적 악의 명제는 그 이상의 것을 뜻한다. 그럼에도 그것은 우리가 태생적 선의 도덕적 소질을 실천적으로 수련할 때 자연적으로 순결한 무죄 상태에서 시작할 수는 없고, 오히려 그 준칙들을 근원적인 도덕적 소질을 거역하여 취하는 자의의 사

B 60

A 56

VI 51

84

악성을 전제하는 데서 시작하지 않을 수 없으며, 이러한 악의 성벽은 근절할 수 없는 것이기에 그것에 대한 부단한 투쟁을 하지 않으면 안 된다는 것을 의미한다. 그런데 이것은 전적인 악에서 좀더 나은 선으로 부단하게 나아가는 무한한 전진이므로, 이로부터 다음과 같은 사실이 귀결된다. 즉 악한 인간의 심정에서 선한 인간의 심정으로 변화 B 61 하는 것은 도덕법칙에 부합하게 자신의 모든 준칙을 채택하는 최고의 내적 근거의 변화 안에서, 이 새로운 근거(새로운 심성[115])가 이제 그 자체로 불변적인 한에서 일어날 수 있는 것이다. 그러나 인간은 자연적인 방식으로는 직접적인 의식을 통해서든 그가 지금까지 수행한 행위들의 증거를 통해서든 이러한 변화에 대한 확신에 도달할 수 없다. 왜냐하면 심성의 깊이(즉 그 준칙들의 주관적인 최초 근거)는 A 57 그 자신에게조차 탐구 불가능한 것이기 때문이다. 그러나 인간은 그러한 변화로 인도하는, 근본적으로 개선을 이룬 심정이 그에게 제시한 길에 자신의 힘으로 도달하기를 희망할 수 있어야 한다. 왜냐하면 인간은 그 자신이 행한 것으로 그에게 책임이 돌려지는 것으로만 선한 인간이 될 수 있고, 도덕적으로 선한 것으로 판정받을 수 있기 때문이다.

그런데 도덕적 노력에 본성적으로 나태한 이성은 이러한 자기 변혁의 기대에 대항하여 자연적 무능력을 구실로 삼아 불순한 온갖 종교사상을 가져다가 붙였다(이에 속하는 자 중에는 신 자신에게 행복의 원리를 그의 계명의 최고 조건으로서 귀속시키는 경우도 있다). 그러나 우리는 모든 종교를 은총을 구하는 종교[116](오롯한 제의)와 도덕적 종교, 즉 선한 행적의 종교[117]로 분류할 수 있다. 전자[은총을 구하는 종 B 62 교]에 따르는 사람들은, 신이 인간에게 더 선한 인간이 될 것을 강요하지 않고도 (그의 죄책들을 용서함으로써) 인간을 영원히 행복하게 만들 수 있다고 자위하거나, 이것이 불가능해 보이는 경우에도 신이 인간을 더 선한 인간으로 만들 수 있으며, 그때 인간은 그것을 간청하는 것 이상의 어떤 것도 행할 필요가 없다고 자위한다. 간청한다고 하는 것은 모든 것을 통찰하는 존재 앞에서는 소망하는 것 이상의 아무것도 아니므로, 참으로 아무것도 하지 않은 것이 된다. 왜냐하면 청원이 한갓 소망만으로 성립된다면, 모든 인간은 선하게 될 수 있기 때문이다. 그러나 도덕종교는(지금까지 존재한 모든 종교 중에서 기독교만이 이와 같은 종류의 종교다) 다음과 같은 사실을 근본원칙으로 한다. 즉 더 선한 인간이 되기 위해서 각자는 자기 힘이 미치는 한 최선을 다하지 않으면 안 된다. 그리고 인간은 오직 타고난 재능을 묻어두지 않을 때만(루카 19, 12-16[118]), 즉 그가 더 선한 인간이 되기 위해서 선의 근원적 소질을 활용했을 때만 그의 능력만으로는 될 수 없는 것을 더 높은 분의 도움으로 보완할 수 있다는 희망을 가질 수 있다. 더 나아가 이러한 조력이 어디서 오는지를 인간이 반드시 알아야 할 필요는 없다. 그러한 도움이 일어나는 방식이 어떤 특정한 시기에 나타난다(계시)고 해도 서로 다른 사람들이 다른 시기에, 그리고 매우 정직하게, 그것을 서로 다르게 이해하는 것은 아마도 불가피할 것이다. 그러나 이때에 다음과 같은 "신이 인간을 지복[119]에 이르도록 하기 위하여 무엇을 행하고, 또한 무엇을 행했는지를 아는 것이 본질적인 것은 아니며, 누구에게나 필요한 것도 아니다"라는 유효한 원칙을 요구한다. 그러나 그처럼 도움을 받을 만한 품격을 갖추기 위해 그 자신이 해야 하는 것을 아는 것은 참으로 본질적이고 누구에게나 필요한 일이다.[†120]

† 이 일반적 주석은 이 책의 각 부분에 붙인 주석 네 개 중 첫째 것이다. 이 네 주석에 제목을 붙인다면 다음과 같다. 1) 은총의 작용들[121]에 대하여, 2) 기적들에 대하여, 3) 신비들에 대하여, 4) 은총의 수단들[122]에 대하여. — 또한 이 주석들은 동시에 이성의 오롯한 한계 안의 종교에 대한 **첨부**다. 즉

이 주석들은 이성의 한계 안에 속하는 것이 아니라 그의 한계에 접하는 것이다. 도덕적 요구를 만족시키기에는 턱없이 부족한 자신의 무능함을 의식하는 이성은 그 결함을 보완해줄 수 있다고 생각되는 한계 밖의 이념들에까지 자기를 확장해가면서도, 그 이념들을 확장한 전유물로서 자신에게 취하지는 않는다. 이성은 이 이념들의 대상들의 가능성이나 현실성에 의문을 제기하지는 않지만 그것들을 사유와 행위의 준칙 안에 채용할 수는 없다. 그뿐만 아니라 이성은 초자연적인 것의 탐구 불가능한 영역 안에 자신이 이해할 수 있는 것 이상의 것이기는 하지만, 그 자신의 도덕적 무능함을 보완하는 데 필요한 것이 존재한다고 한다면 (그것은 인식할 수는 없으나), 반성적 신앙(그의 가능성에 관하여)이라고 불리는 신앙을 통해서 선의지에도 도움을 줄 것이라고 믿는다. 지식을 내세우는 교조적 신앙은 이성에는 불성실하거나 주제넘은 것으로 여겨진다. 그 자체로서(실천적으로) 확립한 것에 관한 난점들을 제거하는 일은 그 난점들이 초월적인 물음과 관련이 있는 한, 단지 부수적인 일(첨부)에 불과하다. 이처럼 **도덕적으로 초월** B 64; Ⅵ 53 적인 이념들을 종교에 도입하고자 할 때 이념들에서 비롯하는 단점들에 관한 한 그것들의 결과는 앞에서 언급한 네 가지 분류 순서대로 다음과 같이 정리할 수 있다. 1) 잘못된 내적 체험(은총 작용)의 결과인 광신, 2) 이른바 외적 경험(기적)의 결과인 미신,[123] 3) 초자연적인 것(비밀)에 관한 망상적인 지적 조명의 결과인 광명설,[124] 연금술사의 환상,[125] 4) 초자연적인 것에 영향을 주려는 대담한 시도들(은총의 수단)로써 마술[126] 등이다. 이것들은 어느 것이나 그의 한계를 넘어선 이성의 오롯한 탈선이다. 그리고 이러한 탈선은 도덕적인(하느님 마음에 드는) 의도에서도 그렇다. 특별히 이 논문 제1편의 일반적 주석에 관해서 말한다면 **은총의 작용**을 불러들이는 것은 이러한 탈선 중 하나다. 따라서 이성이 그의 한계에 머무르려 한다면 그것을 우리의 **준칙** 안에 채용할 수는 없다. 초자연적인 것에 대해 이성은 그 모든 사용을 정지하기 때문이다. 은총의 작용이 무엇으로 일어나는지를(그것이 은총의 결과이지 내적인 자연의 결과가 아니라는 것을) **이론적으로** 이해하는 것은 불가능한 일이다. 왜냐하면 인과 개념의 사용은 경험의 대상을 넘어서, 즉 자연을 넘어서 확장할 수 없기 때문이다. 그러나 이 이념의 실천적 사용이 가능하다는 전제는 전적으로 자기모순이다. 우리가 이념을 사용하는 것은 (어떤 의도를 가지고) 어떤 것을 달성하기 위하여 스스로 행하지 않으면 안 되는 것에 대한 규칙을 전제하는 것인데, 은총 작용을 기대하는 것은 그에 반하는 것을 뜻한다. 즉 선(도덕적인 것)은 우리 것이 아니라 다른 존재의 행위이므로 우리는 아무것도 하지 않고 그것을 획득할 수 있다는 것을 의미하는데, 이것은 자기모순이다. 그러므로 우리는 은총의 이념을 이해 불가능한 것으로 받아들이기는 하되 이론적 사용을 위해서나 실천적 사용을 위해서나 그것을 우리 준칙 안에 채택할 수는 없다.[127]

철학적 종교론 제2편 　　　　　　　　　　　　　　　　　A 59; B 65; VI 55

제2편
인간을 지배하기 위한
선한 원리와 악한 원리의 투쟁에 대하여

　도덕적으로 선한 인간이 되려면 인류 안에 있는 선의 싹을 방해 없이 오롯이 발전시키는 것만으로는 충분하지 않고, 우리 안에서 선과 적대적으로 작용하는 악의 원인을 극복하지 않으면 안 된다. 옛날의 모든 도덕가 중에서도 특히 스토아주의자들은 그들의 화두인 덕을 통하여 이런 사실들을 알려주었는데, 이들이 말하는 덕은 (그리스어에서나 라틴어에서도) 용기와 용맹을 가리킨다는 사실에서 이미 적의 존재를 전제하고 있다. 이런 시각에서 볼 때 덕이라는 명칭은 그것을 (근래에 계몽이라는 말이 그렇듯이) 자주 허풍 떨면서 오용하고, 조소 한다고 해서 훼손되지도 않을 그런 고귀한 것이다. 왜냐하면 용기를 촉구하는 것으로도 절반 정도는 이미 용기를 불어넣고 있기 때문이다. 이에 반하여 자신을 전적으로 불신하고 외부의 도움만을 기다리는 나태하고 무기력한 사고방식은 (도덕과 종교에서) 인간의 모든 힘을 빠지게 함으로써 인간을 그런 도움을 받을 품격마저 없는 존재로 만든다.

　그러나 그 용감한 사람들은 자신들의 적을 오인했는데, 그러한 적들은 자연적이고 전혀 훈련을 받지 못한, 그러면서도 각자 의식 속에 드러내놓고 숨김없이 표현하는 경향성들 속에 있는 것이 아니라, 오히려 이성의 배후에 숨어 있어 보이지 않기에 더 위험하다. 그들은 영혼을 부패시키는 원칙들을 내세워 심정을 은밀하게 파괴하는 (인간 심성의) 악성에 대항하는 지혜를 불러오는 대신에, 오롯이 부주의한 상태에서 경향성들에 현혹당하는 어리석음에 대항하는 지혜를 가르쳤다.*

VI 58

A 63; B 69

* 이 철학자들은 자신들의 보편적 도덕원리를 인간 본성의 존엄성, 즉 (경향성의 힘에서 독립이라는) 자유에서 이끌어냈는데, 그들로서는 이보다 더 좋고 고상한 근거를 마련할 수는 없었다. 그들은 그런 방식으로만 직접적으로 도덕법칙을 세우고 그 도덕법칙을 통해서 전적으로 명령하는 이성으로 직접 만들어냈다. 그러므로 인간에게 이 법칙을 단호하게 자신의 준칙으로 받아들이게 하는 부패하지 않은 의지가 주어진다고 한다면, 규칙과 관련한 것은 객관적으로, 그리고 동기와 관련한 것은 주관적으로 모든 것을 아주 정확하게 제시한 것이다. 그러나 이 후자¹⁾의 전제 속에 바로 착오가 있었는데, 그것은 우리가 아무리 일찍부터 우리의 윤리적 상태에 주의를 기울이더라도 우리에게 흠결이 없는²⁾ 것은 아니며, 이미 마음속에 자리 잡고 있는 악(그러나³⁾ 이 악은 우리가 그것을 우리 준칙으로 채택하지 않았다면 작동할 수 없었을 것이다⁴⁾)을 그 터전에서 몰아내는 일부터 시작하지 않으면 안 된다는 것, 다시 말하면 인간이 할 수 있는 최초의 참된 선은 경향성 안에서가 아니라 뒤집힌 준칙과 자유 자체에서 찾을 수 있는 악에서 벗어나는 일이라는 사실을 우리가 이내 발견하게 되기 때문이다. 전자[경향성]는 단지 그에 대립하는 선한 준칙의 실행을 방해할 뿐이다. 그러나 본래적인 악이란 경향성들이 법칙을 위반하도록 유혹할 때, 그것에 대하여 저항하려고 하지 않는 것이며, 이러한 심정이 실제로 본래의 적이다. 경향성들은 단지 원칙들 일반의(이것들은 선할 수도 악할 수도 있다) 적대자일 뿐이며, 그런 한에서 고상한 그 도덕성의 원리는 원칙들을 통해 주관을 통제하기 위한 예행연습(경향성들의 훈련)으로서 유익하다. 그러나 윤리적–선의 특별한 원칙들이 존재해야 하지만, 그럼에도 그것이 준칙으로 있는 것이 아니라면, 덕이 투쟁해야 할 그 원칙들의 또 다른 적대자를 주관 안에 전제하지 않으면 안 된다. 만일 그러한 원칙들이 없다면 모든 덕은 저 교부⁵⁾가 말하고자 한 것처럼, 빛나는 패악들은 아니더라도 빛나는 비천함일 것이다. 왜냐하면 그것을 통하여 비록 자주 소요를 진압하기는 하지만, 결코 반란자 자신을 제압하거나 근절하지는 못하기 때문이다.

자연적 경향성들은 그 **자체로만 보면** 좋은 것, 즉 배척할 것이 없어 　A 63; B 69; VI 58
서 이를 근절하고자 하는 것은 쓸데없는 일일 뿐만 아니라 해롭고 비
난받을 만한 일이다. 그러므로 오히려 그것들을 잘 다스려서 그것들 　A 64; B 70
이 서로 다투지 않고, 이른바 행복이라고 불리는 전체 안에서 일치
를 이룰 수 있게 해야 한다.[6] 그래서 이런 일을 하는 이성을 **총명**이라
고 한다. 단지 도덕적으로 법칙에 어긋나는 것[7]은 그 자체로 악하고,
전적으로 배척해야 하는 것으로 근절하지 않으면 안 된다. 그러나 이
사실을 가르쳐주는 이성이 심지어 그것을 실제로 행할 경우에는 지
혜라는 이름이 더 타당할 것이다. 이와 대조적으로 패악은 또한 어
리석음이라고도 부를 수 있는데, 이는 어디까지나 이성이 패악을(그
리고 패악으로 이끄는 모든 유혹을) **경멸**하기 위하여, 단지 두려워해
야 할 대상으로 **증오**하는 것이 아니라, 그것에 대적하여 스스로 무장
할 만큼 충분히 강한 힘을 자기 안에서 느낄 때에 한해서 타당한 것
이다.

　그러므로 **스토아주의자**가 인간의 도덕적 투쟁을 오롯이 (그 자체로 　VI 59
는 무죄인) 자신의 경향성들과 투쟁하는 것으로 생각하고, 자기 의무
를 준수하기 위해 극복해야 할 방해물로 본 것은 그들이 어떤 특별하
고 적극적인 (그 자체로 악한) 원리도 상정하지 않았기 때문이다. 그
러나 그러한 포기는 그 자체로 의무에 반하는 것(위반)이지만 오롯한
자연적 결함이라고 할 수는 없을 것이다. 그래서 그 위반의 원인을
오직 저 경향성들과 투쟁을 게을리했던 데서만 찾을 수 있었지만, 이
러한 나태의 원인은 (순환적으로 설명하지 않으려면) 다시 경향성들
에서가 아니라 오직 자의가 자유로운 자의로서 규정하는 데서만(즉 　B 71
경향성들에 동조하는 준칙들의 내적인 최초 근거에서만) 찾을 수 있다. 　A 65
그리하여 철학자들이 맞서 투쟁해야 한다고 믿은 선의 본래적인 적
대자를 어떻게 오인할 수 있었는지 충분히 이해할 수 있다. 이 철학

자들에게 이에 대한 설명근거는 영원히 어둠 속에 묻혀 있었으며, 그리고[8] 또한 그것은 불가피했으나 기분 좋은 일은 아니었다.*

B 72
A 66
그러므로 한 사도[바오로]가 이처럼 볼 수 없고, 단지 우리에게 미치는 그 작용들을 통해서만 우리가 인지할 수 있는 근본원칙들을 변질시키는 적을 우리 밖에 있는 것, 그것도 악한 영으로 표상하게 했다면 그것은 결코 이상한 일이 아니다. "우리는 살과 피와(즉 자연적 경향성들과) 투쟁해야 하는 것이 아니라 권세 있고 권력 있는 자들과 ─ 악령들과 투쟁해야만 합니다."[13] 이 표현[악령]은 우리 인식을 감성계를 넘어서 확장하기 위해서가 아니라, 우리로서는 근거를 파악할 수 없는 개념을 실천적 사용을 위하여 직관적으로 만들기 위해 사용한 것으로 보인다. 하여튼 실천적 사용을 위해서는 우리가 유혹자를 오롯이 우리 자신 안에 두든, 아니면 우리 밖에 두든 우리에게는

VI 60
마찬가지다. 왜냐하면 후자에서도 그 죄책을 전자에서보다 결코 적게 부과한다고는 볼 수 없기 때문이다. 또한 전자에서도 우리가 그와 은밀하게 동조하지 않는다면, 우리가 그에게 유혹받지는 않을 것이기 때문이다.** ─ 우리는 이 견해들을 두 절로 나누어 고찰하고자

VI 59 * 인간 안의 윤리적-악의 현존[9]을 아주 쉽게 설명할 뿐만 아니라 그것도 한편으로는 감성의 동기들의 힘[10]이나, 다른 한편으로 이성(법칙에 대한 존경[11]) 동기의 무력감,[12] 즉 나약함으로 아주 쉽게 설명하는 것은 도덕철학의 매우 일상적인 전제다. 그러나 그렇다면 인간에서(도덕적 소질 안의) 윤리적-선은 더 쉽게 설명할 수 있어야 한다. 전자에 대한 이해는 후자에 대한 이해 없이 전혀 생각할 수 없기 때문이다. 그러나 지금 법칙의 오롯한 이념을 통하여 대적하는 모든 동기를 지배하는 이성 능력은 전적으로 설명할 수 없다. 그러므로 또한 어떻게 감성의 동기들이 그런 권위를 가지고 명령하는 이성을 지배할 수 있는지도 파악할 수 없다. 왜냐하면 만일 온 세상이 법칙의 규정에 따른다면, 모든 것도 자연 질서에 따른다고 말할 테고, 어느 누구도 그 원인은 묻고자 하지 않을 것이기 때문이다.

** 기독교 도덕의 한 특징은 윤리적-선과 윤리적-악의 차이를 하늘과 땅이 아니라 천국과 지옥처럼 구분하여 표상하는 데 있다. 이러한 표상은 비유

한다.

적이고 그 자체로 선동적이지만, 의미상에서는 철학적으로 옳다고 말하지 않을 수 없다. — 이러한 표상은 선과 악, 빛의 나라와 어둠의 나라가 서로 경계를 이루며, 점차적인(아주 밝거나 밝기가 떨어지는) 단계들을 거쳐 한 데 모으는 것이라고 보지 않고, 오히려 측량할 수 없는 간극으로 서로 떨어 B 73 져 있다고 생각할 수 있게 하는 데 도움이 된다. 이 두 나라의 시민이 될 수 있게 하는 근본원칙들의 전적인 이질성, 그리고 특히 이 두 나라의 각각에 A 67 속할 자격을 부여하는 특성들과 밀접한 관련이 있는 상상과 결합한 위험 은 우리에게 전율을 일으키는 동시에 우리를 고양시키는 이러한 표상방식 을 정당화한다.

제1절
인간을 지배하려는 선한 원리의 권리주장에 대하여

1) 인격적으로 드러난 선한 원리의 이념

오직 하나의 세계를 신이 결단할 수 있는 대상으로 만들고, 창조의 목적이 되게 할 수 있는 것은 **도덕적인 전체적 완전성을 갖춘 인간**(이성적 세계존재 자체)이다. 최상의 조건인 이것으로부터 행복은 최고 존재자의 의지 안에서 나온 직접적인 결과다. — 이처럼 전적으로 하느님의 마음에 드는 인간은 "영원히 신 안에 존재한다." 그리고 이 같은 인간의 이념은 신의 본질에서 나온다. 그런 한에서 그는 결코 피조물이 아니라 신의 독생자다. 즉 그는 "(되라!라는) 말씀이니, 이 말씀으로 다른 만물을 창조했고, 이 말씀 없이는 그 어떤 피조물도 실존할 수 없다."[14] (왜냐하면 그를 위해, 즉 세계 안에 있는 이성적 존재를 위해, 그리고 그의 도덕적 사명에 따라서 그가 생각할 수 있는 바대로 만물을 만들었기 때문이다.) — "그는 신의 영광의 광채다."[15] — "그의 안에서 신은 세상을 사랑했다."[16] 그리고 오직 그의 안에서 그리고 그의 심정들을 받아들임으로써 우리는 "신의 자녀가 될 것"[17] 등을 희망할 수 있다 등등.

이러한 도덕적 완전성의 이상, 즉 그의 전적인 순수성 안에 있는 윤리적 심정의 원형으로 우리를 고양하는 것이 그야말로 보편적인 인간의 의무이며, 이를 위해서 이성이 우리에게 추구하도록 제시하는 이러한 이념 자체가 우리에게 힘을 줄 수 있다. 그러나 우리는 이 이념의 창시자가 아니다. 따라서 우리는 그 이념이 인간 안에 자리 잡고 있고, 어떻게 인간의 본성이 그 이념을 수용할 수 있었는지조차 파악할 수 없기 때문에 오히려 그 원형이 하늘에서 우리에게 내려왔고, 그것이 인간성을 취했다고 말하는 것이 더 좋을 것이다. (왜냐하면 본성적으로 악한 인간이 스스로 악을 버리고 자신을 신성성의 이상으로 고양한다고 생각하기보다는, 이런 이상이 (그 자체로는 악하지 않은) 인간성을 취해서 자신을 그것으로 낮춘다고[18] 생각하는 것이 훨씬 더 그럴듯하기 때문이다.) 만일 우리가 원형으로 생각하는 그 신적인 심정을 지닌 인간이 비록 그 자신은 신성하고, 또한 그런 자로서 어떤 수난에   B 75
견인에 얽매이지 않았음에도, 세계 최선을 이룩하기 위해 이것[19]을 가장 많이 받아들인 자라고 생각한다면, 이러한 인간의 이념과 우리의 합일은 하느님의 아들이 낮은 곳에 임재한 상태라고 볼 수 있다. 이   A 69
에 반하여 같은 심정을 취했다 하더라도 결코 죄책에서 벗어날 수 없는 인간은 어떤 방식이든지 그에게 닥쳐오는 고통을 자기 탓으로 볼 수 있다. 따라서 그러한 이념이 그에게 원형으로서 도움이 된다 할지라도, 그의 심정과 그러한 이념의 합일을 이룰 만한 품격이 그에게는 없는 것으로 여겨야 한다.

하느님의 마음에 드는 인간성의(즉 욕구와 경향성들에 의존하는 세계 존재자에게 가능한 도덕적 완전성의) 이상을 우리는 이제 모든 인간의 의무를 스스로 수행하는 동시에, 또한 교훈과 모범을 통해 선을 그의 주변에 가능한 한 널리 확산할 뿐만 아니라, 가장 큰 유혹을 받으면서도 가장 치욕스러운 죽음에 이르기까지 모든 고난을 세계 최선을 위해, 그리고 심지어 그의 적들을 위해 기꺼이 짊어지려는 인간의 이념 아래서만 생각할 수 있다. ― 왜냐하면 인간은 그가 장애물들과 싸운다고 생각하고, 가장 큰 가능성을 지닌 시련들 가운데서도 이를 스스로 극복하고자 생각할 경우에만 도덕적 심정의 힘과 같은 어떤 힘의 정도와 강도의 개념을 이해할 수 있기 때문이다.

A 70; B 76; VI 62　　이러한 신의 아들에 대한 실천적 신앙 안에서 (그가 인간적인 본성을 취했다고 생각한다면) 이제 신의 마음에 들게 될 것이라고 (그를 통해서 또한 축복받기를) 소망할 수 있다. 다시 말하면 그와 같은 도덕적 심정을 확신하기에 인간은 그와 비슷한 유혹들과 고통에(이것들이 저 이념의 시금석이 되는 한에서) 처한다 할지라도 인간성의 원형에 변함없이 의지하고 그의 예표를 충실하게 뒤따를 것이라고 믿을 수 있고, 또한 그에 대하여 확고한 신뢰를 가질 수 있는 그러한 자만이 자신을 하느님 마음에 드는 대상이 될 수 있는 존재라고 여길 수 있다.

2) 이 이념의 객관적 실재성

이 이념은 실천적 관계에서 자신의 실재성을 완전하게 자기 자체 속에 갖는다. 왜냐하면 이 이념은 도덕적으로 법칙을 수립하는 우리의 이성 안에 놓여 있기 때문이다. 우리는 이 이념에 맞게 있어야 하며, 바로 그렇기에 또한 우리는 그에 맞게 있을 수 있어야 한다. 우리가 이 원형에 맞는 인간일 가능성을 (공허한 개념들에 기만당할 위험에 빠지지 않으려면) 그것이 자연개념들에서 불가피하게 필연적인 것처럼 미리 증명해야만 한다면, 우리는 또한 도덕법칙에 대해서도 우B 77 리 자의의 무조건적이면서 충분한 규정근거가 될 권위를 인정하는A 71 것을 주저하지 않을 수 없을 것이다. 어떻게 합법칙성 일반의 순전한

98

이념이 이익 때문에 취해지는 모든 가능한 동기보다도 더 강력하게 우리의 자의를 규정할 수 있는지는 이성으로도 통찰할 수 없고, 경험의 예들로도 입증할 수 없다. 왜냐하면 전자[이성]와 관련해서 법칙은 무조건적으로 명령하며, 후자[경험]와 관련해서는 이 법칙에 무조건적으로 복종하는 이가 단 하나도 없다고 하더라도, 그와 같은 객관적 필연성은 전혀 훼손당하지 않고 그 자체로 명백하기 때문이다. 그러므로 도덕적으로 하느님 마음에 드는 인간의 이념을 우리 전범으로 삼기 위해 어떤 경험의 실례도 필요하지 않다. 그 이념은 하나의 예증으로 이미 우리 이성 안에 놓여 있다. ─ 그러나 한 인간을 그 이념에 합치하는 그러한 실례로 본받을 만하다고 인정하려면, 그가 보는 것 이상의 어떤 것, 즉 전혀 흠잡을 데 없고 거기다가 사람들이 바랄 수 있는 한에서 공훈으로 가득 찬 행적[20] 이상의 어떤 것을 요구하는 사람 또는 더 나아가 그밖에도 그를 통해서나 그를 위해서 일 VI 63 어나야만 했던[21] 기적들을 증표로 요구하는 사람은, 이로써 동시에 자신의 도덕적 불신앙, 곧 기적들에 의한 증표에 기초하는 (단지 역사적인) 신앙으로는 대체할 수 없는 덕에 대한 신앙의 결여를 자인할 뿐이다. 우리의 이성 안에 놓여 있는 이념, 즉 항상 선한 원리에서 발 B 78 생할 수 있는 기적들 자체를 보증할 수 있지만, 그 기적들에서 이 이 A 72 념의 확증을 얻어낼 수는 없는, 그런 이념의 실천적 타당성에 대한 신앙만이 도덕적 가치를 갖기 때문이다.

바로 그 때문에 (우리가 외적 경험 일반에서 내적인 윤리적 심정의 증거들을 기대하고 요구할 수 있는 한에서) 그와 같은 인간의 예증을 제시할 만한 어떤 경험이 또한 가능하지 않으면 안 된다. 왜냐하면 법칙에 따를 경우 각각의 인간은 마땅히 이 이념에 대한 예증을 스스로에게 보여야 할 테고, 이를 위한 원형은 항상 이성 안에만 있기 때문이다. 외적 경험에서 오는 어떤 예증도 이 이념에 부합하지 못하므로 외적 경험은 심성의 깊이를 드러내지 못하고, 물론 강력한 확신을 가진 것은 아니지만, 단지 그것을 추정하게 할 뿐이다. (그야말로 인간의 자기 자신에 대한 내적 경험도 그가 신봉하는 준칙들의 근거와 그것들의 순수성과 견고성에 대한 전적으로 확실한 지식을 자기관찰로 성취할 만큼 그의 심정의 내면을 꿰뚫어볼 수 있게 하지는 못한다.)

이제 진정으로 신적인 심정을 지닌 그런 인간이 어떤 시점에서 이를테면 하늘에서 땅으로 내려와 가르침과 행적과 수난을 통해 사람들이 외적 경험에서만 요구할 수 있는 한에서 하느님 마음에 드는 인간의 예증을 그 자신에게서 보였다면(그러한 인간의 원형은 언제나 우리 이성 안에서가 아니면 어떤 곳에서도 구할 수 없지만), 그가 이 모든 것으로 인류 가운데서 혁명을 일으켜 예상할 수 없는 위대한 도덕적 선을 이 세계 안에서 이루어냈다 하더라도, 우리는 그에 대해 자연적으로 탄생한 인간 이상의 다른 어떤 것을 상정해야 할 이유는 없다. (왜냐하면 자연적으로 태어난 이 사람도 역시 스스로 그러한 예증 자체를 제시해야 할 책무를 느낄 것이기 때문이다.) 그렇다고 해서 그가 초자연적으로 탄생한 인간일지도 모른다는 사실을 전적으로 부정하는 것은 아니다. 왜냐하면 실천적인 관점에서는 그가 초자연적으로 탄생한 인간이라는 것이 우리에게 아무런 이득도 줄 수 없는데, 우리가 이 현상에 놓여 있는 원형은 언제나 우리 안에서(설령 자연적인 인간이라 하더라도) 스스로 찾을 수밖에 없기 때문이다. 인간의 영혼 안에 있는 그의 현존이 이미 그 자신에 대해 스스로 충분하게 파악할 수 없으므로, 사람들은 그의 초자연적 근원 이외에 그[22]를 또한 어떤 특수한 인간 안에 실체화하여 상정할 필요는 없다. 오히려 그와 같은 신성한 자를 인간 본성의 모든 허약성을 넘어서 고양하는 것은 그러한 인간의 이념을 우리가 통찰할 수 있는 모든 점에서 따를 수 있도록 실천적으로 활용하는 데 방해가 될 것이다. 신의 마음에 드

B 79

A 73

VI 64

는 그런 인간이 본성에서 우리가 빠져 있는 것과 동일한 욕구들, 따 　B 80
라서 역시 동일한 고통들과 동일한 자연적 경향성들,[23] 그리고 또한
위반하고 싶은 그런 유혹들에 빠져 있다면 인간적이라고 생각할 수 　A 74
도 있기 때문이다. 그러나 만일 그가 스스로 쟁취하여 얻은 것이 아
니라 생득적이고 불변적인 의지의 순수성 때문에[24] 그가 전적으로
어떤 위반도 범할 수 없다는 점에서 초인간적이라고 생각할 수 있다
면, 그와 자연적인 인간 사이의 간격[25]은 다시금 그만큼 무한히 넓어
지게 되므로, 그러한 신적 인간을 이런 자연적 인간에게 예증으로 제
시할 수 없을 것이다. 후자[자연적 인간]는 이렇게 말할 것이다. 나에
게 전적으로 신성한 의지를 준다면, 나에게서 악의 모든 유혹은 저절
로 타파될 것이다. 내가 지상의 짧은 삶이 끝난 후 (그의 신성성에 따
라서) 바로 하늘나라의 영원한 영광에 전적으로 참여할 것이라는 완
전한 내면적 확신을 나에게 준다면, 나는 임박한 영광스러운 종말을
목격할 것이기에 모든 고난을, 제아무리 견디기 어려운 것일지라도
가장 치욕스러운 죽음까지도 기꺼이, 그것도 기쁨으로써 받아들일
것이다. 물론 그 신과 같은 인간이 이러한 고결함과 축복을 영원부터
실제로 가지고 있었다는(그런 것들이 그와 같은 고통들을 통해서 비로
소 얻어졌던 것은 아니라는) 점에 대해서는 감사할 만하고, 또한 그런
것들을 아무런 품격도 없는 자를 위해서, 심지어는 그의 적들을 위해
서 그들을 영원한 타락에서 구원하기 위해 기꺼이 포기했던 사실은
우리에게 그에 대한 경탄과 사랑과 감사의 마음을 갖게 하지 않을 수 　B 81
없다. 마찬가지로 그렇게 완전한 윤리성의 규칙에 따르는 행실[26]의
이념은 우리에게 물론 준수해야 할 명령으로서도 타당할 테지만, 그 　A 75
러나 그 자신은 모방의 예증으로서뿐만 아니라, 또한 역시 그토록 순
수하고 고결한 도덕적 선을 우리가 실천할 수 있고 도달할 수 있는
증거라고 생각할 수는 없다.*

* 우리가 한 인격의 행위들에 대하여 도덕적 가치의 중요성을, 그의 인격이나 인격의 표출을 인간적인 방식으로 표상하지 않고는 생각할 수 없다는 것은 실로 인간 이성의 한계 때문이고, 그러한 한계는 인간 이성과는 분리할 수 없다. 물론 이로써 바로 그것 자체가 (진리에 의해[27]) 그러해야 한다고 주장하려는 것은 아니지만, 다만 우리가 초감성적 성질을 파악하려면 우리에게는 항상 자연존재와 어떤 유비가 필요하다는 사실을 지적하려고 할 뿐이다. 그래서 어떤 철학적 시인은 인간이 자신 안에 있는 악을 향한 성벽과 싸워야만 하는 한에서, 또한 바로 그 때문에 그 성벽을 제압해야 할 때를 아는 한에서, 그들 본성의 신성성 때문에 모든 가능한 유혹에서 벗어난 천사들보다 인간에게 도덕적 단계발전의 더 높은 존재 지위를 부여했다. (결함이 있는 세계가 — 의지를 갖지 않은 천사들의 나라보다 더 좋다.-할러)[28] — 성서도 인류에 대한 신의 사랑 정도를 우리에게 이해시키기 위해 이와 같은 표상방식을 따른다. 그리하여 성서는 품격 없는 자들마저 행복하게 만들기 위해 오직 사랑하는 자만이 할 수 있는 최고 희생을 신에게 부여한다. ("하느님은 이처럼 세상을 사랑했다" 등등.[29]) 그러나 우리로서는 자족적인 존재가 어떻게 자신의 지복에 속하는 어떤 것을 희생할 수 있고,

자기 소유를 버릴 수 있는지 이성으로는 전혀 이해할 수 없다. 이것은 우리에게 반드시 필요한(설명하기 위한) 유비의 도식론이다. 그러나 이것을 (우리의 인식을 확장하기 위한) 대상 규정의 도식론으로 변환시키는 것은 신인동형론[30]으로서 도덕적인 의도에서는 (종교에서) 해로운 결과를 가져온다. 여기서 내가 덧붙여 주석하고 싶은 것은 감각적인 것에서 초감각적인 것으로 올라갈 때 우리는 물론 도식화(즉 어떤 개념을 감각적인 것과 유비로 이해할 수 있게 하는 것)를 할 수 있으나, 감각적인 것에 속하는 것의 유비에 따라서 그것이 초감각적인 것에도 부여되어야 한다고는 절대로 추론할 수 (그리고 그렇게 그 개념을 확장할 수) 없다. 그리고 물론 이것은 그런 추론이 모든 유비에 맞지 않는다는 아주 단순한 근거에서 그렇다. 왜냐하면 우리가 어떤 개념을 이해하려면(하나의 예증을 들어 입증하려면) 필연적으로 그 개념에 대한 하나의 도식이 필요한데, 여기에서 도식은 그 대상 자체에도, 또한 반드시 그 대상의 술어로 따르지 않으면 안 된다는 결론이 나오기 때문이다. 즉 내가 한 식물의 (또는 모든 유기체적 피조물과 합목적적 세계 일반의) 원인을 설명하기 위해서 제작자와 그의 작품(시계) 사이의 관계 유비로 이해할 수밖에 없고, 또한 내가 그 원인에 지성을 부여해서 이해할 수밖에 없다고 해서 (식물, 세계 일반의) 원인 자체가 지성을 지닌다고 말할 수는 없다. 즉, 그 원인에 지성을 부여하는 것은 단지 나의 이해를 위한 조건이 아니라 원인이 있을 가능성 자체의 조건이다. 그러나 도식과 그 개념 사이의 관계와 바로 이 개념의 도식과 사상 자체의 관계 사이에는 결코 어떤 유비도 없으며, 오히려 신인동형설로 이행하는 급진적 비약[31]이 있는

그럼에도 바로 이 신적 심정을 지닌, 그러나 매우 고유한 인간적인 A 76; B 82; Ⅵ 65
교사가 그 자신에 대해서 마치 선의 이상이 자신의 안에서 몸을 입고 B 83
(가르침과 행실에서) 현시했다 하더라도 참이라고 말할 수 있다. 왜 A 77; Ⅵ 66
냐하면 그때 그는 단지 자신의 행위 규칙으로 삼고 있는 심정에 대해
말할 뿐이며, 이로써 자기 자신을 위해서가 아니라 타인들을 위한 예
증으로 가시화할 수 있는 심정을 단지 그의 가르침과 행위로써 외면
적으로 눈앞에 제시하고자 했기 때문이다 ."당신들 가운데 누가 나
에게 죄가 있다고 입증할 수 있겠습니까?"[32] 그러나 한 교사가 가르
친 그의 흠잡을 데 없는 예증이, 그것에 대한 반증이 없고 더구나 그
것이 만일 모든 사람에게 의무라고 한다면, 그의 순수한 심정과 다르
지 않다고 간주하는 것이 공정하다고 본다. 그런데 세계 최선을 위해
감당한 모든 수난과 함께 인간의 이상 속에 들어 있다고 생각하는 그
러한 심정은 인간이 마땅히 그리해야 하는 것처럼, 그가 만일 자기
심정을 그러한 심정과 닮게 만든다면, 모든 시대와 모든 세상의 모든
인간에게나 최상의 정의 앞에서도 전적으로 타당할 것이다. 물론 그
것은 이 정의가 그런 심정에 완전하고 결함 없이 들어맞는 행적 안에
서 존립해야 한다는 점에서, 항상 우리 것이라고 할 수 없는 어떤 정
의로 남아 있게 된다. 그럼에도 만약 우리 심정이 그 원형의 심정과
합치한다면, 이 정의를 우리 정의를 위해 자기 것으로 만드는 것이 B 84
가능하지 않으면 안 된다. 물론 그러한 사실 자체를 이해하는 데는
여전히 큰 어려움이 있지만, 지금부터 그 어려움을 언급하고자 한다.

데, 이에 대해서는 다른 곳에서 증명한 바 있다.

3) 이 이념의 실재성에 대한 난제들과 그 해결

첫째 난제는 입법자의 신성성과 관련해서 우리 안에 있는 하느님의 마음에 드는 그 인간성의 이념을 성취할 가능성이 우리의 고유한 정의의 결핍 때문에 의심스럽게 되는 다음과 같은 것이다. 율법은 "하늘에 계신 너희 아버지가 거룩하듯이, 너희는 (너희의 행실에서) 거룩하라"[33]라고 말한다. 왜냐하면 그것은 우리에게 전범[34]으로 나타난 신의 아들의 이상이기 때문이다. 그러나 우리가 우리 안에서 작용시켜야 할 선과 우리가 벗어나야 할 악 사이의 거리는 무한하고, 행위 즉 법칙의 신성성에 대한 행실의 적합성과 관련해서 보면, 어떤 시점에서도 도달 불가능한 것이다. 그럼에도 인간의 윤리적 성질은 이 율법의 신성성과 합치하지 않으면 안 된다. 그러므로 그러한 윤리적 성질은 그것에서 모든 선이 발전해나가야 할 싹으로서 심정 안에, 그리고 행위와 법칙의 일치라는 일반적이고 순수한 안에 설정하지 않으면 안 된다. 그런데 이 도덕적 성질은 인간이 그 최고준칙 안에 받아들여진 거룩한 원리에서 생겨나오는데, 그것은 의무이기 때문에 가능하지 않으면 안 되는 의식의 변화[35]다. ― 이제 여기서 난제는 이 심정이 항상(대체로가 아니라 모든 시점에서) 결함이 있는 행실에 어떻게 타당할 수 있는가 하는 점이다. 그러나 이 난제의 해결은 결함이 있는 선에서 더 나은 선으로 무한히 연속적으로 전진하는 것으로서 원인과 작용의[36] 관계라는 개념 속에서 불가피하게 시간적 조건에 제약을 받는 우리의 평가에 따라서 보면, 언제나 결함이 있다는 사실에서 나온다. 그러므로 우리는 현상에서, 즉 우리 **행위**에서 선은 항상 우리 안에서 모든 순간에 신성한 법칙에 대해서 불충분하다고 보아야 한다. 그러나 그 신성한 법칙과 일치하기 위한 행위의 무한한 전진은 그것의 근원인 초감성적 **심정** 때문에 순수한 지성적 직관 안에서 마음[심성]을 통찰하는 자[37])에 의해 하나의 완성된 전체로, 또한 행위에(행실에) 따라 판정한 것으로 생각할 수 있고,* 그래서 인간은 그 지속적인 결함에도 그의 현존재가 설령 어느 순간에 단절 B 86 된다고 할지라도, 대체로 신의 마음에 들게 되기를 기대할 수 있는 것 A 80 이다.

둘째 난제는 선을 향해 노력하는 인간을 이러한 도덕적 선 자체에 대해 신의 자비[38])와 관계에서 고찰할 때 제기되는 것으로서 **도덕적 행복**[39])에 관한 것이다. 여기서[40]) 도덕적 행복은 **물리적 상태에 대한 만족을 지속적으로 소유하는 보증**(화에서 벗어나는 것과 쾌락의 향유를 점점 더 늘리는 것), 즉 **물리적 행복**[41])이 아니라 선 안에서 언제나 진보하는(결코 그것에서 벗어나지 않는) 심정의 현실성과 견고성의 보증을 뜻한다. 왜냐하면 만약에 그러한 심정의 불변성이 확고하게 보증만 된다면, "하느님의 나라를 구하는" 지속적인 노력[42])은 자기가 이미 그 나라를 소유하고 있다는 사실을 아는 것과 마찬가지이기 때문이 VI 68 다. 또한 그러한 심정을 지닌 사람은 이미 그가 "(물리적 행복과 관련 B 87 해) 다른 모든 것을 덤으로 받게 될 것"이라고 스스로 믿을 것이기 때문이다.

이제 우리는 이에 대해 염려하는 사람들에게 소망을 가지고 "그 (하느님의) 영은 우리 영에게 증언해준다"라는 등[43])을 참고할 수 있

---

* 여기서 말하려고 한 것은 다음의 사실이 아니라는 것을 간과해서는 안 된 다. 즉, 여기서는 심정이 의무에 맞지 않는 결함을, 그러므로 이 무한한 계열에서 현실적인 악을 보상하는 데 도움이 된다고 말하고자 한 것이 아니다. (오히려 하느님 마음에 드는 인간의 도덕적 성질이 그 심정 안에서 현실적으로 발견될 수 있다는 것을 전제한다.) 그 심정은 무한한 전진 속에서 접근하는 계열 전체를 대표하는 것으로, 그것은 단지 사람이 되고자 마음먹은 것에 결코 완전하게 이르지 못하는, 시간 안에 있는 존재 일반의 현존재와는 뗄 수 없는 결함을 보완해주는 것뿐이다. 이 전진에서 나타나는 위반들의 보상에 관해서는 셋째 난제의 해결에서 다루겠다.

을 것이다. 다시 말하면 바라는 것처럼, 그렇게 순수한 심정을 지닌 사람은 스스로 이미 자신은 결코 다시는 악을 사랑할 정도로 그렇게 깊이 타락할 수 없다는 사실을 느끼게 된다고 말할 수 있을 것이다. 그러나 초감성적인 근원에 대한 그런 억측적 느낌은 그저 위험할 뿐이다. 사람들은 자기 자신에 대한 좋은 의견을 조장하는 가운데서 가장 쉽게 자신을 기만하게 된다. 또한 그러한 신뢰로 고무되는 것도 역시 결코 바람직스럽게 보이지 않는다. 그보다는 오히려 "**공포와 전율과 더불어 자신의 정복[작은 행복]을 이루는 것**"[44)](이는 엄격한 충고로, 오해하게 되면 어두운 광신으로 빠지게 할 수 있는 말이다)이 (도덕성을 위해서는) 더 유익하다. 그러나 그 자신이 한번 채택한 심정에 대한 신뢰가 일절 없다면, 그 심정을 계속 보존하는 견실성을 거의 가질 수 없게 될 것이다. 그러나 이 신뢰는 달콤한 광신이나 불안에 가득 찬 광신에 빠지지 않고 지금까지의 자기 행실을 그가 세운 결심과 비교하는 데서 생긴다. — 인간이 선의 원칙들을 채택한 시점으로부터 충분히 오랜 동안의 삶에서 그 선의 원칙들이 그의 행위, 즉 항상 더 선한 것을 향하여 전진하는 그의 행실에 미친 영향을 인지하고, 그로부터 자신의 심정 안에서 근본적인 개선을 위해 단지 추측만으로도 동기를 찾을 수 있는 사람은 이성적으로 다음 사실도 희망할 수 있기 때문이다. 다시 말해 그 원리가 선하기만 하다면, 그와 같은 진보는 전진할 수 있는 힘을 더욱 증대시킬 것이므로, 그는 이 지상에서 사는 동안 이 길을 더는 떠나지 않고, 오히려 점점 더 용감하게 앞으로 나아갈 것이며, 그야말로 이 지상의 삶이 끝난 이후에 또 하나의 다른 삶이 있다고 해도, 그는 아마도 다른 상황들 속에서도 모든 것을 고려하여, 바로 그 동일한 원리에 따라서 더 멀리까지 앞으로 나아가고, 비록 도달할 수는 없지만 완전성이라는 목표를 향해 점점 더 가깝게 접근해갈 것을 이성적으로 희망할 수 있을 것이다. 왜냐하면 그는 지금까지 그가 자신에 대해 지각했던 것에 따라서 그의 심정이 근본적으로 개선되었다고 여겨도 좋기 때문이다. 그와 반대로 가끔 시도한 선을 향한 결의에도 그 스스로 결의를 지킨 적이 한 번도 없었다는 사실을 발견한 사람이나, 또는 항상 악으로 다시 추락하거나 심지어 삶의 과정 자체[45]에서 마치 비탈에서처럼 악에서 더 극심한 악으로 점점 더 깊이 추락했음을 그 자신에게서 지각하지 않을 수 없었던 사람은 이성적으로는 그가 이 세상에서 더 오래 살아야 한다 VI 69 거나 그에게 미래의 삶이 닥쳐온다 해도 그 삶을 더 좋게 만들 것이라는 어떤 희망도 품을 수 없다. 그는 그런 징후들에서 자신의 심정 안에 뿌리내린 타락을 보지 않을 수 없기[46] 때문이다. 그런데 전자는 헤아릴 수 없지만 소망스럽고 행복한 미래에 대한 전망이고, 그와 반 B 89 대로 후자는 마찬가지로 헤아릴 수 없는 비참에 대한 전망이다. 다시 말해 이 양자는 인간에게 그가 판단할 수 있는 것에 따른 하나의 복된 **영원** 또는 저주스러운 **영원**에 대한 전망이다. 이 표상들은 한편으로 선 안에서 안정과 강화를 위해, 다른 한편으로 가능한 한 악을 단절하기 위한 올바른 양심의 각성을 위해, 즉 이러한 동기들에 기여하는 충분한 힘을 가진 것들로서, 이를 위해 객관적으로 인간의 운명에 A 83 대한 선이나 악의 영원성을 이성이 그 통찰의 한계에서 벗어나는 잘 VI 70 못된 지식과 주장들을 하는 **교조적인** 정리로서 전제할 필요가 없다.* A 84; B 90

---

* 물음들 가운데는 질문자가 그것에 대한 답변을 얻는다고 하더라도 그것으로 조금도 현명해진다고 생각할 수 없는 그런 물음이 있는데(그 때문에 사람들은 그런 물음을 어린애들의 물음이라고 부를 수 있다), "지옥의 형벌은 유한한 벌인가 영원한 벌인가?" 또한 그러한 물음이다. 만일 전자라고 가르친다면 (가령 연옥을 믿는 모든 사람 또는 무어[47]의 여행기에 나오는 선원과 같은) 많은 사람은 "그렇다면 나는 그 벌을 견딜 수 있을 것이라 믿는다"라고 말하지 않을까 우려된다. 그러나 만일 후자를 주장하고 그것이 신앙의 상징으로 여겨진다면, 사람들이 그것에 대해 갖는 의도와는 다르게 극악무도한 일생을 보낸 후에도 완전하게 형벌이 없는 상태에 대한 희망으로

이를 수 있다. 왜냐하면 극악무도한 삶의 종말에서 때늦은[48] 회개의 순간에 충고와 위로를 간구받은 성직자는, 그에게 영원한 저주를 통보하는 것이 너무나 잔혹하고 비인간적인 것같이 보일 수밖에 없지만, 그렇다고 해서 이러한 저주와 온전한 용서 사이의 어떤 중간도 허용하지 못하므로(오히려 영원히 형벌을 받거나 전혀 형벌을 받지 않거나 해야 하므로),[49] 그에게 후자에 대한 희망을 갖게 하지 않을 수 없기 때문이다. 다시 말해 그 성직자는 그 사람이 신속하게 하느님 마음에 드는 인간으로 변화시킬 것이라는 약속을 하지 않을 수 없다. 그런데 이때 선한 행적으로 정착할 만한 시간이 더는 없으므로 회개에 가득 찬 고백, 신앙 의례, 그리고 현재 삶의 종말을 조금 더 연기하는 경우에는 새로운 삶을 살겠다는 서약 등이 중간 자리를 대신하게 된다. — 만일 여기에서 이루어가는 행적에 걸맞은 미래 운명의 영원성에 기초한 교의를 제시하고, 더욱이 인간이 그의 지금까지의 윤리적 상태에서 미래 상태를 파악하고, 그것에서 자연스럽게 예상할 수 있는 결과들을 스스로 추론해내도록 지도하지 않는다면, 이와 같은 결과는 불가피하다. 왜냐하면 그런 경우에 악의 지배 아래 있는 결과 계열의 불가측성은 그에게 운명의 영원성을 선고했을 때 기대할 수 있는 것과 동일한 도덕적 결과를(즉 그로 하여금 삶의 종말이 오기 전에 교정과 보상을 통해 이미 일어난 것을 그에게 가능한 한 일어나지 않은 것으로 여기도록 강요하는 결과를) 가져올 것이기 때문이다. 그러나 이때 운명의 영원성의 교의는 (물론 이것은 이성의 통찰에 따라서도 성서 해석에 따라서도 정당화할 수 없지만) 아무런 손상도 받지 않게 된다. 악한 인간은 그 삶에서 이미 벌써 이같이 쉽게 얻을 수 있는 용서를 계산했든지, 아니면 그의 삶의 종말에 가서 문제될 것은 단지 그가 순전히 말로써 만족시킬 수 있는 하늘의 정의의 요구들뿐이라고 믿을 것이다. 그럼에도 — 이때 인간의 권리들은 공허하게 사라지고, 아무도 자기 것을 다시 얻지 못할 것이다. (이런 유형의 속죄 결과는 매우 통상적이어서 반대 사례는 거의 들어볼 수 없다.) — 그러나 만일 이성이 양심을 통하여 자신을 너무 관대하게 판정할까봐 우려하는 사람이 있다면, 나는 그가 매우 착각하고 있다고 믿는다. 왜냐하면 이성은 자유롭고 스스로 그에 대해서, 즉 인간에 대해 말해야 하므로 결코 매수당할 수 없기 때문이다. 그리고 만일 그런 상태에 있는 인간에게, 그가 곧 재판관 앞에 서지 않으면 안 될 것이라고 말한다면, 그를 다만 그 자신의 숙고에 맡겨두어도 좋을 것이다. 이 경우에 그는 숙고를 한 뒤 틀림없이 최대의 엄격성을 가지고 판정할 것이다. — 나는 여기에 몇 가지 의견을 더 첨부하고자 한다. "끝이 좋으면, 모든 것이 좋다"라는 일상의 금언은 도덕적인 경우들에도 적용할 수 있으나, 그것은 '좋은 끝'이라는 말이 인간이 참으로 좋은 인간이 되었다는 것을 뜻할 경우에 한해서만 가능하다. 그러나 인간은 이 사실을 그 이후에 따라오는 지속적인 선한 행적에서만 추론할 수 있으며 삶

B 90

A 84

VI 70

B 91

A 85

의 종말에서는 시간이 더 없는데 무엇에 근거를 두어 자신이 그러한 인간이라고 인식하려 하는가? 이 격언은 행복의 관점에서 더 쉽게 받아들여질 수 있다. 그러나 이것 또한 인간이 그의 삶을 바라보는 위치와 관련해서만, 즉 삶의 시작에서가 아니라 끝에서 돌이켜볼 수 있는 경우에만 가능하다. 이미 감내한 고통은 그것이 이미 지나갔다고 생각될 때에는 고통스러운 회상을 남기는 것이 아니라 오히려 기쁨을 남기며, 이제 도래하는 행복의 향유를 그만큼 더 맛깔스럽게 해준다. 시간계열 안에 내포된 만족이나 고통은 (감성에 속하는 것으로서) 그 시간계열과 함께 사라지므로 현존하는 삶의 향유와 함께 하나의 전체를 형성하는 것이 아니라 오히려 뒤따라오는 것에 밀려나기 때문이다. 그러나 만일 사람들이 그 격언을 지금까지 이끌어온 삶의 도덕적 가치를 판정하는 데 적용한다면, 비록 그가 전적으로 선한 품행으로 삶을 마감했다고 하더라도, 인간이 그의 삶을 그렇게 판정하는 것은 매우 부당할 수 있다. 왜냐하면 인간의 삶을 판정하는 도덕적으로 주관적인 **심정**의 원리는 (초감성적인 어떤 것으로서) 그의 현존이 시간단위로 분할되는 것이 아니라, 오직 절대적인 통일체로 생각할 수 있는 그런 유형의 것이기 때문이다. 그리고 우리는 (심정의 현상들인) 행위들에서만 심정을[50] 추론할 수 있으므로, 이 평가를 위해서 오로지 시간 통일성, 즉 전체로 삶을 고찰한다. 그렇다면 (개선 전의) 삶의 앞부분에 대한 비난들은 뒷부분에서 칭찬만큼이나 큰 소리로 함께 외쳐져서 **끝**이 좋으면, 모든 것이 다 좋다는 자신만만한 음성을 상당히 김빠지게 할 것이다. ─ 끝으로, 다른 세상에서 형벌의 지속에 대한 저 이론과 비록 동일하지는 않지만 매우 유사한 또 하나의 다른 이론이 있다. "모든 죄는 이승에서 용서받아야만 한다"라는 것이다. 즉 삶의 종말과 함께 모든 것을 완전히 청산하는 것이므로, 어느 누구든 이 세상에서 놓친 것을 저세상에서 보충할 것이라고 희망할 수는 없다. 그러나 앞의 이론과 마찬가지로 이 이론도 교의로 공표할 수 있는 것은 아니다. 그것은 단지 실천이성이 초감성적인 것의 개념들을 사용할 때 그것을 통해 자기에게 규칙을 부과하는 원칙일 뿐이다. 그러므로 이성은 초감성적인 것의 객관적 성질에 대해서는 아무것도 알지 못한다고 분수를 지킨다. 이성이 단지 말하기를, 우리는 오직 우리가 이루어온 행적에서만 우리가 하느님 마음에 드는 인간인지 아닌지를 추론할 수 있을 뿐이며, 우리 행실이 이생과 함께 끝나면, 우리에 대한 결산도 끝나고, 이 결산의 총계만이 우리가 자신을 의롭다고 여길 수 있는지를 확정해준다. ─ 일반적으로 만일 우리가 자신들의 판단을 그것에 대한 인식이 우리에게는 도저히 불가능한 초감성적인 객관들의 인식의 **구성적 원리들** 대신에 가능한 도덕적 사용으로 만족하는 **규제적 원리들**에 한정한다면 매우 많은 점에서 인간의 지혜는 개선될 테고, 근본적으로는 사람들이 아무것도 아는 바 없는 것에 대한 사이비 지식, 즉 결국에는 그것에서 도덕을 손상하게 되는, 비록 일시적으

B 92

A 86

VI 71

B 93

인간이 의식하는 선하고 순수한 심정은(우리를 다스리는 선한 영이라
고 부를 수 있는) 단지 간접적이기는 하지만 그 자신의 견실성과 확고
함에 대한 신뢰를 수반하고, 우리 과오가 그 견실성을 우려하게 만들
때면 우리에게 위로자(변호자)[51]가 된다. 견실성에 대한 확신은 인간
에게는 가능하지도 않고, 또한 우리가 아는 한에서 도덕적으로 유익
하지도 않다. 왜냐하면 (특별히 유의해야 할 것은) 우리가 이러한 신
뢰를 심정의 불변성에 대한 직접적인 의식으로 할 수 없기 때문이다.
우리는 이 심정의 불변성을 직시할 수 없고, 잘해야 행실에 나타나는
그 결과들로 추정할 수 있을 뿐이며, 이러한 추정은 단지 선한 심정
이나 악한 심정의 현상인 지각에서 도출한 것이므로, 특히 그 심정의
강도를 확실히 인식하게 해주지는 못한다. 적어도 사람들이 임박한
생의 종말을 앞에 놓고서 그 심정을 개선했다고 생각하는 경우에는
특히 그렇다. 이 경우에는 우리의 도덕적 가치를 판단하는 데 근거가
될 행적이 더는 주어지지 않았기에 심정의 순수성에 대한 그 경험적
증거들이 없으므로, 어떤 위로도 없다는 사실은(그러나 이에 대해서
는 인간 본성 자신이 현세의 삶의 한계를 넘어서는 모든 전망의 모호성

때문에 이처럼 어떤 위로도 없다는 사실이 벌거벗은 절망으로 되지 않
도록 배려하기는 하지만) 그의 윤리적 상태에 대한 이성적 판정의 불
가피한 결과다.

    셋째의, 그리고 가장 어려워 보이는 난제는 모든 사람에게 그가 선

의 길에 들어선 후조차도 신의 정의 앞에서 그의 전 행적이 심판받
을 때에는 문책을 받을 수밖에 없다고 생각하는 다음과 같은 것이
다.— 선한 심정의 채택으로 그에게 어떤 일이 일어났든지, 그리고
심지어 그가 아무리 견실하게 선한 심정 안에서 그것에 일치하는 행

로는 빛나지만 아무런 근거도 없는 궤변이 생겨나지 못할 것이다.

적을 지속했다 할지라도 그는 악에서 출발했고, 이 죄책은 그에게서 결코 씻어질 수 없다. 또한 그가 개심한 후 아무런 죄과를 더는 짓지 않는다고 하더라도 그는 그것만으로써 마치 지난 죄과를 모두 청산한 것처럼 여길 수도 없다. 그리고 그는 앞으로 선한 행실을 계속하더라도 그때마다 갚아야 할 것보다 더 많은 것을 산출해낼 수도 없다. 왜냐하면 그의 능력이 닿는 한에서 모든 선을 행하는 것은 항상 그의 의무이기 때문이다. — 이 근원적인, 또는 대체로 그가 항상 행하고 싶은 모든 선에 선행하는 죄과는 우리가 근본악이라고 이해했던(제1편 참조) 바로 그것이며, 우리가 이성법에 의거하여 통찰하는 한에서 어떤 타인이 대신 제거해줄 수 있는 것은 아니다. 왜냐하면 B 95 이 죄과는 가령 금전상 채무와 같이(금전상 채무에서는 채무자 자신이 그것을 갚거나 다른 사람이 그를 대신해서 갚거나 채권자에게는 마찬가지다) 타인에게 위임할 수 있는 **양도 가능한** 것이 아니라 **가장 개인적인 책임**, 즉 죄 없는 자가 벌 받을 자를 위해 제아무리 그것을 떠맡고자 할 만큼 아량이 넓다 해도 짊어질 수 없는, 오로지 벌 받을 자만이 짊어질 수 있는 죄책이기 때문이다. — 그런데 (죄라고 부르는 신의 **명령**인 도덕법칙의 위반으로서) 윤리적인 악은 그로써 그 권위를 손상받은 최고 입법자의 **무한성** 때문이 아니라 (인간과 최고 존재의 A 89 초절적인[52] 관계에 대해 우리는 아무것도 이해하는 바가 없다), 오히려 **심정과 준칙들** 일반 안에 있는 악으로서 (개별적인 위법들과 대조되는 **보편적 원칙들**과 같은) 법칙 손상, 즉 죄책의 무한성을 수반하므로(보편적인 심정이 아니라, 오직 개개의 범죄, 그러니까 오직 행위와 그에 뒤따른 것만을 고찰하는 인간의 법정에서는 사정이 다르다), 각각의 인간은 **끝없는** 형벌과 신의 나라에서 추방되는 것을 각오해야 한다.

이 난문의 해결은 다음과 같은 사실에 기인한다. 즉 마음을 통찰 B 96 하는 자의 판결[53]은 피고의 보편적인 심정에서 도출한 것이지 심정

의 현상들, 즉 법을 벗어나거나 법과 일치하는 행위들에서 도출한 것
이 아니다. 그러나 이제 여기서는 인간 안에 그전부터 그 안에서 강
력한 악의 원리를 넘어서는 우월성을 지닌 선한 심정을 전제하며, 그
것에서 이제 전자의 도덕적 결과, 즉 형벌이(바꾸어 말하면, 신의 마음

에 들지 않은 주체에게 미치는 영향이) 개선한 심정 안에서 이미 하느
님 마음에 드는 대상으로 된 그의 상태에도 미치게 되는지 어떤지에
대한 물음을 제기한다. 여기서 물음은 과연 회심 이전에 그에게 내려
진 형벌이 신의 정의와 일치하는지 어떤지에 대한 것이 아니므로(이
에 대해서는 누구도 의심하지 않는다) 그 형벌은 (이 탐문에서) 개심 이
전의 인간에게 주어진 것이 아니라고 생각해야만 한다. 그러나 그 사
람은 이미 새로운 삶으로 옮겨가서 도덕적으로 이전과 다른 사람이
되었으므로, 이 형벌은 그의 이 새로운(하느님 마음에 드는 사람의)
성질에 의거해서 그것[개심] 이후 것으로 받아들일 수도 없다. 그러나
그의 앞에서는 죄 있는 자가 결코 벌을 받지 않을 수 없다는, 이른바
최고 정의의 요구를 충분히 성취하지 않으면 안 된다. 그러므로 형벌
은 회심 전이나 후에도 신의 지혜에는 적합하지 않지만 그럼에도 필

수적인 것이므로, 회심 상태 안에서 신의 지혜를 적절하게 시행한 것
이라고 생각해야 한다. 그러므로 우리는 이 회심 상태 안에 이미 도
덕적 회심의 개념으로 새로운 선한 심정을 지닌 사람이 자기 자신에
의해 (다른 관련에서) 빚어진 죄과라 생각하고, 또한 그 자체가 그것
을 통해 신의 정의를 충족하는 형벌이라고 생각하는 것과 같은 그러

한 화가 들어 있다고 볼 수 있는지 어떤지를* 생각해보지 않을 수 없

---

*   세계 안의 모든 화는 일반적으로 이미 저지른 범법에 대한 벌이라고 보는
    가설은 신정론을 위해서나 사제종교(제의)를 위해서나 창안이라고 볼 수
    는 없다. (이 가설은 그렇게 인위적으로 고안한 것이라고 보기에는 너무나 일
    상적이다.) 오히려 이 가설은 아마도 자연의 과정을 도덕법칙과 연결하려

다. ― 회심이란 곧 죄의 주체가(그러므로 또한 죄로 유혹하는 한에서 모든 경향성이) 정의에 맞게 살기 위해 죽는 것[56]이므로, 악에서 탈출하여 선으로 진입하는 것이고, 옛사람을 벗어던지고 새 사람을 입는 것[57]이다. 그러나 지성적 규정으로서 이 회심 안에 들어 있는 것 은 하나의 시간 간격에 따라 서로 떨어져 있는 두 개의 도덕적 작용이 아니라, 악의 포기는 단지 선으로 들어가게 하는 선한 심정으로만 가능하고, 그 반대도 마찬가지이기 때문에 회심은 오히려 단지 하나의 작용일 뿐이라는 것이다. 그러므로 선한 원리는 악한 심정을 포기하는 것이나 선한 심정을 채택하는 것 모두에 똑같이 들어 있으며, 악한 심정의 포기에 합당하게 수반하는 고통은 전적으로 선한 심정의 채택에서 발생하는 것이다. 부패한 심정에서 선한 심정으로 들어가는 것은 ("옛사람의 죽음"이고 "육신의 십자가형"[58]으로서) 그 자체가 이미 희생이고, 새로운 인간이 신의 아들의 심정 안으로 들어가는 것 역시 순전히 선을 위하여 짊어진 일련의 삶의 화에 들어서는 것으로 그 자체가 이미 희생이다. 그러나 이러한 희생들은 본래 다른 인

A 92

는 경향이 있는 인간의 이성과 매우 근접해 있다. 이성은 이런 경향에 따라서 매우 자연스럽게, 우리가 삶의 재앙에서 벗어나기를 바라거나 그 화를 능가하는 복을 통한 보상을 바라기 전에 먼저 우리가 더 선한 인간이 되고자 노력해야만 한다는 사상을 낳았다. ― 그 때문에 (성서에서) 최초의 인간은, 그가 먹고자 의욕했을 때 노동하지 않을 수 없도록 저주받았고, 그의 아내는 고통과 함께 아이를 낳도록, 그리고 두 사람은 그들의 위법 때문에 죽음을 선고받은 것으로 묘사했다. 그러나 비록 이러한 범법이 일어나지 않았더라도, 그러한 사지를 가진 동물적 피조물이 어떻게 그밖의 다른 사명을 가질 수 있었겠는지 예상할 수는 없다. 인도인들에게 인간은 다름 아니라 전생에 지은 범죄에 대한 형벌로 동물의 몸속에 갇힌 (데바[54]라는 이름의) 영들이며, 심지어 한 철학자(말브랑슈[55])는 말이 "금단의 풀을 뜯어 먹지 않았는데도" 그와 같이 많은 고생을 견뎌야 하는 것을 인정하기보다는, 차라리 이성 없는 동물에게는 어떤 영혼이나 어떤 감정도 부여하지 않는 것이 더 좋다고 생각했다.

VI 74

B 98

간, 즉 옛사람에게(왜냐하면 이 인간은 도덕적으로는 다른 인간이므로)
마땅히 형벌로 부과한 것이다. ― 그러므로 새로운 인간은 (감성존재
B 99   자로서 그의 경험적 성격의 관점에서 볼 때) **물리적으로는** 여전히 벌을
받아야 할 인간이고, 그러한 인간으로서 도덕적 법정 앞에서, 따라서
또한 자기 자신 앞에서 심판을 받아야만 하지만, 그럼에도 그의 새로
운 심정에서(예지적 존재자로서), 신적인 재판관 앞에 서 있다. 그 앞
에서 이 심정은 행실을 대신하는 점에서 **도덕적으로** 다른 인간이고,
이 심정은 그가 자기 안에 받아들인 신의 아들의 심정과 같은 순수성
에서, 또는 (우리가 이 이념을 인격화한다면) 그분 스스로 인간을 위하
A 93   여 그리고 또한 그를 (실천적으로) 믿는 모든 사람을 위하여 **대리자**[59]
로서 죄책을 짊어지고, **구속자**[60]로서 고통과 죽음을 통해 최고 정의
를 충분히 실현하며, 또한 **변호자**[61]로서 사람들로 하여금 그들의 재
판관 앞에서 의롭다고[62] 인정받은 자로서 설 것을 기대할 수 있게 해
준다. 다른 점이 있다면 단지 (이러한 표상방식에서는) 새 사람이 옛사
A 94; B 100; VI 75   람을 죽게 하면서 그의 삶 속에서 계속 감당해야 하는 고통을* 인간의

VI 75   * 가장 순수한 도덕적 심정도 또한 세계존재로서 인간에게는 (감성세계 안에
서 만나게 되는) 행위에 따라서 하느님 마음에 드는 주관을 연속적으로 생
성하는 것 이외의 다른 것을 산출하는 것은 아니다. 성질에서 보면 (그 성
질은 초감성적으로 세워졌다고 생각해야 하기 때문에) 그 심정은 거룩하고
그의 원형에 적합해야 하며, 또한 그러할 수 있는 것이다. 그러나 그 정도
에서 보면, ― 그것이 행위들에서 드러나는 것처럼 ― 항상 결함이 있고,
원형의 심정에서 무한히 멀리 떨어져 있다. 그럼에도 이 심정은, 그 결함
을 보충하는 지속적인 진보의 근거를 내포하므로, 전체의 지성적 통일로
B 100   서 완성에 이른 **행위**의 위상을 나타낸다. 그러나 이제 다음과 같은 문제가
나온다. "어떤 단죄도 받을 것이 없는" 또는 벌을 받을 필요가 없는 사람이
자신은 의롭게 되었다고 믿으면서 그와 함께 점점 더 증대하는 선을 향한
도상에서 그가 부딪치는 고통을 언제나 벌받은 것으로 자기에게 책임을 돌
리며, 따라서 이를 통해 자기가 벌받을 만한 인간이라는 것을 인정하고 또
한 자기가 신의 마음에 들지 않는 심정을 지녔다고 고백할 수 있는가? 그

이 대표자에게는 단 한 번 당한 죽음으로 표현했다는 것뿐이다. ─ 그런데 여기에는 위에서는 없었다고 보았던, 행위들의 공덕을 넘어 선 것이 있는데, 그것은 곧 은총으로 우리에게 돌려지는 공덕이다. 왜 B 101 냐하면 우리에게 지상의 삶에서는(아마도 모든 미래 시간과 모든 세계 에서도 역시) 언제나 단지 오롯이 **생성** 중인 것(즉 하느님의 마음에 드 는 인간이 되는 것)을 마치 우리가 이 지상에서 이미 완전히 소유하는 것처럼 여기도록 하는 것에 대해 우리는 (경험적 자기 인식에 따를 때) A 95 아무런 권리주장†도 하지 못하기 때문이다. 우리가 우리 스스로를 아는(즉 우리 심정을 직접 인식하는 것이 아니라 단지 우리의 행위들에 VI 76 의거해서 추정하는) 한에서 그러하며, 그 때문에 우리 안에 있는 원고 는 오히려 유죄판단을 제안할 가능성이 더 크다. 그러므로 비록 (우

렇다. 그러나 오직 인간이 연속적으로 벗어버리는 그 인간의 성질에서만 그렇다. 그에게 그 성질에서(즉 옛사람의 성질에서) 합당하게 주어진 것을 (그리고 그것은 삶 일반의 고통과 화다) 그는 새로운 인간의 성질에서 기꺼 A 94 이 그리고 선을 위하여 감당한다. 따라서 이 고통과 화는 그런 한에서 그리 고 새로운 인간으로서 그에게 벌로 따르는 것이 아니라, 오히려 그 '벌'이 라는 표현이 말하고자 하는 것은 단지 그가 부딪쳐야 하는 모든 화와 고통 을 그 옛사람이 벌로 자신에게 책임을 돌려야만 했던 것으로서, 또한 그가 옛사람에 대하여 죽는 한에서, 그것을 실제로 벌로써 자기 자신에게 책임 을 돌려야 하는 것이다. 그러나 그는 이런 화와 고통을 새로운 인간의 성질 에서는 선을 향한 그의 심정을 시험하고 훈련하는 기회로 기꺼이 받아들 인다는 것이다. 그 처벌은 이러한 행위의 결과이자 동시에 원인이고, 그것 은 또한 그의 선에서 진보에(그것은 악을 떠나는 것과 동일한 하나의 행위다) 대한 의식에서 생기는 만족과 **도덕적 행복**의 원인이자 결과다. 그와 반대 로 옛 심정에서는 똑같은 화를 벌로 간주했을[63) 뿐만 아니라, 또한 벌로 느 끼지 않으면 안 된다. 왜냐하면 그것들이 오롯한 화라고 생각할 때조차 옛 심정의 인간이 그의 유일한 목표로 삼는 **물리적 행복**과 정면으로 대립하기 때문이다.

† 우리는 오직 우리 자신에게 가능한 모든 것, 즉 감수성만 가지고 있을 뿐이 다. 그러나 하위자가 그것에 대한 (도덕적) 감수성 외에는 가진 것이 없는 선을 베풀고자 하는 상위자의 결의는 은총이라고 한다.[64)

리에게는 단지 더 개선된[65) 심정의 이념 안에 놓여 있을 따름이며, 신만이 알고 있는 속죄에 근거하는 것으로서) 우리가 신앙 속에 있는 그 선으로 모든 책임을 면하게 된다 할지라도, 영원한 정의에 전적으로 일치하도록 하는 것은 언제나 단지 은총판단[66)일 뿐이다.

이제 또 하나 제기할 수 있는 물음은 과연 죄책이 있기는 하지만 신의 뜻에 맞는 심정으로 변화한 인간을 의롭다고 인정해주는 칭의[67)라는 이념의 이와 같은 연역을 실천적으로 사용할 수 있는가, 그리고 실천적으로 어떻게 사용할 수 있는가 하는 것이다. 이 물음은 이러한 연역이 종교나 행적을 어떻게 적극적으로 사용할 수 있는지 추구하고자 한 것은 아니다. 그러한 탐구는 물음과 관련된 인간이 이미 요구하는 선한 심정을 실제로 가지고 있다는, 그리고 도덕적 개념들의 모든 실천적 사용이 본래 이 심정을(그 전개와 촉진을) 그 목적으로 한다는 조건을 기본으로 하기 때문이다. 위로에 대해서 말하면, 그러한 심정은 그것을 스스로 의식하는 사람에게는 (확신으로서가 아니라 위로와 희망[68)으로서) 이미 더불어 있는 것이다. 그러므로 이 탐구는 그런 점에서 단지 사변적인 물음에 대한 답변에 지나지 않으나, 그렇다고 해서 이 물음을 침묵하고 무시해버릴 수는 없다. 그렇지 않으면 이성은 인간의 죄를 용서받을 수 있다는 희망과 신의 정의를 합일하는 능력을 전혀 가지고 있지 않다고 비난받을 수도 있다. 그리고 이러한 비난은 여러 가지 관점, 특히 도덕적인 관점에서 이성에 불리할 수 있다. 그러나 종교와 윤리가 각자 개인을 위하여 그것에서 끌어낼 수 있는 소극적인 이익은 매우 넓게 영향을 미친다. 왜냐하면 앞에서 말한 연역에서 사람들은 죄과를 짊어진 인간은 완전한 개심을 전제함으로써만 하늘의 의로움 앞에서 용서를 생각할 수 있으며, 따라서 모든 속죄는 참회나 예식의 방식이든 간에, 또한 모든 탄원이나 찬미도(신의 아들의 대리자적 이상에 대한 찬미조차도) 개심의 결핍을 채

위줄 수 없으며, 만일 그러한 개심이 현존한다면 그의 타당성을 하늘의 법정 앞에서 조금이라도 늘려줄 수 없다는 사실을 알기 때문이다. 이 이상이 행위에 대해서 타당하려면[69] 그것을 우리 심정 안에 받아들여야 한다. 이 물음에 들어 있는 또 다른 사실은 인간이 그의 삶의 종말에 이르러서 자신이 해온 행적에 대하여 무엇을 기대해야 하고 무엇을 두려워해야 하는가에 관한 것이다. 이 경우에 그는 우선 자기 성격을 최소한 어느 정도까지는 알고 있지 않으면 안 된다. 그러므로 비록 그가 자기 심정을 개선했다고 믿는다 할지라도, 그가 출발했던 A 97; VI 77 옛(부패한) 심정도 동시에 고려하지 않으면 안 된다. 또한 그가 옛 심정에서 무엇을 얼마만큼 벗어났는가, 그리고 옛 심정을 극복하고 이 옛 심정으로 되돌아가는 것을 방지하기 위하여 이른바 새로운 심정이 (순수하든 불순하든) 어떤 성질을 어느 정도로 가지고 있는지[70] 추정하지 않으면 안 된다. 그러므로 그는 전 생애에 걸쳐서 심정을 돌아보게 된다. 이처럼 그는 직접적인 의식으로는 자신의 실질적인 심정에 대한 어떤 확실하고도 명확한 개념을 전혀 얻을 수 없고 단지 그가 실제로 해온 행적으로만 추정할 수 있을 뿐이므로, 그는 (그 자신 안에서 각성하는 양심과 이를 위해 불러오는 경험적 자기인식을 지닌) 미래 재판관의 판결을 위한 입증자료로서 그의 생애의 한 부분이나 어쩌면 그에게 가장 유리하게 보이는 마지막의 한 부분이 아니라, 그때까지 그의 전 생애[71]가 재판관의 눈앞에 펼쳐진다는 상황밖에는 B 104 다른 어떤 것을 생각할 수 없을 것이다. 그러나 여기에다 그는 스스로, 만약 그가 좀더 오래 살 수 있다면 (여기에 아무런 한계를 설정하지 않고) 더 계속될 삶에 대한 전망을 덧붙일 수 있을 것이다. 여기에서 그는 앞서 인식한 심정으로 행위를 대신하게 할 수 있는 것이 아니라, 그와 반대로 그가 이룬 행위로 그의 심정을 추정해야 할 것이다. 이에 대해서 사람들은 어떻게 생각할지 궁금하다. 언젠가는 재판관 앞에 서게 될 것이라고 믿을 이유가 있다고만 가르치고 그밖의 것에 대해서는 그에게 아무것도 말해주지 않았다면, 사람들이 쉽게 놓쳐버릴 수 있는 많은 것을 그에게 (그가 가장 악질적인 인간이 아닐지라도) 환기해주는 오롯한 이 사상이 어떻게 **그로** 하여금 지금까지 지내온 행적에 따라서 그의 미래 운명을 판단하게 하는 것일까? 만일 인간 안에서 그 자신 안에 있는 재판관에게 문의한다면, 그는 자신의 이성을 매수할 수는 없기 때문에 엄격하게 판정할 것이다. 그러나 만일 사람들이 다른 출처의 가르침으로 소식을 얻고자 하는 다른 재판관을 그에게 소개한다면, 그는 자신의 엄격성에 반대하고 인간적인 허약성에서 끌어낸 여러 가지 변명을 늘어놓을 수밖에 없을 것이다. 그는 대체로 재판관에게 접근하려고 하면서, 참회하면서 개선한 참된 심정에서 나온 것이 아닌 자학적인 형벌로 선수를 치려고 하거나 또는 간구와 탄원, 의례, 그리고 신앙에서 우러나오는 고백으로 신의 마음을 너그럽게 만들 방도를 생각할 것이다. 그리고 만일 그에게 이에 대한 희망이 주어진다면(끝이 좋으면 모든 게 다 좋다는 격언에 따라서), 그는 미리부터 쓸데없이 즐거운 삶을 너무 많이 손해 보지 않고도 삶의 종말이 가까이 왔을 때 재빨리 그에게 유리하도록 결산할 계획을 세울 것이다.†

---

† 삶의 종말에 성직자를 부르기를 원하는 사람들의 의도는 대체로 그에게서 위로를 받으려는 것이다. 그리고 그것은 최후의 질병이나 죽음 앞에서 자연스러운 두려움을 수반하는 신체적 고통 때문이 아니라(왜냐하면 이러한 고통에 대해서는 그 고통을 끝나게 할 죽음 자신이 위로자가 될 수 있기 때문이다) 오히려 도덕적인 고통, 즉 양심의 가책 때문이다. 그런데 여기에서 이것, 즉 양심의 고통은 아직도 선을 행할 수 있고, 또한 아직도 남아 있는 결과들에서 악을 절멸할(고칠) 수 있기 위해서 오히려 더 강화해나가고 예리해져야 한다. 이를 위해서 "네가 너의 적대자(너에 대적하여 권리주장을 하는 자)와 함께 도중에 있는 동안(즉, 네가 아직 살아 있는 동안) 그의 뜻에 따르라. 그가 너를 재판관에게 (죽은 후에) 넘겨주지 않도록 등"72)과 같은 경

고에 따라서 그야말로 소홀히 하지 말아야 한다. 그러나 이렇게 하는 대신에 이를테면 양심을 위한 아편을 제공한다면, 그것은 그 자신에게나 그가 죽은 후 남아 있는 이들에게도 죄를 짓는 것이다. 그리고 그것은 삶의 종말에 그러한 양심의 도움이 필요하다고 생각할 수 있는 궁극 의도에 전적으로 반하는 것이다.[73]

제2절
인간을 지배하려는 악한 원리의 권리주장과
두 원리의 상호투쟁에 대하여

성경(기독교편)은 이 예지적인 도덕적 관계를 인간 안의 천국과 지옥 같은 두 대립하는 원리를 인간 밖에 있는 인격들로 표상하는 역사의 형식으로 진술했는데, 이것들은 그들의 힘을 적대적으로 구사하려고 할 뿐만 아니라, 또한 (한편은 고발자로서, 다른 한편은 인간의 변호자로서) 그들의 요구주장을 마치 최고재판관 앞에서처럼 **법으로** 정당화하고자 한다.

인간은 원래 지상의 모든 재화의 소유자로 지명을 받았다(1모세 [창세] 1, 28[74]). 그러나 인간은 이 재화의 상위 소유권자(원소유자)[75]인 그의 창조주이고 주인인 자 아래에서 단지 하위 소유권(사용소유권)[76]을 갖도록 되어 있었다. 그와 동시에 한 악한 존재자가(그가 태초에 선했는데 어떻게 해서 그의 주인에게 불성실하게 대할 만큼 악하게 되었는지는 알지 못하지만) 세워졌는데, 그 존재자는 자신의 타락으로 천상에서 가질 수 있었던 모든 재화를 상실하게 되었으며, 이제 지상에서 다른 재화를 획득하고자 한다. 그런데 더 고차적인 종류의 존재자인 — 영으로서 — 그에게 세속적이고 신체적인 대상들은 어떤 즐거움도 줄 수 없으므로, 그는 모든 인간의 선조들이 자신들의 주군을 배반하고 그에게 의존하도록 함으로써 인간의 마음에 대한 지배를 추구한다. 그렇게 해서 그는 또한 지상의 모든 재화를 소유한 고관대작, 즉 이 세계의 군주를 참칭할 수 있게 되었다. 그런데 여기에서 사람들이 의아하게 생각하지 않을 수 없는 것은, 어째서 신이 이 배반자에게 그의 힘을 사용하지 않고* 오히려 그가 세우고자 의도했던 나라를 그 시초에 파멸하려고 했는가 하는 점이다. 그러나 이성적 존재자들에 대한 최고 지혜의 지배와 통치는 이성적 존재자들의 자유 원리에 따라서 이성적 존재자를 취급하는 것이며, 이들에게 일어나는 선과 악은 마땅히 그들 자신의 책임으로 돌리지 않을 수 없다. 그러므로 여기에서 선의 원리를 거역하는 악의 나라가 세워졌고, 아담에게서 (자연적으로) 태어난 모든 인간은 이 나라에 굴복하게 되었는데, 그것은 물론 그들 자신의 동의에 따른 것이었다. 왜냐 A 101; B 108
하면 그들은 이 세계의 재화에 현혹되어 재화가 쌓인 부패의 심연을 바로 볼 수 없었기 때문이다. 물론 선한 원리는 인간을 지배하기 위한 그 권리주장을 위해 오롯이 그의 이름에 대한 공적이고 유일한 숭배를 바탕으로 하여 조직된 통치형태를 (유대교의 신정정치에서) 구축함으로써 그 자신을 유지하기는 했다. 그러나 이러한 통치 아래에 있는 백성들의 마음은 이 세상의 재화 이외의 어떤 다른 동기에 대해서도 전혀 관심을 두지 않았다. 따라서 그들은 이 삶에서 제공하는 보상과 처벌에 따르지 않고는 통치받으려고 하지 않았다. 그러나 또 이런 통치를 위해서는 일부 번거로운 의식과 관습을 부과하는 법률, 즉 비록 윤리적이기는 하지만 단지 외적인 강제에 따른 것일 뿐이어서

---

* **샤를부아**[77]는 그에게서 교리를 배우는 **이로쿼이**[78]족 학생에게 태초에 선하게 창조된 세상에 악령이 가져온 모든 악에 대해서 이야기하고 난 후, 그 악령이 얼마나 집요하게 아직까지도 신의 최선의 행사들을 좌절시키려고 시도하는지 이야기했다. 이때 이 학생은 불만스럽게, 그런데 왜 신은 그 악마를 죽이지 않는가? 하고 물었는데, 그 물음에 대해 그는 즉시 아무런 대답도 할 수 없었다고 솔직하게 고백한 사실을 보고한 적이 있다.

도덕적 심정의 내면은 전혀 고려하지 않는 그런 시민적인 법률밖에
는 없었다. 그리하여 이러한 통치 질서는 어둠의 나라에 아무런 본질
적 파괴도 가하지 못하고, 단지 최초 소유자의 불멸의 권리를 언제나
기억 속에 보존하는 데 공헌했을 뿐이다. — 그런데 이 민족이 위계

VI 80 체제의 모든 해악을 충분히 느끼게 되고, 또한 그 때문에 그리고 아
마도 그 민족에게 차츰 영향을 미치면서 그들의 노예근성을 뒤흔들
어놓은 그리스 철인들의 도덕적 자유론들로 이 민족이 대부분 의식

A 102; B 109 화되면서 혁명의 기운이 성숙해질 무렵에, 그때까지의 철인들보다
도 더욱 순수한 지혜를 지닌 한 사람이 출현하여 그의 가르침과 본보
기에 관한 한에서 참 인간으로, 그러나 또한 그 자신을 근원에서 파
송한 자로 선포했다. 그런데 그는 근원적인 순정함[79]에서 인류의 대
표자, 즉 최초 조상을 통해 나머지 모든 인류가 가담하게 된 악한 원

B 110 리에 휘말려 들어가지 않은,† 또한 "그러므로 이 세상의 군주와는 아

---

† 사람들이 동정녀인 모친에게서 태어났기 때문에 악을 향한 생득적인 성벽
에서 자유로운 인격이 가능하다고 생각하는 것은 설명하기는 어렵지만 그
럼에도 부정할 수도 없는, 이른바 도덕적 본능에 편안한 이성의 이념이다.
우리는 양측의 감각적 쾌락 없이는 자연적 생식이 일어날 수 없고, 또한 우
리가 (인간의 존엄을 고려할 때) 일반적인 동물 존재와 너무 가까운 친연관
계를 맺는 것처럼 보이기에, 우리는 그것을 수치스러운 어떤 것으로 여기
지 않을 수 없다. — 이러한 생각은 확실히 수도사 신분을 신성하게 여기
는 근본적인 원인이 되었다. — 그러므로 그것은 우리에게 부도덕한 어떤
것으로서 인간의 완전성과 합일할 수 없는 것이고, 또한 인간의 본성에 스
며드는 것이어서 인간의 후손들에게 악한 소질로 유전된 것이라고 여겨진
다. — 이처럼 모호한(한편으로는 오롯이 감성적이고, 다른 한편으로는 도덕
적이고 또한 지성적인) 생각에는 어떤 도덕적 결함도 지니지 않은, 어떠한
B 110 성적 교섭에도 의존하지 않은 (동정녀에 의한) 어린아이 탄생이라는 이념
이 잘 들어맞는다. 그러나 (실천적 의도에서는 그것과 관련하여 아무것도 규
정할 필요가 없지만) 이론에서는 난점이 없지는 않다. 왜냐하면 후성설[80]
의 가설에 따르면 자연적 생식으로 그 부모에게서 출생한 어머니는 그러한
도덕적 결함을 가지고 있을 테고, 초자연적인 출생에서도 이 결함을 적어

122

무런 상관도 없는"[85] 그러한 근원에서 파송한 자였다. 이 때문에 후자[이 세상의 군주]의 지배는 위험에 처하게 되었다. 왜냐하면 이 하느님 마음에 드는 인간이 그 계약에 가입하게 하려는 그에 대한 유혹들에 저항하고, 또한 다른 사람들 역시 믿음을 가지고 그와 동일한 심정을 취하게 될 경우, 이 세상의 군주는 그만큼 많은 추종자를 잃게 되고 그의 나라도 완전히 부서질 위험에 빠져들기 때문이다. 그러므로 이 세상의 군주는 신의 마음에 드는 그 인간에게, 만일 그가 자신을 이 나라의 소유자로서 섬기겠다고만 하면, 그를 나라 전체의 영주로 삼을 것이라는 제안을 했다.[86] 그러나 이러한 시도는 성공하지 못했으므로 이 세상의 군주는 그의 영토를 찾아온 이 이방인에게서 그의 지상의 삶을 안락하게 할 수 있는 모든 것을 (극단적 빈곤에 이르기까지) 박탈했을 뿐만 아니라, 그에 대하여 악한들이라면 그를 증오할 수밖에 없게 하는 온갖 박해를, 즉 오직 선한 심정을 지닌 사람만이 마음 깊이 느낄 수 있는 고통을 가했다(그것에서 모든 추종자를 떼어놓기 위해). 또 그의 가르침의 순정한 의도를 비방하면서 그를 가장 치욕스러운 죽음에 이르기까지 핍박했다. 그럼에도 최선을 위한 가르침과 예증으로 보여준 그의 확고함과 솔직함에 대한 전혀 품격 없는 자들의 그러한 공격도 그에게 아무런 손상을 끼칠 수 없었

VI 81

B 111

A 103

도 절반까지는 그 아이에게 물려줄 것이기 때문이다. 따라서 이러한 결과를 피하기 위하여 부모 안에 배아가 미리 있다는 선재설[81]의 체계를 받아들이지 않을 수 없는데, 그것도 여성적 부분의 포자[82] 체계가 아니라(그것으로써 그 귀결은 회피되지 않는다) 오롯이 남성적 부분에서(즉 난자[83]의 체계가 아니라 정자[84]의 체계를) 받아들이지 않을 수 없다. 그런데 초자연적인 임신에서는 이 남성적 부분이 제거됨으로써 이러한 표상방식은 전자의 이념을 이론적으로 적합하다고 변호할 수 있을 것이다. ─ 그러나 악을 향한 유혹을 넘어서 자기 자신을 고양하는(악에 대해 맞서 승리하는) 인간성의 상징이 되는 그 이념을 우리에게 본보기로 표상하는 것이 실천적인 것을 위해 충분하다면, 이 모든 이론에 대한 찬반이 무슨 소용이 있겠는가?

다. 그러면 이 싸움의 결말은 어떠했는가! 이 전투의 진단은 법적인 것과 물리적인 것으로 나누어 고찰할 수 있다. 만일 사람들이 (감관에 포착되는) 후자[물리적 진단]를 주시한다면 선의 원리가 굴복한 것이 된다. 그는 이 싸움에서 수많은 고통을 당한 후 생명을 버리지 않으면 안 되었다.† 그가 (힘을 가진) 이방인의 지배 권역에서 반란을 일으켰기 때문이다. 그러나 원리들이(그것들이 선한 것이든 악한 것이든) 권력을 가지고 있는 나라는 자연의 나라가 아니라 자유의 나라다. 그[자유의 나라] 안에서 사람들은 오직 마음을 다스림으로써만 그런 일

B 112; Ⅵ 82

---

† 그는 (바르트[87] 박사가 소설처럼 표현한 것처럼) 세인들의 이목을 끄는 빛나는 예증을 통해 선한 의도를 촉진하기 위해 **죽음을 추구**했던 것은 아니다. 그랬다면 그것은 자살이었을 것이다. 물론 사람들은 소홀히 할 수 없는 의무에 불성실하지 않고는 죽음을 면할 수 없을 때, 자기 생명을 상실할 위험을 무릅쓰고라도 모험을 감행하지 않으면 안 되고, 심지어는 타인의 손에 의한 죽음조차도 당하지 않으면 안 된다. 그러나 어떤 목적을 위해서든지 자기 자신과 자기 생명을 수단으로 사용해서는 안 되고, 그렇게 해서 자기 죽음의 주모자가 되어서는 안 된다. ― 그러나 또한 (볼펜뷔텔[88] 단편의 저자가 의심하는 것처럼) 그가 생명의 위협을 **감수**했던 것은 도덕적 의도에서가 아니라, 오롯이 정치적 의도에서였다. 추측건대 사제통치를 전복하고 세속적인 최고 권력을 얻어서 그 자신이 자리를 대신하려는 용납할 수 없는 의도였던 것도 아니다. 왜냐하면 그가 생명을 보존하려는 희망을 이미 포기한 후 최후의 만찬에서 그의 제자들에게 그를 기억하여 그것을 행하라고 한 훈계가 그 사실을 반증하기 때문이다. 만일 그가 행하라고 한 것이 실패로 돌아간 세속적인 의도를 기억하려는 것이었다면, 그것은 모욕적이고 그의 창시자 기분을 상하게 하는, 따라서 자기 모순적인 훈계가 될 것이다. 그럼에도 이 기억은 또한 스승의 매우 선하고 순수한 도덕적 의도의 실패, 즉 그가 아직 살아 있을 때 모든 도덕적 심정을 억압하는 의례 신앙과 사제들의 권위 전복으로 **공적 혁명**을 (종교 안에서) 일으키고자 했던(이를 위해 전국에 흩어져 있던 그의 제자들을 유월절에 모으도록 기획했을 것이다) 그의 의도에 대한 것일 수도 있다. 물론 지금도 이 혁명이 성공하지 못한 것을 애석하게 여길 수 있다. 그러나 그것은 진정으로 좌절된 것이 아니다. 그가 죽은 후 오히려 소리 없이, 그러나 수많은 수난을 겪으면서도 계속 확산해가는 종교변혁으로 이행했기 때문이다.

들을 처리할 수 있고, 또한 그 나라 안에서는 그가 스스로 그리고 그것을 원하지 않는 한에서 어떤 누구도 노예가 되지 않는다. 그러므로 바로 이 죽음(한 인간의 고통의 최고 단계)은 선한 원리의 현시, 곧 모든 사람이 본받을 예증으로서 그[인간][89] 도덕적인 완전성을 갖춘 인간 B 113 성의 현시였다. 이러한 죽음의 표상은 그의 시대에서나 또한 모든 시대에서나 인간의 정신에 가장 큰 영향을 미치지 않으면 안 되었고 또한 그렇게 할 수 있었[90]다. 왜냐하면 그 죽음의 표상은 천상의 자녀들의 자유[91]와 오롯한 지상의 아들들의 노예 상태를 가장 분명하게 대조해서 보여주기 때문이다. 그러나 선한 원리는 특정 시점뿐만 아니 A 104 라 인류의 근원에서부터 눈에 보이지 않게 하늘에서 인간 안으로 내려왔고, (선의 원리의 신성성에 대하여 그리고 동시에 선의 원리의 신성성이 도덕적 소질 안에서 인간의 감성적 본성과 결합하는 불가해성에 대하여 주목하는 이는 누구나 그렇게 고백하지 않을 수 없는 것처럼) 인간성 안에 당당하게 그 최초의 거처를 정했다. 그리하여 선한 원리가 어떤 실재하는 인간 안에서 다른 모든 사람을 위한 예증으로 나타났다. "그는 그의 나라에 왔지만 백성들은 그를 받아들이지 않았다. 그러나 그는 그를 맞아들인 사람들, 즉 그의 이름을 믿는 이들에게 하느님의 자녀라고 일컬을 권능을 주었다."[92] 즉 (도덕적 이념 안에 있는) 선한 원리의 예증을 통해 그는 윤리성을 해치는 세속적 삶에서 속박하는 모든 것에 대해 그와 똑같이 그렇게 죽으려는 모든 사람을 위해 자유의 문을 열어놓았다. 그리고 그는 이 아래에 "선한 일에 열심을 가진 한 민족을 그의 소유로 하고,"[93] 그의 지배 아래 끌어모으면서도 도덕적 노예상태를 우선시하는 사람들은 그대로 내버려두었다.

그러므로 이 설화의 주인공 편에서 보면 (그의 죽음에까지 이른) 이 B 114 싸움의 도덕적 결말은 원래 악한 원리의 **정복**[94]이 아니다. 왜냐하면 악한 원리의 나라는 아직도 지속하며 아마도 그것을 파괴해야만 할 새로운 시대가 여전히 오지 않으면 안 되기 때문이다. ― 이 싸움은

오히려 그토록 오랫동안 악한 원리의 나라에 속한 사람들을 더는 그들의 의지에 반하여 억류하지 못하도록 악한 원리의 나라의 폭력을 분쇄하려는 것이다. 다시 말하면 그들[악한 원리의 나라에 속한 사람들]이 옛 지배에서 벗어나기를 원할 때, 그들의 도덕이 보호받을 수 있게 하는 피난처로 또 다른 하나의 도덕적 지배를(인간은 어떤 것이든 하나의 지배 아래에 있어야 하므로) 열어놓은 것이다. 그러나 그렇다고 하더라도 악한 원리는 아직도 이 세상의 군주로 불리며, 이 세상에서 선의 원리를 따르는 사람들은 언제나[95] 신체적 고통과 희생, 그리고 자기애의 모욕을 각오해야 하는데, 여기서 이것들은 악한 원리의 박해로 떠올랐다. 왜냐하면 이 세상의 군주는 지상의 복락을 자신의 궁극의도로 삼았던 자들에게만 그의 나라 안에서 보상을 내려주기 때문이다.

만일 이같이 생동적이고 아마도 그 시대에는 유일하게 대중적 표상방식이었던 이 설화에서 그 신비로운 베일을 벗겨낸다면, 그 표상방식(그 정신과 이성적 의미)은 실천적 측면에서 모든 세상과 모든 시대에 타당하며 구속력을 가지고 있다는 사실을 우리는 쉽게 알 수 있다. 그 표상방식은 이에 대한 의무를 인식하는 데 모든 인간에게 매

우 친근한 것이기 때문이다. 이것의 의미는 단적으로 인간에게 구원이란 순수한 윤리적 원칙들을 그의 심정 안에 가장 성실하게 채택하는 것 외에는 없다는 사실이고, 이러한 윤리적 원칙들의 채택을 방해하는 것은 흔히 비난받아온 감성이 아니라, 자기 자신에게 죄책이 있

는 일종의 전도, 또는 사람들이 이 악의성을 다르게 사기[96](배신,[97] 즉 그를 통해 악이 세상에 들어온 악마의 책략)라고 부르는 것이다. 그런데 모든 인간 안에 있는 이 부패성은 오직 온전한 순수성을 지닌

윤리적-선의 이념으로만 극복할 수 있다. 그것도 역시 이 이념이 우리의 근원적 소질에 속한다는 것, 그리고 사람들은 오로지 그것을 순수하지 못한 모든 혼합에서 보존하고 그 이념을 우리 심정 속에 깊이 채택하기 위해 전력을 다하여 노력하지 않으면 안 된다는 사실을 의식해야 한다. 이때 우리는 그 이념이 점진적으로 마음에 미치는 작용을 통하여 두려워했던 악의 세력들이 그 이념에 대적하여 아무것도 할 수 없으며("지옥의 문도 그 이념을 압도하지는 못한다"),[98] 또한 우리가 이러한 신뢰의 결핍을 **미신적으로** 어떤 회심도 전제하지 않는 속죄로 또는 **광신적으로** 이른바 (한낱 수동적인) 내적 조명으로 보완함으로써 자기 활동에 근거하는 선에서 점점 더 멀어지는 일이 없도록 하려면, 우리가 이 윤리적-선에 흡족한 행적 이외의 어떤 다른 징표도 두지 않아야 한다는 사실을 확신하게 된다. 더 나아가 우리가 지금 하고 있는 것과 같은 시도, 즉 이성이 가르친 **가장 신성한 것**과 B 116 조화를 이루는 의미를 성서 안에서 찾으려는 시도는 단지 허용한 것일 뿐만 아니라 오히려 의무로 여겨야 한다.† 그리고 우리는 여기서 Ⅵ 84 **지혜로운 스승**이 그의 제자들에게 자신의 특별한 길을 갔지만 결국에 A 107 는 동일한 목표에 도달해야만 했던 어떤 사람에 대하여 던진 말을 상기할 수 있다. "그를 막지 말라. 무릇 우리를 반대하지 않는 이는 우리를 지지하는 것이다."[99]

---

† 　여기서 사람들은 그 의미가 유일한 것이 아님을 인정할 수 있다. (B판에서 추가)

일반적 주석[100)]
[기적에 대하여]

만일 도덕종교의(이것은 종규[101)]나 예전[102)]에 있는 것이 아니라 모든 인간의 의무를 신의 계명으로 준수하려는 마음의 심정에 있는 것이어야 한다) 근거를 마련해야 한다면, 역사가 그 종교의 안내와 연결하는 모든 기적은 결국 기적 일반에 대한 신앙을 스스로 불필요한 것으로 만들지 않으면 안 된다. 왜냐하면 우리가 이성에 따라 인간의 심성 안에 근원적으로 새겨져 있는 의무의 규정들을 기적을 통하여 보증하는 한에서만 충분한 권위를 승인하려고 한다면, 즉 "너희는 표징과 이적을 보지 않으면 믿지 않을 것이다"[103)]라는 말씀처럼 한다면, 그것은 엄청난 정도의 도덕적 불신앙을 드러내는 것이기 때문이다. 그러나 오롯한 제의와 계율의 종교가 종국에 이르러서 그것들 대신에 영과 (도덕적 심정의) 진리에 기초한 종교를 도입해야 할 때[104)]
B 117 에도, 후자[영과 진리의 종교]의 도입에는 그런 것들이 실제로 필요하지 않음에도 역사에서는 여전히 기적을 동반하고, 기적 없이는 아무런 권위도 갖지 못했을 전자[제의와 계율의 종교]의 종언을 선포하기 위해서도 기적으로써 장식했던 사실은 인간의 일상적인 사유방식에 아주 잘 들어맞는다. 그리고 또한 이것은 그야말로 전자의 추
A 108 종자들이 새로운 혁명[105)]을 달성하기 위해 후자에서 섭리의 궁극목

적이었던 것의 옛 원형을 지금 성취한 것이라고 해석하기도 했다. 그리고 그러한 상황에서는 참된 종교[106]가 한 번 현존하고, 그리고 지금이나 또한 앞으로도 계속하여 이성근거들을 통해 그 스스로를 보존할 수 있다면, 저러한 이야기들과 해석들에 맞서 지금 싸우는 것은 아무런 유익을 주지 못한다. 그 당시에는 참된 종교를 그러한 보조수단을 이용해 소개할 필요가 있었으며, 그때 그 사람들은 불가해한 것들에 대한 오롯한 신앙이나 모방을(이것은 누구나 할 수 있는 일이지만, 그렇다고 해서 그가 더 선한 사람인 것도 아니고, 그것을 통해 더 선한 사람이 되는 것도 결코 아니다) 신의 마음에 들게 하는 하나의 방식 또는 유일한 방식이라고 생각했던 것이 분명하다. 그러나 그러한 평계야말로 전력을 다하여 물리치지 않으면 안 된다. 그러므로 전 세계에 타당한 유일한 종교적 스승의 인격은 하나의 비밀일 수 있고, 지상에서 그의 출현과 퇴장, 그리고 활동적인 삶과 수난도 순수한 기적일지 모르며, 그야말로 전적으로 그런 모든 기적 이야기를 증명하는 역사 자체가 하나의 기적(초자연적 계시)일 수도 있다. 따라서 우리는 이 모든 것의 가치를 인정할 수 있고, 그야말로 또한 그것을 증명하기 위해 각자의 영혼 속에[107] 지워질 수 없이 보존하고 있으며, 그 외의 다른 어떤 기적도 필요하지 않은 기록에 의존하는 가르침을 일반에게 전파하기 위해 사용한 외적 포장[108]에 경의를 표할 수도 있다. 그러나 이 역사적 기록의 활용과 관련하여 우리가 그것들에 대한 지식, 신앙, 고백으로 하느님 마음에 드는 인간이 될 수 있다는 어떤 종교적 신조를 만들어서는 안 된다. VI 85 B 118

그러나 기적 일반과 관련하여 이성적인 사람들은 비록 그들이 기적들에 대한 신앙을 부정하려고 하지는 않지만, 그럼에도 실제로 그것을 결코 허용하려고 하지도 않는다. 다시 말하면 이성적인 사람들은 **이론**과 관련해서는 기적과 같은 것이 있다는 것을 믿으면서도, 실 A 109

생활의 업무에서는 아무런 기적도 용인하지 않는다. 그래서 현명한 정부들은 항상 전에는 옛 기적[109]이 일어났을지 모르지만 새로운 기적[110]은 허용하지 않는다는 견해를 확립해서, 그야말로 공적인 종교 교의 안에 법적으로 수용했다.* 왜냐하면 옛날의 기적들을[114] 차츰 그리고 이미 그처럼 규정하고, 당국은 그 기적들 때문에 공동체 안에서 어떤 혼란도 일어날 수 없도록 제한했으나, 새로운 기적을 행하는 자들에 대해서는 물론 그들이 공공의 안녕과 기존 질서에 미칠 수도 있는 영향 때문에 우려하지 않을 수 없었기 때문이다. 그러나 기적이

---

* 그들의 신앙조항을 정부의 권위에 결부하는 종교교사들(정통파)조차도 이 점에서는 똑같은 준칙을 따른다. 그래서 페닝거[111] 씨는 여전히 기적신앙이 가능하다고 주장한 그의 친구 라바터[112] 씨를 옹호하는 자리에서 저 정통파의 비일관성을 비난했는데 그것은 정당한 일이었다(그는 이 점에서 자연주의적으로 생각하는 사람들을 분명히 제외했으므로). 그들은 17세기 이전에는 기독교 교회 안에 기적을 행한 자들이 실제로 있었다고 주장하면서[113] 지금은 더는 아무도 용인하지 않으려 하니 말이다. 그런데 기적이 언젠가 완전히 중단될 것이다 또는 언젠가 중단될 것이다 등에 관해서는 성서로 증명할 수 있는 것이 아니다. (왜냐하면 기적이 지금은 더는 필요하지 않다는 궤변은 인간이 능히 할 수 있는 것으로 믿어야 할 것보다 더 큰 통찰력을 참칭하는 것이기 때문이다.) 그러니 이러한 증명을 그들 종교이론가들은 여전히 부채로 안고 있다. 그러므로 기적을 지금 인정하지 않고 허용하지 않는 것은 단지 이성의 준칙이었지, 기적이 없다는 객관적 통찰은 아니었다. 그러나 시민적 공동체 안에서 우려스러운 문란행위를 살피기 위한 이 준칙이 철학하는 그리고 일반적으로 이성적으로 숙고하는 공동체 안에서 유사한 문란행위에 대한 염려를 위해서도 타당한가? (세인의 이목을 끄는) 큰 기적은 인정하지 않으면서도 작은 기적은 특별한 인도라는 이름 밑에서(오롯한 지도로서 작은 기적은 초자연적인 원인의 단지 적은 힘의 사용을 요구하므로) 관대하게 허용하는 이들은 여기서 문제가 되는 것은 작용과 그 크기가 아니라 세계과정의 형식, 다시 말해 저 작용이 어떻게 일어나는가 하는 방식, 즉 그것이 자연적으로 일어나는지 또는 초자연적으로 일어나는지에 있다는 것이다. 그리고 신에게는 가벼운 것과 무거운 것의 어떠한 구별도 생각할 수 없다는 것을 염두에 두지 않은 것이다. 그러나 초자연적인 영향들의 비밀에 관한 것과 이러한 유형의 사건의 중요성을 그렇게 의도적으로 은폐하는 일은 더욱더 부적절하다.

라는 말이 무엇을 뜻하는지를 묻는다면 (우리에게 본래 중요한 것은 단지 그것이 우리에 대해서, 다시 말해 우리의 실천적 이성사용에 대해 무엇인지를 아는 것이므로), 그 의미를 다음과 같이 설명할 수 있다. 즉 기적들이란 세계 안에 일어나는 사건들로서, 그 원인들에 대하여 우리에게 **작용법칙들**이 절대로 알려져 있지 않고, 또 알려질 수 없다는 것이다. 우리는 이제 **유신론적** 기적과 **마신적** 기적을 생각할 수 있는데, 마신적 기적은 천사적(선한 마신적) 기적 또는 악마적(악한 마신적) 기적으로 나눌 수 있다. 그런데 (나는 이유를 모르지만) 선한 천 A 111 사에 대해서는 거의 또는 전혀 언급한 바가 없으므로, 단지 악마적 기적만이 본래 문젯거리가 된다.

유신론적 기적들과 관련하여 우리는 그 원인의(즉 전능하고 등등과 B 120 도덕적인 존재의) 작용법칙들에 대해서 물론 이해할 수 있지만, 우리가 그 존재를 세계창조자로서 그리고 자연과 도덕적 질서의 통치자로서 생각하는 한, 그것에 대하여 단지 **보편적**으로 이해할 수 있을 따름이다. 왜냐하면 우리는 이들 자연질서의 법칙들에 대해서는 직접적으로 그리고 그 자체로 인식할 수 있으며, 또한 이성은 그러한 인식을 그의 용도에 따라서 이용할 수 있기 때문이다. 그러나 신이 때때로 그리고 특수한 경우에 자연으로 하여금 이처럼 그 자신의 법칙들에서 벗어나게 한다고 우리가 가정한다고 하더라도, 우리는 신이 어떤 법칙에 따라 그러한 사건을 일으키는지 전혀 알 수 없을 뿐 아니라 그 법칙에 관하여 전혀 알 수 없으며, 또한 알 수 있기를 희망할 수조차 없다. (신이 행하는 것은 모두 좋을 것이라는 보편적인 도덕법칙 외에는 이를 통해서 이 특수한 사건에 대해서는 아무것도 규정하지 않는다.) 여기서 이성은 이제 마비상태와 같은 처지에 이른다. 이 때문에 이성은 이미 알려져 있는 법칙들에 따르는 그의 실제 업무에 지장을 받지만, 그렇다고 어떤 새로운 법칙을 통해 배우는 것도 아니고, VI 87

이 세계 안에서는 그것에 관해 배울 수 있기를 결코 희망할 수조차 없기 때문이다. 그러나 이러한 기적들 중에서 마신적 기적들은 우리 이성의 사용과 가장 화합할 수 없는 것이다. 물론 **유신론적** 기적과 관련하여 이성은 최소한 그것을 사용하기 위한 소극적인 징표를 가지고 있는데, 그것을 신이 직접 나타나서 명령한 것으로 생각하더라도, 그것이 도덕과 전적으로 모순을 일으키면 제아무리 유신론적 기적의 외형을 갖추었다 하더라도 기적일 수 없다는 것이다(예를 들면, 어떤 아버지에게 그가 아는 한 아무런 죄도 없는 아들을 죽여야 한다는 명령이 내려졌다면[115]). 그러나 마신적 기적으로 상정한 것에는 이러한 징표조차 보이지 않는다. 그리고 그와 반대로 만일 우리가 그러한 기적에 대해 대립적인 형태로서 이성사용을 위한 적극적인 징표를 취하고자 한다면, 즉 그 기적으로 우리가 그 자체로 이미 의무로 인식하는 선한 행위로 이끌리는 경우에, 이러한 인도가 악령이 일으킨 것이 아니라는 징표를 취하고자 한다면, 이 경우에도 역시 우리는 잘못 파악할 수 있다. 왜냐하면 악령은 흔히 말하듯이 자신을 빛의 천사인 것처럼 드러내기 때문이다.[116]

그러므로 실생활의 일에서 우리가 기적에 의지하거나 이성사용에서(그리고 이성사용은 우리 삶의 모든 경우에 필수적이다) 기적을 어떻게든 고려한다는 것은 불가능하다. 재판관은 (그가 교회 안에서는 아무리 기적을 믿는다고 하더라도) 악마의 유혹을 받았다는 피고의 변명을 들은 척도 하지 않을 것이다. 그럼에도 만일 그가 이런 경우를 가능하다고 본다면, 그는 언제나 순박하고 평범한 사람이 교활한 악한의 덫에 걸렸다고 어느 정도까지는 고려할 법도 하다. 그러나 재판관은 이 악마를 소환하여 양자대면을 시킬 수 없다. 한마디로 말해, 그 일에 대해 그는 어떤 이성적인 조치도 취할 수 없다. 그러므로 이성적인 성직자는 그 영혼의 돌봄을 위탁한 이들의 머리를 **지옥의 프**

A 112

B 121

로테우스[117])에게서 들은 이야기들로 채워서 그들의 상상력을 어지럽게 만들지 않으려고 조심할 것이다. 그러나 선한 유형의 기적들에 관해 말하자면, 그것들은 사람들이 실제 일에서 단지 관용어로 쓸 뿐이다. 그래서 의사가 기적이 일어나지 않으면 그 환자는 달리 도움 받을 길이 없다고 말하면, 그는 죽을 게 확실하다는 것을 뜻한다. ─ 그런데 자연과학자는 사건들의 원인들을 이 자연법칙들 안에서 탐구하는 일에 종사하지만, 내가 생각하기에, 그도 역시 경험으로 입증할 수 있는 이러한 사건들의 자연법칙들 안에서 이 법칙들에 따라서 무엇이 그 자체에 대해 작용하는지에 대한 지식이나 이 법칙들이 다른 가능한 감관과 관련해서 우리에게 무엇이 될지에 대한 지식을 단념해야 하는 경우에는 그렇게 한다. 그와 마찬가지로 인간의 도덕적 개선도 그에게 의무적으로 주어진 업무이며, 이제 하늘의 영향들이 함께 작용하거나 그러한 개선 가능성을 설명하기 위해서 필수적이라고 여겨진다 해도 그렇다. 인간은 하늘의 영향을 자연의 영향과 확실하게 구별할 수 없고, 하늘이나 하늘의 영향들을 그 자신에게 끌어내릴 줄도 모른다. 그러므로 그는 하늘의 영향을 가지고 직접적으로 어떻게 시작할 수 있는지 알지 못하기 때문에, 그는 이 경우에 어떤 기적도 **승인하지** 않으며,† 그가 이성의 규정에 귀를 기울일 때는 마치 모든 회심과 개선이 오로지 그 자신이 고유하게 적용한 노력에 달려 있는 것처럼 행동하는 것이다. 그러나 우리가 기적을 이론적으로 아주 **굳게** 믿는 천부의 소질[119])을 통하여 스스로 기적들을 일으키기조차 하며, 그리고[120] 그렇게 해서 하늘을 뒤흔들 수도 있다는 것은 이성의 한계를 너무나도 멀리까지 넘어서는 것이므로, 그와 같은 무의

A 113

B 122; VI 88

---

† 이것이 의미하는 바는 그가 기적신앙을 자기 준칙 안에(이론적 이성이든 실천적 이성이든) 채용하지 않는다는 것이며, 그럼에도 기적의 가능성 또는 현실성을 논박하지 않는다는 것이다.[118]

미한 상념에 오래 머무르는 일은 주저하지 않을 수 없다.*

A 114　　* 쉽게 믿는 이들에게 **마술**을 부리거나 적어도 그런 것을 일반적으로 믿게
하려는 자들이 흔히 사용하는 도피 수단은 자연연구가들의 **무지**의 고백에
호소하는 것이다. 그들은 우리가 중력이나 자력의 원인들을 알지 못한다
고 말한다. ─ 그러나 우리는 그 아래에서만 특정한 작용들이 일어나는 조
건들의 특정한 제한 아래에서는 이들의 법칙을 충분히 상세하게 인식한
다. 그리고 그것은 이러한 힘들의 확실한 이성사용에 대해서도, 그 힘들의
B 123　　현상들을 설명하기 위해서도 충분하다. 즉 그것[인식]은 비록 단순하게 위
로 이 법칙들을 따라 작용하는 힘들의 원인들마저 통찰하는 데는 충분하지
않지만, 아래로 이 법칙들을 사용하여 경험들을 그 법칙들 아래에 정리하
는 데는 충분하다. ─ 이를 통해서는 또한 우리는 인간 지성의 내적 현상을
이해할 수 있다. 왜 이른바 자연의 기적들, 다시 말해 불합리하기는 하지만
충분히 믿을 만한 현상들 또는 사물들의 특이하고 예상 밖이며 그때까지
알려진 자연법칙들에서 벗어나는 성질들이 자연적인 것으로 여겨지는 한
에서는 어떻게든 이해되고 마음을 고무하는 데에 반하여, 참된 기적이라
고 선포함으로써 우리를 낙담시키는지[121] 그 이유를 이해할 수 있다. 무릇
전자[자연법칙]는 이성을 위한 양분을 새롭게 얻을 수 있는 전망을 열어
주는, 곧 새로운 자연법칙들을 발견할 수 있는 희망을 주는 데 반하여, 후자
[기적]는 이미 알려진 것으로 인정한 자연법칙들에 대한 신뢰마저 잃게 될
우려를 불러일으킨다. 그러나 만일 이성이 경험법칙들을 상실하게 된다면,
그런 마술적인 세계에서 이성은 이제 더는 전혀 아무런 쓸모가 없어, 의무
준수를 위한 도덕적인 사용에서조차 아무런 역할도 할 수 없다. 왜냐하면
VI 89　　사람들은 이제 더는 윤리적 동기들에 관해서조차 그것을 자신에게 돌려
야 할지 또는 다른 어떤 알 수 없는 원인에 돌려야 할지, 누구도 구별할 수
없는 변화들이 기적처럼 우리도 알지 못하는 사이에 일어나는지 어떤지
A 115　　를 알 수 없기 때문이다. ─ 이 점에서 자기의 판단력이 기적 없이는 작용
할 수 없게 되어 있다고 생각하는 이들은 이성이 받는 충격을 기적은 단지
드물게 일어난다고 상정함으로써 완화할 수 있다고 믿는다. 이로써 이들이
이것은 (만약 그러한 사건이 일상적으로 일어난다면, 그것을 기적이라고 말
할 수 없을 테니) 이미 기적이라는 개념 안에 들어 있는 사실이라고 말하고
자 한다면, 사람들은 이들에게 이러한 현학을(즉 사상[사태]이 무엇인가에
대한 객관적인 물음을 우리가 사상을 지시하는 데 쓰는 말이 무엇을 의미하
는가에 대한 주관적인 물음으로 전환하는 일을) 어쨌든 허용해주고서, 다시 그
기적이 얼마나 드물게 일어나는지, 백 년에 한 번쯤인지 또는 옛날에는 일
B 124　　어났으나 지금은 더는 일어나지 않는 것인지를 물을 수 있을 것이다. 여기
에서 우리에게는 대상에 대한 인식으로 결정할 수 있는 것은 아무것도 없

고 — 왜냐하면 그러한 일은 우리 자신이 고백한 것처럼 우리에게는 과도한 일이기 때문이다 —, 다만 우리의 이성사용의 필연적인 준칙들에서 기적을(비록 자연적인 돌발사건의 외양에 덮여 있다고 하더라도) 일상적인 것으로 허가하거나 **결코** 허가하지 않거나 할 수 있을 뿐이다. 후자[기적을 허용하지 않는]를 채택하는 경우에는 기적을 우리의 이성적 설명의 기초나 혹은 우리 행위의 방법의 기초로도 삼지 않는다는 준칙에 따라 주장할 수 있다. 왜냐하면 이 원칙은 언제나 단지 판정의 준칙일 뿐 이론적 주장이 아니기 때문이다. 어느 누구도 다음과 같은 것을 결정적으로 주장하기 위해 자기 통찰력의 수준을 그토록 높이 과장하려고 하지는 않을 것이다. 즉 예를 들면, 식물계와 동물계에서 최고로 경탄할 만한 종의 보존에서 각각의 새로운 생식은 모든 내적 완전성을 갖춘 기제를 통해 그 원본과 또한 (식물계에서 그러하듯이) 보통 그토록 섬세한 색채의 아름다움조차도 매년 봄마다 감소하지 않고 다시금 현시하는 것이고, 가을과 겨울의 나쁜 기후에서 보통 무기적 자연을 그토록 파괴하는 힘들도 이 점에서는 그 종자들에 어떠한 상해도 입힐 수 없는 것이다. 그래서 말하자면, 이런 일은 자연법칙들에 따른 오롯한 결과이며, 그때마다 창조주의 직접적 영향이 있지나 않은지 **통찰하고자** 힘쓰지 않아도 된다. — 그러나 이런 것은 경험이므로, 우리에게 그것들은 자연작용 이외의 다른 것이 아니며, 결코 다른 것으로 판정해서도 안 된다. 왜냐하면 그 요구주장에서 이성의 겸손이 그러한 판단을 원하기 때문이다. 이런 한계를 넘어서 나아가는 것은 그 권리주장에서 월권이고 불손이다. 사람들이 대부분에서 기적을 주장할 때 겸허하게 자기 자신을 포기하는 사유방식을 제시하는 척하더라도 그렇다.

A 116

제3편
악한 원리에 대한 선한 원리의 승리, 그리고 지상의 하느님 나라 건설

　도덕적으로 좋은 심정을 지닌 각각의 인간이 선한 원리의 지도 아래서 악한 원리의 유혹들에 대항하여 이생의 삶에서 투쟁하는 것은 그가 아무리 애쓴다고 해도 악한 원리의 지배에서 자유롭게 되는 것 이상의 더 큰 이익을 가져다주는 것은 아니다. 인간이 자유롭다는 것, 즉 인간이 "의롭게 살기 위하여 죄의 법칙 아래의 노예 상태에서 벗어나는 것"[1]이야말로 그가 쟁취할 수 있는 최대 소득이다. 그렇지만 그는 언제나 여전히 악한 원리의 공격들 앞에 놓여 있어서, 또한 끊임없는 시련을 당하는 그의 자유를 지키려면 언제나 항상 투쟁 준비를 하지 않으면 안 된다.

　그럼에도 인간이 이렇게 위태로운 처지에 놓이게 된 것은 인간 자신의 죄책 때문이다. 따라서 그는 그가 할 수 있는 한 이 상황을 이겨내기 위하여 적어도 전력을 다하는 것에 달려 있다. 그러나 그것이 어떻게 가능한지는 문제로 남아 있다. ── 만일 그가 자신을 이러한 위험에 빠뜨리고 또한 그런 위험에 방치하는 원인과 형편들을 살펴본다면, 그것들은 홀로 떨어져 있는 경우 인간의 고유한 원초적 본성에서 오는 것이 아니라, 오히려 인간이 관계를 맺고 교류하는 다른 인간들에서 초래하는 것이라는 사실을 쉽게 확인할 수 있다. 전자[원초적 본성]의 자극만으로는 인간의 근원적으로 선한 소질을 그토록 크게 훼손하는 본래적 의미의 특정한 격정들이 그의 안에서 일어나지는 않을 것이다. 인간의 욕구는 참 사소한 것이고, 그런 욕구를 염려하는 그의 마음상태도 적정하고 평온하다. 인간은 타인들이 그를 가난하다고 여기고 그에 대해 경멸할 것이라고 염려하는 한에서만 가

VI 94 난하거나(또는 스스로 그렇다고 여긴다) 질투, 지배욕, 소유욕, 그리고 이들과 결합한 적대적인 경향성들은 그가 인간들 속에 있을 때 곧바로 그 자체로는 충족한 상태인 그의 본성을 집요하게 공략한다. 그때 이 인간들이 이미 악에 빠져 있다거나 유혹하는 사례들이라고 전제할 필요는 전혀 없으며, 그들이 현존하고 그를 둘러싸고 있으며 그들이 인간이라는 사실만으로, 그들이 서로 상호 간에 도덕적 소질을 타락

A 121; B 129 시키고 서로를 악하게 만들기에 충분하다. 그런데 이제 만일 진실로 인간에게서 악의 방지와 선의 촉진을 목적으로 하는 통합, 즉 지속적이고도 점차로 확장하는 통합으로2) 힘을 모아서 악에 대항하는, 오롯이 도덕성의 유지에 관심을 두는 사회를 건설하기 위한 어떤 수단을 찾아낼 수 없었다면,3) 개인이 악의 지배에서 벗어나려고 아무리 애쓴다 하더라도, 그 개인은 그를 부단히 악의 지배 아래로 되돌리려는 위험에서 벗어날 수 없을 것이다. ─그러므로 우리가 통찰하는 한, 선한 원리의 지배는 인간들이 거기에 영향을 미칠 수 있는 한에서 덕률들에 따라서 또한 그것을 목적으로 하는 사회의 건설과 확산으로밖에는 이룰 수 없다.4) 그리고 이러한 사회를 인간의 주위에 둘러치는 것은 이성에 따라 전 인류에게 부과된 과제이며 의무다. ─왜냐하면 그렇게 해서만 악에 대한 선한 원리의 승리를 기대할 수 있기 때문이다. 도덕적으로 법칙을 정하는 이성은 그것이 각 개인에게 규정하는 법칙들 외에도 또한 덕의 깃발을 선을 사랑하는 모든 이의 집합 지점에 꽂아놓음으로써 그들이 이 깃발 아래 모일 때 비로소 부

단하게 그들을 공격하는 악을 제압할 수 있게 한 것이다.

이러한 이념의 규정에 따라서 오롯한 덕률들 아래 이루어지는 인 A 122
간들의 결합을 윤리적 사회라고 부를 수 있으며 이 법칙들이 공적인 B 130
한에서는 윤리적–시민적(법적–시민적인 것과 대비를 이루는) 사회 또는
윤리적 공동체[5]라고 부를 수 있다. 이 윤리적 공동체는 정치적 공동체
한가운데서, 그리고 심지어 정치적 공동체의 모든 구성원으로 성립
한다. (실제로 인간은 정치적 공동체라는 기반 없이 윤리적 공동체를 전
혀 성취할 수 없을 것이다.) 그러나 윤리적 공동체는 하나의 특수하고
고유한 통합의 원리(덕)를 가지고 있으며, 또한 후자[정치적 공동체]
와는 본질적으로 구별할 수 있는 다른 형식과 체제를 가지고 있다.
그럼에도 두 공동체인 이 양자를 일반적으로 고찰해보면 그 사이에
어떤 유사성이 있는데, 그러한 유사성의 관점에서 우리는 전자[윤리
적 공동체]를 윤리적 국가, 즉 덕의(선한 원리의) 나라라고 부를 수 있 VI 95
다. 그리고 이 나라의 이념은 인간의 이성 안에 기초가 아주 잘 다져
진 객관적 실재성을(즉 그런 나라로 통합할 의무로서) 가지고 있다. 그
것은 비록 주관적으로 인간의 선의지로는 그들이 언젠가[6] 이 목적을
위해 단결하여 노력하기로 결심하리라는 것을 결코 기대할 수 없더
라도 그렇다.

제1부
지상의 하느님 나라 건설에서 선한 원리의 승리에 대한 철학적 표상

I. 윤리적 자연상태에 대하여

법적-시민적(정치적) 상태는 인간들이 (총체로 강제법들인) 공적 법률 아래 공동체적으로 있는 한에서 인간 상호의 관계다. 윤리적-시민적 상태는 인간들이 그와 같은 강제에서 자유로운, 즉 오롯한 덕률 아래서 통합한 상태다.

그런데 전자[법적-시민적(정치적) 상태]에는 법적(그러나 그렇다고 해서 언제나 합법적인 것은 아닌), 즉 **법률적 자연상태**[7]가 대립해 있는 것처럼, 후자[윤리적-시민적 상태]에 대해서는 윤리적 **자연상태**[8]를 구별할 수 있다. 이 두 가지 상태에서 각각의 개인은 자기 스스로 법칙을 정하는데, 그것은 그가 다른 모든 인간에게도 타당하다고 인식하는 것과 다른 어떤 외적인 법이 아니다. 이 두 상태에서는 각자가 그 자신의 재판관이고, 해당 경우들에서 무엇이 개인 각자의 의무인지를 법칙에 따라서 법의 효력으로 규정하고, 그 의무를 일반적으로 시행하게 하는 그런 **공적 권력**을 가진 권위는 없다.

이미 존립하는 정치적 공동체 안에서 모든 정치적 시민은 그 자체로도 윤리적 **자연상태** 안에 있으며 그런 상태로 머무를 권리가 있다.

왜냐하면 정치적 공동체가 자기 시민들을 윤리적 공동체 안에 들어가도록 강제한다면 그것은 (형용) 모순[9]이기 때문이다. 후자[윤리적 공동체]는 이미 그 개념 안에 강요받지 않을 자유를 행사하고 있다. 참으로 재판관은 인간으로서 다른 사람들의 내면을 감찰할 수 없고, 지배의 강제수단이 충분하지 않을 경우에는 덕의 심정들이 그 바라는 바를 이룰 수 있을 것이므로, 모든 정치적 공동체 또한 그 안에서 덕률에 의거한 마음들에 대한 지배가 이루어지기를 소망한다. 그러나 윤리적 목적들을 지향하는 체제를 강제로 실현하려는 입법자에게는 화가 있을 것이다! 왜냐하면 그는 그렇게 함으로써 윤리적 체제와 반대되는 것을 도모할 뿐만 아니라, 또한 자신의 정치적 체제를 전복하고 불안정하게 만들기 때문이다. ― 그러므로 정치적 공동체의 시민은 후자[윤리적 공동체]의 입법적 권한에 관한 한, 그가 다른 시민들과 더불어 정치적 공동체 이외의 다른 윤리적 단체에 들어갈지, 아니면 그것보다는 윤리적 자연상태에 그대로 머무를지를 전적으로 자유롭게 결정할 수 있다. 다만 윤리적 공동체가 공적 법칙들에 의거해야 하고, 그것에 기초한 체제를 갖추지 않으면 안 되는 한에서만, 이러한 상태에 들어가기 위해 자유롭게 서로 단결한 이들은 그러한 체제를 내적으로 어떻게 건설해야만 하는지를 정치권력으로 명령받지는 않을 테지만 그 체제 안에 국가 시민으로서 그 성원들의 의무와 상충하는 것은 없어야 한다는 조건에는 제한이 따를 수밖에 없을 것이다. 전자의[윤리적] 결합이 진정한 것이라면, 물론 후자[정치적 제한]는 염려하지 않아도 될 것이다.

VI 96

A 125; B 133

　더 나아가 덕의 의무들[10]은 인간 전체 종족과 관련이 있으므로, 따라서 윤리적 공동체 개념도 언제나 모든 인간 전체의 이상과 관련이 있고, 바로 이 점에서 그것은 정치적 공동체의 개념과 구별할 수 있다. 그러므로 그런 윤리적 의도에서 결속한 다수의 인간은 아직 윤리적 공동체 그 자체라고 부를 수는 없고, 단지 하나의 절대적인 윤리적 전체를 건설하기 위해 모든 인간과(그야말로 모든 유한한 이성적 존재자와) 일치하려고 노력하는 하나의 특수한 사회라고 부를 수 있을 뿐이다. 그와 같은 모든 부분적인 사회는 단지 절대적인 윤리적 전체의 한 표상이나 도식일 뿐이다. 왜냐하면 그것 자체는 또다시 이런 종류의 다른 사회에 대한 관계에서 윤리적 자연상태에 있고, 그러한 윤리적 자연상태의 모든 불완전성을 가진 것으로 표상할 수 있기 때문이다. (그것은 또한[11] 하나의 공적인 국제법을 바탕으로 결속하지 않은 여러 정치적 국가가 처한 사정과 동일한 것이다.)

Ⅱ. 윤리적 공동체의 성원이 되려면 인간은 윤리적 자연상태에서 벗어나야만 한다

법률적 자연상태가 만인에 대한 만인의 투쟁 상태인 것처럼, 윤리적 자연상태는 자신이나 모든 타인 안에서 만나게 되는 악을 통하여[12] 모든 인간 안에 있는 선한 원리가 부단하게 대적하는 상황이다. 이처럼 그 자신이나 모든 타인은 (앞에서[13] 말한 것처럼) 서로 교호적으로 그들의 도덕적 소질을 부패시키고, 또한 모든[14] 개인의 선한 의지조차 그들을 결합시키는 원리의 결여 때문에, 마치 악의 **도구들**[15]처럼 됨으로써 그것들의 불일치들 때문에 선의 공동체적 목표에서 멀어지고, 서로를 또다시 악의 지배로 넘어가게 할 위험을 초래한다. 이제 더 나아가[16] 무법적인 외적(야수적) 자유의 상태와 강제법에서 독립 상태는 부정의, 그리고 만인에 대한 만인의 전쟁 상태이므로, 인간은 정치적-시민적 상태에 들어서려면 그러한 상태에서 벗어나지 않으면 안 된다.* 그리하여 윤리적 자연상태는 덕의 원리들의 공적인 교호적

_{VI 97}

_{A 127}

_{B 135}

---

* 홉스의 명제, "자연상태는 만인의 만인에 대한 전쟁이다"[17]는 ['전쟁' 대신에] '전쟁상태'[18]라고 불렀어야 했다는 것 이외에 더 잘못된 것은 없다. 무릇 사람들이 외적이고 공적인 법칙들 아래에 있지 않은 인간들 사이는 항상 현실적인 적대행위들이 지배한다는 사실을 인정하지 않더라도 그런 상태(즉 법률적 상태), 다시 말해 그것 안에서 그리고 그것을 통해서 인간들이 (획득한 그리고 그런 것을 보존할)[19] 권리들을 얻을 수 있는 관계 안에서 각자가 스스로 타인에 대해 자기에게 권리가 있는 것을 판정하는 재판관이 되지만, 그러나 이에 대해 타인에게서 어떤 안전도 보장받지 못하고, 또한 타인에게도 각자 자기 자신의 통제력 이외에는 어떤 보장도 해주지 못하는 그런 상태다. 이런 상태는 만인이 만인에 대해서 항상 무장하고 있지 않으면 안 되는 전쟁상태다. "자연상태에서 벗어나야 한다"라는 홉스의 둘째 명제는 첫째 명제의 귀결이다. 왜냐하면 이 상태는 그의 고유한 사안에 대해서는 재판관이고자 하면서 타인에게는 그들 자신의 일들에 관하여 순전

_{B 135}

반목과 내면적 윤리 부재의 상태이므로, 자연적 인간은 가능한 한 빨리 그런 상태에서 벗어나려고 전력을 다하지 않으면 안 된다.[20]

여기에서 우리는 이제 일종의 독특한 의무, 즉 인간에 대한 인간의 의무가 아니라 인류 자체에 대한 인류의 의무를 갖게 된다. 모든 종류의 이성적 존재는 객관적으로는 이성의 이념 안에서 어떤 공동체적 목적을 향하여, 즉 공동체적 선[21]으로서 최고선을 촉진하도록 되어 있다. 그러나 개별적 인격이 그 자신의 도덕적 완전성을 위하여 노력하는 것만으로는 최고의 윤리적 선[22]을 실현할 수 없는데, 바로 그 같은 목적을 위하여 개별 인격들이 하나의 전체 안에서 통합하여 선한 심정을 지닌 인간들의 체계를 형성하도록 요청하기 때문이다. 최고의 윤리적 선은 이러한 체계 안에서만, 그리고 이 체계를 통일함으로써만 성취될 수 있다. 그러나 그러한 전체의 이념, 즉 덕률에 따르는 보편적 공화국의 이념은 모든 도덕법칙(이것들은 우리 힘 안에 있는 것에 대하여 우리가 알고 있는 사실에 관계한다)과는 전혀 다른 하나의 이념으로서, 즉 그것이 과연 우리의 힘 안에 있는지 아닌지를 우리가 알지 못하는 하나의 전체를 목표로 삼는다. 그러므로 이 의무는 그 종류와 원리에서 모든 다른 의무와 구별된다. ── 여기서 이미 우리는 이 의무가 또 하나의 다른 이념, 즉 더 높은 도덕적 존재자의 이념을 전제할 필요가 있으며, 이 존재자의 보편적 실연[23]으로 그 자체로는 불충분한 개개인의 힘들이 공동의 작용으로 통합된다는 사실을 짐작하게 된다. 무엇보다도 먼저 우리는 전적으로 그 윤리적 욕구 자체의 단서를 추적하면서 그것이 우리를 어디로 인도하는지 살피지 않으면 안 된다.

A 128
B 136

Ⅵ 98

히 그 자신의 자의 이외에 어떤 안전도 보장하지 않는 월권으로 다른 모든 사람의 권리를 연속적으로 침해하기 때문이다.

Ⅲ. 윤리적 공동체 개념은 윤리적 법칙 아래 있는 신의 백성이라는 개념이다

    윤리적 공동체가 성립하려면 모든 개인은 하나의 공적인 입법질서에 따르지 않으면 안 되고, 또한 그 개인들을 결속하는 모든 법칙은 한 공동체의 입법자의 명령들로 여겨질 수 있어야 한다. 그런데 이제 설립해야 할 공동체가 **법률적인** 것이어야 한다면, 하나의 전체로 통합되는 다수 자체가 (헌법의) 입법자가 되지 않으면 안 된다. 왜냐하면 각자의 자유는 보편적 법칙에 따라서 다른 모든 개인의 자유와 공존할 수 있다는 조건들의 제한을 받는다*는 원리에서 출발하기 때문이다. 그러므로 일반 의지가 법적인 외적 강제를 수립하는 것이다. 그러나 그 공동체가 윤리적인 것이 되려면, 국민 자체로서 그 스스로가 법을 제정한다고 볼 수는 없다. 그와 같은 공동체 안에서 모든 법칙은 전적으로 행위들의 도덕성(이것은 내면적인 것으로서 공적인 인간의 법칙들 아래 종속할 수 없다)을 촉진하는 것을 목표로 하지만, 그와 반대로 법률적 공동체를 형성하게 될 후자[공적인 법칙들]는 단지 눈앞에 둔 행위들의 **합법성**만을 목표로 해서 여기에서 유일하게 논란 이 되는 (내적) 도덕성을 겨냥하는 것은 아니므로 윤리적 공동체를 위하여 공적으로 입법을 행한다고 할 수 있는 자는 국민이 아닌 다른 존재자가 아니면 안 된다. 그럼에도 우리는 또한 윤리적 법칙들이 오롯이 이 높은 분의 의지에서 **근원적으로** 나오는 것이라고(그가 앞서 명령을 내리지 않았다면 효력을 갖지 못하게 될 법규로) 생각할 수는 없다. 그렇다고 할 경우에 그것들은 윤리적 법칙들이라고 할 수 없고

---

*   이것은 모든 외적 법의 원리다.

그것에 따르는 의무도 자유로운 덕이 아니라 강제력을 지닌 법적 의무다. 그러므로 모든 **참된 의무**, 그리고 또한 윤리적 의무들이* 동시에 그의 명령으로 여겨지지 않으면 안 되는 그런 존재의 관점에서 비로소 윤리적 공동체의 최상의 입법자 자체를 생각할 수 있게 된다. 그러므로 그 입법자는 또한 모든 이의 심정의 가장 내면적인 부분까지도 통찰하고, 모든 공동체에서 그러해야만 하는 것처럼, 모두에게 그의 행위들에 합당한 대가²⁵⁾를 받을 수 있게 해주는 마음의 통찰자이지 않으면 안 된다. 이것이 바로 도덕적 세계지배자로서 신의 개념이다. 그러므로 윤리적 공동체는 오직 신의 명령 아래에 있는 백성, 즉 하느님의 백성²⁶⁾으로 그리고 물론 덕률을 따르는 백성으로만 생각하는 것이 가능하다.

물론 우리는 **규약적인 법칙들**에 따르는, 즉 그런 법칙들의 준수에서 도덕성이 아니라 오롯이 행위들의 합법성만 중시하는 신의 백성도 생각할 수 있다. 그것은 하나의 법률적 공동체일 텐데, 그 입법자는 물론 신이(따라서 그 체제는 신정정치가) 될 것이다. 그러나 인간, 즉 신의 명령들을 직접 그에게서 받는 사제들은 귀족제적 **통치**를 하게 될 것

---

*   어떤 것을 의무로 인식하자마자 그것이 설령 인간적인 입법자의 오롯한 의지가 부과한 것이라 할지라도, 그 의무에 순종하는 것은 동시에 신적 명령이다. 규약적인 시민적 법칙들을 신적 명령이라고 부를 수 없기는 하지만, 그러나 그것들이 정당하다면, 그것들을 준수하는 것은 동시에 신적인 명령이다. "인간들에게 순종하기보다 신에게 순종해야만 한다"²⁴⁾라는 명제는 단지 인간들이 그 자체로 악한(윤리법칙에 직접적으로 반하는) 것을 명령할 때는 그들에게 순종하지 않아도 좋고, 또한 순종해서도 안 된다는 것을 뜻할 뿐이다. 그러나 그와 반대로, 그 자체로는 비도덕적이 아닌 정치적-시민적 법칙에 대하여 그 자체로서 비도덕적이라고 여겨지는 신적·규약적 법칙이 대립한다면, 후자를 잘못된 것으로 간주할 근거가 있다. 왜냐하면 그것은 명백한 의무에 상충하는 것이고, 또한 그것이 실제로 그것을 따르기 위해 일상적으로 성립하는 의무를 위반해도 되는, 신적 명령이라는 것을 경험적 징표로는 결코 충분하게 입증할 수 없기 때문이다.

이다. 그러나 그런 체제는 그 존재와 형식이 전적으로 역사적인 근거 　A 132
들에 따라서 우리가 여기서 순수한 도덕적 입법을 행하는 이성의 과
제를 해결하기 위해 전적으로 힘쓰는 그런 체제가 아니다. 이 체제는
역사적인 부분[27]에서 그 입법자가 비록 신이기는 하지만 외적인 정
치적-시민적 법칙들에 따르는 제도로 살펴보게 될 것이다. 그 대신
에 여기서 우리는 그의 입법이 오롯이 내적인 덕률 아래 있는 공화
국, 즉 "선한 행위를 위해 최선을 다하는"[28] 신의 백성만을 숙고할 것
이다.

　우리는 그런 신의 백성에 대하여 악한 원리를 따르는 도당[29]이라는
이념을 대립시킬 수 있는데, 이것은 악의 확산을 그 사명으로 하는
결사체이며, 그들에게 중요한 것은 신의 백성이 통합을 실현하지 못
하도록 하는 것이다. 그럼에도 여기서도 역시 덕의 심정을 유혹하는
원리는 똑같이 우리 자신 안에 놓여 있으며, 단지 비유적으로만 외적
인 힘으로 나타날 뿐이다.

Ⅳ. 신의 백성이라는 이념은 (인간적인 실연에서는) 교회의 형식으로만 실현 가능하다

숭고하지만 결코 완전히 실현할 수 없는 윤리적 공동체의 이념은 인간의 손길에서는 매우 작아져 기껏해야 그 공동체의 형식만 순수하게 표상할 수 있을 뿐이고, 그런 전체를 건설할 수 있는 수단과 관련해서는 감성적인[30] 인간 본성의 여러 조건 아래서 매우 심각할 정도로 제약을 받고 있다. 그렇다면 어떻게 그처럼 굽은 나무에서 전적으로 곧은 어떤 것을 만들어낸다고 기대할 수 있을까?

그러므로 도덕적인 신의 백성을 일으켜 세우는 것은 인간이 실행할 수 있는 일은 아니며 오로지 신 자신에게나 기대할 수 있는 작업이다. 그렇다고 해서 인간이 이 일에 대해 아무것도 하지 않고, 마치각자가 단지 자신의 도덕적인 개인적 관심사에만 몰두하고 인류 전체의 관심사는 (그의 도덕적 사명에 의거해서) 어떤 더 높은 지혜에

내맡겨도 되는 것처럼 섭리의 지배를 허용한 것은 아니다. 인간은 오히려 모든 것이 자신에게 달려 있는 것처럼 실행하지 않으면 안 되며, 그러한 조건 아래에서만 그는 더 높은 지혜가 그의 선의의 수고를 완성해줄 것이라고 희망해도 좋은 것이다.

그러므로 선한 심정을 지닌 모든 이의 소망은 "하느님의 나라가 임하고, 그의 뜻이 땅에서 이루어지는 것"[31]이다. 그러나 이것이 그들에게 이루어지려면 그들은 무엇을 행해야만 하는가?

신적인 도덕적 입법질서 아래에 있는 윤리적 공동체는 **교회**이고, 그것은 경험 가능한 대상이 아닌 한에서 **불가시적 교회**[32]라고 불린다 (이것은 신의 직접적이면서도 도덕적인 세계통치 아래에 있는 모든 올바른 이의 통합이라는 오롯한 이념으로서 인간이 세워야 할 모든 교회

의 원형이 된다). 가시적 교회[33]는 그런 이상과 합치하는 하나의 전체를 지향하는 인간들이 현실적으로 통합한 것이다. 각각의 사회가 공적 법칙들 아래에서 그 성원들의 위계질서를 갖는(그 법칙들에 순종하는 이들과 그 법칙들의 준수를 감독하는 이들 사이의 관계에서) 한에서[34] 그러한 전체(교회)로 통합한 다중은 (스승 또는 영혼의 목자[35]라고 불리는) 다만 눈에 보이지 않는 교회의 최고지배자의 업무들을 관장하고, 이러한 연관 속에서 통틀어 교회의 종이라고 불리는 상급자들 아래에 있는 **공동체**[36]다. 그것은 마치 정치적 공동체 안에서 가시적인 최고지배자가 자기 위에 단 한 사람도(보통은 전 국민 자체조차 한 번도) 인정하지 않으면서 자기 자신을 때때로 국가에서 최상의 종복이라고 칭하는 것과 같다. 참된(가시적인) 교회는 인간들을 통하여 최대한 이룩할 수 있는 한에서 신의(도덕의) 나라를 지상에서 드러내는 그런 교회다. 참된 교회의 자격 요건과 표지는 다음과 같은 것들이다.

1. 교회의 **보편성**, 즉 그 수적 단일성. 교회는 이에 대한 소질을 자 A 135; B 143
체적으로 지녀야 한다. 이른바 교회는 우연적인 의견들에서 분열과 불화를 초래할지라도, 그 본질적인 의도에서는 그들을 필연적으로 하나의 유일한 교회 안에서 보편적인 통합을 이루어내야만 하는(그리하여 종파적 분열을 지양하는) 그러한 원칙들 위에 수립하게 된다.

2. 교회의 **특성**(성질), 다시 말해 도덕적 동기 이외의 어떤 다른 동기도 갖지 않은(미신의 우매함과 광신의 망상에서 순화된) 통합으로서 **순수성**

3. **자유**의 원리에 속한 관계. 그 구성원들 상호 간의 내적 관계뿐만 VI 102
아니라 정치권력에 대한 교회의 외적 관계, 이 양자 모두 **자유국가** 안에 있다(그러므로 그것은 위계도 아니고 광명회[37]도 아니며, 또한 각자가 자기 생각에 따라 타인의 생각과 다를 수도 있는 특수한 영감들에 의한 일종의 민주주의도 아니다).

4. 교회의 **양태**. 그 헌법의 **불변성**. 물론 시간과 상황에 따라서 변경

A 136; B 144 해야 하는 단순한 교회 행정과 관련이 있는 우연적인 세부규정들은 별개다. 그러나 교회는 이를 위해서도 또한 확실한 원칙을 이미 그 안에(즉 그 목적의 이념 안에) 아프리오리하게 지니지 않으면 안 된다(그러므로 그것은 근원적인, 법전을 통해 일단 규정으로 공표된 법칙들 아래에 있어야 하며, 진정성을 갖지 못한 채로 우연적이고 모순에 내맡겨지거나 가변적인 그런 자의적인 상징부호들 아래에 있어서는 안 된다).

그러므로 윤리적 공동체를 교회로서, 즉 신의 나라의 오롯한 **대표자**로서 볼 경우에는 본래 교회는 그 원칙상 정치체제와 유사한 어떤 체제도 갖지 않는다. 이 공동체에서 그 체제는 (한 사람의 교황이나 대주교들 아래에 있는) **군주제**도 아니고 (주교들과 고위성직자들 아래에 있는) **귀족제**도 아니며 (종파적 광명주의자들의) **민주제**도 아니다. 이 체제는 공동의, 물론 불가시적이지만 도덕적인 한 아버지 밑에 있는 가정공동체(가족)로 비유하는 것이 가장 좋을 것이다. 그것은 신의 뜻을 알고, 동시에 그들 모든 구성원과 혈연관계에 있는 신의 거룩하신 아들이 신을 대신하여 신의 뜻을 이들에게 상세히 알리는 가운데 그 아들 안에서 아버지를 경배하고, 그렇게 상호 자발적이고 보편적이며 영속적인 한마음으로 통합하는 한에서 타당하다.

Ⅴ. 모든 교회의 체제는 항상 교회신앙이라 부를 수 있는 어떤 A 137; B 145역사적인(계시) 신앙에서 출발하고, 이러한 신앙은 성서에 가장 확실한 근거를 두고 있다

　　순수한 종교신앙[38]은 물론 보편적 교회를 정초할 수 있는 유일한 신앙이다. 그것은 모두에게 확신을 함께 가질 수 있게 하는 순수한 Ⅵ 103 이성신앙이지만, 그와 반대로 오롯이 사실들에 근거하는 역사적 신앙은 그에 대한 소식들이 그것의 신빙성을 판정할 수 있는 능력과 관련하여 시간과 공간의 사정에 따라 도달할 수 있는 범위 이상으로는 그 영향력을 확산할 수 없기 때문이다. 그러나 그러한 순수한 신앙에 한 번도 충분할 정도로 의지하지 못하고, 교회를 그러한 신앙 위에서 만 정초하지 못하는 것은 인간 본성의 특수한 약함에 기인한다.

　　초감성적[39] 사물들의 인식에서 자신의 무능력을 자각하는 사람들이 (일반적으로 그들에게 확신이 들지 않을 수 없는) 그러한 신앙에 모든 경의를 바친다고 하더라도, 도덕적으로 선한 행적을 꿋꿋하게 실천하는 것이야말로 신의 나라에서 그의 마음에 드는 백성이 되기 위 A 138; B 146 해 신이 인간에게 요구하는 전부라는 사실을 쉽게 확신하지는 못한다. 그들은 자신들의 의무를 신에게 어떤 **봉사**를 해야 한다는 것으로 밖에는 달리 생각할 수 없다. 그리고 여기서 중요한 것은 그 행위들의 내면적·도덕적 가치가 아니라, 오히려 그 행위들이 신을 위해 행해진다는 사실이며, 그 행위들 역시 그 자체에 대해서는 도덕적으로 무관심할지라도 적어도 소극적인 복종을 통하여[40] 신의 마음에 들게 된다는 것이 중요하다. 그들이 인간에(그들 자신과 타인들에) 대한 의무들을 이행할 때, 바로 그로써 신의 명령들을 수행한다는 것, 즉 그들의 모든 행위에서 그것이 도덕성과 관계하는 한에서 **끊임없이** 신에게 봉사[41]한다는 것, 그리고 다른 방식으로는 신에게 더 가깝게 봉사하는 것이 전혀 불가능하다는 것을(왜냐하면 그들은 단지 세계존재자 외에는 어떤 다른 것에게도, 따라서 신에 대해서도 어떤 작용이나 영향도 미칠 수 없기 때문에) 그들로서는 알 길이 없다. 세상의 모든 위대한 주군은 자기 백성들에게 존경받고 충성 서약을 해서 찬양받으려는 특별한 욕구가 있는데, 그는 이런 것 없이 자기 백성들을 지배하기 위하여 필요한 만큼 그의 명령에 대한 순명을 백성들에게 기대할 수 없다. 더 나아가 인간도 그가 아무리 이성적이라고 하더라도 존경의 표명에서 항상 직접적인 만족을 얻기 때문에, 의무가 동시에 신의 명령일 경우 사람들은 의무를 인간의 관심사가 아니라 신의 관심사에 종사하는 것으로 취급하게 되며, 그렇게 해서 순수한 도덕적 종교의 개념 대신에 제의적 종교의 개념이 생긴다.

B 147

A 139

모든 종교는 우리가 신을 우리의 모든 의무에 대하여 보편적으로 존중해야 하는 입법자로 간주하는 데서 성립하므로, 신에게 합당한 우리 태도의 관점에서 종교를 규정할 경우에 어떻게 신이 경배받고(또한 따르기를) 원하는지 아는 것이 중요하다. ── 그런데 신의 입법적 의지는 그 자체로 오직 규약적인 법칙들을 통해서나 순수 도덕적인 법칙들을 통해서 명령한다. 후자와 관련해 모든 이는 누구든지 자기 자신에게서 자신의 고유한 이성을 바탕으로 그의 종교의 근거에 놓여 있는 신의 의지를 인식할 수 있다. 왜냐하면 본래 신성의 개념은 이 법칙들의 의식에서만, 그리고 이 법칙들에 이 세계에서 가능하고 윤리적인 최종목적에 부합하는 전체적인 효과를 부여할 수 있는 힘을 상정하려는 이성의 욕구에서만 발생하기 때문이다. 오롯한 순수 도덕법칙들이 규정한 신의 의지 개념은 우리로 하여금 오직 순수하고 도덕적인 유일한 신을 생각하게 하는 것처럼 또한 순수하고 도덕적인 오직 하나의 종교만을 생각하게 한다. 그러나 우리가 신의 규

VI 104

약적인 법칙들을 받아들이고 그것을 준수하는 데서 종교가 만들어졌다면 그러한 법칙들의 인식은 우리 자신의 오롯한 이성으로 가능한 것이 아니라 오직 계시로만 가능하다. 그리고 이 계시는 각 개인 A 140; B 148 에게 은밀하게 주어지든 혹은 공공연하게 주어지든 간에, 전통이나 성서를 통하여 인간들 사이에 전파되는 것은 **역사적 신앙**[42]일 뿐 순수한 **이성신앙**[43]은 아니다. — 이제 그렇지만 규약적인 신의 법칙들을 (이것들은 그 자체로서 구속적인 것이 아니라 단지 계시된 신의 의지로만 그런 것으로 인식한다) 상정한다고 할지라도, 신의 의지를 근원적으로 우리 심성 속에 써놓은 순수한 **도덕적 입법**은 단지 모든 참된 종교 일반의 필수적 조건일 뿐만 아니라, 또한 이것[종교] 자체[44]를 본래적으로 형성하는 바로 그것이다. 이를 위해 규약적인 종교는 단지 이 참된 종교의 촉진과 확산의 수단일 수 있을 뿐이다.

그러므로 신이 어떻게 그에게 경배하기를 원하는가 하는 물음을 만일 **오롯이 인간으로서** 고찰된 모든 인간을 위하여 보편타당하게 답변해야 한다면, 신의 의지의 입법은 전적으로 **도덕적**이지 않아야 한다고는 결코 생각할 수 없다. 왜냐하면 규약적인 종교는(계시를 전제하는) 단지 우연적인 것이며, 모든 사람에게 도달하거나 도달할 수 있는 것이 아닌 종교로, 결국 인간 일반에게 구속력을 가진 것으로 생각할 수 없기 때문이다. 그러므로 "거기서 '주님! 주님!' 말하는 이들이 아니라 신의 뜻을 행하는 자들"[45]이, 즉 모든 인간이 다 가질 수는 없는 계시의 개념들에 따라 신을 (또는 신의 혈통을 가진 한 존재자인 신이 보낸 자를) 높이 찬양하는 것이 아니라, 그와 관련하여 누구 A 141; B 149 라도 그의 뜻을 알고 선한 행위로 신의 마음에 들기를 구하는 자들만 Ⅵ 105 이 신이 요구하는 참된 존경을 신에게 바치는 자들이 된다.

그러나 만일 우리가 인간으로뿐만 아니라 지상의 신의 나라에서 시민으로 행동하며, 교회라는 이름으로 불리는 그러한 결합의 실존을 위해 힘써야 할 책임이 우리에게 있다고 본다면, 신이 (신의 공동체인) 하나의 교회 안에서 어떻게 그에게 경배하기를 원하는가 하는 물음은 오롯한 이성으로 답할 수 있는 것이 아니라 오직 계시를 받아서만 우리에게 알려지는 규약적인 입법, 즉 순수한 종교신앙과 대립시켜서 교회신앙이라고 부를 수 있는 어떤 역사적 신앙이 필요한 것처럼 보인다. 왜냐하면 전자[순수한 종교신앙]에서는 신을 경배하는 실질을 이루는 것, 즉 도덕적 심정 안에서 일어나는 신의 명령들로서 모든 의무를 준수하는 것이 문제가 되기 때문이다. 그러나 교회는 다수의 인간이 그러한 심정들 아래서 하나의 도덕적 공동체로 통합한 것으로서 어떤 **공적** 의무, 즉 경험적 조건들에 근거하는 특정한 교회의 형식이 필요한데, 그 형식은 그 자체로는 우연적이고 잡다해서 신

적인 규약적인 법칙들이 없으면 의무로 인식할 수 없는 것이다. 그렇지만 이런 형식들을 규정하는 것이 곧바로 신적인 입법자의 일이라고 보아서는 안 된다. 오히려 우리는 그러한 공동체의 이성이념을 스스로 수행해나가는 것이 신적인 의지라고 상정할 근거를 가질 수 있다. 또한 인간들이 하나의 교회의 다양한 형식을 시도하면서 불행하게도 실패했다 하더라도, 필요하다면 이전 시도들의 잘못을 가능한 한 피할 수 있는 새로운 시도들을 해서 이 목적을 추구하는 일을 중단해서는 안 된다. 이 일이 바로 인간들에게 의무이며, 전적으로 인간들 자신에게 맡겨져 있다. 그러므로 우리가 어떤 교회의 설립과 형식을 위해 사용하는 법칙들을 곧 신적인 **규약적** 법칙들이라고 생각할 이유는 없다. 오히려 교회의 형식을 더 개선해가는 노고를 덜기 위하여 그 법칙들을 신이 제정했다고 사칭하는 것은 외람된 일이다. 그뿐만 아니라 신적 권위를 앞세워 교회의 법규들을 가지고 회중을 구속하는 것은 높은 권위를 찬탈하는 행위[46]이기도 하다. 그러나 이 경우에 우리가 통찰하는 한에서 어떤 교회가 도덕적 종교와 매우 크

게 일치하고, 또한 회중이 종교 개념에 대하여 충분한 이해에 도달할 만한[47] 진보가 없었는데도 어떻게 그러한 교회가 단번에 나타날 수 VI 106 있었는지를 충분하게 통찰할 수 없는 경우에는, 이러한 교회 조직의 방식이 아마도 어떤 특수한 신적인 조처가 아닌가 하는 생각을 전적으로 부인하는 것도 똑같이 자만일 수 있다. 그런데 교회를 설립하 A 143; B 151 는 자가 신인가 아니면 인간 자신인가 하는 이 문제의 모호성에서 인간이 신에게 **봉사하는 종교(제의)**[48]를 향한 인간의 성벽이 드러난다. 그리고 또한 후자[제의종교]는 의지적인 규정들에 의거하므로 (인간이 순수한 도덕적 종교의 규정에 따라 언제나 하고 싶어 하는) 최상의 행적 위에다가, 이성으로는 인식할 수 없고 계시가 필요한 신적인 입법을 부가해야 한다는 전제 아래서 규약적인 신적 법칙들의 신앙을 향한 성벽이 드러난다. 이와 같은 종교에서는 최고존재자에 대한 존경이 직접적으로(이성을 통해 우리에게 미리[49] 주어진 신의 명령들에 대한 준수를 매개로 하는 것이 아니라) 향하고 있다. 이를 통하여 인간들은 이제 하나의 교회로 통합하는 것, 그리고 그 교회에 부여되어야 할 형식에 관한 합의, 이와 함께 종교 안에서 도덕적인 것을 촉진하기 위한 공적 실연을 결코 그 자체로 필요한 것이라고 여기지 않고, 오히려 단지 예식들과 계시된 율법들에 대한 신앙고백, 그리고 (그 자체로는 오롯한 수단인) 교회의 형식에 속하는 규정들의 준수 등이 그들 말 그대로, 신에게 봉사하기 위해서만 필요한 것이라고 주장한 것이다. 이 모든 계율은 근본적으로 도덕적인 것과 무관함에도 그것들이 단지 신을 위해 행해지는 것이라는 바로 그 이유 때문에 그만큼 더 그에게[50] 마음에 드는 것이라고 여겨진다. 그러므로 교회신앙은 인간 B 152 을 윤리적 공동체로 개편하는 과정에서 자연스럽게,† 순수한 종교신 A 144

---

† 도덕적으로는 이것이 거꾸로 되어야 한다.[51]

앙에 우선하고, (공적인 제의에 봉헌된 건물인) **성전**이 (도덕적 심정의 교육과 진흥을 위한 회합장소인) **교회**들보다 우선하며, (경건한 의식의 봉헌 관리자들인) **사제**들이 (순수한 도덕종교의 교사들인) **성직자**들보다 우선하게 되고, 다중들이 그들에게 인정하는 지위와 가치에서도 대부분 성직자가 우월한 자리에 있게 된다.

그러므로 이제 규약적인 **교회신앙**[52]이 순수한 종교신앙의 촉진을 위하여 인간들을 공적으로 통합하기 위한 매체와 수단으로서 덧붙여지는 것이 아니라는 점이 일단 불변적인 사실로 되면, 우리는 또한 교회신앙의 불변적인 보존, 보편적이고 획일적인 확산과 그 안에서 채택한 계시에 대한 존경까지도 **전통**으로는 충분하게 배려하기가 곤란하고, 그보다는 오히려 그 스스로 다시금 동시대인들과 후손들에 대하여 계시로 존경의 대상이 되지 않을 수 없는 **성서**로만 충분히 고려될 수 있다는 사실을 시인하지 않을 수 없다. 왜냐하면 그들의 제의적 의무를 확신하고자 하는 인간의 욕구가 그것을 요구하기[53] 때문이다. 성서는 그것을 읽지 않고 (그리고 대부분 바로 이런 사람들에게서) 적어도 성서에서 어떤 통일적인 종교 이해도 할 수 없는 사람들에게서조차도 가장 위대한 존경을 얻으며, 어떤 논변도 거기에 그렇게 쓰여 있다는 일체의 반박[54]을 쳐부수는 권력주장에 속수무책이다. 그러므로 교의를 명시하는 성경 구절들은 단적으로 **잠언**들이라고 일컬어진다. 그러한 책[성서]의 특정한[55] 해석가들은 바로 이러한 그들의 임무 자체에 따라 성별된 인격들이다. 역사가 증명하는 것처럼, 성서에 근거하는 신앙 자체는 가장 파괴적인 국가 혁명으로조차 근절할 수 없었다. 그와 반대로 전통과 오래된 공적인 계율들에 기초한 신앙은 국가의 멸망과 동시에 몰락했다. 인간의 손에 들어온 그와 같은 책이 신앙의 법칙으로서 그의 법규들과 함께, 동시에 (그것을 소개하는 매체들[56]로서) 그 법규들과 최선의 조화를 할 수 있는 가장 순수한 도덕적 종교의 교리를 제일 완벽한 형태로 그 안에 지니고 있다. 그 얼마나 다행스러운 일인가!* 이러한 경우에 성경은 그것을 통해서 도달해야 할 목적 때문만이 아니라 또한 그것으로 일어난 인류의 각성의 근원을 자연법칙들에 따라 이해하는 일의 어려움 때문에 계 A 146; B 154 시와 동등한 권위를 주장할 수 있다.

*　　*　　*

이러한 계시신앙의 개념과 관련된 사항이 몇 가지 더 있다.

오직 하나의(참된) 종교가 있을 뿐이지만, 다양한 신앙의 유형이 존 재할 수 있다. ― 그럼에도 그 신앙 유형의 상이성 때문에 서로 분리 VI 108 된 수많은 교회 중에서도 하나의, 그리고 동일한 참된 교회를 만날 수 있다는 사실을 거기에 덧붙일 수 있다.

그리하여 이 사람은 이런 신앙 또는 저런(즉 유대교, 마호메트교, 기독교, 가톨릭교, 루터교의) 신앙을 가지고 있다고 말하는 것이(또한 그렇게 말하는 것이 실제로 더 흔하듯이) 그가 이 종교 혹은 저 종교를 가지고 있다고 말하는 것보다 더 적절하다. 후자[종교]의 표현은 일반 대중들을 향한 강설(교리문답과 설교)에서는 단 한 번도 올바르게 사용할 수 없다. 최근 언어들이 종교라는 표현에 대해서 의미가 동일한 어떤 낱말도 제공하지 못하는 것처럼, 그들 대중에게는 지나치게 학술적이고 난해하기 때문이다. 일상적인 사람들은 이 말을 언제나 그들에게 의미가 떠오르는 자신의 교회신앙으로 이해한다. 그와

---

* 행운이라고 하는 것은 우리가 이미 예견할 수도 없고 또한 경험의 법칙에 따르는 우리의 노력으로 초래할 수도 없는 모든 소망 또는 바람직한 모든 것을 표현한 말이다. 이에 대해서 우리가[57] 그것의 근거를 명명하기 원한다면, 자비로운 섭리라는 표현 이외의 다른 것을 제시할 수 없다.

반대로 종교는 내면에 숨어 있고 도덕적 심정들과 연관이 있다. 그럼에도 사람들이 이런저런 종교를 믿는다고 말하는 것은 그들이 종교를 알지도 못하고 원하지도 않기 때문에 대부분 사람들에게 지나친 존경을 나타낸 것이 된다. 그들이 '종교'라는 말로 이해하는 모든 것은 단지 규약적인 교회신앙일 뿐이다. 또한 세상을 그토록 자주 뒤흔들고 피로 물들이는 이른바 종교분쟁들도 교회신앙을 둘러싼 다툼들 이외의 아무것도 아니었다. 그리고 종교적으로 억압받는 사람들이 본래 자신의 종교를 지키는 것을 사람들이 방해하기 때문에 불평하는 것이 아니라(왜냐하면 어떤 외적인 폭력도 이런 일을 할 수는 없기 때문이다) 오히려 사람들이 그에게 자신의 교회신앙을 공개적으로 따르는 것을 허락하지 않는다는 사실을 불평하는 것이다.

이제 만일 어떤 한 교회가 흔히 그렇듯이 그 자체를 유일한 보편적인 교회라고 참칭할 경우에(비록 그것이 역사적인 교회로서 모든 사람이 결코 요구할 수 없는 특별한 계시신앙에 기반을 두고 있다 하더라도), 그(특별한) 교회신앙을 전혀 인정하지 않는 사람을 그 교회는 불신자라고 부르면서 온 마음으로 증오할 것이다. 다만 부분적으로(비본질적인 측면에서) 교회신앙에서 벗어나는 자에 대해서는 잘못된 신앙을 가진 자라고 하면서 최소한 전염성이 있는 자로 간주하여 기피할 것이다. 마지막으로 만일 그가 같은 교회에 속한다고 고백하면서 그 신앙의 본질적인 측면(곧 그 신앙을 위해서 사람들이 행하는 것)에서 교회를 이탈하고, 특히 그가 자신의 잘못된 신앙을 퍼뜨리려고 할 경우에, 그는 이단자*로 불리고, 외부의 적처럼 처벌받아

---

* 몽골인들은 티베트를 (게오르기우스[58]의 『티베트 입문』 11쪽에 따르면) 탕굿-카자르,[59] 즉 주거인들의 땅이라 부르는데, 이것은 이 티베트인들을 황야에 천막을 치고 사는 유목민인 자신들과 구별하기 위한 것이다. 여기에서 카자르라는 명칭이 생겼고, 또 여기에서 케저르라는 명칭이 나왔다. 왜

야 할 자로 여겨져 교회에서 (로마인들이 원로원의 허가 없이 루비콘 VI 109 강을 건넌 자들에게 선고한 것과 같은) 파문이나 추방을 당해 모든 지옥의 신에게 내맡겨지게 될 것이다. 교회신앙의 측면에서 교회의 교사들이나 지도부가 주장하는 유일한 정통신앙[62)]을 **정통주의**[63)]라 부르는데, 이것은 **전제적(야만적)** 정통주의와 **자유로운** 정통주의로 구분할 수 있다. — 만일 어떤 교회가 보편적인 구속력을 행사한다고 주장할 경우에 **가톨릭**[64)] 교회라고 부르지만, 그러나 다른 교회의 이런 주장에 대하여 (비록 그들 교회가 그렇게 할 수 있을 때는 그들 교회 스스로도 기꺼이 똑같이 그렇게 하겠지만) 반대하는 교회는 **개혁[프로테스탄트]**[65)] 교회라고 부른다. 그리하여 신중한 관찰자는 프로테스탄트적 **가톨릭주의자**[66)]에 대해서 칭찬할 만한 많은 사례와 부딪치게 될 테지만, 그 반대로 극단적으로 가톨릭적인 **프로테스탄트주의자**[67)]에게서는 더 많은 불유쾌한 사례들을 만나게 될 것이다. 전자에 속하 B 157 는 사람들은 스스로를 **확장하는** 사유방식을 지녔지만(그것은 그들 교회의 사유방식과 같지 않음에도), 그와 반대로 후자에 속한 사람들은 A 149 매우 **제한된** 사유방식을 지녀서 결코 그들의 장점으로 내세우지 못한다.

냐하면 저 몽골인들은 마니교와 합치하여, 아마도 거기에 그 근원이 있는 티베트 신앙(즉 라마)을 지켰고, 그들이 유럽에 침입했을 때 이를 전파했기 때문이다. 이 때문에 해레티치[60)]와 마니캐이[61)]는 오랫동안 같은 뜻으로 사용되었다.

Ⅵ. 교회신앙은 순수한 종교신앙을 그 최고의 해석자로 삼고 있다

우리는 이미 교회가 역사적인 신앙으로서(비록 성서를 통해 널리 퍼지고 최근의[68] 후손들에게까지 증거한 것이라 할지라도) 보편적인 확신을 주는 전달 능력이 없는 계시신앙에 기초할 때는 그 진리의 가장 중요한 징표, 즉 보편성에 대한 정당한 권리주장을 하지 못한다는 사실을 알게 되었다. 그럼에도 모든 인간은 최고의 이성 개념들과 근거들에 대하여 언제나 감성적으로 취할 수 있는 어떤 것, 즉 어떤 경험의 확증 같은 것을 요구하는 (어떤 신앙을 보편적으로 도입하려고 할 경우에 현실적으로 고려하지 않을 수 없는) 모든 사람의 자연적인 욕구 때문에 일반적으로 이미 눈앞에 있는 어떤 역사적 교회신앙을 이용하지 않을 수 없게 된다.

B 158; Ⅵ 110
A 150
그러나 우리에게 이제 외관상으로 대충 우리 손에 주어진 그런 경험적 신앙을 도덕적 신앙의 토대와 결합하려면(그것이 이제 목적이거나 단지[69] 보조수단이든지 간에), 우리의 수중에 도달한 계시에 대한 해석, 즉 계시를 순수한 이성종교의 보편적인 실천적 규칙들과 일치하는 의미로 철저하게 해석하는 일이 필요하다. 왜냐하면 교회신앙의 이론이 신적인 계명으로서 모든 인간의 의무 수행(모든 종교의 본질을 형성하는 것)에 어떤 작용도 미치지 않는다면, 그것은 도덕적으로 우리의 아무런 관심을 끌 수 없기 때문이다. 이러한 해석은 텍스트(계시)에 우리 자신을 흔히 억지로 맞추는 것으로 보일 수 있으며, 또한 실제로 자주 그럴 수도 있다. 그러나 이 텍스트에 대한 그런 해석을 받아들일 수 있다면, 그 자체 안에 어떤 도덕성도 전혀 포함하지 않았거나, 도덕성에 반하는 동기를 일으키는 그런 문자적 해석보

다는 이런 도덕적 해석을 앞세우지 않으면 안 된다.† 또한 우리는 성 B 159
서에 기록해놓은 오래된 그리고 더 근래의 모든 종류의 신앙은 언제
나 그렇게 받아들여졌고, 이성적이고 사려 깊은 스승들은 이 신앙들
의 본질적인 내용을 점차 도덕적 신앙명제들과 일치할 때까지 그렇 Ⅵ 111
게 오랫동안 해석해왔다. 도덕철학자들은 그리스인들과 그 이후 로마
인들의 우화적인 신화들을 가지고 직접[73] 그와 같은[74] 작업을 했다.
마침내 그들은 매우 조잡한 다신론을 고유한 신적 존재 속성들의 단 A 151; B 160

---

† 이러한 해석의 한 실례로 「시편」 59, 11~16의 구절을 들 수 있는데, 여기
에서 매우 경악스러운 복수의 기도와 마주치게 된다. 미카엘리스(『도덕학』
제2편, 202쪽)는 이 기도를 정당한 것으로 인정하면서 다음과 같이 말했다.
"시편은 영감을 받은 것이다. 이 시편에서 형벌이 나왔다면, 그것을 부당한
것으로 볼 수 없다. 우리는 성경보다 더 거룩한 도덕을 가져서는 안 된다." 나
는 이 마지막 구절에서 멈추어 서서 이렇게 묻고자 한다. 도덕을 성경에 따
라서 해석해야 하는가, 아니면 성경을 오히려 도덕에 따라 해석해야 하는
가? ― 이제 신약성경의 한 구절을 살펴보자. "여러분은 옛사람들에게 한
말을 들었습니다 등등. 그러나 나는 여러분에게 '여러분의 적들을 사랑하 B 159
고, 여러분을 박해한 이들을 축복하십시오' 등등"[70]과 관련하여, 나는 같은
방식으로 영감으로 가득 찬 이 구절들이 어떻게 앞의 구절들과 양립할 수
있는지는 접어두고, 이 신약성경의 구절을 그 자체로 성립하는 나의 도덕
적 원칙들에 맞추도록 시도할 것이다. (여기에서 우리가 완전히 정복하기를
바라지 않으면 안 되는 것은 어떤 육체적인 적이 아니라, 그러한 상징 아래서
이해하는, 즉 우리를 더 타락하게 하는 불가시적인 적들인 악한 경향성들이다.)
그러나 만일 이런 해석이 불가능하다면, 나는 오히려 이 구절을 전적으로
도덕적인 의미로 해석할 것이 아니라 유대인들이 스스로를 그들의 정치적
통치자인 신에 대해 성립한다고 보았던 관계에 따라 이해해야 한다고 생
각할 것이다. 이와 마찬가지로 성경의 또 다른 구절은 "'복수는 내 것이다.
내가 갚겠다'고 주께서 말씀하십니다"[71]라고 기록했다. 사람들은 보통 이
구절을 개인적인 복수에 대한 도덕적 경고라고 해석한다. 그러나 이 구절
은 아마도 모욕에 대한 보상은 최고통치자의 법정에서 구해야 한다는, 모
든 국가에서 통용하는 법칙을 따라야 한다는 것을 뜻할 뿐이다. 이 경우에
재판관이 원고에게 그가 원하는 만큼의 가혹한 형벌을 청구하도록 허락한
다 할지라도 원고가 복수를 추구하는 것이 정당하다고 시인한 것으로 보
아서는 안 될 것이다.[72]

적인 상징적 표상으로 해석하고, 그 신들의 온갖 패악적인 행위와 시인들의 야만적이면서도 아름다운 몽상들에다 신비스러운 의미를 부여할 줄 알게 되었다. 이러한 신비한 의미는 하나의 민간신앙(이를 말살하게 되면 반드시 국가에 더 위험한 무신론이 생겨날 수 있기에 결코 권장할 일은 못 된다)을 모든 인간에게 이해가 되고, 홀로 찬양받을 만한 도덕론으로 근접하게 만들었다. 후기 유대교와 기독교조차 부분적으로는 그처럼 강요적인 해석들에서 나왔으나, 이 두 종교는 의심할 여지없이 선한, 그리고 모든 인간에게 필요한 목적들을 위한 것이었다. **마호메트교도들**은 (리일란드[75]가 지적하듯이) 그들의 모든 감성이 깃든 낙원의 묘사에 정신적인 의미를 아주 잘 부여할 수 있었다. 또한 마찬가지로 **인도인들**도 그들의 베다[76] 해석에서, 적어도 그들 민족 가운데 깨우친 계층을 위해서 똑같은 일을 했다. ― 그러나 민간신앙의 문자적인 의미와 지나친 충돌 없이 이렇게 해석될 수 있었던 것은 도덕종교에 대한 소질이 후자[민간신앙]에 앞서 오래전부터 인간의 이성 안에 숨겨져 있었기 때문이다. 물론 그 가운데서 최초의 미숙한 발현은 오롯이 제의적 용도에서 비롯했고, 이를 위해 이른바 계시들이라는 것조차도 생겨나게 되었으며, 이를 통하여 초감성적인 근원 자체의 특성을 지닌 어떤 것을 고의적이라고 할 수는 없지만 바로 이 시가들[77] 속에 들여놓았던 것이다. ― 그러나 만일 우리가 민간신앙의 상징들이나 성서에 부여한 의미가 저자들이 철저하게 그렇게 의도한 것이라고 주장하려는 것이 아니라, 이 문제는 그냥 제쳐두고서 단지 그 저자들을 그렇게 이해할 **가능성**을 열어두는 데 있다면, 사람들이 그렇게 해석하는 것에 대해 불성실하다고 책망할 수는 없다. 왜냐하면 그야말로 이 성서를 읽고서 그 내용에 천착하는 것은 더 선한 인간을 만들고자 하는 데 그 궁극적인 의도가 있기 때문이다. 그러나 이러한 의도에 어떤 기여도 하지 않는 역사적인 것은 사람들이 그것을 가지고 하고 싶은 것을 취할 수 있는, 따라서 그 자체로는 전적으로 가치중립적인 어떤 것이다. ― (역사신앙은 "그 자체로서는 죽은 것이다."[78] 즉 그것을 신앙고백으로 본다면, 그 자체만으로 그것은 아무것도 담고 있지 않은 것이고, 또한 우리로 하여금 도덕적 가치를 갖게 할 어떤 것으로도 인도하지 못할 것이다.)

그러므로 어떤 하나의 저술이 신의 계시로 상정되었다고 하더라도 그것이 신의 계시인지 판정할 수 있는 최상의 기준은 "신에게서 주어진 모든 경전은 가르침과 처벌과 개선 등에 유익하다"[79]라는 것이고, 또한 후자, 곧 인간의 도덕적 개선은 모든 이성종교의 고유한 목적을 이루므로, 이것[이성종교]은 또한 모든 경전 해석의 최상의 원리를 담고 있다. 이 종교는 "우리를 모든 진리로 인도하는 하느님의 영이다."[80] 그런데 이 성령은 우리를 가르치면서 또한 동시에 원칙이 있는 행위를 하도록 생기를 넣어준다.[81] 또한 성령은 성서가 가지고 있는 역사신앙에 대한 모든 것이 전적으로 순수한 도덕신앙의 규칙이나 동기들과 관련되게 하는데, 이 도덕신앙만이 전적으로 모든 교회신앙 안에서 본래적으로 종교적인 것을 형성한다. 모든 성서 연구와 해석은 이 영을 그 안에서 찾는다는 원리에서 출발하지 않으면 안 된다. 그리고 "성서가 이 원리를 증거로 하는 한에서만 인간은 그 안에서 영원한 생명을 발견할 수 있다."[82]

그런데 이 성서해석자는 그보다 아래에 속하는 다른 이, 즉 성서학자와 동반 관계에 있다. 가장 위엄 있고 지금 가장 계몽된 세계 지역에서는 모든 인간을 하나의 교회로 통합하는 유일한 도구인 성서의 권위가 교회신앙을 형성하는데, 민간신앙으로서는 이 교회신앙을 결코 소홀히 할 수 없다. 왜냐하면 민간에게는[83] 오롯한 이성에 기초하는 불변적인 규범에 대한 어떤 이론도 쓸모없는 것으로 보이고 또한 그것[민간]은[84] 신의 계시, 즉 그 근원의 연역을 통해서 그 권위의 역사적인 보증을 요구하기 때문이다. 이제 인간의 기술과 지혜는 최초의 교사 자체를 파송한 신임장을 확인하기 위하여 하늘까지 올라가 볼 수는 없고, 다만 신앙의 내용뿐만 아니라 그러한 신앙을 도입한 방식에서 얻어낼 수 있는 징표들, 즉 인간의 보고 기록으로 만족할 수밖에 없다. 이 기록들의 역사적 신빙성은 점차 아주 먼 옛 시대와 그리고[85] 지금은 죽은 언어들에서 찾아보지 않으면 안 된다. 그러므로 하나의 종교가 아니라(왜냐하면 종교는 보편적이기 위해서 항상 오롯한 이성에 기초하지 않을 수 없기 때문이다) 성서에 기초한 교회를 권위 있게 유지하기 위해서 성서학식[86]이 필요하게 되었다. 이것[성서학식][87]은 그 성서가 그 기원에서 직접적인 신의 계시라고 전제할 수 없게 하는 어떤 것도 자신 안에 담고 있지 않다는 것 외에는 아무것도 제시하지 못한다. 그러나 그것은 이러한 이념 안에서 그들의 도덕적 신앙의 특별한 강화를 볼 수 있다고 여기고, 그 이념을 기꺼이 인정하는 이들이 그렇게 하는 것을 저해하지 않도록 하기에 충분하다. ── 그러나 성서의 오롯한 공증뿐만 아니라 해석에도 같은 이유에서 학식이 필요하다. 도대체 성서를 번역해주어야만 읽을 수 있는 무식한 사람이 어떻게 성서의 의미를 확실히 알 수 있겠는가? 그러므로[88] 원어에도 밝은 해석자가 당대의 상황, 관습, 생각들(민간신앙)에서 수단을 취하여 교회공동체에 이해의 길을 열어줄 수 있으려면 그밖에도 해박한 역사 지식과 비판력을 갖지 않으면 안 된다.[89]

그러므로 이성종교와 성서지식은 성서 원전을 위하여 고유하게 부름을 받은 해석자인 동시에 청지기라고 할 수 있다. 이 영역에서 이것들이 그 통찰과 발견을 공적으로 사용할 때는 세속적인 권력에 절대로 방해받을 수 없고 특정한 신앙명제들에 얽매일 수도 없는 것이 분명하다. 그렇지 않다면 평신도들이 단지 성직자들의 가르침에서 얻은 그들의 신념을 승인하도록 성직자들을 강요할 것이기 때문이다. 국가는 다만 학식과 도덕성에서 명성이 높은 인사들이 그들의 양심을 믿고서 맡긴 교회 전체의 관리에 부족함이 없도록 배려하는 것만으로도 그 의무와 권한에 속한 모든 것을 이행한 것이다. 그러나 이 의무와 권한 자체를 학교에까지 가져가서 그들의 다툼들(이 다툼들이 설교 교단에서 행해지지만 않는다면 교회의 회중을 온전한 평화 상태에 두는 것이다)에 관여하는 것은 불손하지 않고는 회중이 입법자에게[90] 행할 수 없는 부당한 요구다. 왜냐하면 그들은 입법자의 위엄 아래에 있기 때문이다.[91]

그러나 또한 성서의 참된 의미와 함께 그 신적 근원을 인식하기 위해 이성이나 학식이 필요하지 않고, 오직 내면적 느낌만이 필요한 제 B 165 3의 승계권자가 해석자의 지위를 갖게 된다. "성서의 가르침을 따르고, 성서가 지시하는 것을 行하는 이는 물론 그것이 신에 의한 것임을 발견하게 될 것이다"[92]라는 것과, 성서를 읽거나 그 강연을 들은 사람이 느끼지 않을 수 없는 선한 행위와 올바른 행적에 대한 충동 자 A 156 체가 성서의 신성을 그에게 확인해줄 것이 분명하다는 사실은 부정할 수 없다. 왜냐하면 올바르게 행동하려는 이러한 충동은 다름 아니라 인간을 내면적인 존경으로 가득 채우며, 바로 그 때문에 또한 신의 명령이라고 여길 만한 도덕법칙의 작용 이외의 다른 것이 아니기 때문이다. 그러나 동일한 결과에도 하나 이상의 원인이 있을 수 있기 VI 114 때문에, 우리가 법칙들의 인식이나 이 법칙들이 도덕적이라는 사실을 어떤 하나의 느낌에서 추론하거나 발견할 수 없듯이, 마찬가지로 하나의 느낌에서 직접적인 신의 영향에 대한 확실한 표징을 추론하고 발견하기는 더 어려울 뿐만 아니라 훨씬 더 어려운 일이다. 그러나 이 경우에 이성이 인식한 법칙(과 이론)의 오롯한 도덕성은 그 작용의 원인이고, 이러한 근원의 오롯한 가능성조차 모든 광신에 문호를 개방하지 않고, 또한 분명한 도덕적 감정마저도 그밖의 다른 공상적인 느낌과의 유사성 때문에 그 존엄성을 상실하지 않으려면, 이 근원에 도덕적 의미를 부여하는 것이 의무다. ─ 법칙이 어디에서 나오고 어디를 목표로 하는 경우에도 미리 알려져 있는 느낌은 각자가 그 자신에 대해서만 갖는 것이고, 다른 사람에게 강제할 수 있는 것이 아니다. 그러므로 느낌은 계시의 순수성의 시금석으로 찬양할 만한 것이 아니다. 왜냐하면 느낌은 결코 아무것도 가르쳐주지 않고, 단지 주관이 쾌 또는 불쾌와 관련하여 어떻게 촉발되는가 하는 방식만을 함축해서 그 위에서는 어떤 인식도 전혀 토대를 구축할 수 없기 때문이다. ─

B 166

A 157   그러므로 교회신앙의 규범은 오직 성서뿐이고, 그 교회신앙의 해석은 순수한 이성종교와 (성서의 역사적인 부분과 관련된) 성서지식에만 근거해야 한다. 이 중에서도 전자만이 진정한 것으로서 모든 세계에 타당하지만, 단지 교의적인 것으로서 교회신앙을 어떤 시대의 어떤 민족을 위해 안정적으로 유지하는 특정한 체제로 변환하기 위한 것이다. 이 교회신앙과 관련하여 역사적 신앙이 결국 성서학자들과 그들의 통찰에 대한 오롯한 신앙일 뿐이라는 사실을 피할 수는 없다. 이것은 물론 인간의 본성에 비추어 특별히 명예로운 일은 아니지만, 그럼에도 그것은 공적인 사고의 자유로 다시 개선할 수 있으므로, 이를 위해 사고의 자유는 그만큼 더 정당하게 되는 것이다. 학자들은 그들의 해석을 모든 이가 살펴볼 수 있도록 하면서, 동시에 스스로도 더 좋은 통찰을 하기 위해 항상 문을 열어놓고 수용할 자세를 취함으로써 그들의 결정에 대한 공동체의 신뢰를 기대할 수 있다.

참된 교회의 특징은 그 보편성에 있다. 그러나 여기에서 그 특징을
다시 말하면 그 필연성과 유일 가능한 방식의 규정성이다. 이제 (경험   A 158
으로서 계시에 기초하는) 역사적 신앙은 단지 특수한 타당성, 곧 이 신
앙이 비롯한 역사를 이어받은 이들에게만 타당성이 있다. 또한 그것
은 모든 경험 인식과 마찬가지로 신앙의 대상이 그러하고 다른 것이
어서는 안 되어야 한다는 의식이 아니라, 신앙의 대상 자체가 단지 그
렇다는 의식을 포함하고 있다. 그러므로 역사적 신앙은 동시에 그 우
연성의 의식을 내포하고 있다. 이 신앙은 교회신앙이(이것은 많은 수
가 있을 수 있다) 될 수 있지만, 그러나[93] 전적으로 이성에 기초하는
순수한 종교신앙만이 필연적인 것으로서 참된 교회를 지칭하는 유
일한 신앙으로 인정받을 수 있다. ― 그러므로 (인간적 이성의 불가피
한 제한성 때문에) 비록 역사적 신앙이 선도 수단이 되어 순수한 종교
를 촉발한다고 하더라도, 역사적 신앙은 오롯이 그러한 것[94][수단]
일 뿐이라는 것과 또한 교회신앙으로서 이 역사신앙은 순수한 종교
신앙을 향해 계속 접근함으로써 결국 그 선도 수단을 버릴 수도 있
다는 원칙을 수행한다는 의식을 가질 때, 그러한 교회는 언제나 참된
교회라고 말할 수 있다. 그러나 역사적인 신앙이론들에 관한 싸움은
결코 피할 수 없기에 결국 투쟁하는 교회라고만 불리게 된다. 그것은
불변적이고 모든 것을 통합하는 승리하는 교회라는 전망을 가지고 발   B 168
전해나가야 하기 때문이다. 도덕적 감수성(존엄성)을 가진 각 개인의
신앙은 영원히 지복을 누릴 수 있는 축복을 이루는 신앙[95]이다. 이 신   A 159
앙은 그러므로 또한 오직 유일한 신앙이고, 모든 교회신앙에서 마주

칠 수 있는 신앙의 다양성에도 그 목표가 되는 순수한 종교신앙과 관련해서 보면 실천적인 것이다. 그에 반해 제의적 종교신앙은 노역신앙[96]이자 보수신앙[97]으로서 도덕적인 것이 아니므로 축복을 이루는 신앙이라고 볼 수 없다. 왜냐하면 이 축복을 이루는 신앙은 자유롭고 순정한 마음의 심정에 기초한 신앙(자유신앙[98])이 아니면 안 되기 때문이다. 전자는 (물론 힘들지만) 그 자체로는 아무런 도덕적 가치도 없는, 따라서 공포나 희망이 강제하고 악한 인간도 행할 수 있는 (제의) 행위들을 통하여 하느님 마음에 들려고 망상하는 것이다. 이에 반하여 후자는 신의 마음에 들기 위해서는 도덕적으로 선한 심정이 필수적이라고 전제한다.

VI 116

축복을 이루는 신앙은 축복에 대한 희망의 두 가지 조건을 담고 있다. 그중 하나는 그 자신이 행할 수 없는 것에 관한 것으로서, 다시 말해 이루어진 그의 행위들을 법적으로(재판관이신 하느님 앞에서) 일어나지 않은 일로 만드는 것이고, 다른 하나는 그 자신이 할 수 있고 해야만 하는 것에 관한 것으로서 자신의 의무에 합당한 새로운 삶으로 변화하는 일이다. 첫째의 신앙은 속죄(그의 죄과에 대한 보속補贖, 구원, 신과의 화해)의 신앙이고, 둘째의 신앙은 앞으로 계속해나가야 할 선한[99] 행적 가운데서 하느님 마음에 들게 할 수 있다는 신앙이다. ― 이 두 조건은 오직 하나의 신앙을 형성하며 필연적으로 공속적이다. 그러나 우리는 이 결합의 필연성은 하나의 조건이 다른 하나의 조건에서 나온다고 상정하는 방식으로만 생각할 수 있다. 그러므로 우리가 저지른 죄과의 사면이 선한 행적을 낳게 한다고 상정하거나 항상 진실하고 열성적으로 노력하는 선한 행적의 심정이 도덕적으로 작용하는 원인들의 법칙에 따라서 용서받는다는 신앙을 산출한다고 상정하는 것 이외에 달리 이 결합의 필연성을 통찰할 수는 없다.

B 169

A 160

여기에서 이제 인간 이성이 그 자신에 대해 갖게 되는 주목할 만한 이율배반이 나타난다. 이 이율배반의 해결 또는 만일 이 해결이 가능하지 않다면, 적어도 그 조정만이 도대체 역사적 (교회) 신앙이 항상 축복을 이루는 신앙의 본질적 부분으로서 순수한 종교신앙에 부가되어야 하는지에 대해 또는 과연 교회신앙은 오롯한 선도 수단으로서 결국 이 미래가 아무리 요원하다고 해도 순수한 종교신앙으로 이 B 170 행할 수 있는지에 대해 결정할 수 있다.

1. 만일 인간의 죄를 위해서 속죄가 이루어진다고 전제한다면, 모든 죄인은 누구든지 이 속죄가 기꺼이 자신에게도 관련이 있다고 파 A 161 악하고 싶을 테고, 또한 만일 이 경우에 오롯한 신앙만이 중요하다면 (이 신앙은 속죄가 자신에게도 이루어지기를 바란다는 의지표명에 지나지 않는다) 그것 때문에 그는 한순간도 걱정하지 않을 것이다. 그러나 자기가 벌 받을 만한 죄과가 있다는 사실을 알고 있는 어떤 이성적인 인간이, 어떻게 그를 위해 이루어질 속죄의 소식을 믿고서, 또한 어떻게 그의 죄를 씻기 위해 이 속죄가 (법률가들이 말하듯이) 더 유효하다고 인정하는 것만이 필요하다고 진지하게 믿을 수 있으며, 더구나 그의 죄가 (뿌리까지) 완전히 씻어져서, 장차 그가 지금까지 전혀 노력을 기울이지 않은 선한 행적이 이 신앙과 그에게 제공된 은 덕을 받아들인 데서 오는 불가피한 결과일 것으로 진지하게 믿을 수 VI 117 있는지는 전혀 생각할 수 없는 일이다. 비록 자기애가 흔히 사람들이 그를 위해 아무것도 하지 않고, 아무것도 할 수 없는 선[100]에 대한 오롯한 소망을 마치 그 대상이, 단지 동경에 끌려서 저절로 생기는 것 같은 희망으로 바뀌는 일이 있다고 해도, 그 어떤 사려 깊은 사람이 라도 이러한 신앙을 자기 안에 구현하지는 못할 것이다. 그것은 오직 인간이 이러한 신앙 자체가 하늘에서 그에게 주어졌다고 보고, 그 때 B 171

문에 그것에 대해서 더는 자신의 이성에 변명할 필요가 없다고 볼 때에만 가능하게 생각할 수 있다. 만일 그가 이것을 할 수 없거나 너무 성실하여 그런 신뢰를 오로지 아첨거리인 것처럼 스스로 꾸밀 수 없다면, 그는 그처럼 과장된 보상에 대해 온갖 존경을 표하고, 그러한 속죄가 자신에게도 열리기를 진정으로 소망함에도 그것이 단지 조건적인 것이라고 볼 수밖에 없을 것이다. 즉 그는 더 높은 공덕이 그에게 주어질 수 있으리라는 희망을 갖기 위한 최소한의 근거라도 가능하게 하도록, 그의 능력이 미치는 한에서 개선된 행적이 선행하지 않으면 안 된다고 생각하지 않을 수 없다. — 그러므로 후자[더 높은 공덕]에 대한 역사적 인식이 교회신앙에 속하고, 그와 반대로 전자[개선된 행적]는 그 조건으로서 순수한 도덕신앙에 속한다면, 후자[도덕신앙]는 전자[교회신앙]에 선행하지 않을 수 없다.

2. 그러나 만일 인간이 본성적으로 타락해 있다면, 또한 그가 — 지금까지 잘못이 있는 범행들을 스스로 의식하지만 — 여전히 악한 원리의 힘 아래에 놓여 있고, 장래에 그것을 개선할 아무런 충분한 능력을 자신 안에서 발견할 수 없다면, 그가 아무리 노력한다고 하더라도 어떻게 그 자신에게서 하나의 새로운, 하느님 마음에 드는 인간을 만들어낼 수 있다고 믿을 수 있겠는가? 만일 그가 그 자신에 대하여 제기했던 정의가 타인의 속죄로 화해될 수 없다고 본다면, 또한 그 자신이 이러한 신앙을 통해 곧바로 새롭게 태어나는 것으로 볼 수 없어서 무엇보다도 거듭남과 결합된 선한 원리의 결과인 새로운 행적이 들어설 수 없다면, 그는 하느님 마음에 드는 인간이 된다는 자신의 희망을 어디에 세우려고 할 것인가?[101] — 그러므로 그 자신의 것이 아니라 그것을 통해 그가 신과 화해하게 되는 공덕에 대한 신앙이 선한 행위 일체에 대한 모든 노력에 선행하지 않으면 안 되지만 이것은 앞

의 명제와 상충한다. 그러므로 이 다툼은 인간 존재의 자유의 인과규정, 다시 말해 인간을 선하게 또는 악하게 만드는 원인들에 대한 통찰을 통해 이론적으로 해결할 수 없다. 왜냐하면 이 문제는 우리 이성의 모든 사변능력을 넘어서기 때문이다. 그러나 실천적인 것, 곧 VI 118 우리의 자유로운 자의의 사용에서 자연적으로가 아니라 도덕적으로 일차적인 것은 무엇인가, 곧 우리가 무엇을 먼저 시작해야만 하는가, 신이 우리를 위해 행한 것에 대한 신앙에서 시작해야만 하는가, 아니면 (그것이 무엇이든 간에) 그럴 만한 품격을 갖추기 위해 우리가 행해야만 하는 것에서 시작해야 하는가를 물을 때에는 주저 없이 후자를 선택할 수 있다.

축복을 얻기 위한 첫째 필수 조건인 대리적인 속죄 신앙의 상정은 기껏해야 오롯이 이론적 개념을 위해서만 필요할 뿐이다. 우리는 정 B 173 죄를 다른 방식으로는 파악할 수 없다. 그와 반대로 둘째 원리[102]의 필연성은 실천적인 동시에 순수하게 도덕적이다. 우리가 타자의 속죄에 따른 공덕을 자신의 것으로 만들어 축복에 참여하기를 희망할 수 있는 것은 분명히 우리가 모든 인간적 의무를 준수하려는 노력으로 그에 대한 자격을 갖출 때뿐이며, 이러한 우리의 노력은 다시금 우리 A 164 가 단지 수동적으로 받아들이는 타인의 영향에 따른 것이 아닐 때뿐이다. 왜냐하면 마지막 [인간적 의무를 준수하라는] 명령은 무조건적이므로, 인간이 그의 신앙을 준칙으로 놓는다는 것, 즉 그가 삶의 개선에서 출발해야 한다는 것, 그리고 축복을 이루는 신앙은 이 최상의 조건 아래에서만 생길 수 있다는 것 또한 필연적이기 때문이다.

역사적 신앙으로서 교회신앙은 그것이 단지 순수한 종교신앙을 위한 수단일 뿐이므로(여기에 그 본래적 목적이 있다) 당연히 첫째 원리에서 시작한다. 그러므로 실천적 신앙으로서 이 순수한 종교신앙의 조건은 곧 행함의 준칙으로 시작하고, 앎 또는 이론적 신앙의 준칙은 단지 전자[행함의 준칙]를 강화하고 완성하기 위하여 작용해야 한다. ─ 여기서 또한 확인할 수 있는 것은 첫째 원리에 따르면 인간에게 신앙(즉 대리적인 속죄 신앙)은 의무로 여겨지는 데 반하여, 선한 품행의 신앙은 더 높은 영향에 따른 작용의 결과로서 은총으로 여겨진다는 사실이다. 그러나 둘째 원리에 따르면 사정은 정반대로 나타난다. 왜냐하면 이 원리에 따르면 선한 행적[103]은 은총의 최상 조건으로서 무조건적인 의무인 데 반하여 더 높은 속죄는 오롯한 은총의 문제[104]이기 때문이다. ─ 사람들은 첫째 원리에 대해서는 (항상 부당한 것만은 아니지만) 벌을 받아야 할 행적을 종교와 일치시킬 줄 아는 제의적인 미신이라고 비난하고, 둘째 원리에 대해서는 자연주의적 불신앙이라고 비난하는데, 그것은 아마도 충분히 모범적인 행적에다가 모든 계시에 대한 무관심이나 반항까지를 연결하기 때문이다. ─ 그러나 이것은 곤란한 매듭을 (이론적으로) 푸는 대신에 (실천적 준칙에 따라) 잘라버리는 것인데, 물론 이런 일은 종교 문제에서는 허용할 수 있다. ─ 그러나 후자의 무리한 요구를 충족하려면 다음과 같은 사실을 제시해야 한다. 하느님 마음에 드는 인간의 원형(하느님의 아들) 자체에 대한 살아 있는 신앙은 도덕적 이성이념과 관련이 있으며, 이 이념이 우리에게 단지 표준이 되는 먹줄[105]일 뿐만 아니라 동기로서도 기여하는 한에서 그렇다. 그러므로 내가 합리적인 신앙[106]으로서 이 살아 있는 신앙에서 출발하거나 선한 행적의 원리에서 시작하거나 매한가지다. 그에 반하여 (신인[107]에 대한) 현상에서 그것과 동일한 원형에 대한 신앙은 경험적(역사적) 신앙으로서 선한 행적의 원리(이것은 전적으로 합리적이지 않으면 안 된다)와 동일한 것이 아니다. 그러한 신앙에서† 출발하여, 그것에서 선한 행적을 도출하려는 것은 전혀 다

---

† 이 신앙은 그런 인격의 실존을 역사적 증거들에 기초해야 한다.[108]

른 것이다. 따라서 위의 두 명제 사이에는 그런 한에서 모순이 있다. 그러나 단지 신인의 현상에서는 그에 대해서 감각하거나 경험으로 인식할 수 있는 것이 아니고, 오히려 우리가 후자[신인]에 속한, 우리 $\quad$ A 166 의 이성 안에 놓여 있는 원형이(왜냐하면 그렇게 많은 신인의 예증에서 감지하듯이 그것은 신인의 원형과 부합하는 것처럼 보이므로) 본래 축복을 이루는 신앙의 대상이며, 그러한 신앙은 하느님 마음에 드는 행적의 원리와 일체인 것이다. — 그러므로 여기서는 그 자체로 서로 다른 두 원리가 있어서 그 가운데 하나에서 시작하는 원리와 또 다른 하나에서 출발하는 원리가 대립하는 길을 가는 것이 아니라, 오히려 하나의 동일한 실천적 이념이 있을 뿐이어서 우리가 그것에서 출발하여 어떤 경우에는 그 이념이 원형을 신 안에서 발견해 그 신에게서 나오는 것으로 표상하고, 또 다른 경우에는 그 이념이 원형을 우리 안에 있는 것으로 표상하기도 하는 것이다. 그러나 이 두 경우는 모두 이념이 원형을 우리 행적의 표준으로 표상하는 것일 뿐이다. 그러므로 이율배반은 단지 현상적인 것일 뿐이다. 왜냐하면 이러한 이율배반은 단지 서로 다른 관계에서 취한 동일한 실천적 이념을 오해함으로써 서로 다른 두 원리로 보는 데서 빚어졌기 때문이다. 그러나 만일 세 $\quad$ B 176 계 안에서 한 번 출현했던 그러한 현상의 현실성에 대한 역사적 신앙을 축복을 주는 유일한 신앙의 조건으로 삼고자 한다면, 그것은 물론 전혀 서로 다른 (하나는 경험적이고, 다른 하나는 이성적인) 두 원리가 $\quad$ VI 120 있는 것이 되고, 그중 어느 것에서 출발하고 시작하지 않으면 안 되는 지에 대해서 준칙들의 참된 모순이 생기게 될 텐데, 이러한 모순은 어떤 이성도 조정할 수 없을 것이다. — 우리 자신이 선한 행적에서 또한 그런 신앙의 힘만으로 축복을 받을 수 있다고 희망하려면, 예전에 그의 신성성과 공적[109]으로 그 자신을 위해서(그의 의무 관점에서)뿐 $\quad$ A 167 만 아니라 또한 다른 모든 인간(그리고 그들의 의무 관점에서 의무의 결여)을 위해서 충분히 행한 한 인간이 있었다는 것(그것에 대해서 이성은 우리에게 아무것도 말하지 않는다)을 믿지 않으면 안 된다는 이 명제는 다음과 같은 명제와는 전혀 다른 어떤 것을 말한다. 즉 (이성이 우리에게 이미 보증한) 인간에 대한 신의 사랑은 인간이 모든 능력을 기울여 신의 의지에 따르려고 노력할 경우에, 그의 성실한 심정을 고려하여 그 행실의 부족함을 어떤 방식으로든 보완해줄 것이라고 믿을 수 있기 위해서 전력을 다해 하느님 마음에 드는 행적에 필요한 거룩한 심정을 갖도록 노력하지 않으면 안 된다는 명제다. — 그러나 첫째 것은 모든 (또한 배우지 못한)[110] 사람의 능력 안에 있는 것

B 177 은 아니다. 역사는 모든 종교형식 안에 이 두 가지 신앙 원리 사이에 갈등이 있었음을 증거하고 있다. 왜냐하면 모든 종교는 그 근거를 어디에서 찾든지 간에 속죄의 교리를 가지고 있기 때문이다. 그러나 모든 인간 안에 있는 도덕적 소질 또한 그러한 요구들을 듣게 하는 데 부족하지 않았다. 그러나 모든 시대에서 사제들은 도덕가들보다도 더 많이 탄식했다. 사제들은 곧 국민을 하늘과 화해하게 하고, 국가의 재액을 방지하기 위해 마련된 제의를 소홀히 하는 것에 대해서(그리고 그 난행을 막아달라고 당국들에[111] 촉구하면서) 큰 소리로 비난했다. 그에 반해[112] 도덕가들은 윤리의 타락을 탄식했고, 이 타락의 책

A 168 임이 사제들이 사용한 속죄 수단, 즉 모든 사람에게 가장 무서운 패악에 대해서도 신성과 쉽게 화해하도록 했던 속죄 수단에 있다고 여겼다. 사실, 이미 짊어지고 있는 또는 앞으로 짊어지게 될 빚을 갚을 수 있는 무궁무진한 기금이 이미 눈앞에 있어서 (그리고 양심이 행하는 모든 요구에도 의심할 여지없이 가장 먼저 충족된다면) 사람들은 그 빚에서 벗어나기 위해 단지 손을 내밀기만 하면 충분할 것이다. 그 반면에 선한 행적의 의도가 사람들이 그 빚을 갚아서 비로소 순수해질 때까지 결부되어 있다면, 그러한 신앙의 다른 결과들을 쉽게 생각

할 수는 없다. ─ 그러나 만일 이 신앙 자체가 특별한 힘과 그와 같은 신비한 (또는 마술적인) 영향력을 가지고 있어서 비록 그 신앙이 우 Ⅵ 121 리가 아는 한에서 오롯이 역사적으로 간주해야만 하는 것일지라도, B 178 사람들이 그 신앙에 그리고 그 신앙과 결합된 감정에 몰두할 때, 그의 모든 인격을 근본에서부터 개선할(즉 그것에서 새로운 인간을 만들어낼) 수 있는 것으로 여길 수 있다면, 이 신앙 자체는 하늘에서 직접적으로 (역사적 신앙과 함께 그리고 그 아래에서) 떨어져 나온 것이고 주어진 것이라고 여겨야 한다. 그렇게 되면 인간의 도덕적 성질을 포함한 모든 것은 결국 신의 무조건적 섭리에 귀착할 것이다. 즉 "신은 그가 가엾게 여기고 싶은 자는 가엾게 여기고, 냉대하고 싶은 자는 냉대한다."* 이것을 문자 그대로 받아들이면 인간 이성의 죽음을 A 169 건 모험[117]이다.[118]

그러므로 그것은 우리 안에 있는 자연적 소질과 함께 도덕적 소질 B 179 의 필연적 귀결이고, 후자[도덕적 소질]는 모든 종교의 근거인 동시

---

* 이것은[113] 아마도 다음과 같이 해석될 수 있을 것이다. 어떤 사람도, 무엇 때문에 이 사람은 선한 인간이 되고, 저 사람은 악한 사람이(두 사람을 비교 A 169 해서) 되는지를 확신을 가지고 말할 수 없다. 왜냐하면 흔히 이 같은 성향의 차이는 이미 탄생할 때부터 발견되는 것처럼 보이기도 하고, 때로는 그 누구도 어쩔 수 없는 삶의 우연성이 결정하는 것처럼 보이기도 하기 때문이다. 이는 한 인간이 어떤 인간이 될 것인가에 대해서도 동일하다. 그러므로 이 문제에 대해 우리는 모든 것을 보시는 이의 판단에 맡겨두지 않으면 안 된다. 그런데 여기서 언표한 바는 마치 인간이 태어나기 전에 이미 그의 판단이 내려져서 그들 각자의 역할을 미리 정해놓은 것처럼 보인다. 현상들의 질서에서 세계창조자에게 예견은, 여기서 만일 그를 의인적으로[114] 생각한다면, 예정[115]과 같은 것이다. 그러나 자유의 법칙에 따르는 사물들의 초자연적 질서에서 시간은 배제하기 때문에 신의 예정은 오롯이 모든 것을 보는 지혜[116]다. 따라서 그것은 왜 한 인간은 그렇게 행동하고, 다른 인간은 그와 대립하는 원칙들에 따라서 행동하는지를 설명할 수 없고, 또 B 179 한 동시에 그것을 의지의 자유와 일치시킬 수도 없다.

에 해석의 토대다. 이것은 결국 모든 경험적 규정 근거, 즉 역사에 근거를 두는 교회신앙을 매개로 잠정적으로 인류를 선을 촉진하기 위하여 통합하는 모든 법규에서 점차로 해방되고, 그리하여 순수한 이성종교는 결국 "신이 모든 것 안에서 모든 것이도록"[119] 모든 것을 지배한다. — 이는 태아가 먼저 그 속에서 인간으로 자라는 아기집은 그 아이가 이제 햇볕으로 나서야 할 때는 벗어나지 않으면 안 되는 것과 같다. 법규와 계율을 그 장신구로 하는 성스러운 전승의 지침은 그 당시에는 좋은 역할을 했지만, 점점 더 쓸모가 없어져서 그가 소년기에 들어서게 되면서부터는 결국 속박이 된다. 그(인류)가 "어린아이였을 때는 어린아이처럼 영리했고", 그의 도움 없이 그에게 부과한 교리에다가 학식이나 심지어는 교회에 유익한 철학을 결합할 수 있었다. "그러나 이제 어른이 되어 그는 어린애 같은 짓을 그만둔다."[120] 평신도와 성직자 사이의 굴종적인 차별은 사라지고, 그렇다고 해서 무정부상태는 아닌 참된 자유에서 평등이 생겨난다. 비록 각자는 그 자신이 스스로 규정한 (비규약적인) 법칙에 따르기는 하지만, 그와 함께 이 법칙은 이성을 통해 그 자신에게 계시된 세계지배자의 의지, 다시 말하면 불가시적인 방식으로 만인을 하나의 국가 안에서 공동의 정부로 결합하는 세계지배자의 의지로 간주해야 한다. 그 때문에 이 국가는 가시적인 교회를 통해서 불충분한 상태이기는 하지만 미리 표상하고 준비한 것이다. — 이 모든 것은 거칠고 폭력적인 방식으로 유리한 상황에 지나치게 의존하는 결과를 산출하는 외적[121] 혁명에서는 기대할 수 없는 일이다. 이런 방식으로 새로운 헌법체제를 건설하는 경우에 한 번 간과한 것은 마음이 언짢은 상태로 수세기 동안 그대로 존속하게 된다. 왜냐하면 그것은 이제 더는 고치기 어렵거나 적어도 또 하나의 새로운(언제나 위험천만한) 혁명에 의하지 않고는 변경할 수 없기 때문이다. — 그와 같이 사물들이 새로운 질서로 이행하는 근거는 모든 사람에게 부단하게 **일어나는**[122] 신적인(물론 경험적인 것은 아닌) 계시로서 순수한 이성종교의 원리 안에 놓여 있지 않으면 안 된다. 그러한 이행은 일단 인간의 과업이어야 한다는 점에서 점차 전진하는 개혁으로 이루어진다는 성숙한 숙고로 가능하다고 본다. 왜냐하면 이러한 전진을 단축할 수 있는 혁명은 섭리에 맡겨져 있고, 계획적으로 자유를 훼손하지 않고는 도입할 수 없는 것이기 때문이다. ― 그러나 만일 오로지 보편적 이성종교를 향한 교회신앙의 점진 B 181 적인 이행의 원리가 그리하여 지상에서 (하느님의) 윤리적 국가를 향해 보편적으로 그리고 어디서나 **공적으로** 뿌리를 내렸다면, 비록 그러한 국가의 현실적인 설립이 우리에게 아직 한없이 멀리 떨어져 있다 하더라도, 사람들은 "하느님의 나라가 우리에게 왔다"[123]라고 말할 수 있는 근거를 갖는다. 왜냐하면 이 원리는 이러한 완성에 계속 접근하는 근거를 포함하며, 그 원리 안에는 스스로 발전하고 결과에서 다시금 씨를 맺는 종자처럼 세상을 밝게 하고 지배해야 할 전체 (불가시적 방식)가 놓여 있기 때문이다. 그러나 참된 것과 선한 것은 A 172 그 통찰과 마음 씀의 근거가 인간 각자의 천성 안에 있으므로, 그것이 만일 일단 공적으로 되면, 이성적 존재 일반의 도덕적 소질 사이의 자연적 친연성에 따라 그 자신을 대체로 전달하는 데는 부족함이 VI 123 없다. 그와 같은 확산 노력은 때때로 정치적·시민적 원인들에서 오는 장애들[124]과 부딪치게 되지만, 그것은 오히려(그것이 일단 눈에 띈 다음에는 결코 그들의 생각에서 떠나지 않는 것으로서) 선을 향한 마음들의 통합을 그만큼 더 내밀하게 하는 데 기여한다.*

---

* 우리는 예배를 거부하거나 논박하지 않고도 교회신앙에 대해 그 유익한 영향을 신앙의 틀 속에 보존할 수 있다. 그러나 이와 함께 제의적[125] 의무 B 182 라는 망상으로서 교회신앙에서 본래적(즉 도덕적) 종교의 개념에 미치는 모든 영향도 제거할 수 있다. 그리고 이로써 규약적 신앙 양태들의 차이에

A 173; B 182; Ⅵ 124　　그러므로 덕의 법칙들[131)]에 따르는 공동체로서 인류 안에 하나의

A 174; B 183　　권력을 세우고, 악에 대한 승리를 주장하며 그의 세계 지배 아래서 영원한 평화를 보장하는 나라를 세우는 것은 인간의 눈에는 보이지 않으나 부단히 전진하는 선한 원리의 활동이다.

도 유일한 이성종교의 근본 원칙들을 통하여 신앙인들 사이의 화합을 이룩할 수 있고, 교사들은 이러한 방향으로 모든 종규와 예전[126)]을 해석해야만 한다. 그리하여 우리는 시간이 흐름에 따라 이미 널리 전파된 참된 계몽(도덕적 자유에서 발생하는 법칙성)[127)]에 따라 각자의 동의를 바탕으로 굴종적인 강제수단[128)]의 형태를 도덕적 종교의 품위에 맞는 교회의 형식, 즉

A 173　　자유로운 신앙의 형식으로 바꾸어나갈 수 있다. ── 우리는 신앙의 문제에서 제기되는 교회신앙의 통일성과 자유를 통합하는 어려움을 해소하기 위하여 도덕적 관심을 가지고 부단하게 이성종교의 객관적 통일성의 이념을 추구해야 한다. 그러나 인간의 본성을 염두에 두고 생각할 때, 우리가 이 문제를 가시적인 교회 안에서 실현하는 것은 거의 희망이 없다. 그것은 이성의 이념이므로, 우리는 그것을 알맞은 직관에서 보는 것이 불가능하다. 그러나 이 이념은 실천적인 규제적 원리로는 객관적 실재성을 가지며, 순수한 이성종교[129)]의 통일을 실현한다는 목적에는 영향력을 미칠 수 있다. 그것은 국가법이 보편적이면서 동시에 실권을 가진 국제법과 연관성이 있어야 하는 한에서, 그 정치적 이념과 같은 작용을 하는 것이다. 우리의 경

B 183　　험은 이 문제에 대한 모든 희망을 포기하도록 한다. 인류의 본성 안에는 모든 개별 국가가 그들의 소망을 잘 이루고자 한다면, 다른 모든 다른 나라를 복속시켜서 하나의 보편적인 제국을 건설하려고 애쓰는 경향성이 (아마도 의도적으로) 놓여 있는 것처럼 보인다. 그러나 이 세계 제국이 일정한 크기에 이르게 되면, 저절로 작은 국가들로 분열한다. 이와 같이 각각의 교회는 하나의 보편적인 교회가 되려는 힘을 과시하고자 요구한다. 그러나 그 교회가 어느 정도 확장하고 지배적이 되면, 그 즉시 여러 다양한 종파로 분열한다는 원리가 나타난다.[†130)]

† 너무 이른 그리고 그 때문에 (인간이 도덕적으로 개선되기 전에 도래하여) 해로운 국가들의 융합은 ── 이 점에서 섭리의 의도를 상정해도 좋다면 ── 특히 강력한 작용을 하는 두 가지 원인, 즉 언어의 상이성과 종교의 상이성에 저지당할 것이다.

제2부
선한 원리의 지배를 지상에서 차츰 확립하는 일에 대한 역사적 표상

우리는 지상의 종교에 대하여 (가장 좁은 의미에서) 인류의 어떤 보편적 역사도 요구할 수 없다. 왜냐하면 종교는 순수한 도덕적 신앙에 B 184 근거하므로 공적인 상태가 아니며, 각자가 스스로 그 안에서 이룩한 진보를 자기 자신에서만 의식할 수 있기 때문이다. 그래서 우리는 보편적인 역사적 서술을 교회신앙에 대해서만 기대할 수 있다. 그러므로 교회신앙은 역사 서술에서 그 다양하고 변천하는 형식에 따라서 유일하고 불변적인 순수한 종교신앙과 비교할 수 있다. 전자[교회신앙]가 후자[종교신앙]의 제약적 조건들과 그리고 그것[후자]과 일치의 필연성에 의존한다는 사실을 공개적으로 인정하는 지점에서, 보편적 교회는 비로소 그 자신을 윤리적인 하느님 나라로 형성하고, 모든 인간과 시대에서 하나의 동일하고 확고한 원리에 따라서 이 국가 A 175 의 완성을 향하여 전진하기 시작한다. ─ 우리는 이 역사가 제의적 종교신앙과 도덕적 종교신앙 사이의 부단한 투쟁 이야기일 것이라고 예견할 수 있다. 그리고 인간은 역사신앙으로서 전자[제의적 종교신앙[132)]를 항상 먼저 생각하는 경향이 있으나, 후자[도덕적 종교신앙[133)]는 그 자신만이 영혼을 개선하는 신앙이라는 우월성에 대한 주장을 포기하지 않고 결국 그것을 확실하게 주장할 것이라고 예견할 수 있다.

그러나 이 역사는 만일 그것이 인간 종족의 신앙에 대한 부분에 한
정될 때만 오직 통일성을 가질 수 있다. 거기에서만 이제 보편적 교
B 185 회의 통일성을 위한 소질은 이미 역사의 발전에 근접하게 되고, 이
를 통해 적어도 이성신앙[134]과 역사신앙[135]의 차이에 대한 물음을 공
적으로 제기하며, 그에 대한 결단이 가장 큰 도덕적 관심사가 되는
VI 125 것이다. 그렇지 않다면 그들의 신앙이 서로 어떤 연관성도 없는 여
러 민족에서 종규들의 역사[136]는 교회의 통일성을 전혀 제시하지 못
하기 때문이다. 하나의 동일한 민족 안에서 이전에 지배적이던 신앙
과 뚜렷하게 다른 어떤 새로운 신앙이 한때 일어났다는 것은, 비록
이전의 신앙이 새로운 신앙의 발생을 야기하는 원인들을 내포했다
고 하더라도, 이러한 통일성의 실례로 간주할 수 없다. 왜냐하면 상
이한 신앙유형들[137]의 결과를 하나의 동일한 교회[138]의 양태들로 간
A 176 주하려면, 원리의 통일성이 존재하지 않으면 안 되기 때문이다. 그리
고 사실 지금 우리가 다루려는 것은 후자[하나의 동일한 교회]의 역
사다.

그러므로 우리는 이러한 의도에서 단지 그 최초의 싹에서부터 참
된 **보편적** 종교신앙의 객관적 통일성의 원리들을 내포하면서 그것
에 점차 접근해가는 그런 교회의 역사를 다룰 수 있을 뿐이다. — 여
기에서 우선 드러나는 것은 유대교적 신앙은 우리가 그 역사를 고찰
B 186 하고자 하는 교회신앙과는 어떤 본질적 관련도 전혀 없다는 것, 비록
그것[유대교 신앙]이 교회신앙에 직접적으로 앞서 있었고, 이(기독
교) 교회를 건설하기 위한 물리적 계기를 마련해주었다 할지라도, 개
념에서 어떤 통일성도 가지고 있지 않다는 사실이다.

유대교 신앙은 그 근원적 형식에서 오롯한 규약적 법률의 총체이
며, 이를 기반으로 국가 체제를 설립했다. 그 당시에 이미 또는 그 뒤

182

에 어떤 도덕적 부가물들이 이 신앙에 보태어졌든 간에, 그것들은 전적으로 유대교 자체에 속하는 것은 아니다. 후자[유대교]는 본래적으로 전혀 종교가 아니고 수많은 사람의 단순한 통합체일 뿐이다. 그들은 하나의 종족에 속하고 단지 정치적 법률 아래서 하나의 공동체 안에 속할 뿐이어서, 하나의 교회를 형성한 것이 아니라, 오히려 그것은 단지 세속국가였어야 했다. 그리하여 그것[세속국가]이 불운한 사태들에 처하여 몰락할 때, 그 국가에는 항상 여전히(본질적으로 그것에 속하는), 즉 그 국가가 (메시아의 도래와 함께) 다시 한번 부흥할 것이라는 정치적 신앙이 남아 있게 된다.[139] 이 국가의 체제가 신정정치(가시적 형태로는 사제들 또는 신에게서 직접 지시들을 받았다고 자처하는 지도자들의 귀족정치)를 토대로 한다는 것만으로는, 즉 여기에서 오롯이 양심에 대해서 그리고 양심에서 전혀 어떤 주장도 하지 않는 세속적 통치자로 숭배하는 신의 이름만으로는 그것[신정정치]을 종교 체제로 만들지 못한다. 후자[유대교]가 종교 체제를 가지고 있지 않아야 한다는 증거는 명백하다. 첫째로, 모든 계명은 단지 외적 행위들과 관련이 있기 때문에 정치적 체제도 또한 그것을 중시하고, 강제법으로 그것을 부과할 수 있는 그런 종류의 것이다. 그리고 물론 십계명이 공적으로 주어지지 않고도 이미 이성에 앞서 윤리적 명령으로서 타당하다고 해도, 그것들[십계명]은 그 입법 과정에서 도덕적 심정에 대한 요구와 함께(나중에 기독교는 이 점을 강조한다) 주어지는 것이 전혀 아니고, 전적으로 오직 외면적 준수에만 관심을 두었다. 둘째로, 이 계명들의 이행과 위반에 따르는 모든 결과, 즉 모든 상급과 처벌은 이 세상에서 누구에게든지 나누어줄 수 있는 것에 한정하고, 이마저도 결코 윤리적 개념에 따르는 것은 아니다. 양자[상급과 처벌]는 어떤 행위나 부작위에 실천적으로 참여하지 않은 후손들에게까지 미쳐야 한다. 그런데 이런 일은 물론 정치적 체제에서 사람

A 177

B 187

VI 126

A 178

들을 순종하게 하는 영리한 수단일 수 있으나 윤리적 체제에서는 공정성에 반한다. 그리고 내세에 대한 신앙이 없이는 결코 어떤 종교도 생각할 수 없으므로, 유대교 자체는 그 순수한 형태에서 볼 때 종교신앙을 전혀 함유하고 있지 않다. 이 사실은 다음과 같은 논점으로 더욱 분명해진다. 즉 유대인들이 다른 민족, 더욱이 가장 미개한 민족과 마찬가지로 내세에 관한 신앙, 즉 그들의 천당과 지옥을 갖지 않았다는 것은[140] 거의 의심할 여지가 없다. 왜냐하면 이 신앙은 인간의 본성 안에 있는 보편적인 도덕적 소질에 따라 각자에게 저절로 일어나기 때문이다. 그러므로 이 민족의 입법자를 비록 신으로 표상하기는 하지만, 결코 내세에 대해 조금도 고려하려 하지 않은 것은 확실히 의도적으로 일어난 일이었다. 이것은 그[민족의 입법자]가 단지 정치적 공동체를 세우려고 한 것이지, 윤리적 공동체를 세우려고 한 것이 아니라는 사실을 보여준다. 그리고 정치적 공동체 안에서 이 세상의 삶에서 눈으로 볼 수도 없는 보수와 처벌을 논한다는 것은 그런 전제 아래서는 전혀 논리에도 맞지 않고 부적절한 절차가 될 것이다. 그런데 유대인들이 이어서 각자 자기 자신을 위해 그들의 법규적 신앙의 조항들과 뒤섞인 어떤 종교신앙을 형성하게 되었을 것이라는 사실 또한 의심할 수 없다. 그러나 그와 같은 종교신앙은 결코 유대교의 입법에 속하는 요소를 형성하지는 못했다. 셋째로, 유대교는 보편적 교회의 상태에 속한 시대를 형성하거나 그 시대에 이러한 보편적 교회를 스스로 세우는 데 실패했을 뿐만 아니라, 오히려 자신들만이 야훼가 특별하게 선택한 민족이라고 생각하고 그들 외의 모든 민족을 그 공동체에서 배척했다. 이 택함을 받은 민족은 다른 모든 민족을 적대시했기 때문에 다른 모든 민족 역시 이들을 적대시했다. 이와 관련하여 또한 이 민족이 가시적인 모습으로 표상할 수 없는 유일신을 보편적인 세계지배자로 믿은 것도 그렇게 높게 평가할 일은 아

B 188

A 179

VI 127
B 189

184

니다. 왜냐하면 대부분 다른 민족들에서 그들의 신앙교리도 같은 길로 나아갔으나, 다만 그들은 유일신 아래에 있는 어떤 강력한 하위의 신들[141]을 숭배함으로써 다신교라고 의심받게 되었기 때문이다. 또한 신이 오직 명령의 준수만 바라고, 그것을 위해 도덕적 심정의 개선을 전혀 요구하지 않는다면, 결국 우리가 종교에서 그 개념이 필요한 그런 도덕적 존재는 아니기 때문이다. 만일 한 민족이 다수의 강력한 불가시적인 존재들이 그들 역할의 상이성에도 그들 모두가 전적으로 덕의 심성에 따르는 사람들을 흡족하게 여기는 데서 일치한다고 생각한다면, 유일한 존재에게 신앙이 바쳐지더라도 기계적인 제의만을 주업으로 하는[142] 경우보다는 오히려 다수의 그런 강력한 불가시적인 존재를 믿는 신앙에서 종교가 더 쉽게 발생할 수 있을 것이다. A 180

  따라서 우리는 보편적 교회의 역사가 하나의 체계를 이루어야 하는 한에서 기독교의 근원에서 시작할 수밖에 없다. 기독교는 그 원천이 되는 유대교를 완전히 떠나서 전혀 새로운 원리 위에 세워진 것으로, 신앙교리에서 전적인 혁명을 일으켰다. 기독교의 교사들은 새로운 신앙이 그 모든 사건을 원형들 안에 함유하고 있는 옛 신앙의 연속으로만 여겨지도록 하려고 두 신앙에서 하나의 연관된 실마리를 묶으려는 노력을 하고 또한 초창기에도 그렇게 했을 것이다. 그런데 그런 노력에서 그 민족의 선입견과 직접 충돌하지 않고 그 민족이 매우 강렬하게 익숙해 있던 오랜 제의 대신에 순수한 도덕종교를 도입하기 위한 가장 적합한 방법만이 그들에게 중요하고 또한 중요했다는 사실이 분명해진다. 그 민족을 다른 민족들과 전적으로 분리하기 A 181 위해 사용했던 물체적 표지를 후대에 폐지한 것은 이미 옛 신앙의 법규들은 물론이고 더 나아가 그 어떤 법규에도 얽매이지 않은 새로운 신앙이 고유한 하나의 민족에게만 타당한 것이 아니라 세계에 대해 B 190

서 타당한 종교를 포함해야 한다고 판단하게 한다.

그러므로 유대교에서, — 그러나 더는 조상들에서 이어온 뒤섞이지 않으며 오롯이 고유한 (그 또한 이미 매우 혼란했던) 정치적 체제 위에 세워진 유대교에서가 아니라 이미 점차로 그 안에서 공적인 것으로 된 도덕적 가르침을 통하여 종교신앙과 뒤섞인 유대교에서, 그 밖에도 무지한 이 민족에게 이미 많은 외래의(그리스의) 지혜가 들어왔고, 아마도 역시 이것이 모든 다른 민족의 신앙을 무관심하게 바라보았던 한 민족의 통치권 아래 복속하여 성직자의 권력이 감소함에 따라 덕의 개념들을 통해 이 민족을 계몽하고, 그 법규적 신앙의 억압적 패악 상태에서 혁명을 준비하는 데 기여했으리라고 믿어지는 상태의 그런 유대교에서 비록 아무런 준비도 없었던 것은 아니지만 갑자기 기독교가 일어났다. 복음의 교사[143]는 자신이 하늘에서 보내진 자임을 선포했고, 그와 동시에 그러한 파송에 합당한 자로서 (예배일, 고백, 의식에 대한) 노역신앙은 그 자체로 무가치한 것이지만, 그와 반대로 도덕신앙은 "하늘에 계신 너희의 아버지가 거룩한 것같이"[144] 인간을 거룩하게 하고 선한 행적을 바탕으로 그 순수성을 증명하는 유일의 신앙이자 축복을 내려줄 수 있는 유일한 신앙이라고 선언했다. 그러나 그는 자신의 가르침과 죄가 없으면서도 공적이 많은 죽음*에 이른 수난을 통해 자신의 인격에서 전적으로 신의 마음

---

* 이 죽음과 함께 — (또한 보편적으로 추종을 위한 예시로서 기여할 수 있었던) — 그의 공적인 역사는 끝났다. 여기에 덧붙여진 더 신비한, 오롯이 그와 친밀한 사람들의 눈앞에서만 일어난 **부활과 승천**, — (만일 사람들이 이것들을 오롯한 이성의 이념으로 받아들인다면, 그것은 또 하나의 다른 삶의 시작과 축복의 자리, 즉 모든 선한 자와 함께하는 공동체에 들어가는 것을 뜻할 것이다.) — 그 역사는 그것에 대한 역사적 평가와 관계없이 이성의 오롯한 한계 안의 종교에는 활용할 수 없는 것이다. 그것은 역사 설화이기 때문이 아니라(왜냐하면 선행하는 것도 역시 역사 설화이므로) 역사를 문자 그대로 받아들인다면 인간의 감각적 표상방식에는 매우 적합하지만 이성의 미래에 대

VI 128
B 191
A 182
A 183
B 192

에 드는 인간성의 원형에 부합하는 예시를 제공한 다음에 자신이 왔 던 하늘로 다시 돌아가는 것으로 그려진다. 그런데 그는 자신의 최후 B 193
의 의지를 (마치 유언장에 하듯이) 구술로 남겨놓았고, 그의 공적과 교
훈과 예시의 힘에 관해서 "그는 (하느님 마음에 드는 인간성의 이상으
로서) 이 세상의 끝 날까지 제자들과 함께 머무를 것이다"[146]라고 말
할 수 있었다. — 이러한 가르침은 만일 그의 인격의 출신이나 아마
도 초지상적인 위계에 대한 **역사신앙**이 문제가 된다면, 실로 기적에 A 184
따른 증명이 필요했을 것이다. 그러나 오롯이 도덕적으로 마음을 개
선하는 신앙에 속하는 것은 그 진실성에 대한 그런 모든 증거가 필요
없겠지만, 성서에서는 이 가르침에 기적과 신비들이 따르며, 이것을

한 신앙에서는 심각한 부담이 되는 하나의 개념, 즉 모든 세계존재자의 물
질성이라는 개념을 상정하기 때문이다. 동일한 신체의 조건 아래서만 일어
날 수 있는 인간의 인격성의 **물질론**(심리학적 물질론)과 함께, 이 원리에 따
르면 이 세계는 **공간적**인 것 이외의 것일 수 없는, 세계 일반 안에서 **현재의**
물질론(우주론적 물질론)을 상정하기 때문이다. 이에 반하여, 이성적 세계
존재의 정신주의의 가설에 따르면, 신체는 땅속에 죽은 채로 머물러 있어
도 그 동일한 인격은 살아 현존하며, 그때 사람은 정신으로서(그의 비감각
적인 성질에서) 땅을 둘러싸고 있는 무한한 공간 안의 어떤 특정한 장소(우
리가 또한 천국이라고 부르는)로 옮겨지지 않고도 복받은 자들의 장소에 도
달할 수 있다고 하는데, 이런 가설이 이성에는 더 유리하다. 이것은 오롯 A 183
이 사고하는 물질에 대한 이해가 불가능하기 때문이 아니라, 오히려 그보 Ⅵ 129
다는 우리의 현존이 사후에 오롯이 어떤 물질 덩어리가 어떤 형태로 뭉치
는가에[145] 달려 있으며, 단순한 실체의 지속을 그의 본성에 기초한 것으로
생각할 수 없다고 하는 우연성에 내맡겨지기 때문이다. — 그러나 이 후자
(즉 정신주의)의 전제 아래에서 이성은 비록 신체가 아무리 정화되어 있다
고 하더라도 (만일 인격성이 신체의 동일성에 기초한다면) 항상 그 유기체의
기반을 형성하는 동일한 소재로 성립할 수밖에 없는, 그리고 그 자신이 살
아 있는 동안에 한 번도 참으로 사랑한 적이 없는 그 신체를 이성이 영원히 B 193
함께 끌고 다닐 아무런 이익도 찾을 수 없고, 또한 이성은 신체를 형성하는
석회토가 하늘에서는, 즉 추측하건대 그것과는 다른 물질들이 살아 있는
존재자들의 현존과 보존 조건을 형성하는 또 다른 세계 지역에서는 무엇
이어야만 하는지를 이해할 수도 없다.

철학적 종교론 제3편 187

알게 하는 것 자체가 또다시 기적으로서 하나의 역사신앙을 요구한다. 그런데 이 역사신앙은 학식을 통하지 않고는 증명할 수 없으며, 그 의미와 의의를 확증할 수도 없다.

그러나 역사신앙으로서 서책에 기반을 둔 모든 신앙은 보증을 위해 **지식인 계층**이 필요하고, 신앙은 이 지식인 계층 안의 동시대 저자들에게 점검을 받을 수 있는데, 그것은 이 저자들에게 신앙의 최초 포교자들과 특별한 협정을 맺었다는 어떤 혐의도 씌울 수 없을 뿐만 아니라 또한 그들 시대의 저술과 우리 시대의 저술 사이의 연관성을 부단하게 보존해왔다는 사실에서 그렇다. 그에 반하여 순수한 이성신앙에는 그러한 고증이 필요하지 않으며, 스스로 자기 자신을 증명한다. 이제 그 혁명의 시대에 유대인을 지배했고, 유대인의 영토 안에까지 그들의 자리를 확장했던 민족(로마 민족) 안에 이미 지식계층이 존재했으며, 그들에 의해 그 당시의 역사는 물론이고 정치 체제 내의 사건들에 대해서도 부단히 이어진 저작자들의 계열을 거쳐 우리에게 전해졌다.[147] 또한 이 민족은 로마인이 아닌 그[148] 종교신앙에는 거의 신경 쓰지 않았음에도, 그들 가운데서 공공연하게 일어났다고 알려진 기적들은 결코 의심하지 않았다. 그들은 다만 동시대인으로서는 이 기적들에 대해서, 그리고 그들의 피정복 민족 안에서 공공연하게 일어난 혁명에 대해서 (종교적 의도에서) 아무런 언급도 하지 않았다. 다만 한 세대 이상이 지난 후 그들은 자신들에게 지금까지 알려지지 않은 채로 있었던 (공적인 운동이 없이는 일어나지 못했을) 신앙의 변화에 관한 탐구에 착수했으나, 그 처음 시작된 역사에 대하여 그들 자신의 연대기 안에서 추적하려는 탐구는 하지 않았다. 그래서 이때부터 기독교가 그 자체 안에 학식 있는 계층을 형성한 시기까지 기독교의 역사는 어둠 속에 묻혀 있었고, 그 결과 기독교의 가르침이 그 신도들의 도덕성에 어떤 영향을 미쳤는지, 또는 최초의 기독교도들이 참으로 도덕적으로 개선된 인간들이었는지 아니면 통속적인 종류의 사람들이었는지 우리에게 알려져 있지 않다. 그러나 기독교가 스스로 학식 있는 공중이 되거나 보편적인 공중 안에 들어간 이후 기독교의 역사가 도덕적 종교에 정당하게 기대할 수 있는 유익한 영향을 주었는지에 관하여 모범적이었다고 볼 수는 없다. 은둔생활과 수도생활에서 신비한 광신과 독신상태의 신성함에 대한 찬양이 수많은 사람을 이 세상에서 쓸모없는 자들로 만들었다. 또한 A 186 이와 관련하여 이른바 기적이 맹목적인 미신 아래 무거운 사슬이 되어 민중을 억압했고,[149] 자유로운 인간들을 짓누르는 위계와 함께 정통신앙이라는 섬뜩한 목소리가 유일하게 소명을 받았다고 참칭하는 성서해석가들의 입에서 나왔으며, 기독교계가 (순수 이성을 해석가로 소환하지 않을 경우, 어떤 보편적인 의견의 일치도 절대로 도출할 수 없는) 신앙에서 의견들 때문에 치열한 당파들로 분열하게 되었다. 동방에서는 국가가 웃기는 방식으로 사제들의 신앙법규와 성직제도[150] B 196 까지 간섭했고, 그들을 오롯한 교사계층이라는 특정한 경계 안에(그들은 항상 통치계급으로 옮겨가려는 경향이 있다) 잡아두지 못했다. 그리하여 이 국가가 결국 그 지배적인 신앙을 끝냈던 외부의 적들에게 삼켜져야만 했던 것은 참으로 필연적인 일이었다. 신앙이 세속적 권력에서 독립하여 그 자신의 왕좌를 세운 서방에서는 자칭 신의 대리자가 나타나서 시민적 질서와 (이 질서를 유지하는) 학문을 심하게 뒤 VI 131 흔들고 무력하게 했다.[151] 이 두 기독교 세계는 마치 병으로 말미암아 죽음에 이른 식물이나 동물이 그 해체를 완성하기 위하여 파괴적인 곤충을 불러들이는 것처럼 야만인들에게 습격을 받았다. 또한 후 A 187 자[서방 세계]에서는 그 정신적 최고지도자가 위협적인 파문의 마술지팡이를 가지고 왕들을 어린애들처럼 지배하고 훈육했으며, 그들을 선동하여 타방[동방] 세계의 인구를 절멸하는 대외 전쟁들(십자군들), 상호 공격, 정부 당국에 대한 민중 반란을 일으키도록 했다. 또한 이른바 하나의 동일한 보편적인 기독교 안에서 사상을 달리하는 동료에 대한 살기어린 증오를 갖도록 했다. 지금도 정치적 이해관계 때문에 폭력적인 사태 발생을 저지하고 있을 뿐인 불화 상태는 전제적으로 명령하는 교회신앙 속에 그 뿌리를 숨기고 있어서, 이와 비슷한 사건들이 일어나는 것은 지금도 우리의 근심거리가 되고 있다. ― (그것이 역사신앙 위에 세워진 한에서 그렇게밖에 달리 될 수 없었던) 이러한 기독교의 역사는 그것을 한 폭의 그림처럼 한눈에 파악할 때, "종교가 그렇게 많은 불의를 야기할 수 있다니!"[152]라는 외침을 인정할 수밖에 없을 것이다. ― 기독교의 참된 의도가 처음부터 이에 대해 다툴 만한 어떤 의견도 있을 수 없는 하나의 순수한 종교신앙을 도입하려는 것이고 그밖의 다른 것이 아니었다는 사실을 창설 시점부터 분명하게 밝히지 않았던 것이다. 그러나 인간 종족을 뒤흔들어놓았고 아직도 분열시키고 있는 그 모든 혼란은 오롯이 인간 본성의 고질적인 성벽에 의해 처음에는 후자[순수한 종교신앙]의 도입에 도움이 되었지만, 즉 그 고유한 편견에 따라 낡은 역사신앙에 익숙해 있던 민족이 새로운 것을 얻게 하는 데 도움이 되었던 것이, 후에 가서는 하나의 보편적인 세계종교의 토대가 되었다는 사실에서 기인한다.

만일 누가 이제 "지금까지 알려진 전체의 교회 역사에서 어느 시대가 최선의 시대인가"라고 묻는다면, 나는 서슴지 않고 "그것은 지금이다"라고 말할 것이다. 물론 그것도 지금 기독교계에서 비록 소수이기는 하지만 공적으로 뿌린 참된 종교신앙의 싹을 장애 없이 더 발전하게 한다면, 우리는 그것에서 모든 인간을 영원히 통합하는 그런 교회를 향한 계속적인 접근을 기대할 수 있을 것이다. 그리고 이 교회는 눈에 보이지 않는 하느님 나라의 가시적인 표상(도식)을 이 땅

위에 이룩하는 것이다. ─그 본성에서 도덕적이고 마음을 개선하는 VI 132
것들에서 해석가의 의지에 항상 매여 있는 신앙의 부담에서 벗어난
이성은 우리[서구] 세계의 모든 나라 안에 있는 참된 종교 숭배자들
가운데서 **첫째** 계시라고 부르는 모든 것에 관한 언표들에서 적절한
겸손의 원칙을 보편적으로(어디서나 공적인 것은 아니지만) 세웠다.
다시 말하면 어느 누구도 그 실천적 내용에서 순수하게 신적인 것
을 내포하는 성서에서, 그것이(곧 그 안에 들어 있는 역사적인 것에 대
해) 또한 실제로도 신의 계시로 볼 **가능성**을 부인할 수 없으며, 또한 A 189
성서 및 그에 기초한 교회신앙이 없다면 사람들을 하나의 종교로 결
합하고 그것을 지속시키는 일도 성취할 수 없을 것이다. 또한 인간의
현재 통찰력의 상태가 그러하듯이 아마도 어느 누구도 새로운 기적
에 따라 새로운 계시를 드러낼 것이라고 기대하는 것도 곤란한 일이
다. ─일단 지금 여기에 있는 성서[153]를 앞으로도 교회 교육의 토대
로 활용하고 그 가치를 무익하거나 만용적인 공격으로 약화시키지
않아야 한다. 그러나 한편 누구에게도 성서에 대한 신앙을 축복에 필 B 199
요한 것이라고 강박하지 않는 것이 가장 이성적이고 공정한 태도다.
둘째 근본 원칙은 다음과 같다. 오롯이 교회신앙을 위하여 설정된 거
룩한 역사는 그 자체만을 위해서는 도덕적 준칙들의 채용에 전혀 아
무런 영향도 줄 수 없으며 주어서도 안 된다. 다만 도덕적 준칙의 참
된 대상(신성성을 향하여 노력하는 덕)을 생동적으로 서술하기 위하
여 교회신앙에 주어진 것일 뿐이므로, 이 거룩한 역사는 언제나 도덕
적인 것을 목적으로 삼는 것이라고 가르치고 설명해야 한다. 그러나
여기에서 또한 조심스럽게 그리고 (특히 일상적 인간은 수동적인* 신 A 190

---

* 이 성벽의 원인들 가운데 하나는 안전성의 원리다. 내가 그 안에서 태어나
교육받았던 종교의 잘못은 그 교육이 내가 선택한 것이 아니었고, 또한 그 A 190
안에서 나는 고유한 이성 활동으로 아무것도 변화시키지 못했던 만큼, 그

앙으로 넘어가는 부단한 성벽을 자기 안에 가지고 있으므로) 반복적으
로 엄하게 가르치지 않으면 안 되며, 참된 종교는 신이 우리를 축복
하기 위해 무엇을 하고 있고 또한 무엇을 했는지에 대한 지식이나 고
백에 있는 것이 아니라, 우리가 축복을 받을 만한 품격을 갖추기 위
해 행하지 않으면 안 되는 것은 다른 것이 아니라 그 자체로 의심할
여지가 없는 무조건적 가치를 가지는 것이다. 따라서 우리로 하여금
오직 하느님 마음에 들게 할 수 있는 것이고, 이 사실의 필연성에 대
해서는 동시에 누구나 성서에 대한 학식이 전혀 없다 하더라도 충분
히 확신할 수 있는 것이다. — 그런데 이와 같은 원칙들이 공적으로
되는 것을 방해하지 않는 것이 통치자의 의무다. 그와 반대로 이 사
안에서 신의 섭리 과정에 관여하여 그 자체로는 잘해야 학자들이 규
정하는 개연성 정도만을 가질 뿐인 특정한 역사적 교회론에 호의를
갖고서, 보통 누구에게나 허락하는 어떤 시민적 이익들을 제공하거
나 거부함으로써 국민들의 성실성을 시험하는 일이 여러모로 자주
일어났다.* 그런데 이런 일은 이렇게 함으로써 이 경우에 신성한 자

책임은 나에게 있는 것이 아니라 나를 교육한 자 또는 나를 교육하기 위해
공적으로 임용된 교사들에게 있다는 원리다. 이것은 또한 우리가 어떤 사
람의 공적인 종교 개종에 쉽게 동의하지 않는 근거이기도 하다. 이에 대해
서는 또 하나의 (더 깊숙이 놓여 있는) 근거가 있는데, 그것은 각자가 어떤
신앙이 (역사적 신앙들 중에서) 올바른 것인지에 불확실함을 느낄 경우에,
도덕적 신앙은 어디서나 동일한 것이므로 이 일에 주목할 필요가 없다고
여긴다는 것이다.

* 어떤 정부가 종교에 관한 의견을 **공공연하게** 말하는 것을 금지하면서도, 각
자가 스스로 좋다고 여기는 것을 마음속으로 은밀하게 **생각하는** 것은 방해
하지 않는 것을 양심의 억압이 아니라고 알게 하려고 할 경우에, 사람들은
이에 대해서 흔히 조롱하여 말하기를, 정부는 어쨌든 생각하는 것을 방해
할 수는 없으므로, 그것은 결코 정부의 승인을 받아야 하는 자유가 아니라
는 것이다. 그러나 세속의 최고 권력이 할 수 없는 일을 정신적 권력은 행
할 수 있다. 그것은 생각하는 것조차 금지할 수 있고, 실제로 방해할 수 있

유를 훼손한 것은 말할 것도 없고 나라를 위해 선한 시민들을 육성하 A 192
는 것도 어렵게 할 수 있다. 세계최선[158]을 위한 신적 소질의 그런 자
유로운 발전을 저해하는 일에 나서고, 또한 제안하기조차 하는 사람
들 중에서 도대체 누가, 만일 그가 양심에 비추어 그 일을 숙고한다 B 202
면, 그와 같은 폭력적 개입에서 생겨날 수 있는 악을 모든 이를 위해
책임지려고 하겠는가? 이로써 세계 통치가 의도한 선을 향한 진보는
비록 인간의 어떤 권력이나 기관을 통해서 언젠가 완전히 폐기할 수
는 없다 할지라도 아마도 오랫동안 저지할 테고 후퇴하게 할지도 모
른다.

  마지막으로 섭리를 이끄는 것과 관련된 천국도 또한 이 역사 안에

  을 뿐만 아니라, 심지어 그와 같은 강제, 곧 지시하는 것과 다른 것을 생
  각하는 것조차 금지하는 일을 유력한 고위층 인사들에게도 부과할 수 있
  다. ─사람들은 제의적 노역신앙의 성벽을 가지고 있어서 (자신의 의무 일 B 201
  반을 감찰함으로써 신에게 봉사하는) 도덕신앙보다도 노역신앙에 최대의 중
  요성을 부여할 뿐만 아니라, 다른 모든 결함을 보상하는 유일한 중요성을
  스스로 부여하는 경향이 있다. 그래서 정통신앙의 수호자들은 영혼의 목
  자로서 항상 쉽게 자신들의 양떼에게 경건한 공포심을 불러일으켜서 역사
  에 기반을 둔 어떤 특정한 신앙명제들에서 조금도 어긋나는 일이 없도록
  한다. 또한 어떤 탐구도 하지 못하도록 길들임으로써 그 양떼가 감히 생각
  으로라도 그들에게 강요하는 신앙명제들에 의심을 품을 수 없게 한다.[154]
  그것은 악령에게 귀를 기울이는 것이기 때문이다. 이런 강제에서 벗어나
  기 위해서 사람이 단지 의욕하기만 해도 좋다는 것(이는 군주가 공적인 고백
  을 강요하는 경우와는 다른 것이다)은 맞는 이야기다. 그러나 이 의욕은 바
  로 내면에서 빗장을 지른[155] 그런 의욕이다. 본래적인 이런 양심의 억압
  도 물론 참으로 고약한 것이지만(그것은 내면적 위선으로 오도하는 것이기
  에), 그럼에도 외적 신앙의 자유를 저지하는 것만큼 그렇게 나쁜 것은 아 A 192
  니다. 왜냐하면 그 양심의 억압은 도덕적 통찰의 진보로, 그리고 의무에 대
  한 참된 존경을 일으킬 수 있는 자유에 대한 의식[156]으로 점차 저절로 소 VI 134
  멸할 수밖에 없지만, 그와 반대로 이[157] 외적인 신앙의 자유의 강제는 참
  된 교회의 본질을 이루는 신자들의 윤리적 공동체에서 모든 자발적 진보
  를 저해하고 이 공동체의 형식을 전적으로 정치적 법령에 종속시키기 때
  문이다.

서 어떤 때는 정체하지만 그러나 결코 완전히 중단하지 않은 접근에 서뿐만 아니라 그 출현에서 표상할 수 있다. 그것은 이제 오롯이 희 망과 용기를 더 크게 북돋우어 천국을 추구하게 하는 상징적 표상 이라고 해석할 수 있는데, 이 역사 이야기에는 이 지상에서 가시적 인 하느님의 나라(재림한 신의 대리자 총독의 통치 아래에 있는)와 다 시 한번 저항을 시도하는 반란자들을 해산하고 진압한 후에 그의 밑 에서 누리게 될 이 지상에서의 행복, 그리고 그와 함께 (묵시록에 있 는) 반란자들과 그들 지도자들의 완전한 절멸을 묘사하는 세계 변혁 의 완성에 관한 하나의(시빌레의 예언서에서 같은) 예언이 들어 있어 서, 이 세계의 종말이 역사의 종말을 가져온다고 생각했던 것이다. 복 음서의 교사는 그의 제자들에게 지상에서 하느님 나라[159]를 다만 영 광스럽고 영혼을 고양하는 도덕적 측면에서, 즉 신국의 시민이 될 수 있는 품격의 측면에서 보여주었고, 그는 제자들에게 그들 자신이 신 의 나라에 도달하기 위해서뿐만 아니라 뜻을 같이하는 다른 사람들 과, 또한 가능하다면 전 인류와 함께 그 나라 안에서 결합하기 위하 여 그들이 해야 할 일들을 지시했다.[160] 그러나 인간의 불가피한 소 망들의 또 다른 부분을 이루는 행복에 관해서는 그는 제자들에게 그 들의 이 지상적 삶에서는 그것을 기대하지 않는 것이 좋을 것이라 고 예고했다. 그는 오히려 그의 제자들로 하여금 최대의 고난과 희 생을 각오하도록 준비시켰다. 그러나 그는 (행복의 물리적 측면에 대 한 하나의[161] 전적인 포기는 인간이 실존하는 한에서 기대할 수 없으므 로) "기뻐하고 즐거워하여라. 너희가 하늘에서 받을 상이 크다"라고 덧붙여 말했다.[162] 교회의 역사를 위해 첨부한 이 대목은 교회의 미 래와 그 마지막 운명에 관한 것으로서 교회를 이제 결국 승리하는, 즉 모든 장애를 극복한 후 이 지상에서도 행복의 관을 쓴 교회로 그려냈 다. ─ 선한 자들과 악한 자들을 분리하는 일[163]은 교회가 그 완성을 향하여 전진하는 과정에는 그 목적에 유익한 것이 못 되었을 것이나 (이 양자를 한데 섞어둔 것은 한편으로 선한 자들에게 덕을 연마하는 숫 B 204 돌로 쓰기 위해, 다른 한편으로는 이들의 예시로 다른 이들을 악에서 떠나게 하기 위해 필요했다) 하느님의 나라를 완전하게 수립한 이후에는 그것의 최종 결과로 눈앞에 드러나게 된다.

여기에서 또한 권력으로 보인 이 국가의 견고성의 마지막 증거, 다시 말해 역시 하나의 국가(지옥 나라) 안에서 살펴본 모든 외부의 적들에 대한 승리가 덧붙여진다. 이로써 "(선한 자들의) 최후의 적인 죽음이 사라짐"[164]으로써 지상의 모든 생은 끝나고 양편에서, 즉 한편에서는 구원을 향하고 다른 편에서는 파멸을 향하는 각각의 불멸성에 들어가게 되고, 교회의 형식 자체가 해체되며, 지상의 총독은 하늘의 시민으로서 그의 지위에까지 높아진 인간들과 하나가 됨으로써 신은 모든 것 안에서 모든 것[165]이 된다.*

그 자체로는 결코 역사가 아닌 내세에 관한 역사 설화의 이러한 표 A 195; B 205 상은 참된 보편적 종교의 도입으로 이루어진 도덕적인, 그리고 신앙 안에서 그 완성까지 예상하는 세계시대의 아름다운 이상이다. 그런 VI 136 데 우리는 이 시대의 완성을 경험적인 완성으로는 예측하지 못하고,

---

* 이 표현은 (만일 비밀스러운 것, 가능한 경험의 모든 한계를 넘어선 것, 오롯 A 195 이 인류의 신성한 역사에 속하는 것, 그러므로 실천적으로 우리에게 관계가 없는 것을 제쳐놓는다면) 교회신앙으로서 성서를 인간의 안내 도구로서 필요로 하는, 그러나 바로 그것을 통해 교회의 통일성과 보편성을 저해하는 역사신앙은 스스로 그치고, 하나의 순수한, 전 세계를 똑같이 비추는 종교신앙으로 이행할 것이라고 이해할 수 있다. 우리는 지금 이미 마땅히, 아직은 없어서는 안 되는 현재의 저 외피[외양]에서 순수한 이성종교를 부단하게 발전시켜 여기에 이르도록 열심히 일해야만 한다.†

† 그것[역사신앙]이 그친다는 것이 아니라(왜냐하면 아마도 그것은 전달체로 B 205 항상 유용하고 필요한 것이므로) 그칠 수 있다는 것이다. 그리고 이 말은 단지 순수한 도덕적 신앙의 견고성을 의미하는 것이다.[166]

그것을 다만 지상에서 가능한 최고선을(그 안에는 신비적인 것은 없고 모든 것이 도덕적인 방식으로 자연스럽게 일어나는) 향하여 끊임없이 전진하고 접근하면서 내다보고, 그것을 위한 준비를 할 수 있을 뿐이다. 적그리스도의 출현, 천년왕국,[167] 세계종말의 임박에 관한 예고 등은 이성 앞에서 그것들의 선한 상징적 의미를 가질 수 있고, 특히 마지막의 것은 (생의 종말이 가까이 있는지 멀리 있는지처럼) 예견

A 196 할 수 없는 사건으로 표상함으로써 항상 그에 대해 준비해야 하지만, 사실은 (만일 이 상징에 지성적 의미를 부여한다면) 우리를 항상 실제로 신의(윤리적) 국가의 부름을 받은 시민으로 간주해야 하는 필연성을 매우 잘 표현하고 있다. "그러면 하느님 나라는 언제 도래하는가?" — "하느님 나라는 눈에 보이는 형태로 오는 것이 아니다. 또한 '보라, 그것이 여기 있다. 또는 저기 있다'라고 말할 수 있는 것도 아

B 206 니다. 왜냐하면 하느님 나라는 너희 안에 있기 때문이다."(「루카복음」 17, 21~22)†

B 206 † 여기에서 이제 하느님 나라는 어떤 특수한 계약에 따른 것(메시아의 나라)이 아니라 (오롯한 이성이 인식할 수 있는) 도덕적인 나라로 눈앞에 드러난다. 전자(계약에 따른 하느님의 나라[168])는 그 증명을 역사에서 끌어내야만 했다. 그래서 그것은 옛 계약에 따른 또는 새로운 계약에 따른 메시아의 나라로 나뉜다. 그런데 주목할 것은 전자의 숭배자(유대인)들은 다른 종교인들이 자기들의 신앙을 보통 그들이 흩어져 살고 있던 곳의 민족 신앙과 융합시킨 것과는 반대로, 온 세계에 흩어져 살면서도 자신들의 것을 그대로 보존했다는 사실이다. 많은 사람은 이런 현상을 기이한 일로 여겨, 자연 과정에서 당연히 가능한 일이 아니라, 어떤 특별한 신의 의도를 위한 특이한 행태라고 판단했다. — 그러나 하나의 문자로 기록한 종교(성서)를 가진 한 민족은(당시의 문명세계 전체와 같았던 — 로마제국과 같이) 전혀 그와 같지 않고, 오롯이 의례를 가지고 있는 민족과 결코 한 신앙으로 통합하지 않고, 오히려 그런 민족은 머지않아 개종자가 된다. 그러므로 유대인들도 그이후 그들의 성서가 공공연히 읽히게 된 바빌론 유수 이후에는[169] 이방인의 신들을 추종하는 그들의 성벽 때문에 더는 비난받지 않게 되었다. 특히 그들에게도 영향을 주었을 것이 분명한 알렉산드리아 문화는 그들에게 성

196

서의 체계적 형식을 갖추는 데 유익할 수 있었다. 또한 조로아스터[170] 종교의 추종자들인 배화교도들[171]도 역시 흩어져 있었으나 그들의 신앙을 오늘날까지 보존하고 있는데, 그 이유는 그들의 고위사제들[172]이 경전과 그 주석서들[173]을 가지고 있었기 때문이다. 이와 반대로 집시[174]라는 이름으로 멀리, 그리고 넓게 흩어져 있는 힌두교도들은 천민 출신이었으므로 (그들에게는 성서를 읽는 것조차 금지되어 있어서) 이방의 신앙과 섞이는 것을 면했다. 그런데 유대인이 독자적으로 이루지 못한 것을 기독교가 행했고, 그 후에는 마호메트교가 했는데, 특히 첫째[기독교]가 그것을 행했다. 이 종교들은(비록 후자[마호메트교]는 성서를 위작이라고 말하기는 하지만) 유대의 신앙과 그에 속하는 성서를 전제했다. 유대인은 그들에서 출발한 기독교도들 안에서 그들의 옛 문서를 다시 발견할 수 있었다. 그들은 유랑 중에는 그것들을 읽을 숙련성이나 소유할 흥미를 상실했을 테고, 그들에게는 오직 예전에 그 책들을 소유했다는 기억만 남아 있었다. 그리하여 앞에서 말한 여러 지역 밖에서는 유대인을 만나지 못한다. 물론 말라바해안[175]의 소수와 중국에 있는 한 유대교 단체 정도를 예외로 할 뿐이다(이 중에서 전자[말라바해안의 소수]는 아라비아에 있는 유대교도들과 끊임없이 교역할 수 있었다). 또한 그들이 그 풍요한 지방들에도 퍼지지 않았을 리 만무하지만, 그곳의 신앙유형과 그들의 신앙 사이에 친족성이 아무것도 없었기 때문에 그들의 신앙이 모두 잊혀버렸을 것은 의심할 여지가 없다. 그런데 그들에게 그처럼 불리한 상황에서도 유대 민족과 그들의 종교가 이처럼 보존된 것에 대하여 교화적인 고찰을 하는 것은 쌍방이 제각기 자기들의 유익한 점을 보고 믿기에 아주 미묘한 일이다. 한쪽은 자기가 속하는 민족을 존속하게 하고, 그토록 다양한 여러 민족 속에 흩어져 있음에도 뒤섞이지 않은 채로 순수한 옛 신앙을 보존하고 있다는 사실에서 미래 지상의 나라를 위해 자기 민족을 남겨놓은 특별히 자비로운 섭리의 증거를 본다. 다른 한편으로는 이 사실에서 도래하는 천국에 반항하는 파괴적인 국가의 경고적인 잔해를 볼 수 있을 뿐이다. 그런데 이 잔해는 어떤 특별한 섭리가, 한편으로는 이 민족에서 나온 메시아의 옛 예언을 기억에 남기기 위해서, 다른 한편으로는 이 민족이 메시아에 대하여 도덕적이 아닌 정치적 개념을 만들려고 했기 때문에 이 민족을 당연히 형벌을 받아야 하는 예시로 제시하기 위해서 아직도 보존하고 있는 것이다.[176]

B 207

B 208

일반적 주석
[신비에 대하여]

종교와 관련된 모든 신앙 양태의 내적 특징의 배후 연구는 불가피하게 하나의 신비,[177) 즉 각 개인에게 **알려졌으나** 공적으로는 인정되지 않은, 즉 보편적으로 전달할 수는 없는 어떤 거룩한 것에 부딪히게 된다. 어떤 거룩한 것으로서 그것은 도덕적인 것, 그러니까 이성의 대상이지 않으면 안 되고, 내적으로[178) 실천적 사용을 위하여 충분히 인식할 수 있는 것이어야 한다. 그러나 그것은 어떤 비밀스러운 것으로서 이론적 사용을 위해서는 충분하게 인식할 수 없는 것이 분명하다. 왜냐하면 그런 경우에는 그것은 누구에게나 전달 가능한 것이 되어야 하고, 따라서 외적으로 그리고 공적으로도 알려질 수 있는 것이어야 하기 때문이다.

그런데 우리가 동시에 거룩한 비밀로서 생각하지 않으면 안 되는 어떤 것에 대한 신앙은 신적으로 주어진 신앙이나 순수한 이성신앙으로 간주할 수 있다. 절박한 필요에 따라 전자[신적으로 주어진 신앙]를 받아들이도록 강요하지 않는 한, 우리는 그것을 후자[순수한 이성신앙]로 간주하는 것을 준칙으로 할 것이다. ― 감정들은 인식이 아니므로 어떠한 비밀도 드러낼 수 없다. 그러므로 후자[비밀]는 이성과 관계를 갖지만 보편적인 전달은 불가능하므로 (혹시 그런 것이

존재한다면), 각자가 그것을 자신의 고유한 이성 안에서 찾아내야만
한다.

그러한 종류의 비밀이 존재하는지 존재하지 않는지를 아프리오리 B 209
하게 그리고 객관적으로 결정하기는 불가능하다. 그러므로 우리는
그와 같은 비밀이 우리 안에서 발견되는지[179] 알아보려면 우리의 내
면을, 즉 우리의 도덕적 소질의 주관적 측면을 직접 탐색하지 않으면
안 된다. 그러나 우리는 공적으로 전할 수 있으나 우리에게 그 원인
을 제시하지 못한 도덕적인 것에 대한 탐구 불가능한 근거들이 아니
라, 우리 인식에는 주어져 있으나 공적으로 전할 수 없는 것만을 신
성한 비밀들로 여겨야 한다. 그러므로 무조건적인 도덕법칙에 따라
그의 자의지를 규정하여 인간에게 알려지는 속성인 자유는 그것에
대한 인식을 누구에게나 전할 수 있으므로 전혀 비밀이 아니다. 그러
나 우리가 탐구할 수 없는 이 속성의 근거는 우리 인식에 주어져 있지
않기 때문에 하나의 비밀이다. 그러나 이 자유도 역시 실천이성의 최
종적 대상인 도덕적 궁극목적의 이념을 실현하는 데 적용할 경우에,
그것은 우리를 불가피하게 성스러운 비밀들로 인도하는 유일한 것
이다.*

---

* 세계의 모든 물질의 보편적 중력의 원인들도 그처럼 우리에게 알려져 있지
않다. 우리는 그 원인을 결코 인식할 수 없다는 사실을 꿰뚫어 알 수 있다.
왜냐하면 그 원인의 개념은 이미 그 자신 안에 최초의, 무조건적으로 내재
하는 운동력을 전제하기 때문이다. 그러나 그 원인은 충분히 알려져 있어
서 비밀이 아니고, 그 법칙은 충분히 알려져 있어서 누구에게나 드러날 수 A 198
있다. 뉴턴[180]이 중력을 마치 현상 안에 존재하는 신의 보편적 임재[181]라
고 생각했을 때, 그것은 (공간 안에 신이 존재한다고 하는 것은 모순을 내포하 B 210
므로) 중력을 설명하려는 시도라기보다는 오히려 하나의 숭고한 유비일 것
이다. 이 유비에서는 오롯이 물체적 존재자들을 세계 전체로 통일하는 것
만을 염두에 두는데, 이때 우리는 그 통일의 근저에 비물체적 원인을 설정
하게 된다. 이성적 세계존재자들을 하나의 윤리적 국가에 통일하는 자존적
원리를 통찰하고, 그 원리로 통일을 설명하려는 시도에서도 이와 마찬가지

　　　인간은 순수한 도덕적 심정과 분리할 수 없도록 결합한 최고선의
이념을 (그것에 속해 있는 행복의 측면에서뿐만 아니라 인간을 전체 목
적에 필연적으로 일치하게 하는 측면에서도) 스스로 실현할 수는 없어
도 그것을 향해 노력하는 것을 자신 안에서 의무로 조우하기 때문에
이 목적이 그것을 통해서만 유일하게 가능한 어떤 도덕적 세계지배

자의 협력 또는 실연에 관한 신앙으로 이끌리게 되며, 또한 이제 그
의 앞에서 신은 이 경우에 무엇을 행하며, 신에게 도대체 어떤 것, 그

리고 무엇이 특별히 귀책될 수 있는가 하는 비밀의 심연이 열리게 된
다. 그와 반대로 인간은 그의 모든 의무에서 그에게 알려지지 않은,
최소한 파악할 수조차 없는 보충을 받을 가치가 있도록 그 자신이 무
엇을 하지 않으면 안 되는지[186]를 인식할 뿐이다.

　　이 도덕적 세계지배자의 이념은 우리의 실천이성을 위한 과제다.
우리에게 중요한 것은 신 그 자체(그의 본성)[187]가 무엇인가를 아는
것이 아니라, 신이 도덕적 존재자인 우리에게 무엇인가[188]를 아는 것
이다. 우리는 이 관계를 위해 신의 본성적 특성을(예를 들면, 불변적
이고 전지하며 전능한 등의 존재로서)[189] 그의 의지 수행을 위해 요구
하는 전적인 완전성에 필요한 것이라고 생각하고 인정해야 하며, 이

다. 우리를 통일로 이끌어가는 의무만을 인식하게 되는 것이다. 그런데 의
도된 결과의 가능성은 우리가 그 의무에 따른다고 할지라도 우리의 모든
통찰의 한계를 넘어서 있다. — 자연의 신비들, 즉 자연의 은폐성[182]이 존
재한다. 공적으로 알려지지 않아야 할 정치의 신비들(기밀들[183])이 존재할
수 있다. 그러나 이 두 가지 비밀은 양쪽이 모두 경험적 원인에 기초하는
한에서는 알려질 수 있다. 보편적인 인간의 의무(즉 도덕적인 것)를 인식하
는 것과 관련해서는 어떤 비밀도 있을 수 없으나 신만이 행할 수 있는 것,
그것을 위해 무엇을 행하는 것 자체가 이미 우리 능력을 초월하는 것과 관
련해서만 오직 본래적인 것, 즉 종교의 거룩한 비밀(신비)이 존재할 수 있
고, 이에 대해서 우리는 대략[184] 단지 그것이 존재한다는 것을 알고 이해
하는 것만이 유익할 수 있을[185] 뿐이고 그것을 통찰할 필요는 없다.

러한 관계없이는 신에 대하여 아무것도 인식할 수 없다.

그런데 실천이성의 이러한 필요에 따라 보편적인 참된 종교신앙[190]은 1) 전능한 천지 창조자인, 즉 도덕적으로 신성한 입법자인 신에 대한 신앙이고, 2) 인류의 수호자, 인류의 자비로운 통치자이며 도덕적 부양자인 신에 대한 신앙이며, 3) 그 자신의 신성한 법칙의 관리자, 즉 공정한 재판관인 신에 대한 신앙이다.[191]

이 신앙은 오직 인류에 대한 신의 도덕적 관계를 표현하기 때문에 VI 140 본래 어떤 비밀도 내포하지 않았다. 또한 이 신앙은 모든 인간의 이 A 200 성에서 스스로 드러내며, 그리하여 대부분의 문명화된 민족들의 종교 안에서 마주치게 된다.* 이 신앙은 그 세 가지 최고권력[194]을 항상 B 212 생각하지 않으면 안 되는 공동체 안에 있는 백성의 개념에 놓여 있다. 그런데 다만 여기서는 이 공동체가 윤리적인 것으로 떠오르며, 따라서 인류의 도덕적 수반이 갖추어야 할 이 세 가지 성질이 하나의 동일한[195] 존재자 안에서 통일된다고 생각할 수 있으나, 법률적·시민적인 국가 안에서 이것들은 필연적으로 서로 다른 세 주체 안에서 분할되

---

* 종말에 관한 거룩한 예언 설화에서 세계심판자는(이것은 본래 선한 원리의 나라에 속하는 자들을 그의 지배 아래서 그의 것으로 취하고 그들을 선별하는 B 212 자다) 신이 아니라 사람의 아들로서 표상되고 또한 그렇게 불린다. 이것은 그 자신의 한계와 연약함을 깨달은 인간성 자체가 이 선택에서 판결을 내릴 거라고 알리는 것이라고 생각된다. 그것은 자비이지만, 정의를 훼손하지 않는 자비다. — 그에 반하여 인간의 심판자는 그의 신성에서, 즉 그가 어떻게[192] 우리 양심에 대해 우리가 승인한 거룩한 법칙과 우리 자신의 책임에 따라서 말하는가(성령)로 나타난다.[193] 그는 다만 법칙의 엄격성에 따라서 심판하는 자로서밖에 달리 생각될 수 없다. 우리의 연약함을 고려할 때 얼마나 많은 것이 우리에게 보증될 수 있을지 우리 자신은 전혀 알 수 없다. 다만 우리의 자유와 오롯이 우리에게 책임이 있는 의무의 위반만 우리 눈앞에서 볼 수 있을 뿐이어서, 우리는 우리에 대한 심판자의 판결에서 자비를 상정할 어떤 근거도 가지고 있지 못하기 때문이다.

어야 하는[196) 것이다.†

그러나 종교 일반을 위하여 최고 존재자에 대한 인간의 도덕적 관계를 해로운 신인동형설[208)에서 순화하여 신의 백성의 참된 도덕성에 적합한 것으로 만든 이 신앙은 (기독교의) 신앙교의에서 비로소 그리고 그 안에서만 단지 공적으로 확립되었기에, 사람들은 그 교리의 선포를 인간 자신의 죄 때문에 인간에 대해서 그때까지 비밀이었던 것의 계시라고 부를 수 있다.

이 교리에서 말하고자 하는 것은 다음과 같다. **첫째로,** 사람들은 최고의 입법자 자체를 인간의 약함에 대하여 **자비로운,**[209) 따라서 관대한(관용적인) 자로 생각해서도 안 되고, 또한 **전제적이고** 오롯이 그의

무제한적 권리를 가지고 명령하는 자로 표상하여, 그의 법칙이 자의

---

† 왜 그처럼 많은 고대 민족이 이 이념에 대해서 일치했는지에 관해서, 사람이 민족 통치와 (그것과의 유비에 따라서) 세계통치를 생각하려고 할 경우, 그 이념이 보편적 인간 이성 안에 놓여 있는 것이 아니라면 아마도 그 근거를 제시할 수 없을 것이다. 조로아스터교는 세 가지 신격을 오르무즈드,[197) 미트라[198) 그리고 아리만[199)으로 가졌고, 힌두교의 이 세 가지 신격은 브라마, 비시누, 시바였다(다만 전자[조로아스터교]는 제3의 위격을 형벌이라는 의미에서 화의 창시자뿐만 아니라, 그 대가로 인간이 형벌을 받게 되는 도덕적인 악의 창시자로 떠오르는 데 반해, 후자[힌두교]는 이 위격을 단지 심판하고 형벌을 내리는 자로 표상한다는 차이점이 있을 뿐이다). 이집트인의 종교는 프타,[200) 크네프,[201) 네이트[202)를 가졌는데, 이들에 관하여 이 민족의 최상고 시대의 불확실한 보고에서 추측할 수 있는 한에서는 제1의 원리는 세계창조자로서 물질과 구별하는 정신을, 그 제2의 원리는 수호하고 통치하는 자비, 그 제3의 원리는 자비를 제한하는 지혜, 즉 정의를 표상하는 것으로 보인다. 고트인의 종교에서는 그들의 오딘[203)(만유의 아버지), 프레아[204)(프레여[205)라고도 하는 자비), 그리고 심판하는(형벌을 내리는) 신인 토르[206)를 숭배했다. 유대인들조차도 그의 교권정치 체제의 마지막 시기에는 이러한 이념을 따른 것으로 보인다. 왜냐하면 그리스도가 자신을 신의 아들로 칭했다는 바리새인들의 고발에서, 그들은 신이 아들을 가진다는 교리에 특히 죄책의 비중을 둔 것이 아니라 다만 그가 이 신의 아들이라고 했다는 점에 무게를 둔 것으로 보이기 때문이다. [207)

적이고 우리의 윤리 개념과 전혀 친연성이 없는 것이라고 생각해서도 안 되며, 오히려 그의 법칙들이 인간의 신성성에 관계하는 것으로 표상해야 한다. 둘째로, 사람들은 신의 자비를 그의 피조물에 대한 무조건적 호의에 두어서는 안 되고, 오히려 신은 그의 피조물들이 그것을 통해 그의 마음에 들 수 있는 도덕적 성질에 제일 먼저 주목하며, 그 후에 이런 조건을 스스로 충족할 수 없는 피조물들의 무능함을 보충해준다는 사실에 두지 않으면 안 된다. 셋째로, 신의 정의는 자비롭고 용서하는 것으로 생각되어서는 안 된다. (이것은 모순을 내포한다.) 또한 이 정의의 시행이 입법자의 신성성(그 앞에서는 어떤 인간도 정의롭지 못하므로)의 성질 안에서 이루어진다고 생각할 수는 없고, 인간들이 사람의 자녀들로서 신성한 법칙의 요구에 적합한 한에서 이 신성한 법칙과 인간이 일치하는 조건 아래서만 자비를 제한하는 것으로 생각해야 한다. — 한마디로 말해서, 신은 세 가지의 종적으로 서로 다른 도덕적 성질에서 섬겨지기를 원하므로, 이 성질들에 대응 A 202 하여 동일한 존재자의 서로 다른(물리적이 아니라 도덕적인) 위격의 칭호는 부적절한 표현이 아니다. 이 신앙의 상징은 동시에 전체의 순수한 도덕종교를 표현하는 것이며, 이 구별이 없으면 신성을 인간의 최고지배자와 같은 것으로 생각하는 인간의 성벽에 따라서 (인간의 VI 142 원수는 보통 그의 통치 안에서 이 세 가지 성질을 분리하지 않고 종종 혼합하거나 혼동하기 때문에) 의인관적 노역신앙[210]으로 변질하게 될 위험에 빠지게 된다.

그러나 바로 이(신의 삼위일체에 대한) 신앙을 오롯이 실천적 이념의 표상이 아니라 신 자체가 스스로 무엇인가 하는 것을 표상해야 하는 신앙으로 본다면, 이 신앙은 모든 인간적 개념을 초월하는, 따라 B 215 서 인간의 이해력으로는 계시가 불가능한 비밀일 테고, 이러한 관점에서 하나의 비밀로 선포할 수 있을 것이다. 신의 본성에 관한 이론적 인식의 확장으로서 이 비밀의 신앙은 단지 인간이 전혀 이해할 수 없는 것이고, 만일 그것을 이해할 수 있다고 생각한다면 신인동형론적 교회신앙의 상징에 대한 고백에 불과하며, 이런 신앙으로는 도덕적 개선이 조금도 이루어지지 않을 것이다. ― 다만 실천적인 것과 관련에서는 사람들이 매우 잘 이해하고 통찰할 수 있지만 (대상 자체의 본성을 규정하려는) 이론적 의도에서는 우리의 모든 개념을 초월한 것은 (어떤 하나의 관계에서) 비밀이지만, 그것은 (또 하나의 다른 관계에서는) 계시될 수도 있는 것이다. 후자의 유형에 대해서 앞서 말한 비밀은 우리의 고유한 이성을 통하여 계시된 우리에게 세 가지 비밀로 나눌 수 있다.

A 203   1. 소명의 비밀

 (인간을 한 윤리적 국가의 시민으로 부르는) ― 우리는 신의 입법 아래서 인간의 보편적이고 무조건적인 종속을 우리가 우리를 동시에 신의 피조물로 인정하는 한에서밖에 달리 생각할 수 없으며, 이것은 신이 자연사물들의 창조주이기 때문에, 오직 그 때문에만 모든 자연법칙의 창시자라고 볼 수 있는 것과 마찬가지다. 그러나 어떻게 피조물이 그들의 힘을 자유롭게 사용하도록 만들어졌는지 우리 이성으로는 전혀 이해할 수 없다. 왜냐하면 우리는 인과성의 원리에 따라서 피조물로 상정된 존재에게는 산출하는 원인이 그 존재 안에 놓아두었던 근거 이외에는 그 존재의 행위들에 다른 어떤 근거도 더 덧붙일 수 B 216 없기 때문이다. 이 근거를 통하여 (또한 다른 외적 원인을 통하여) 그 존재의 모든 행위는 결정되어 있으므로, 이 존재 자체는 자유롭지 못할 것이다. 그러므로 신적이고 성스러운, 또한 오롯이 자유로운 존재와 관계가 있는 입법은 이들 존재의 창조 개념과 우리의 이성적 통찰로는 결합할 수 없다. 오히려 우리는 이들 존재를 이미 실존하는 자

유로운 존재로밖에[211] 볼 수 없다. 이들 존재는 그것들을 창조한 자연의존성을 통해서가 아니라 순전히 도덕적인, 자유 법칙에 따라 가능한 강제를 통해서, 즉 신국의 시민[212]으로 소명을 받음으로써 규정하는 존재라고 생각해야 한다. 그런데 이 목적으로 소명을 받는다는 것은 도덕적으로는 완전히 명백하지만, 사변적으로 이 소명의 가능성은 이해할 수 없는 비밀이다.

　VI 143

2. 속죄의 비밀

인간은 우리가 알고 있는 것처럼 타락한 상태에서는 결코 저 신성한 법칙에 부합하지 못한다. 그럼에도 신의 자비가 그를 현존, 즉 특별한 방식으로 존재하도록(천국의 일원이 되도록) 초대했다면, 신은 또한 이를 위해 필요한 인간의 적합성의 결함을 그의 고유한 신성성의 충만으로 보충할 수단을 가지고 있는 것이 분명하다. 그러나 이것은 (인간 자신이 가질 수 있는 모든 도덕적 선 또는 악을 전제하는) 자발성에 어긋나는 일이다. 이 자발성에 따르면, 이러한 선은 그것이 그에게 책임이 돌려지려면 다른 자에게서 오는 것이 아니라, 그 자신에게서 초래한 것이 아니면 안 된다. ─ 그러므로 이성이 통찰하는 한, 어떤 타자도 그의 넘치는 선행과 공적을 통하여 한 인간을 대신할 수 없다. 또는 이것을 상정한다면, 그것은 이성의 논리에 대해서는 도달할 수 없는 비밀이기 때문에 오직 도덕적 의도에서만 **상정하는 것이** 필연적일 수 있다.

　A 204

　B 217

3. 선택의 비밀

또한 그 대리적 속죄가 가능하다고 여겨지더라도 그것의 도덕적 신앙의 상정은 인간 안에 이미 하느님 마음에 드는 심정이 있다는 것을 전제하는, 선을 향하는 의지를 규정하는 것이다. 그러나 인간은 자신 안에서 본성적인 부패 때문에 자기 힘으로 이런 심정을 산출할 수 없다. 그러나 하늘의 은총이 인간 안에서 작용해야 한다는 것은 이 은총이 이 도움[213]을 행위의 공적에 따라서가 아니라 무조건적 결의로 어떤 이에게는 허락하고 다른 이에게는 거절한다는 것, 그리고 인류의 일부는 축복으로, 다른 일부는 영원의 형벌로 선택한다는 것은 또한 신의 정의에 대한 어떤 개념도 주지 못하며, 오히려 이것은 기껏해야 그 규칙이 우리에게는 단적으로 하나의 비밀인 어떤 지혜와 관련이 될 수밖에 없는 것이다.

A 205　그런데 이 같은 비밀은 그들 각자 인간의 도덕적 생활사[214]에 관계하는 한에서, 즉 도대체 어떻게 해서 이 세상에 윤리적으로 선한 것 또는 악한 것이 일어나는가, 그리고 (후자[악한 것]가 모든 사람 속에 항상 존재한다면) 어떻게 해서 후자[악한 것]에서 전자[선한 것]

VI 144　가 생기며, 어떤 인간에서는 복구가 되는가, 또는 왜 만약 이런 일이 몇 사람에게서 일어난다면, 다른 이들은 여기에서 배제하는가. 이러

B 218　한 비밀들에 대해 신은 우리가 그것을 전혀 **이해하지**† 못할 것이므로

---

†　사람들은 보통 종교 초심자들에게 비밀에 대한 신앙을 강조하기를 주저하지 않는다. 왜냐하면 우리는 이 신비를 파악할 수 없다는 것, 즉 이 비밀들의 대상의 가능성을 통찰할 수 없다는 것이 그것들의 상정을 거부하는 것을 정당화하지는 못하기 때문이다. 이것은 가령, 유기체의 번식 능력을 어떤 인간도 파악할 수 없다는 이유로, 비록 그것이 우리에게 비밀이고 또 비밀로 남는다고 할지라도, 그렇다고 그것을 상정하는 것까지 부정할 수는 없는 것과 같다. 그러나 우리는 이 표현이 무엇을 뜻하는지 매우 잘 이해하고 있고, 그 대상에 관한 경험적 개념을 그 안에 어떤 모순도 없다는 의식과 함께 가지고 있다. ─ 그런데 사람은 신앙에 있는 각각의 비밀에 관하여, 그것이 무엇을 의미하는지를 이해하도록 당연히 요구할 수 있다. 이러한 이해는 비밀들을 암시하는 말들을 하나하나 이해하는 것, 즉 그 말에 하나의 의미를 결합함으로써 가능한 것이 아니라, 이 말들이 하나의 개념 안에 통합을 이루고, 또 하나의 의미를 허락하지 않으면 안 되며, 또한 그와 함께 모든 사고가 끝나지 않음으로써 일어난다. ─ 만일 사람들이 자신의

우리에게 아무것도 계시하지 않았으며, 또한 우리에게 아무것도 계시할 수 없다. 그것은 마치 우리가 인간에게 일어나는 것을 인간의 자유로 설명하고 개념적으로 파악하려는 것과 같다. 이에 관하여 신은 우리 안에 있는 도덕법칙을 통하여 의지를 계시하기는 했으나, 그 때문에 자유로운 행위가[216] 이 세상에 일어나기도 하고 일어나지 않기도 하는 그 원인들을 어둠 속에 방치해둔 것이며, 인간의 탐구에 대해 역사이면서 또한 역시 원인과 결과의 법칙에 따라 자유에서 파악해야 하는 모든 것은 이 어둠 속에 남아 있어야 한다.† 그러나 우리 행위의 객관적 법칙에 대해서는 우리에게 필요한 모든 것을 (이성과 성서를 통해) 충분히 계시하며, 이 계시는 또한 모든 인간도 이해할 수 있는 것이어야 한다.   B 219

인간이[218] 도덕법칙을 통하여 선한 행적을 위해 부름을 받았다는 것, 또한 인간 안에 있는 도덕법칙에 대한 떨쳐낼 수 없는 존경심으로, 또한 이 선한 영에 대한 신뢰와 어떤 일이 있더라도 이 선한 영을 만족시킬 수 있다는 희망을 자기 안에서 발견한다는 것, 그리고 끝으로 후자[희망]의 기대를 전자[신뢰]의 엄격한 계명을 대조하면서 심판자 앞에서 해명할 필요가 있는 자로서 자기 자신을 끊임없이 돌아보고   VI 145 바로잡지 않으면 안 된다는 것, 이런 사실들에 대하여 이성과 심성과   A 206 양심은 동시에 가르침을 주며, 또한 그 방향으로 우리를 몰고 간다.

편에서 진정한 소망이 부족하지 않게 한다면, 신이 아마도 이 같은 인식을 영감을 통해 우리에게 허락할 것이라고 생각할 수는 없다. 왜냐하면 우리 지성의 본성은 그것에 대한 능력이 없으므로, 그것은 전혀 우리에게 들어올 수 없기 때문이다.[215]

† 그러므로 우리는 실천적인 관련에서는(의무가 문제인 경우에는) 자유가 무엇인지를 아주 잘 이해할 수 있으나, 이론적 의도에서 자유의 원인성(말하자면 자유의 본성)에 관해서 이해하려고 하는 것은 결코 모순 없이 생각할 수 없다.[217]

우리에게 더 이상의 것이 드러나기를 요구하는 것은 불손한 일이고, 만일 그런 일이 가능하다고 해도 그것을 보편적인 인간의 욕망이라고 여겨서는 안 될 것이다.

그러나 비록 앞에서 말한 모든 것을 하나의 정식 안에 포괄하는 커다란 비밀이 인간 각자에게 그의 이성을 통하여 실천적으로 필연적인 종교이념으로 개념화할 수 있다 하더라도, 이 비밀은 그것이 종교의, 특히 공적인 종교의 도덕적 토대가 되기 위하여 **공적으로** 가르쳐지고, 또한 하나의 전적으로 새로운 종교시대의 상징으로 되었을 바로 그때서야 비로소 계시가 이루어졌다고 말할 수 있다. 의례적 형식들은 보통 그 고유의 오롯한 특정 단체(조합 또는 공동체)에 속하는 사람들을 위하여 정해진, 때로는 신비스러운, 누구에게나 이해되는 것이 아닌 언어를 지니고 있는데, 사람들은 이 언어를 또한 당연히 (존경에서) 오직 의례행사를 위해서만 사용해야 한다(가령 어떤 사람이 다른 사회에서 선별된 사회의 일원으로 받아들여지는 것과 같은 경우에). 인간에게 결코 완전히 도달할 수 없는 유한한 피조물의 도덕적 완전성의 최고 목표는 그러나[219] 법칙에 대한 사랑[220]이다.

B 220

이 이념에 따라 종교에서 "신은 사랑이다"[221]라는 것은 하나의 신앙원리[222]다. 신 안에서 사람들은 사랑하는 분이신 **아버지**[성부]를(인간이 그의 거룩한 법칙에 합당하게 되는 한에서, 인간에 대한 도덕적인 만족에 따르는 사랑과 더불어) 숭배할 수 있으며, 더 나아가서[223] 신이 모든 것을 보호한다는[224] 그의 이념, 즉 그 자신에게서 태어났고 사랑을 받았던 인간성의 원형 안에서 그 스스로를 드러내는 한에서, 그의 아들[성자]을 숭배할 수 있다. 마지막으로 또한 신이 이러한 만족을 자기 마음에 드는 사랑의 조건과 인간의 일치 조건으로 한정하는 한에서, 그리고 이로써 지혜에 기초하는 사랑으로 증명하는 한에서, **성령***을 숭배할 수 있다. 그러나 본래는 신을 이렇게 다중의 위격으로 호칭

A 207

A 208; B 221; VI 146

* 성령은 그것을 통해 축복을 주는 자인 신의 사랑이(본래는 이 사랑에 부합하는 우리의 대응적 사랑) 입법자인 그 앞에서 신의 공포, 다시 말해 특정한 것과 그 조건이 일치하는 것이므로, "쌍방향에서 출발하는"[225] 것으로 표상될 수 있을 뿐만 아니라, "모든 진리(의무의 준수)로 이끌면서"[226] 동시에 인간들의 (양심 앞에서) 본래적 심판자이기도 하다. 왜냐하면 심판은 공적의 유무에 관한 심판이거나 죄과의 유무에 관한[227] 심판이라는 두 가지 의미로 해석할 수 있기 때문이다. (그의 아들 안에서) 사랑으로 드러난 신은 인간들을 그 죄책을 넘어서 공적을 세울 수 있는 한에서 심판하며, 거기에서 그의 판결은 **품격이 있는가, 없는가** 하는 것이다. 그는 이러한 공적을 가질 수 있는 사람들을 그의 백성들로 선별하고, 그밖의 사람들은 홀대하게 된다. 이에 반하여 어떤 공적도 세울 수 없는 자들에 대한 정의에 기초하는 (성령의 이름으로 본래 그렇게 칭할 수 있는 재판관의) 선고는 **죄책이 있는가, 없는가**, 즉 징벌인가, 용서인가에 관한 것이다. ― 심판은 첫째의 경우에 공적이 있는 자와 없는 자의 선별을 뜻하며, 이들 양측은 상(축복)을 얻으려고 애쓰는 것이다. 그러나 여기서 공적은 법칙과의 관련에서 도덕성의 우위가 아니라(법칙에 관해서는 우리의 죄과를 넘어서는 의무의 준수가 있을 수 없다), 도덕적 심정에 관하여 다른 사람들과 비교 가운데 있는 것으로 이해할 수 있다. **품격**은 또한 언제나 단지 소극적인(품격이 없지 않은) 의미, 즉 그러한 자비에 대한 도덕적 감수성이라는 의미를 갖는다. ― 그러므로 첫째 성질의 심판자(브라보이타[228])로서)는 상(축복)을 받으려고 애쓰는 **양편**의 개인들 (또는 당파들) 사이에서 선택의 판결을 내리는 것이다. 그러나 둘째 성질의 심판자(본래적인 재판관)는 원고와 피고 사이에서 판결을 내리는 법정(양심)에서 **하나의 동일한 인격**에 관하여 판결하는 것이다.[229] ― 그런데 만일, 모든 인간이 죄책 아래에 있고, 그중에서 몇몇은 공적을 세울 수 있다고 상정한다면, **사랑에 따른 재판관**의 판결이 생겨난다. 그러나 공적의 결여는 단지 기각판결을 초래할 뿐이며, 그의 필연적 결과는 **징벌판결**[230]이 (이 경우에 인간은 정의에 기초한 심판자의 처분에 맡겨져서) 될 것이다. ― 그런 방식으로 내 생각에는, 겉으로 보기에 서로 모순을 이루는 명제들, 즉 "산 이와 죽은 이를 심판하기 위해서 아들이 올 것이다"(2티모 4, 1)라는 명제와, 다른 한편으로 "하느님은 세상을 심판하려고 그를 보내신 것이 아니라 세상을 구원하려고 보낸 것이다"(요한 3, 17)가 서로 합치하며, 또 "아들을 믿지 않는 자는 이미 심판을 받은 것이다"(요한 16, 18) 곧 "그는 죄 때문에 그리고 정의 때문에 세상을 심판할 것이다"(요한 16, 8)라고 일컬은 바의 그 영에 따라 이미 심판을 받았다고 말하는 것과도 일치한다. 오롯한 이성의 영역에서 이와 같은 구별에 걱정스럽게 마음을 쓰는 것을(여기서 이 구별들은 본래 이러한 이성을 위해 설정되었으므로) 사람들은 쓸데없고 번잡

VI 146

B 221

A 208
B 222

하는 것이 아니라(왜냐하면 이것은 존재의 다양성을 암시할 테지만, 신은 항상 단지 유일한 대상이기 때문에), 그 자신의 이름으로 모든 것을 넘어서 숭배의 대상이 되어 사랑을 받으며, 그와 함께 도덕적인 일치에 서는 것이 소망이자 의무의 대상인 것이다. 덧붙이면, 이 세 가지 성질을 지닌 신의 본성에 대한 신앙의 이론적 고백은 교회신앙의 오롯한 고전적 정식에 속하며, 그 교회신앙을 역사적 원천에서 유래한 다른 신앙의 유형들과 구별하기 위한 것이다. 그리고 이 신앙고백에 하나의 분명하고 일의적인(오해에서 벗어난) 개념을 결합할 수 있는 사람은 아무도 없으며, 이러한 내용을 해명하는 일은 오히려 그 의미를 통일하기 위해 서로 관계를 맺고 있는 (성서의 철학적·학자적 해석가들인) 교사들에게 더 적합한 일이지만, 이러한 의미에서 모든 것은 보통의 파악 능력을 위한 것도 아니고, 또한 이 시대의 요구에 적합한 것도 아니며, 오롯한 문자적 신앙[231]은 참된 종교적 심정을 개선하기보다는 오히려 부패시킨다.

한 섬세함이라고 쉽게 여길 수도 있다. 이러한 섬세함은 신의 본성을 연구하는 데서도 마찬가지일 것이다. 그러나 인간들은 그들의 종교적 관심사에서는, 신의 정의를 피할 수 없다고 하더라도 스스로의 죄책감 때문에 신의 자비에 의지하려는 경향이 있다. 그러나 하나의 동일한 인격에서 자비로운 심판관이란 하나의 모순이므로, 사람들은 실천적인 고려에서조차도 이에 관한 개념들이 매우 불안정하고 자기 자신과 부합하지 않을 수밖에 없다는 사실을 잘 알므로, 이 개념들을 바로잡고 정확하게 규정하는 것은 실천적으로 매우 중요하다.

철학적 종교론 제4편

제4편
선한 원리의 지배 아래에서 봉사와 거짓봉사, 또는 종교와 성직제도에 대하여

하느님 나라의 체제 원칙이 **공적으로** 작동하기 시작하는 것만으로도 이미 선한 원리의 지배가 시작된 것이자 "하느님의 나라가 우리에게 오고 있다"[1]는 징표다. 왜냐하면 비록 감성세계에서는 하느님 나라의 현상이 완전하게 펼쳐지기에는 아직도 요원하지만, 하느님 나라는 지성세계에 이미 현존하며, 하느님 나라를 실현할 수 있는 충분한 여러 기초가 이 오성세계에 보편적으로 뿌리 내리고 있기 때문이다. 윤리적 공동체의 성원이 된다는 것이 특별한 유형의 의무(보편적인 의무 자체)[2]라는 사실을 우리는 알고 있으며, 또한 각자가 자신의 사적 의무를 따른다 할지라도, 그를 위한 어떤 특별한 조처를 바라지 않더라도 공동의 선을 위한 만인의 우연한 일치가 그것에서 나올 수 있지만, 그런 만인의 일치는 바로 모두가 하나의 동일한 목표를 위하여 서로 통합해 악한 원리의 유혹에 대적하려고 하나로 뭉친 더 강력한 힘으로서 하나의 **공동체**를 도덕법칙들 아래 설립하는 특별한 사업을 하지 않는 한 기대할 수 없는 것이다. (그렇지 않으면 사람들은 서로에게 악한 원리를 도구로 활용하려는 유혹을 받게 된다.) 우리는 또한 그러한 공동체가 신의 나라로서 오직 **종교**를 통해서만 인간들이 도모할 수 있는 것이고, 마지막으로 이 종교가 공적인 것이 되려면 (공동체에 요구하는) 하느님 나라가 교회라는 감성적 형식으로 드러날 수 있으며, 따라서 교회 조직의 설립은 인간에게 내맡겨져 있고, 또한 인간이 요구할 수 있는 하나의 과업으로 주어져 있다.

그러나 하나의 교회를 종교법에 따르는 하나의 공동체로 창설하는 일에는 (통찰에서뿐만 아니라 선한 심정에서도) 인간이 신뢰할 수 있는 그 이상의 지혜가 필요하며, 특히 그런 실연을 통해 의도하는 도덕적 선은 이미 인간들이 전제하지 않으면 안 되는 것처럼 보인다.

실제로 (인간에 대해서 사람들이 목적을 위해 인간적인 군주의 왕국을 건설할 수 있다고 말해도 된다고 해서) 인간이 하느님 나라를 건설해야 한다고 말하는 것 또한 모순적인 표현이다. 하느님 자신이 하느님 나라의 창시자가 되지 않으면 안 되기 때문이다. 그러나 우리는 신국의 시민이자 신민이기 위해서 우리 안에서 도덕적 사명을 발견하는 신국의 이념을 현실에서 구현하기 위해, 신이 무엇을 직접 행하는지 전혀 알지 못하지만 우리를 그 나라 성원으로서 합당하게 만들기 위해 우리가 무엇을 해야 하는지 잘 알기 때문에 그 이념은 그것이 이성을 바탕으로 인류를 각성하고 공적인 것이 되게 하거나 성경으로 그렇게 되게 하든지 간에, 우리에게 하나의 교회를 조직하도록 책무를 부여한다. 결국 하느님 자신은 교회와 관련해서 그 체제의 설립자이고 창시자이지만, 인간은 그 나라 구성원이자 자유로운 시민으로서 이 모든 경우에 그 조직의 창시자들이다. 그런데 그때 그들 가운데 그것[조직] 아래서[3] 교회의 공적 업무를 맡은 자들은 교회의 봉사자가 되어 그 **집행부**를 구성하고, 그 이외의 모든 사람은 그들의 법칙에 따르는 회중 집단인 **공동체**를 구성한다.

공적인 종교신앙으로서 순수한 이성종교는 다만 교회(즉 하나의 불가시적 교회)의 오롯한 이념을 허용할 뿐이고, 종규에 기초한 가시 적인 교회만이 인간이 만든 조직이 필요하고 또한 조직할 수 있으므로, 전자[불가시적인 교회] 안에서 선한 원리의 지배 아래 행하는 봉사는 교회봉사로 볼 수 없고, 그 종교는 윤리적 공동체의 **공직자**로서 법률적 봉사자를 갖지 않으며, 그 공동체 구성원 각자는 최고 입법자에게서 그의 명령을 직접 받지만, 그럼에도 우리는 모든 의무와 관련하여(우리는 이 의무를 총체로 동시에 신의 명령으로 간주하지 않을 수 없다) 항상 신께 봉사하는 것이므로, **순수한 이성종교**는 선한 생각을 하는 모든 사람을 그 **봉사자**(그러나 공직자가 아닌)로 두지만, 다만 그 V 153 들은 그런 한에서 교회(즉 여기서 유일하게 언급하는 가시적 교회)의 봉사자라고 말할 수는 없을 것이다. ─ 그럼에도 규약적 법률[4]에 따라 세워진 모든 교회는, 자기 안의 (만일 그 신앙이 실천적이라면, 모든 신앙에서 본래적으로 종교를 형성하는) 순수한 이성신앙에 부단하게 접근하여, 시간이 경과하면서 교회신앙에서 (그 안에 있는 역사적인 것으로부터) 점차 벗어날 수 있는 원리를 가지고 있는 한에서만 참된 교회일 수 있으므로, 이 법칙들 안에서 그리고 그 법칙들 위에 기초한 교회의 봉직자들에게 교회의 **봉사**[5]를 맡길 수 있을 것이다. 이는 그들이 교회의 교리와 법규들을 항상 그 최종의 목적(즉 공적인 종교신앙)에 향하도록 하는 한에서 그렇다. 이와 반대로 이 점을 전혀 고려하지 않고, 오히려 이 목적에 부단하게 접근해야 한다는 원칙을 A 215; B 229 저주하면서 교회신앙의 역사적이고 규약적인 부분에 대한 의존만이 유일하게 축복을 준다고 설명하는 교회 봉사자들은 당연히 교회나 (이 교회를 통해 눈앞에 있는) 선한 원리의 지배 아래에 있는 윤리적 공동체에 대한 **거짓봉사**의 죄를 범할 수 있다. ─ **거짓봉사**(합당하지 못한 제사[6])란 실제로는[7] 그의 의도를 거스르게 만드는 그런 행위들로써 누군가에게 봉사한다는 신조를 말한다. 그런데 이런 일이 공동체 안에서 일어나는 것은 단지 지고한 자의 뜻을 만족시키는 수단의 가치만 가지며, 우리를 그에게 **직접적으로** 마음에 들게 만드는[8] 것이라고 거짓으로 소개하고 그런 위상을 부여함으로써 생겨난다. 이렇게 되면 후자[지고한 자]의 의도는 무위로 돌아가게 될 것이다.

제1부
종교 일반에서 신에 대한 봉사에 대하여

종교란 (주관적으로 보면) 우리의 모든 의무를 신의 명령으로 인식하는 것이다.* 어떤 것을 내 의무로 인정하기 위하여 그것이 신의 명 A 216; B 230; Ⅵ 154

---

* 이 정의로 종교 일반의 개념에 대한 많은 잘못된 해석을 방지할 수 있다. 첫 A 216; B 230
째로 종교에서는 이론적 인식이나 신앙고백과 관련해서(신의 현존에 대해
서조차도) 어떤 실연적 지식도 요구하지 않는다. 그것은 우리가 초감성적
인 대상들에 대한 통찰을 가지고 있지 않아서 이런 신앙고백[9]이 이미 속
임수일 수도 있고, 오히려 우리가 단지 사변에 의거해서 사물들의 최상 원
인에 대한 개연적 추정(가설)을 필요로 하기 때문이다. 그러나 도덕적으로
명령하는 우리 이성이 우리로 하여금 그것을 향하여 작동하게 하는 대상
과 관련해서는 이 이성의 궁극의도의 효과를 약속하는 실천적인, 따라서
자유로운 실연적 신앙을 전제하지만, 그러나 이 신앙은 모든 도덕적으로
성실한(그리고 그래서 신실한) 선을 향한 검토가 불가피하게 관련이 없을
수 없는 신의 이념을 필요로 할 뿐이고, 이론적 인식을 통하여 그 이념에 대
해 객관적 실재성을 보증할 수 있다고 장담하지는 않았다. 모든 인간에게
무엇이 의무일 수 있는가에 대해서는 (신이 존재한다는 것이 가능하다고 하
는) 최소한의 인식만으로도 주관적으로는 이미 충분한 것이 틀림없다. 둘째
로 종교 일반에 관한 이 정의로 종교가 마치 신과 직접 관련된 **특별한** 의무
들의 총체인 것처럼 생각하는 잘못된 표상을 예방하고, 이로써 우리가 (원
래 인간에게 그러한 경향이 매우 크지만) 윤리적-시민적 인간의 의무들(인
간에 대한 인간의 의무) 외에 부역을 받아들이고, 또한 이로써 전자[의무들] A 217
에 대한 부족을 후자[부역]로써 보충하려는 시도를 하지 않도록 방지할 수
있다. 보편적 종교에서는 신에 대한 특별한 의무들 같은 것은 존재하지 않

령이라는 것을 내가 미리 알아야 할 종교는 **계시된** (또는 계시가 필요한) 종교다. 이에 반하여 어떤 것을 신의 명령으로 승인하기 전에 그것이 의무인 것을 내가 미리 알지 않으면 안 되는 종교는 **자연종교**다. ─ 오롯이 자연종교만을 도덕적으로 필수적이라는, 다시 말해 의무라고 설명하는 사람은 (신앙의 사실에서) **이성주의자**라고 부를 수 있다. 만일 이성주의자가 모든 초자연적인 신적 계시의 현실성을 부정한다면, 그를 **자연주의자**라고 부른다. 그런데 이성주의자가 계시는 인

정하면서도 그것을 알거나 현실적으로 인정하는 것이 종교에서 반드시 필요한 것은 아니라고 주장한다면, 그는 **순수한 이성주의자**라고

부를 수 있다. 그러나 그가 이 계시에 대한 신앙을 보편적인 종교에 필수적이라고 본다면, 그는 신앙의 사실에서 **초자연주의자**라고 부를 수 있다.

이성주의자는 그 명칭 때문에 그 자체로 이미 인간적 통찰의 지

는다. 왜냐하면 신은 우리에게서 아무것도 받을 수 없으며, 우리도 신에게 그리고 신을 위하여 아무런 작용도 미칠 수 없기 때문이다. 만일 사람이 신에게 드려야 하는 외경을 그러한 의무로 만들고자 한다면, 그것은 이 외경이 종교의 특수한 행위가 아니라 의무에 따르는 우리의 모든 행위 일반에

수반하는 종교적 심정이라는 것을 깊이 유념하지 않은 것이다. 또한 "인간들에게 순종하기보다 신에게 순종해야 한다"[10]라고 말할 때에도, 이것이 뜻하는 바는 만일 인간이 그 입법자이자 심판자일 수 있는 규약적 명령들이, 이성이 무조건적으로 명령하고 그것들의 준수와 위반에 대해 신만이 심판자가 될 수 있는 의무들과 상충할 경우에, 전자[명령들]는 후자[의무들]에 그 위엄을 굽히지 않으면 안 된다는 것이다. 그러나 만일 사람들이 인간보다는 신에게 순종해야만 한다는 것을 법규적인, 즉 교회가 그러한 것으로 부르고자 하는 신의 명령으로 이해하려고 한다면, 자칫 이 원칙은 흔히 듣는 것처럼 위선적이고 야심적인 사제들의 시민적 정부 당국에 대한 봉기가 될 수 있다. 왜냐하면 무릇 허가해준 것, 즉 시민적 정부 당국이 명령한 것은 확실히 의무이지만, 그 자체로는 허가된 것이라 해도 오직 신의 계시에 따라서만 우리에게 인식 가능한 것은 실제로 신이 명령한 것인지가 (적어도 대부분은) 참으로 불확실하기 때문이다.

경 안에 머무르지 않을 수 없으므로 결코 자연주의자이기를 부정하지 않을 테고, 계시 일반의 내적 가능성에 대해서도 또한 참된 종교를 도입하기 위한 신적 수단으로서 계시의 필연성에 대해서도 논쟁하려고 하지 않을 것이다. 왜냐하면 이에 대해서는 어떤 인간도 이성을 통해 무엇이라고 단정할 수 없기 때문이다. 그러므로 쟁점은 신앙의 사실에서 순수한 이성주의자와 초자연주의자의 교호적인 주장들, 다시 말해 이 사람이나 저 사람이 무엇을 유일한 참된 종교를 위해 필연적이고 충분한 것으로 또는 단지 우연적인 것으로 상정하느냐에 대한 것뿐이다.

종교를 그 최초의 근원과 내적 가능성에 따라서 분류하지 않고(이 경우에 종교는 자연적 종교와 계시된 종교로 분류한다) 오롯이 **외부로 전달할 수 있는 성질에 따라서**[11] 분류한다면, 종교는 두 종류가 될 수 있다. 즉 (만일 그것이 일단 현존한다면) 모두가 그의 이성으로 확신할 수 있는 **자연종교**이거나 사람들이 다른 이들을 단지 (그 안에서, 그리고 그를 통하여 이들을 인도하지 않으면 안 되는) 학식을 매개로 해서만 확신시킬 수 있는 **교학종교**다. 이러한 구별은 우리가 종교의 근원 A 219; B 233들에만 기초해서는 그것이 보편적 인간 종교가 되기에 적합한지 아닌지에 관하여 아무것도 추론할 수 없으나, 보편적으로 전달할 수 있는가 아닌가 하는 그 성질에서 그것에 대해 추론하는 것은 가능하기 때문에 대단히 중요하다. 그러나 전자[전달 가능성]의 성질은 모든 인간을 결합하게 해야 하는 그러한 종교의 본질적 성격을 이루는 것이다.

그러므로 어떤 한 종교가, 만일 인간들이 이성을 오롯이 사용하여 저절로 그것에 도달할 수 있고 또 그래야만 하는 성질을 지녔다면, 자연종교이면서 또한 동시에 계시종교일 수 있다. 비록 그것이 기대한 것만큼 그렇게 일찍이 또는 광범위하게 이에 이르지 **못했다 할지라도**

그런 것이다. 그러므로 그 종교의 계시는 어떤 특정한 시간과 장소에서는 현명하고 인류에게 유익한 것일 수 있었음에도, 그 계시를 통하여 도입한 종교가 일단 현존하고 공적으로 알려진 다음에는 누구나 자기 스스로 그리고 자신의 이성을 바탕으로 이 종교의 진리를 확신할 수 있게 된다. 이런 경우에 그 종교는 비록 **주관적으로는** 계시종교라 하더라도 **객관적으로는** 자연종교다. 그렇기 때문에 이 종교에도 전자[자연종교]의 이름이 본래 들어맞는다. 왜냐하면 나중에는 그런 초자연적 계시가 일찍이 있었다는 사실조차 완전히 잊힌다고 하더라도, 그때에도 그 종교는 이해 가능성이나 확실성이나 정신에 미치는 힘에서 조금도 잃는 것이 없기 때문이다. 그러나 그 내적 성질로 말미암은 계시로밖에 볼 수 없는 종교에서는 사정이 다르다. 만일 그 종교를 전적으로 확실한 전통이나 원전인 성서들로 보존하지 못한다면, 그것은 세계에서 사라질 테고, 또한 시시각각 공적으로 반복하는 초자연적 계시나 각 개인 안에서 내적으로 부단하게 지속하는 초자연적 계시가 일어나지 않는다면, 그러한 신앙의 확산과 전파는 불가능할 것이다.

그러나 모든 종교는 계시된 종교까지 포함해서 적어도 부분적으로는 자연종교의 어떤 원리들을 품지 않을 수 없다. 왜냐하면 계시는 단지 이성에 따라서만 종교의 개념에 덧붙여 생각할 수 있는 것이므로, 이 종교 개념 자체가 도덕적 입법자의 의지 아래에 있는 의무에서 나오는 하나의 순수한 이성 개념이기 때문이다. 그러므로 우리는 계시종교조차도 한편으로는 **자연종교**로, 그러나 또 다른 편으로는 **교학종교**로 검토할 수 있다. 그리고 무엇이 또는 얼마만큼이나 한편의 또는 다른 편의 원천에서 그것에 귀속하는지 구별할 수 있다.

그러나 만일 우리가 계시의(적어도 그런 것으로 간주한) 종교에 대하여 언급하고자 한다면, 그 실례를 역사에서 찾지 않으면 안 된다.

우리는 그렇지 않으면[12] 그런 경우들의 가능성이 부정될지도 모르는 사례를 예를 들어 생각하지 않으면 안 되기 때문이다. 그러나[13] 더 좋은 방법은 그와 같은 사례들을 내포하는 어떤 책을, 특히 도덕적이라서 이성에 친숙한 가르침이 조밀하게 짜여 있는 책을 계시종교 일반이라는 우리 이념을 설명하는 매개물로 취하는 것이다. 그리하여 우리는 계시를 믿으면서 종교와 덕을 다루는 여러 책 중 하나로, 그 안에서 우리에게 순수하고 보편적인 이성종교일 수 있는 것 VI 157 을 찾아내는 그 자체로서 유익한 수단의 실례로 우리 앞에 놓는 것이다. 이때 우리는 실증적인 계시를 담은 교리들의 총체인 이 책의 해석을 맡은 사람들의 업무를 간섭하지 않지만 그렇게 함으로써 학식에 기반을 둔 그들의 해석을 공격하고자 하는 것은 아니다. 오히려 그런 절차는 그들의 해석에 유리하다. 왜냐하면 이런 해석은 철학자들과 동일한 목적, 즉 도덕적으로 선한 것을 향하는 것으로, 철학자들이 그들 고유의 이성근거들로 도달하고자 하는 그곳에, 그들 나름대로 또 하나의 다른 길을 거쳐 그들 자신이 도달하려고 생각하는 것이기 때문이다. 그런데 이 경우에 이 책은 기독교 신앙교리의 원천인 A 222; B 236 신약성서일 것이다. 우리 의도에 따라서 이제 우리는 두 부분으로 나누어, 첫째 자연종교인 기독교를 고찰하고, 둘째 교학종교인 기독교의 내용과 그 안에서 나타나는 원리들을 살펴보고자 한다.

제1장
자연종교로서 기독교

도덕으로서 (주체의 자유와 관련이 있는) 자연종교는 그 최종 목적에 효과를 불어넣을 수 있는 자의 개념(도덕적 세계창시자로서 신의 개념)과 묶여 있고, 이 전체 목적에 부합하는 인간들의 지속(불멸성)과 연관이 있는 하나의 순수한 실천적 이성 개념이다. 그런데 이 개념은 그 무한한 성과에도 단지 약간의 이론적 이성 능력을 전제할 뿐이어서, 우리는 이에 대하여 모든 사람에게 실천적으로 충분히 확신을 줄 수 있고, 최소한 이 종교의 작용을 누구에게나 의무로서 요구할 수 있다. 이 종교는 참된 종교의 중대한 요건, 즉 만인에 대한 타당성(보편성 또는 배분적 전체),[14] 다시 말하면 보편적 일치라는 의미
A 223; B 237 에서 보편성의 특질을 그 자체 속에 가지고 있다. 이런 의미에서 자연종교를 세계종교로 확산하고 보존하려면 그 종교도 물론 오롯한 불가시적 교회의 봉사직[15]이 필요하지만, 공직자들[16]이 필요한 것은 아니다. 다시 말하면 교사가 필요하지 관리자가 필요한 것은 아니다. 왜냐하면 각 개인의 이성종교에 따라서는 어떤 교회도 보편적 **통일**(집합적 전체)[17]로는 존재하지 않고, 또한 그런 이념으로 본래 의도한 것도 아니기 때문이다. ── 그러나 이런 일치는 저절로 얻는 것
VI 158 이 아니며, 가시적인 교회가 되지 않고는 그것을 그 보편성 안에서 배양할 수 없고, 오직 집합적인 보편성, 즉 순수한 이성종교의 원리를 따르는 어떤 하나의 (가시적인) 교회로 신자들이 통일하는 경우에만 배양할 수 있다. 그러나 그 신자들의 통일은 그 일치에서 저절로 생겨나는 것은 아니며, 또한 이 교회가 설사 건립되어 있다고 하더라도 (앞에서 지적한 것처럼) 자유로운 그 신봉자들로는 신자들의 **공동**

체로서 지속적 상태를 이루어내지는 못할 것이다. (이를 깨달은 사람들 중 아무도 자신의 종교적 심정을 위해 그런 종교에서 다른 사람들과 동지적 연대를 할 필요가 있다고 믿지 않을 것이기 때문이다.) 그러므로 자연적이며 오롯한 이성으로 인식할 수 있는 법칙들을 넘어서 어느 정도는 규약적이고 동시에 입법적인 권위를 갖춘 법령들이 덧붙여 A 224; B 238 지지 않는다면, 인간의 특수한 의무이자 인간의 최고목적을 위한 수단, 즉 보편적이고 가시적인 교회를 위한 인간의 지속적인 통일은 언제나 결여한 상태로 있을 것이다. 가시적인 교회의 창설자가 되는 그러한 권위는 오롯이 순수한 이성 개념이 아니라 하나의 사실을 전제하는 것이다.

이제 만일 우리가 어떤 하나의 역사(또는 적어도 보편적인, 근본적으로 다툼의 여지가 없는 의견)가 한 분의 사표에 대해서 언급하는 것을 받아들인다면, 그는 우리가 간직한 그 교리들을 우리 자신이 음미할 수 있으며 순수하고 온 세계가 이해할 수 있는 (자연적인) 영향력이 큰 하나의 종교로 처음 공적으로 선포했는데, 그것도 성가시고 도덕적 의도에 역행하는(이 신앙의 노역봉사는 그 당시 세계에서 일반적이었던, 대체로 모든 다른 오롯한 규약적 신앙의 실례로 사용할 수 있는) 지배적인 교회신앙에 대적하여 선포했다. 또한 우리는 이 스승이 그런 보편적 이성종교를 모든 종교신앙에 대한 최상의 필수불가결한 조건으로 삼았으며, 거기에다 또한 그 원리들 위에 세워진 하나의 교회를 설립하기 위한 수단으로 기여해야 할[18] 형식들과 계율들을 포함하는 법규들을 덧붙였다는 사실을 알 수 있다. 그리하여 사람들은 이를 의도한 그 스승의 후자[계율들]의 규정들이 우연적이고 자의적이라 해도 그가 세운 교회에 참된 보편적 교회라는 명칭을 부여하고, A 225; B 239 또한 이 교회와 일치하도록 인간들을 초대한 그분의 권위를 다툴 수는[19] 없겠으나, 그렇다고 하더라도 그분이 의도한 것은 신앙에 새롭고 성가신 규정들을 늘리고자 하거나, 그가 처음 지정한 규정들에서 특별하고 거룩하며 그 자체 종교요소로서 의무화된 행위들을 정하고 싶었던 것이 아니었다.

이 기술에 따라서 사람들은 비록 모든 종규에서 순화된, 모든 사람의 심성에 새겨진,[20] 종교 **창시자**로는 아니지만(종교는 자의적인 근원에서 있는 것이 아니므로) 최초의 참된 **교회의 창설자**로서 존숭받을 수 있는 인격을 그르칠 수는 없다. 신이 보낸 자로서 존엄을 인증하기 위하여 그의 가르침 몇 가지를 종교 일반의 의심할 수 없는 전거로 인용하려는데, 여기서는 (이념 자체에 이미 그것을 인정할 충분한 근거가 있기 때문에) 역사적 사실이 어떻게 되는지는 상관이 없고, 그의 가르침은 물론 순수한 이성의 가르침 이외의 다른 것일 수 없다. 왜냐하면 이성의 가르침만이 자기 자신을 증명하고, 따라서 다른 가르침의 인증은 주로 이 이성의 가르침에 따라야만 하기 때문이다.

첫째로 그가 가르치고자 했던 것은 외적·시민적 또는 규약적 교회 의무들의 준수가 아니라, 오직 순수한 도덕적인 마음의 심정만으로 인간이 하느님을 기쁘게 할 수[21] 있다는 것(마태 5, 20~48), 마음 속으로 범하는 죄도 신 앞에서는 행위와 똑같이 여겨진다는 것(마태 5, 28), 그리고 도대체가 신성성이 그가 지향하여 노력해야 할 목표라는 것(마태 5, 48[22]), 비록 마음속으로 미워하는 것도 죽이는 것과 같다는 것(마태 5, 22), 이웃에게 저지른 부당한 행위는 제의적 행위에 의해서가 아니라 그 자신에게 속죄함으로써만 보상할 수 있다는 것(마태 5, 24), 그리고 진실성에서 시민적 압력수단*인 맹세는 진

---

* 종교 교사들이 왜 그렇게 양심에서가 아닌 오롯이 미신에 바탕을 둔 시민 법정에서 자백의 강제수단에 대한 명백한 금지를 그처럼 대수롭지 않게 여기게 되었는지는 납득하기가 쉽지 않다. 여기에서 우리가 미신의 효험에 가장 기대하는 것은 진실을 말한다고 믿을 수 없는 우리 인간이 엄숙한

리 자체에 대한 존경을 손상한다는 것(마태 5, 34~37), — 인간 심성 A 227; B 241; VI 160
의 자연적인 그러나 악한 성벽은 전적으로 역전하도록 해야 하고, 복
수의 달콤한 감정은 관용으로(마태 5, 39~40), 자신의 적에 대한 증오
는 자비로 바꾸어야 하는 것(마태 5, 44)이다. 그래서 그분은 어쨌든
유대의 율법을 온전히 완성할 것이라고 말했지만(마태 5, 17), 여기에
서 분명한 것은 그 율법의 해석자는 성경 지식이 아니라 순수한 이성
종교라야 한다는 사실이다.25) 왜냐하면 문자대로 해석한다면, 그것
[유대의 율법]26)은 앞서 말한 모든 것과 반대되는 것을 허용했기 때
문이다. — 거기에다가 또한 그는 좁은 문과 비좁은 길을 일컬음으
로써 인간이 그들의 참된 도덕적 의무를 지나쳐버리고 교회의 의무
이행만으로 그것에 대한 손상이 없도록 허용한 율법의 잘못된 해석
을 간과하지 않았다(마태 7, 13).* 그럼에도 그는 이러한 순수한 심정

선언으로 진실을 말할 수 있다고 인식하기 때문이다. 이것은 (세계 안에서
유일하게 신성한 것인)23) 인간의 권리에 대한 판단이 그의 발언의 진실성
여부에 달려 있는 엄숙한 증언에서 그가 진실을 말할 것이라고 믿을 수 없
는데도, 오로지 신의 형벌을 (그는 물론 그와 같은 거짓말로 그 벌을 면할 수
는 없지만) 초래하는 데 불과한 선서로 인해, 마치 이 최고 법정에서 증언이
그에게 중대한 문제인 것처럼 그가 진실을 말할 것이라고 믿어주는 것이
다. — 앞에서 인용한 성경 구절들에서는 이런 종류의 맹세가 우리 힘이 미
치지 못하는 사물들을 주문으로 실현하고자 하는 부당한 오만불손으로 그
려졌다. — 그러나 진실의 맹세로서 '예'라고 할 것에 대하여 '예!', '아니
요'라고 할 것에 대해서 '아니요!' 이상으로 하는 것은 악에 의한 것이다24) A 227; B 241
라고 말하는 현명한 교사는 맹세가 초래하는 악한 결과를 지켜보고 있었
다. 맹세에 더 큰 중요성을 부여하는 것은 곧 통상적으로 거짓말을 거의 허
용한다는 것임을 그는 이미 알고 있었다.
* 좁은 문과 생명에 이르는 좁은 길은 선한 행위의 길이며, 넓은 문과 많은 사
  람이 걸어가는 넓은 길은 교회다. 인간의 타락은 마치 교회와 그 종규들에
  있는 것이 아니라, 오히려 교회 참석이나 교회의 법규를 지키고 의식을 거
  행하는 것이 신에게 참으로 봉사하는 방법이라고 여기는 데 있는 것처럼
  보인다.

에 대하여 그것이 또한 행위에서도 증명해야 한다고 요구하고(마태 7, 16[27]), 이와 반대로 그가 보낸 인격 안에서 최고 입법자를 외쳐 부르거나 찬양함으로써 그 행위의 결함을 보충하거나 달콤한 말로 호감을 얻으려는 자들의 교활한 희망[28]을 박탈한다(마태 7, 21[29]). 그는 이런 작업들에 대해 추종자들을 위한 예시가 되고 또한 공적으로 드러날 것을 원했으며(마태 5, 16[30]), 그것도 노예처럼 강요한 행위가 아니라 기쁜 마음으로 행하여서(마태 6, 16[31]), 좋은 밭에 떨어진 한 알의 씨앗이나 선의 누룩처럼, 그런 심정의 전달과 확산의 작은 단초로 종교가 그 내적 힘에 따라 점차로 하느님의 나라로 확장해나갈 것을 원하고 있다(마태 13, 31~33).[32] ── 마지막으로 그는 모든 의무를 1) (인간의 내적 및 외적인 도덕적 관계를 그 안에 포함하는) 하나의 **보편적** 규칙, 즉 '너의 의무를 그 자체에 대한 직접적인 존중이라는 동기에서만 행하라.' '무엇보다도 (모든 의무의 입법자인) 하느님을 사랑하라'는 규칙과 2) 하나의 **특수한** 규칙, 즉 보편적 의무로서 다른 사람에 대한 외적 관계에 관한 규칙인 '누구든지 너 자신과 같이 사랑하라.' 다시 말하면, '타인의 행복을 이기적인 동기에서 나온 것이

아닌, 직접적인 호의로 촉진하라'는 규칙으로 총괄하고 있다.[33] 이들 명령은 오롯한 덕률들에 불과한 것이 아니라 우리가 그것을 향해 노

력하지 않으면 안 되는 신성성의 명령들이다. 그러나 이 거룩함과 관련해서 오롯이 노력하는 것을 덕이라고 부른다. 그러므로 아무 노력도 하지 않고서 이 도덕적 선이 마치 위에서 내려지는 하늘의 선물인 것처럼 완전히 소극적으로 기다리는 사람들에게서 그는 모든 희망을 빼앗아버리고, 또한 인간의 본성 안에 있는 (인간에게 위탁된 재능인) 선의 자연적 소질을 쓰지 않고 내버려둔 채, 더 고차적인 도덕적 영향이 자신에게 결여되어 있는 윤리적 성질과 완전성을 보완해줄 것이라는 나태한 신뢰를 가지고 사는 자에게 그 자신의 나태함 때문

에 스스로 자연적 소질로 행할 수 있는 선조차도 이룰 수 없게 되는 위험에 빠지게 된다고 말한다(마태 25, 29).[34]

그런데 이제 인간의 윤리적 처신에 알맞은 몫에 대한 인간의 매우 자연스러운 기대, 즉 행복과 관련하여, 특히 전자[윤리적 처신] 때문에 감당해야 하는 후자[행복]의 그토록 많은 희생에 대해서, 그는 그에 대한 내세의 보상[35]을 약속한다(마태 5, 11~12).[36] 그러나 이러한 처신에서 심정의 차이에 따라 그들의 의무를 보상 때문에 (또는 받아야 할 형벌을 회피하기 위해) 행한 자들에 대해서는 의무를 오롯이 의무 자체 때문에 수행한 더 선한 인간들과는 다른 방식으로 약속한다. 이 세상의 신인 사리사욕[37]이 지배하는 자는 만일 그가 그것과 절연하지 않고서 단지 이성으로 세련해서 현세의 좁은 한계를 넘어 연장한다면, 그자는 자기 주인을 스스로 기만하고, 의무를 위해 주인을 희생시킨 그런 자(루카 16, 3~9)[38]와 같다. 만일 그가 언젠가는, 아마도 곧 이 세상을 떠나지 않으면 안 된다는 것과 그가 여기서 소유했던 것 중에서 아무것도 저세상으로 가지고 갈 수 없다고 생각한다면, 그는 아마도 그 자신 또는 그의 주인인 사리사욕이 여기서 궁핍한 인간들에게 합법적으로 행하도록 요구하던 것을 그의 장부에서 말소하는 대신에, 저 세상에서도 지불할 수 있는 이를테면 수표를 마련하기로 결심할 것이기에, 이로써 그런 선행의 동기를 놓고 보면 그는 윤리적이라기보다는 영리하다고 해야 할 것이다. 그럼에도 그는 윤리법칙에, 최소한 문자적으로는 맞게 행동하고 있고, 이러한 행위들이 미래에 보상이 없지는 않을 것이라고 희망해도 좋은 것이다.* 만일 사

A 230; B 244

---

* 우리는 미래에 관해서는 아무것도 알지 못하고, 또한 도덕성의 동기 및 그 목적과 이성적으로 결합되어 있는 것 이상의 것을 탐구해서는 안 된다. 여기에는 이런 믿음도 해당된다. 그것을 행하는 자가 내세에서도 선한 결과를 받지 못하는 선행은 없으므로, 인간이 인생의 종말에 처해서 자기 자신

VI 162

람들이 이와 함께 오롯한 의무의 동인에서 궁핍한 사람들에게 베푼 자선에 대해 말한 것(마태 25, 35~40)[39]을 비교해본다면, 세계심판 자는 빈곤한 이들을 도와주면서 그런 일이 어떤 보답을 받을 만한 가치가 있고, 그 때문에 이를테면 천국을 보수로 받을 것이라는 것을 생각조차 해보지 않은 이들이야말로, 그들이 아무런 보수도 생각하지 않고서 그런 일을 했다는 바로 그 이유 때문에, 그의 나라에 참으로 선택받은 이들이라고 선언할 것이다. 여기서 사람들은 복음의 스승이 내세의 보수에 대해서 말할 때, 그로써 보수를 행위들의 동기로 삼게 하려고 한 것이 아니라, 오히려 그것을 단지 (인류를 인도하여 신의 자비와 지혜를 완성하기 위해 영혼을 드높여가는 표상으로서) 인간의 사명을 전체적으로 판정하는 이성에 대해서 가장 순수한 존경과 가장 위대한 도덕적 호의의 대상으로 삼게 하려고 했다는 것을 능히 알 수 있다.

그런데 여기에 그들 각자의 이성으로 파악하고 확신할 수 있는 것으로 모든 사람에게 제시할 수 있는 하나의 완전한 종교가 있다. 이

종교는 더욱이 우리에게 (인간이 할 수 있는 한에서) 추종의 원형이 될 가능성과 그 필연성까지도 하나의 예시로 생생하게 드러났고, 그 가르침들의 진리성도 역시 그 스승의 권위와 존엄도 어떤 다른 공증이(이를 위해서는 모든 사람에게 요구할 수 있는 일이 아닌 학식이나 기적이) 필요하지 않다. 만일 그 안에서 오래된 (모세의) 율법이나 전범을 들이대는 일이, 마치 그 스승을 증거하는 데 도움이라도 되는 것

을 비난받아 마땅하다고 생각하더라도, 그럼에도 최소한 그의 능력이 닿는 하나의 선행을 할 생각을 멈추어서는 안 되고, 그가 이때 품고 있는 의도가 순수하고 선하다면, 죄책을 덜기 위한 아무런 노력도 하지 않고서 선한 행위의 결핍을 때우고자 하는 저 무위의 속죄보다 더 큰 가치가 있을 것이라고 희망할 이유를 갖는 것이다.

처럼 보인다면, 이런 것들은 앞에서 생각한 가르침들 자체의 진리를 보증하기 위한 것이 아니라, 오히려 전적으로 그리고 맹목적으로 옛 것에 매여 있는 사람들 가운데로 안내하기 위해 제공한 것일 뿐이다. 규약적 신앙 조항들로 머릿속이 가득 채워져 이성종교를 거의 수용할 수 없는 사람들 가운데서 이 가르침을 소개하는 것은 배우지 못했지만 부패하지 않은 사람들의 이성에 소개하는 것보다 언제나 훨씬 VI 163 더 어려운 일이 아닐 수 없다. 그러므로 만일 누군가가 당시의 선입견들에 순응한 강론이 현시대에 와서는 수수께끼 같아서 상세한 주석이 필요하다고 보더라도, 비록 그가 그 강론을 모든 사람이 이해할 수 있고, 아무런 학식을 갖지 않고도 확신할 수밖에 없게 하는 종교론을 온 누리에 비치게 하고, 동시에 그것을 자주 분명하게 제시해준다고 하더라도, 누구도 그것을 이상하게 여겨서는 안 된다.

제2장
교학종교로서 기독교

어떤 종교를 이성이 그 자체로서 인식할 수 없음에도 모든 인간에게 미래에도 영원히 (그 본질적인 내용에서) 왜곡되지 않게 전해야 하는 신앙 조항들을 필연적인 것이라고 주장하는 한, 그 종교는 (만일 사람들이 계시의 연속적인 기적을 상정하지 않으려고 한다면) 학자들[40]의 보호에 맡긴 거룩한 재산으로 볼 수 있다. 종교는 처음에는 기적과 행위를 수반하고, 또한 이성으로 확증할 수 없는 것 안에도 들어설 수 있다 할지라도 이 기적들에 대한 보고조차도, 이 기적들에 따른 확증에 필요한 가르침들과 함께 시간이 경과함에 따라 후손들을 위한 경전과 문서증거에 의한 불변적인 교시가 필요할 것이기 때문이다.

한 종교의 원칙들을 채택하는 것을 가리켜 특히 신앙(거룩한 믿음)[41]이라 한다. 그러므로 우리는 기독교 신앙을 한편으로는 순수한 이성신앙으로, 다른 한편으로는 계시신앙(규약적 믿음)[42]으로 보지 않으면 안 된다. 그런데 전자[이성신앙]는 각자에게 자유롭게 받아들 여진 신앙(자유신앙)[43]이고, 후자[계시신앙]는 순종하는 신앙(명령신앙)[44]이라고 생각할 수 있다. 인간의 심성 안에 있고, 그것에서 누구도 자유롭지 못한 악에 대하여, 그리고 자신의 행적 때문에 언제든지 신 앞에서 의롭다고 인정을 받기가 불가능하다는 사실에 대하여, 그럼에도 그런 신 앞에서 타당한 정의가 필요하다는 사실에 대하여, 교회의 계율과 경건한 노역봉사를 정의의 결여에 대한 대체수단으로 삼는 것이 부질없는 짓인 반면에, 새로운 인간이 된다는 것은 필요불가결한 책무[45]라는 사실을 각자는 그 자신의 이성으로 확신할 수 있고, 이런 사실을 확신하는 것이 종교에 속한다.

그러나 기독교 이론은 오롯한 이성 개념들 위에 기초하는 것이 아 Ⅵ 164
니라 사실들 위에 기초하기 때문에 그것을 더는 오롯이 그리스도적
종교[기독교]라 부르지 않고 그리스도적 신앙[기독신앙]이라 부르는
데, 이 신앙이 교회의 기초다. 그러므로 이러한 신앙에 주어진 교회
의 봉사는 양면적이다. 그것은 한편으로 역사적 신앙에 기초하여 교
회를 섬겨야 하는 봉사이고, 다른 한편으로는 실천적인 도덕적 이성
신앙에 기초하여 교회에 마땅히 바치지 않으면 안 되는 봉사다. 이
둘 중 어떤 것도 기독교 교회 안에서는 다른 것과 분리되어 그 자체
적으로만 홀로 존립할 수 없는데, 후자를 전자에서 분리할 수 없는
것은 기독교 신앙이 하나의 종교신앙이기 때문이고, 전자를 후자에
서 분리할 수 없는 것은 기독교 신앙이 하나의 교학신앙이기 때문
이다.

교학[지식으로 가르쳐진]신앙으로서 기독교 신앙은 역사에 기반 A 235; B 249
을 두고 있으며, 그것은 (객관적으로) 학식을 기초로 하는 한에서, 그
자체로 **자유로운**, 그리고 충분한 이론적 논증근거들에서 나온 신앙
(자유신앙)[46]이 아니다. 만일 그것이 순수한 이성신앙이라면, 기독교
신앙은 입법자인 신에 대한 신앙으로서 그 기초가 되는 도덕법칙들
이 무조건적으로 명령하는 것이지만, 그럼에도 앞 장에서 이미 제시
한 것처럼 자유로운 신앙으로 여겨지지 않으면 안 될 것이다. 참으로
이 신앙은 사람들이 단지 의무로 여기지 않은 경우에도, 누구나 학식
을 갖추고 있다면 역사신앙으로서 이론적으로 자유로운 신앙이 될
수 있다. 그러나 만일 신앙이 누구에게나, 즉 학식이 없는 이들에게
도 타당해야 한다면, 그것은 단지 명령받은 신앙일 뿐만 아니라 명령
에 맹목적인, 다시 말하면 그것이 참으로 신의 명령인지 아닌지를 검
토하지도 않고 순종하는 신앙(봉사적 믿음[노예신앙])이다.

그러나 기독교의 계시론에서 사람들은 결코 계시의 (이성 자신에

게는 숨겨진) 명제들에 대한 무조건적 신앙들에서 시작할 수 없고, 또한 교학적 인식을 오로지 후방을 공격하는 적에 대한 방어수단으로 배치할 수는 없다. 그렇지 않을 경우에 기독교 신앙은 단순히 강요적 믿음(명령신앙)일 뿐만 아니라 또한 봉사적 믿음(노예신앙)[47]일 수 있기 때문이다. 그러므로 기독교 신앙은 항상 적어도 자명하게 드러난 역사신앙이라고 가르치지 않으면 안 된다. 다시 말해서 기독교

A 236; B 250 안에서 학식은 계시의 신앙 교리로서 후방이 아닌 전방에 배치해야 하는 것이다. 그리고 세속적인 학식도 또한 반드시 갖추어야만 하는 소수의 성서학자들(성직자들)이 그들 자신만으로는 성경을 이해하지 못하는 (그리고 이 중에는 세계시민적 통치자들도 있지만) 학식 없는

Ⅵ 165 는 자들(평신도들)의 긴 대열을 이끌어가게 될 것이다. ― 그런데 이런 일이 일어나지 않으려면 자연종교 안의 보편적 인간 이성이 기독교 신앙교리에서 최고의 명령 원리로 인정되고 존중받지 않으면 안 된다. 그러나 그 위에 교회가 세워지고, 해석자와 보존자인 학자들을 필요로 하는 계시론은 가장 먼저 무지한 자들조차도 이해할 수 있게 하여 자신을 전파하고 존속하게 하려면 오롯이 그러나 최고로 귀한 수단으로 사랑받고 도야하지 않으면 안 된다.

이것이 선한 원리의 지배 아래에 있는 교회의 참된 **봉사**다. 그러나 계시신앙이 종교에 우선해야 한다고 하는 경우에 봉사는 **거짓봉사**다. 이런 거짓봉사에 따라 도덕적 질서는 전적으로 뒤바뀌고, 오직 수단인 것이(목적과 동등한) 무조건적으로 지시하게 된다. 그리하여 배우지 못한 자가 이성을 통해서나 경전을(이것을 무엇보다도 먼저 증명해야 하는 한에서) 통해서도 확신할 수 없는 명제들에 대한 신앙이 절

A 237; B 251 대적인 의무(명령신앙)가 되고, 그와 결합한 다른 계율들이 행위의 도덕적 규정근거들 없이도 노역신앙으로서 축복을 가져오는 신앙의 지위로 높여진다. 이 같은 후자[거짓봉사]의 원리에 기초하는 교회

는 전자[참된 봉사]의 체제에 세워진 교회와 같은 본래적인 **봉사자**를 갖는 것이 아니라, 명령하는 고위 **공직자**를 가질 뿐인데, 이들은 (프로테스탄트교회에서와 같이) 교권제도의 광채 속에서 외적 권력으로 치장한 성직자로 나타나지 않고, 심지어 그에 반하는 언사로 항의하기도 하지만, 그럼에도 그들은 사실 그들만이 소명받은 성서 해석가로 인정받으려고 하면서, 순수한 이성종교에서 성서의 최고 해석가일 수 있는 합당한 그 권위를 박탈하고, 성서의 학식만을 교회신앙을 위해 사용하도록 명령한다. 그들은 비록 이런 월권을 은폐하기 위해 교회의 봉사자라는 겸손한 명칭을 쓰기는 하지만, 이런 식으로 교회의 **봉사**[48]를 교회 성원들에 대한 **지배**[49]로 변환했다. 그러나 이성에 손쉬웠을 것으로 생각하는 이러한 지배는 실은 학식의 비용지출을 많이 요구하는 값비싼 것이다. "이성은 그 본성에 대해서는 맹목적인 채 고대 전체를 머리 위에 올려놓고 그 밑에 파묻혀 버린다."[50] ― 이 길을 걷게 된 사태들은 다음과 같은 행보를 거쳤다.

가장 먼저 그리스도의 가르침을 전한 최초 전도자들이 그들 민족 사이에 그것을 전파하는 데 현명하다고 여겼던 방법들은 모든 시대와 모든 민족에게 타당한 종교 자체의 한 부분으로 여겨졌다. 그래서 사람들은 모든 기독교인은 유대인이어야만 하고, 그의 메시아가 임했다[51]고 믿어야 한다고 한다. 그러나 이 사실은 기독교도가 본래 (규약적인 것인) 유대교 율법에 얽매어 있지 않지만, 이 민족의 성경 전체는 만인을 위해 주어진 신의 계시로서 경건하게 받아들여야 한다는 사실과 연관성이 없다.† ― 이렇게 해서 이 책의 진정성(그 진정성

A 238; B 252

VI 166

B 253

---

† 멘델스존[52]은 이스라엘의 아들에 대한 모든 부당한 요구를 종교를 이행하기 위해 전적으로 기각하려고 기독교의 통상적인 표상방식에서 이런 취약한 측면을 매우 교묘하게 이용했다. 그의 말에 따르면, 유대교 신앙은 기독교도들 자신이 고백하는 것처럼 위층인 기독교의 가장 밑에 있는 층이다.

은 이 책의 여러 대목, 아니 이 책에 나오는 신성한 역사 전체를 기독교의 책들 안에서 그들의 이런 목적을 위해 사용한다는 사실로 아직 충분히 증명하지는 않았다)과 관련하여 많은 난점이 일어난다. 유대교는 기독교 성립 이전에는 그리고 기독교가 이미 상당히 진보할 때까지도 지식인 계층에게 아직 진출하지 못했다. 다시 말해 유대교는 다른 민족들의 학식 있는 동시대인들에게 아직 알려지지 않았고, 그들의 역사도 아직 검증되지 않았으며, 그들의 경전은 그 고전성 때문에 역사적 신빙성을 인정받을 정도였다. 그러나 이를 인정한다 하더라도, 그것을 번역으로 보고 알아서 자손에게 전달하는 것만으로 충분하지 않고, 이 책에 기초하는 교회신앙을 보증하기 위해서는 미래 모든 시대에 그리고 모든 민족에게 히브리어를 (우리가 이 언어에 대해 책을 오직 한 권만 가지고 있는 그런 언어에서 가능한 만큼) 아는 학자들이 있어야 한다고 요구한다. 이처럼 참된 종교를 세계에 보존하기 위해 그런 언어를 충분히 잘 아는 학자들이 있다는 것은 오롯이 역사학

그러므로 누군가에게 이층에 거주하기 위하여 아래층을 파괴하라고 요구하는 것과 같이 부당한 짓이다. 이로써 그의 진의는 상당히 분명하게 드러난다. 그가 말하려 한 것은 당신들 자신이 우선 당신들의 종교에서 유대교를 제거한다면(역사적 신앙 교리에서 유대교는 언제나 하나의 유물로 남을 테지만), 우리는 당신들의 제안을 고려해볼 수 있으리라는 것이다(사실 그렇게 되면 아마도 어떤 규약적인 것도 섞여 있지 않은 순수하게 도덕적인 종교 이외에는 어떤 종교도 남지 않을 것이다). 만일 외적 계율의 멍에를 벗어던지는 대신에 양심적인 사람들을 더욱더 심하게 압박하는 신성한 역사의 신앙고백이라는 또 다른 멍에를 지게 된다면, 우리 부담은 조금도 가벼워지지 않을 것이다. ── 더 나아가 이 민족의 성경은 비록 종교를 위해서는 아닐지라도 학식을 위해서는 언제나 존속하고 존중할 것이다. 어떤 다른 민족의 역사도 이 민족의 역사만큼 그렇게 멀리(심지어 이 세계의 시작까지), 우리에게 알려진 모든 세속의 역사가 발원하는 태고 시대에까지 거슬러 올라가 신빙성 있는 어떤 외관을 가지고 있는 것은 없다. 그래서 다른 민족들의 역사가 남겨둘 수밖에 없는 거대한 공백을 이 민족의 역사가 채웠다.[53]

일반의 중요한 관심사일 뿐만 아니라, 인간의 축복이 그에 달려 있는 B 254
관심사이기도 하다.

그런 점에서 기독교라는 종교도 이와 비슷한 운명을 가지고 있다. 기독교의 신성한 사건들 자체가 학식 있는 민족의 눈앞에서 공공연하게 일어났음에도, 그 역사가 이 민족의 학식 있는 공중 안에 들어가는 데는 한 세대 이상 시간이 경과되었다. 따라서 이 종교의 진정성은 동시대인들을 통해서는 확증을 얻을 수 없었다. 그러나 기독교가 유대교보다 훨씬 우월한 점은, 그것이 **최초의 교사** 입에서 규약적 종교가 아닌 도덕적 종교로 나온 것으로 여겨졌으며, 그렇게 해서 이성과 아주 밀접하게 결합함으로써 역사적 학식이 없어도 이성에 의해 저절로 모든 시대와 모든 민족에게 최대의 확실성을 가지고 확산할 수 있었다는 점이다: 그러나 **공동체**의 최초 설립자들은 유대교 역사를 기독교와 연관하는 일이 필요하다고 깨닫게 되었다. 이는 그들 당대의 상황에서, 그리고 아마도 그 당대 상황에서만 현명한 처사였던 것으로, 그렇게 해서 유대교 역사는 기독교의 신성한 유산 안에서 함께 우리에게 전해졌다. 그러나 **교회** 설립자들은 이런 삽화적인 선 A 240
전수단들을 신앙의 본질적인 조항 속에 받아들여 그것들을 전통이나 공의회를 통해 법적인 힘을 갖거나[54] 학식으로 확증한 해석으로 B 255
그 힘을 증대해나갔다. 이들 학식 있는 자들에 의해서 또는 그들의 반대자들에 의해서, 모든 평신도도 참칭할 수 있는 내적인 빛에 의해서 신앙에 어느 정도 변화가 올지는 아직 알 수 없다. 이것은 우리가 종교를 우리 안에서 찾지 않고 밖에서 찾는 동안은 피할 수 없는 일이다.

제2부
규약적 종교에서 신에 대한 거짓봉사에 대하여

참된 유일한 종교는 법칙들인 그런 실천적 원리들 외에는 아무것도 포함하지 않는데, 우리는 그 원리들의 무조건적 필연성을 의식할 수 있으며, (경험적으로가 아니라) 순수 이성을 통해 계시한 것으로 인정하는 것들이다. 상이하지만 그러면서도 같은 선한 형식이 존재할 수 있는 교회를 위해서만 규약들, 즉 신적인 것으로 간주하는 법규들이 있을 수 있는데, 이것들은 우리의 순수한 도덕적 판단으로 보면 자의적이고 우연적인 것이다. 그런데 이런 규약적 신앙을(이는 기껏해야 한 민족에게 국한한 것이고 보편적 세계종교를 함유할 수는 없다) 신에 대한 봉사 일반에서 본질적인 것으로 간주하고, 그것을 인간이 하느님 마음에 들기 위한 최상의 조건이라고 생각하는 것은 하나의 종교망상이며,* 이를 따르는 것은 신 자신이 요구하는 참된 봉사

VI 168

A 241

B 256

---

* 망상이란 어떤 사실의 오롯한 표상을 사실 자체와 똑같이 타당하다고 여기는 착각을 말한다. 가령 인색한 부자에게는 자신이 원하기만 할 경우에 자신의 부를 사용할 수 있다는 생각을, 그가 결코 그것을 쓰지 않는다는 것에 대한 충분한 대체물로 여기는 **구두쇠의 망상**이 있다. **명예망상**은 근본적으로는 단지 타인이 표시하는 (내면적으로는 아마도 전혀 품고 있지 않은) 존경의 외적 표상에 불과한 칭찬에다가 존경에 부여해야 할 가치를 두는 것이며, 따라서 칭호나 훈장의 욕망도 이런 것에 속한다. 왜냐하면 이것

와 정반대 것을 행하는, 신에 대한 잘못된 숭배인 거짓봉사다.

§1 종교망상의 일반적·주관적 근거에 대하여

신인동형론은 인간이 신과 그 본질을 이론적으로 표상할 경우에 거의 피할 수 없는 것으로서 (만일 이것이 의무 개념에 영향을 미치지만 않는다면) 대개는 어떤 죄도 없다고 하겠지만, 신의 의지에 대한 우리의 실천적 관계 측면에서, 그리고 우리의 도덕성 자체에 대해서는 매우 위험한 것이다. 왜냐하면 그때 우리는 스스로 하나의 신을 만들기[55] 때문이다.† 우리는 자신들의 이익을 위해 신을 아주 쉽게 만들어낼 수 있다고 믿으며, 우리의 도덕적 심정의 가장 깊은 심층을 각성하기 위한 수고스러운 부단한 노력을 피할 수 있다고 믿는다. 인

들은 타인에 대한 우월성의 외적 표상에 지나지 않기 때문이다. 그래서 망상기조차도 이런 이름을 갖는 것은, 그것이 (상상력의) 오롯한 표상을 사실 자체가 현존하는 것으로 여기고 똑같이 평가하기 때문이다. — 이제 어떤 목적을 위한 수단을 소유하고 있다는 의식은 (그것을 사용하기 전에는) 오직 표상 중 소유하고 있는 것이다. 따라서 수단의 소유만으로 마치 목적의 소유를 대신할 수 있다고 만족하는 것은 하나의 실천적 망상이며, 여기서는 이것만 문제 삼고 있다.

† 인간은 누구나 하나의 신을 만든다. 더구나 (세상에서 각자에게 알맞은 대상을 드러내는 능력을 지닌, 무한하게 위대한 속성들을 수반하는) 도덕 개념들에 따라서 인간이 신앙 안에서 그를 만들었다는 자를 숭배하기 위해 스스로 그런 신을 만들어내지 않으면 안 된다고 말하는 것은 실로 우려스럽게 들리지만 결코 비난받을 만한 것은 아니다. 왜냐하면 타인에 의해 신이라고 하는 어떤 존재자가 (만일 그것이 가능하다면) 스스로 나타나든지 간에, 그는 먼저 이 표상을 자신의 이상과 대조하여 그것이 과연 신성으로 여기고 숭배할 만한 권능을 지녔는지를 판단하지 않으면 안 되기 때문이다. 그러므로 그 신의 개념을 먼저 그 순수성에서 시금석으로 삼지 않는다면, 오롯한 계시에서는 어떤 종교도 생겨날 수 없으며, 모든 신 숭배는 우상숭배[56]가 될 것이다.

간이 이런 관계를 위해 일상적으로 세우는 원칙은 우리가 오직 신의 마음에 들기 위하여 행하는 모든 것을 통하여 (만일 이것[신의 마음에 들기 위하여 행하는 모든 것]이 바로 그것[도덕성]에[57] 조금도 기여하는 바가 없다 하더라도, 도덕성에 직접 모순을 범하지만 않는다면) 우리는 신에게 순종적이고 바로 그 때문에 그의 마음에 드는 신민으로서 우리의 봉사의지를 증명하는 것이고, 또한 신에게 (가능적으로) 봉사한다는 것이다. ── 인간이 그것을 통해 이런 신에게 봉사하기 위하여 실천한다고 믿는 것이 항상 희생일 필요는 없다. 그리스인이나 로마인에서처럼 축제들과 심지어는 공공의 경기들을 자주 신에 헌신하기 위해 사용했고, 또한 그들의 망상에 따르면 그런 행사들을 신성이

A 243 한 민족이나 개개인에게 호감을 갖게 하는 데 쓰기도 했다. 그럼에도 (참회, 고행, 순례 등) 전자[희생들]는 언제나 더 큰 힘이 있고, 하늘의 호감을 얻는 데도 더 큰 효력이 있으며, 속죄에도 훨씬 더 적합하다고 여겨졌다. 왜냐하면 그것들은 신의 뜻에 (비록 도덕적이지는 않지만) 무제한의 복종을 더 강조하기 위해 쓰이기 때문이다. 그러한 자기학대가 무익할수록 또한 인간의 보편적인 도덕적 개선을 의도하지 않을수록 그만큼 더 거룩하게 보이는 것이다. 왜냐하면 그런 것들이 이 세상에서는 아무런 소용이 없음에도, 수고가 필요하다는 바로

B 259 그 이유로 오직 신에 대한 헌신을 증명하려는 목적으로 보이기 때문이다. ── 사람들이 말하기를, 이 경우에 비록 신이 아무런 의도도 없이 한 행위에 따라 섬김을 받았다고 하더라도, 그는 거기서 그의 도덕적 명령을 준수하는 데는 너무나 미약하지만, 그러나 이를 증명하려는 그의 각오에 비추어 그의 결함을 다시 선하게 만들고자 하는 선의지인 심성을 주시하는 것이다. 그런데 여기에서 그 자체로는 어떤 도덕적 가치도 갖지 못한, 오로지 감성적 표상능력을 목적의 지성적 이념들을 동반하기 위한 고양 수단에 불과하거나 그것[감성적 표상

능력]이 후자[목적의 지성적 이념들]에 반하여 작용할 수 있을 때, VI 170
그것을 억압하기 위한 수단적 가치를 가질 뿐인 행동을 하는 성벽이
뚜렷하게 나타난다.* 그럼에도 우리는 이러한 행실에다가 우리 생각 B 260
으로 목적 자체의 가치를 부여하거나 그와 비슷하게 (신심이라는) 신 A 244
에게 귀의하는 심정들을 받아들이는 마음상태에다가 후자[심정들]
의 가치를 부여한다. 그러므로 이러한 행위는 오롯한 종교망상으로
서 온갖 형태를 취할 수 있으며, 이들 중 어떤 것은 다른 것들보다는
도덕적 형식이 비슷해 보이기는 하지만, 그 어떤 형태에서도 이러한
망상은 오롯이 우연적인 착각이기보다는 오히려 수단에다가 가치 자
체[60]를 목적 대신에 부여하는 준칙이다. 그리고 그때 후자[준칙]로 A 245
말미암은 이러한 망상은 이 모든 형식과 똑같이 불합리할 뿐만 아니
라 숨겨져 있는 기만적 경향성으로 배척받아 마땅하다.

---

* 감상적인 것과 지성적인 것이 그렇게 잘 구별되지 않은 경우에는 언제나 A 244; B 259
 『순수이성비판』의 자기모순들과 마주친다고 믿는 사람들에게 나는 여기
 에서 다음과 같이 주의를 촉구하고자 한다. 즉 (순수한 도덕적 심정의) 지성
 적인 것을 촉진하는 감성적 수단들에 대해, 또는 전자[감성적인 것]가 후
 자[지성적인 것]에 대립하는 장애에 대해 언급하는 경우, 전혀 이질적인
 이 두 원리 사이의 이러한 상호영향은 결코 직접적인 것이라고 생각해서
 는 안 된다는 점이다. 감성적 존재로서 우리는[58] 지성적 원리의 현상들, 즉
 행위들에서 나타나는 자유로운 자의에 따른 우리의 자연적 힘의 규정에서
 법칙에 반하여 작용할 수도 있다. 따라서 원인과 결과는 실제로는 동질적
 인 것이라고 생각한다.[59] 그러나 초감성적인 것(자유라고 하는 파악 불가능
 한 성격 안에 숨겨져 존재하는 우리 안에 있는 도덕성의 주관적 원리), 즉 순수
 한 종교심정에 대해 우리는 이 심정의 법칙 외에는(이 법칙은 그 자체로서
 또한 충분하지만) 인간 안에서 원인과 결과의 관계에 대한 어떤 것도 통찰 B 260
 하지 못한다. 즉 우리는 감성계에 속하는 사건으로서 행위들의 가능성을
 인간의 도덕적 성품으로, 그것들에 속하는 것으로서 설명할 수 없다. 그것
 은 자유로운 행위이지만 모든 사건의 설명근거들은 감성계에서 취하지 않
 으면 안 되기 때문이다.

§2 종교망상에 대립하는 종교의 도덕적 원리

나는 일차적으로 다음과 같은 명제를 어떤 증명도 요구하지 않는
하나의 원칙으로 받아들인다. 인간이 신의 마음에 들기 위해 선한 행적
이외에 무엇인가를 할 수 있다고 호도하는 모든 것은 오롯한 종교망상이
고 신에 대한 거짓봉사다. — 내가 말하고자 하는 것은 인간이 할 수 있
다고 믿는 무엇이다. 우리가 할 수 있는 모든 것을 넘어서 인간을 신
의 마음에 들게 하기 위해 신만이 행할 수 있는 어떤 것이 최고 지혜
의 비밀 속에 있는지 어떤지를 여기서 부정하려는 것은 아니다. 그러
나 만일 교회가 그런 비밀을 마치 계시받은 것으로 공포할지라도, 이
계시를 신성한 역사가 이야기해주는 대로 믿고, 그것을 (내적이든 외
적이든 간에) 고백하는 것 자체로 우리가 신의 마음에 들 수 있다고
생각하는 것은 위험한 종교망상일 것이다. 왜냐하면 이러한 믿음은
그의 확고한 견해의 내적 고백으로, 진실로는 두려움에 의해 강요된
행위이며, 따라서 정직한 인간은 이런 조건보다는 차라리 어떤 다른
조건에 동조하려 할 것이기 때문이다. 또한 그는 다른 모든 노역봉사
에서는 기껏해야 단지 하찮은 일을 하는 것뿐이지만, 이 경우에는 그
자신이 확신할 수 없는 진리를 선언함으로써 양심과 충돌하는 무엇
인가를 행하게 되기 때문이다. 그러므로 그가 그것 자체로(그에게 건
네진 선을 받아들임으로) 자기를 신의 마음에 들게 할 수 있다고 장담
하는 신앙고백은 그가 이 세계에서 실천해야 할 도덕법칙들의 준수
에 있는 선한 행적 이상의 어떤 것을 할 수 있다고 잘못 생각하는 것
이고, 그때 그는 자신의 봉사로 신에게 직접 의탁하는 것이다.

첫째로, 이성은 우리를 자신의 (신 앞에서 타당한) 정의[61]의 결여와
관련하여 전적으로 위안[62] 없이 내버려두지는 않는다. 이성은 의무
에 헌신하는 진실한 심정을 갖고서 그의 능력이 있는 한 (적어도 법

B 261

VI 171

A 246

B 262

칙과 완전한 합치를 향한 지속적인 접근 속에서) 자신의 책무를 완수하기 위하여 행하는 사람은, 그의 능력 안에 있지 않은 것이 최고의 지혜에 의해 (이렇게 지속적으로 접근하는 심정을 변하지 않게 하는) 어떤 하나의 방식으로 보완이 가능할 수 있다고 희망해도 좋다고 말한다. 그러나 이성은 유형을 규정하거나 그것[지혜]이 어디에 있는지 안다고 허투루 말하지 않는다. 그것은 아마도 너무나 비밀스러워서, 신이 그것을 우리에게 실천적인 것만이 이해하는 어떤 상징적인 표상   A 247
[요청] 속에서 그 비밀을 밝히려고 해도, 인간에 대한 신의 이런 관계 자체가 무엇인가를 이론적으로 파악하거나 개념으로 결합하는 일은 전혀 불가능하다. — 그런데 어떤 교회가 주장하기를 신이 어떻게 인류의 그런 도덕적 결함을 보완해주는지 명확하게 알고 있다고 하고, 그와 함께 이성에는 자연스럽게 알려지지 않은 칭의의 수단을 알지   VI 172
못하고, 그 때문에 그것을 종교원칙으로 채택하여 고백하지 않는 모   B 263
든 인간에게 영원한 벌을 선고한다면, 이 경우에 도대체 누가 불신앙자인가? 자기가 희망하는 것이 어떻게 되어가는지 알지도 못하면서 믿는 자인가, 아니면 인간을 악에서 구원하는 방식을 철저히 알기를 원하고, 그 반대에서는 구원에 대한 모든 희망을 포기하는 자가 그러한가? — 기본적으로 후자에게 이 비밀을 아는 것은 그렇게 중요한 일이 아니다. (왜냐하면 그가 그것을 위해 아무것도 할 수 없다는 것을 아는 것은 그에게 전적으로 무익하다는 것을 그의 이성이 이미 그에게 가르쳐주기 때문이다.) 오히려 그가 그것을 알고자 하는 것은 다만 (그것이 단지 내면적으로 일어나는 일에 불과하더라도) 이 모든 계시에 대한 신앙, 채택, 고백, 찬미로써 제의를 드릴 수 있도록 한 것이다. 이 제의는 그에게 하늘의 은혜를, 특히 선한 행적을 위해 그 자신의 힘을 전혀 소비하지 않고 거저 얻게 해주며, 후자[선한 행적]를 아마도 초자연적으로 일어나게 해주고, 또한 그 착한 행적에 어긋나는 행   A 248

위가 일어났을 때에도 최소한 그 위반을 상환할 수 있게 해준다는 것이다.

둘째로, 만일 인간이 앞서 나온 준칙에서 조금만이라도 벗어난다면, 신에 대한 거짓봉사(미신)는 더는 **한계를 갖지 않는다.** 왜냐하면 그 준칙을 넘어서면 모든 것은 (윤리성과 직접적으로 모순을 범하지는 B 264 않는다 해도) 자의적이기 때문이다. 인간에게 조금도 비용이 들지 않는 입술의 헌신[말잔치]에서, 그밖에 인간의 이익을 위해 더 잘 이용할 수 있는 자연재화의 봉헌, 또한 세상을 위해 자신을 버리고 (은자, 탁발승 또는 수도사 신분이 되어) 자기 자신을 희생하여 헌신하기까지 인간은 자신의 도덕적 심정만을 빼놓고는 모든 것을 신에게 바친다. 그런데 인간은 그가 신에게 자기 마음을 바친다고 말하는 경우, 그것이 뜻하는 바는 하느님을 기쁘게 하는 행적의 심정이 아니라 그 희생을 후자[심정] 대신에 지불할[63] 수 있기를 바라는 진심어린 소망이다. ("많은 일로 분주하지만 아무것도 이루지 못하고 헛되이 헐떡거리는 족속." - **파에드루스**[64])

끝으로, 만일 사람들이 잘못 생각해서 그 자신 자체로 신을 흡족하게 하고, 또한 필요한 경우에는 신과 화해도 하는, 그러나 순수하게 도덕적이지 않은 봉사의 준칙으로 일단 넘어가게 되면, 신에게 기계적으로 봉사하는 그런 방식에서는 어떤 것이 다른 것보다 우수하다 A 249 는 본질적 구별은 없다. 그것들은 모두 그 가치(또는 오히려 무가치)의 면에서 한가지고, 감성이 더 거칠게 타락하여 죄과에 이르는 자들 VI 173 보다 진정한 신 숭배의 유일한 지성적 원리에서 더 세련되게 벗어난 자신들을 더 훌륭하다고 여기는 것은 오롯한 허세다. 신앙심이 깊은 사람이 규약에 맞게 **교회**에 가거나, **로레토**[65]나 팔레스타인으로 성지 B 265 순례를 가거나, 입으로 기도문을 외우거나, (이런 소망들을 문자로 기록하고 그것이 무엇인가에 의해, 즉 깃발에 적혀 바람에 의해, 또는 빙빙

도는 작은 상자에 들어가서 손으로 움직여지면 그의 목적을 그대로 달성한다고 믿는) 티베트인처럼 염주[66]를 돌려 하늘의 당국자에게 그 뜻을 전하고 그것이 신에 대한 도덕적 봉사의 어떤 대용물이거나 간에 그것은 모두 한가지고 가치가 동일하다. ── 여기서 문제가 되는 것은 외적 형식의 차이가 아니라 모든 것이 유일의 원리를 채택하는가, 즉 오직 그 현상인 행위들에서 생생하게 드러나는 도덕적 심정으로만 신의 마음에 들려고 하는가, 아니면 경건한 유희작업과 헛짓거리로 그의 마음에 들려고 하는가에 달려 있다.* 그러나 어쩌면 비굴하게 A 250; B 266
아첨하는 종교망상과 함께 자기기만의 일반적인 부류에 속한다고 볼 수 있는 것으로 인간적 능력의 한계를 넘어서 현기증 나게 높이 올라가는 덕의 망상도 있는 것은 아닐까? 그렇지 않다. 덕의 심정은 그 자체로 신의 마음에 들게 하고, 또한 세계최선과 일치하는 어떤 현실적인 것에 집중한다. 물론 덕의 심정에는 자신이 신성한 의무의 이념과 일치한다고 여기는 자만의 망상이 함께할 수 있지만, 그것은 단지 우연한 일에 지나지 않는다. 그러나 그것[신성한 의무의 이념]에 최고 가치를 두는 것은 교회의 기도훈련에서 보는 것과 같은 망상은 아니며, 오히려 세계최선을 촉진하는 전적인 기여다.

이와 함께 (최소한 교회의) 어떤 관습이 있는데, 인간이 덕의 원리 Ⅵ 174
로 행할 수 있는 것을 자연이라고 부른다. 그러나 단지 인간의 모든

---

* 규약적인 것에 대한 믿음이 다소 소홀한 종파의 신봉자들이 그 때문에 자 A 250
신들이 고상하고 한층 더 계몽된 상태에 있다고 느끼는 것은 일종의 심리적 현상이다. 그러나 실제로는 그들 역시 (그들이 실제로 행하는 것처럼) 그들의 이른바 순수성의 고상함으로 교회망상에 사로잡혀 있는 형제들을 경멸하면서 내려다보는 것을 허용하지 않을 만큼 규약적인 요소를 여전히 많이 간직하고 있는데, 이러한 현상의 원인은 그들 자신이 이를 통해 미미할지라도 순수한 도덕적 종교에 어느 정도 접근해 있다고 생각하는 데 있다. 그럼에도 그들은 이성이 덜 수동적일 뿐 경건한 계율로 순수한 도덕종교를 보완하려는 망상에 여전히 사로잡혀 있다.

도덕적 능력의 결함을 보완하는 데 쓰이고, 또한 우리에게 의무이기도 하는 이런 능력의 넉넉함을 소망하고 희망하며 간구할 수밖에 없는 것들을 **은총**이라고 부른다. 그리고 이 둘 모두를 함께 신의 마음에 들게 하는 행적을 위해 충분한 심정의 작용 원인으로 보면서도, 이것들을 서로 구별할 뿐만 아니라 서로 대립하게도 한다.

은총의 작용들을 자연(덕)의 작용들과 구별할 수 있고, 더구나 그것[덕의 작용]을 자기[은총의 덕] 안에서[67] 산출할 수 있다고 장담하는 것은 광신이다. 왜냐하면 우리는 초감성적 대상을 경험 안에서 무엇이든 간에 인식하는 것이 불가능하고, 더구나 그것을 우리 안에 끌어오기 위해 영향을 미치는 것은 더욱 불가능하기 때문이다. 비록 우리 마음 안에서 때때로 도덕적인 것에 작용하는 운동들이 일어난다고 하더라도 우리는 그것을 설명할 수 없고, 이에 대해서는 우리의 무지를 고백하지 않을 수 없다. "바람은 불고자 하는 곳으로 불고 있으나 너는 그것이 어디서 오는지 알지 못한다 등"[68] 하늘의 영향을 자기 안에 **지각**하고자 하는 것은 일종의 망상이다. 그런 것에도 방법 같은 것이 있을 수는 있으나 (그 잘못 생각한 내적 계시들도 항상 도덕적이고 이성이념들과 연결하지 않으면 안 되기 때문) 그것은 언제나 종교에 해로운 자기기만으로 남을 뿐이다. 은총의 작용들이 있을 수 있다고 믿거나, 은총의 작용들이 아마도 우리 덕의 노력의 불완전성을 보완하기 위해서도 있어야 한다고 믿는 것만이 우리가 그것에 대해 말할 수 있는 전부다. 그밖에 은총의 작용들의 특징에 관하여 무엇인가를 규정하고, 더구나 그것들을 산출하기 위해 무엇을 한다는 것은 우리가 할 수 없는 일이다.

종교적 제의 행위들로 신 앞에서 칭의와 관련하여 무엇인가를 마련한다고 하는 망상은 종교적 **미신**이다. 또한 이른바 신과 교제하려는 노력으로 이런 것들을 시도하려는 망상은 종교적 **광신**이다. ― 모든 인간이 바로 선한 인간이 되지 않고도 할 수 있는 행위들을 통해 (예컨대 규약적인 신앙명제들의 고백으로, 교회의 계율과 교훈 등의 준수로) 신의 마음에 들고자 하는 것은 미신적 망상이다. 이런 망상이 B 268 미신적이라고 불리는 것은 그것이 자연이 아닌 것(즉 윤리적 선)을 위해서 자체로서는 전혀 아무런 작용도 할 수 없는 오롯한 자연수단 (도덕적이지 않은 것)을 선택하기 때문이다. ─ 그러나 어떤 망상을 VI 175 광신적이라고 부르는 것은 상상한 수단이 초감성적이어서 인간의 능력을 넘어서 있을 뿐만 아니라, 이 수단이 의도하는 초감성적인 목적에 도달하기가 불가능하다는 사실을 깨닫지 못하는 경우다. 즉 최고 존재자의 직접적인 현전에 대한 이러한 감정을 상정하고, 이 감정을 다른 모든 감정, 심지어는 도덕감정과도 구별하는 것은 인간의 본성 안에 그것에 대한 감관이 없는 직관능력을 상정하는 것이다. ─ 미신적 망상은 그 자체로 많은 주체에게 유용한 동시에 그들에게, 최 A 253 소한 하느님 마음에 드는 심정의 장애요소들에 대항하는 가능한 수단을 함유하는 한에서 이성과 친화적이다. 다만 이 망상은 우연적으로 오롯한 수단일 수 있는 것을 직접 하느님 마음에 드는 대상으로 삼는다는 사실 때문에 비난받아 마땅하다. 그와 반대로 광신적 종교망상은 이성의 도덕적인 죽음이고 종교는 이성 없이는 전혀 생겨날 수 없으므로, 모든 도덕성 일반이 그런 것처럼 원칙들에 기초하지 않으면 안 된다. B 269

그러므로 모든 종교망상을 제거하거나 방지하는 교회신앙의 원칙은 다음과 같은 것이다. 교회신앙은 지금으로는 전적으로 없어서는 안 될 규약적인 조항들 외에도, 동시에 언젠가는 그 조항들이 없어도 지닐 수 있게 하는 본래적 목표가 되는, 선한 행적의 종교를 이끌어내는 원리를 자신 안에 함유하지 않으면 안 된다는 것이다.

§3 선한 원리로 거짓봉사를 하기 위한 단체로서 성직제도[†]에 대하여

B 270

A 254; VI 176

의지할 곳 없는 인간이 자기의식의 무능력에서 비롯하는 자연적인 공포가 강요한, 불가시적인 강력한 존재자를 숭배하는 일은 종교와 함께 동시에 시작된 것이 아니라 오히려 신(또는 우상)에 대한 노예적 봉사에서 시작되었다고 보아야 한다. 이 봉사는 어떤 공법적 형식을 얻게 되었을 때 **성전봉사**가 되었고, 인간의 도덕적 교양이 이 법칙들과 점차로 결합한 후 **교회봉사**로 되었는데, 이 둘의 근저에 역사신앙이 놓여 있으며, 사람들이 그것을 결국 잠정적인 것으로 보게 되어 그 안에서 하나의 순수한 종교신앙의 상징적 표현과 그 촉진 수단으로 보기 시작했을 때까지 그래왔다.

퉁구스족의 샤먼에서부터 교회와 국가를 동시에 통치하는 유럽의 고위 성직자에 이르기까지, 또는 (최고 지배자나 지도자들 대신에 다만 신도들을 그들의 고유한 표상유형에 따라 본다면) 박제 곰의 앞발을 자기 머리 위에 놓고서 아침마다 "나를 죽이지 말라!"라고 짧게 기도하는 아주 감성적인 **보굴리츠**[71]족에서 코네티컷의 깔끔한 **청교도**와 독립교회파[72]에 이르는 신앙의 **풍습**에는 차이가 크나, 신앙의 원리에 관해서는 그것들 모두가 동일한 부류에 속하기 때문에 그런 차이가

B 271

있는 것은 아니다. 곧 그들은 모두 (어떤 규약적 명제들의 신앙이나 어

[†] 정신적인 아버지(파파)[69)]의 위엄을 오롯이 표시하는 이 명칭은 정신적인 전체주의라는 부수적 개념으로만 비난의 의미를 갖는데, 이 전체주의는 교회의 모든 형식 안에서 아무리 겸허하게 대중적으로 알리더라도 마주칠 수 있다. 그래서 나는 결코 마치 종파들과 대립하여 그 의례와 법규들을 경시하려는 것처럼 여겨지고 싶지는 않다. 모든 종파는 그 형식들이 하느님 나라를 지상에 감성적으로 구현하려는 불쌍하게 죽을 존재자들의 시도들인 한에서 똑같은 존경을 받을 가치가 있다. 그러나 이와 함께 이들 종파가 (가시적인 교회에서) 이 이념의 표현 형식을 사태 자체로 보는 경우에는 동일한 비난을 받을 만하다.[70)]

떤 자의적인 계율예전의 거행에서) 그 자체로는 더 선한 인간을 만드는 것이 아닌 것을 제의로 바치는 부류에 속한다. 제의를 오직 선한 A 255 행적의 심정 안에서 찾으려는 이들만이 전자[규약적 신앙을 위한 제의]의 원리를 넘는 전혀 다른 더 숭고한 원리로 이월함으로써 저들과 차별을 보인다. 이들[선한 행적의 심정을 따르는 자들]은 곧 이 전혀 다른 원리에 따라 모든 선량한 생각을 하는 사람들을 포괄하고, 그들의 본질적 성질에 따라 오로지 참된 보편적 교회일 수 있는 (불가시적인) 교회에 속한다고 고백하는 것이다.

인간의 운명을 지배하는 보이지 않는 힘을 인간에게 유리한 방향으로 돌리려는 것은 모든 인간이 지닌 의도이고, 다만 그것을 어떻게 시작하는가에 대한 생각이 서로 다를 뿐이다. 만일 인간이 그 힘을 하나의 지성적 존재자로 보고서, 인간이 그에게 자신들의 운을 기대하는 그런 하나의 의지를 부여한다면, 인간의 노력은 단지 그의 의지에 복종하는 존재자로서 그의 마음에 들 수 있는 방식을 선택하는 데에 기울여질 것이다. 만일 인간이 그를 도덕적인 존재자로 생각한다면, 자기 자신의 이성에 따라 인간은 이 존재자의 마음을 얻는 조건이 도덕적으로 선한 자신의 행적, 특히 이 행적의 주관적 원리인 순 VI 177 수한 심정이어야 한다는 사실을 쉽게 확신할 것이다. 그렇지만 최고 존재자는 아마도 그 이상으로, 또한 오롯한 이성으로는 우리에게 알려질 수 없는 방식으로 섬김을 받고 싶어 할 수도 있다. 곧 그 자체로는 전혀 도덕적인 것으로 보이지 않지만, 이 존재자의 명령을 받았거 B 272 나 그에 대한[73] 우리의 복종심을 증명하기 위해 우리가 자의적으로 A 256 설정한 행위들로 섬김을 받고자 할 수도 있다. 그러므로 인간은 조직적으로 질서 지어진 행사들의 전체를 이루고자 할 때 이 두 방식으로 신에 대한 제의를 거행한다. ─ 그런데 이 두 방식을 결합해야 할 때는 각각을 직접적으로, 또는 둘 중 하나를 신에 대한 본래적인 봉사가 되는 다른 하나의 수단으로만 하느님 마음에 드는 방식이라고 인정하지 않을 수 없다. 신에 대한 도덕적인 봉사(자유봉사)[74]가 직접적으로 신의 마음에 든다는 것은 그 자체로 밝혀진다. 그러나 만일 보수를 바라는 봉사(노임봉사)[75]가 그 자체만으로 신의 마음에 드는 것으로 간주될 수 있다면, 도덕적 봉사를(도덕성의 개념 안에 이미 놓인) 인간에 대한 모든 만족의 최상 조건이라고 인정할 수 없을 것이다. 왜냐하면 그런 경우에는 앞에서 벌어진 상황에서 어떤 봉사가 우선적으로 자기 의무라고 판단해야 하는지, 또는 어떻게 두 방식이 서로 보완하는지를 아무도 알지[76] 못할 것이기 때문이다. 그러므로 그 자체로서 아무런 도덕적 가치도 갖지 못한 그것이 직접적으로 선한 것을 촉진하기 위한(도덕성을 위한) 수단으로[77] 기여하는 한에서만, 즉 신에 대한 **도덕적 봉사를** 위해서만 신의 마음에 드는 것으로 받아들여야 한다.

그런데 그 자체로 신의 마음에 드는 것(도덕적인 것)을 아무것도 함유하지 않은 행위들을 자기에 대한 신의 직접적인 호의를 얻음으로써 그리고 이로써 자신의 소원 성취 수단으로 사용하는 사람은 전적으로 자연적 수단을 통해 초자연적인 작용을 일으키는 기술을 소유하고 있다는[78] 망상 가운데에 있다. 이와 같은 시도를 사람들은 마술이라고 한다. 그러나 우리는 이 말을 (그것은 악한 원리와 함께하는 공동체의 부수 개념을 동반하지만, 그와 반대로 그런 시도는 또한 보통 선한 도덕적 의도를 가지고 있지만 오해로 행해진 것이라고 생각할 수도 있으므로) 잘 알려진 **주물숭배**라는 다른 용어로 대체하고자 한다. 그러나 인간의 어떤 초자연적인 작용은 인간이 신에게 작용을 가해, 신을 이 세계에서 어떤 작용을 일으키는 수단으로 사용하려고 잘못 생각하는 자에게만 가능하지만, 인간의 힘과 그의 통찰력조차 설사 그것이 하느님 마음에 드는지를 그 자체만으로는 파악할 수 없으므로, 이런 것은 이미 그 개념 안에 불합리성을 함유하고 있다.

그러나 인간은 자신을 직접적으로 신의 마음에 드는 대상으로 만드는 것에 (선한 행적의 활발한 심정으로) 의존하는 것 외에도 어떤 의례들을 매개로 하여 자신의 무능력에 어떤 초자연적인 도움을 받을 수 있는 자격을 갖추고자 노력한다. 그리고 인간은 이러한 의도에서 어떤 직접적인 가치도 갖지 못하지만, 그럼에도 그 도덕적 심정을 촉진하는 수단으로 쓰이는 계율들로 자신의 선한 도덕적 소망들의 대 상에 도달할 것이라고 생각한다. 만약 사실이 이러하다면, 인간은 자기의 자연적 무능력을 보완해줄 수 있는 어떤 초자연적인 것을 기대한다. 그러나 이것은 인간에 의해서 (신의 의지에 영향을 미침으로써) 일어난 어떤 것을 기대하는 것이 아니라, 그가 희망할 수는 있으나 산출할 수는 없는 어떤 것의 허용을 기대한다. ― 우리가 통찰하는 한, 그 자체로서 도덕적인 어떤 것, 신의 마음에 드는 어떤 것도 함유하지 않은 행위들임에도 자기 생각에 그 소망들의 응답을 직접 신에게서 기대하는 수단이나 그야말로 조건으로 기여해야 한다면, 그는 비록 자신이 이런 초자연적인 것에 대해 물리적 능력은 물론이고 도덕적 수용성마저 가지지 않았음에도 자연적인, 그러나 그 자체로는 도덕성과 아무런 연관성도 없는 행위들(이런 것들의 시행에서 신의 마음에 드는 심정을 필요로 하지 않으며, 따라서 가장 악한 인간도 가장 선한 인간과 똑같이 이를 행할 수 있다)에 의해, 즉 신을 부르는 형태들, 보수를 바라는 신앙고백, 교회의 계율들 등을 통해 신성(神性)의 도움을 마술적으로 부를 수 있다는 망상에 빠져 있는 것이 틀림없다. 왜냐하면 오롯한 물리적 수단과 도덕적으로 작용하는 원인 사이에는 이 성이 생각할 수 있는 어떤 하나의 법칙, 즉 후자[도덕적 원인]가 전자[물리적 수단][79]에 의해 어떤 작용으로 규정 가능하다고 생각할 수 있는 그런 하나의 법칙에 따른 어떤 연결성도 전혀 없기 때문이다.

그러므로 계시가 필요한 규약적 법률[율법]들의 준수가 종교에서 필수적이고, 더구나 그것도 도덕적 심정을 위한 수단이 아니라 그것을 통해 직접적으로 신의 마음에 들기 위한 객관적 조건으로 앞세우며, VI 179 선한 행적을 위한 노력은 이런 역사신앙 뒤에 두는(단지 **조건적으로만** 신의 마음에 들 수 있는 어떤 것인 전자[규약적 법률의 준수]가 그것만이 단적으로 신의 마음에 드는 것인 후자[도덕적 심정을 위한 수단]를 뒤따라야만 하는 대신에) 자는 신에 대한 봉사를 오롯한 **주물숭배**로 변형시키고, 참된 종교를 위한 모든 노력을 거꾸로 돌리는 거짓봉사를 행한다. 두 가지 선한 것을 결합하고자 할 때, 그것들을 결합하는 순서가 얼마나 중요한가! ─ 그러나 이 구별에 참된 **계몽**이 있다. 신에 대한 봉사는 이 구별에 따라 비로소 자유로워서 도덕적인 봉사가 되지만, 이런 구별에서 벗어날 때 신의 자녀의 자유⁸⁰⁾ 대신에 오히려 B 276 (규약적) 율법의 멍에가 인간에게 씌워지는데, 이것은 단지 역사적으로만 인식할 수 있기 때문에 모든 사람이 확신할 수 없는 것을 믿으 A 260 라는 무조건적 강요다. 따라서 양심적인 인간에게는 갖가지 경건한 계율의 부과가 무엇이든지 간에 매우 견디기 어려운 멍에다.* 사람들

---

* 모든 사람을 구속하는 의무가 그 자신에 의해 그리고 그 자신의 이성에 의해 주어졌다고 볼 수 있는 곳에서는 "그 멍에는 부드럽고, 그 짐은 가볍다."⁸¹⁾ 따라서 그는 그런 한에서 그 의무를 자발적으로 받아들이지만, 오직 신의 명령[계명]으로서 도덕법칙들만이 이런 종류의 것이다. 이러한 명령들에 대해서만 교회 창설자는 "나의 계명들은 힘들지 않다"⁸²⁾라고 말할 수 있다. 이 표현이 뜻하는 것은, 모든 사람은 이 명령들을 준수할 필연성을 스스로 통찰함으로써 그것으로 어떤 것도 강요받지 않기 때문에 어렵지 않다는 것이다. 그와 반대로 설사 우리의 최선을 위해 (그러나 우리의 이성에 의해서가 아니라) 우리에게 부과한 것이라 하더라도, 그리고 그것에서 우리가 아무런 이점도 볼 수 없으며 전제적으로 명령하는 질서유지는 단지 강제로만 복종하는, 이른바 괴롭힘(학대)이다. 그러나 저 도덕법칙들이 명령하는 행위들은 그 자체로, 그 원천의 순수성에서 생각할 때, 바로 인간에게 가장 어려운 행위들이다. 그래서 인간은 그것 대신에 가장 힘든 경건

250

은 경건하게 부과된 계율들로 조직한 교회공동체와 화합하기 위하여 그것을 행하는 것으로 충분하고, 누구든지 그것을 신이 창설한 질서유지로 여긴다는 신앙을 내적 또는 외적으로 고백할 필요는 없지만, 이 고백의 강요로 양심은 참으로 부담스럽게 된다.

그러므로 성직제도는 윤리성의 원리들이 아니라 규약적인 명령들, 신앙규칙들과 계율 등이 교회의 토대와 본질을 이루는 곳에서는 언제나 만날 수 있는 **주물봉사**가 그 안에서 지배하는 그것[83][교회]의 A 261; B 277 기본체제다. 그런데 많은 교회형식에서는 주물숭배가 매우 다양하 VI 180 고 기계적이어서 거의 모든 도덕성, 즉 종교를 밀어내고 그 자리를 대신 차지해야만 하는 것처럼 보이고, 그리하여 이교에 매우 근접해 있다. 그러나 여기에서 그 정도 많고 적음은 가치 또는 무가치가 최고 구속력을 갖는 원리의 성질에 연유하는 곳에서는 전혀 중요하지 않다. 만일 이 원리가 어떤 종규에 순종하여 따르는 것을 노역봉사로 부과하고, 도덕법칙을 **최상부**에 두고서 수행해야 할 자유로운 충성 행위를 부과하는 것이 아니라면, 그러한 계율의 부과가 아무리 적다고 해도 만일 그것을 무조건적으로 필수적이라고 선언하게 되면, 그것은 언제나 주물신앙으로 충분하며, 대중은 이 주물신앙으로 다스려지고 (종교가 아니라) 교회에 복종함으로써 그들의 도덕적 자유를 빼앗기게 된다. 교회의 체제(위계제도)가 군주제이든 귀족제이든 민주제이든 간에, 그것은 다만 조직에 관한 것이다. 교회의 구성은 이들 모든 형식 중에서 언제나 전제적이고, 여전히 전제적으로 남아 있다. 신앙의 규약이 헌법으로 여겨지는 곳에서는 이성뿐만 아니라 종국에는 성서의 학식마저 없어도 된다고 믿는 **성직자계급**이 지배하게 A 262; B 278 된다. 왜냐하면 이 계급은 불가시적인 입법자의 의지의 유일하고 권

한 학대를 치르는 것을, 그것이 가능하다면, 기꺼이 받아들이고자 한다.

위 있는 보존자이자 해석자로서 신앙규칙을 독점적으로 관리할 권위가 있으며, 이런 권력을 갖추었으므로 설득해서 확신시킬 필요가 없고 단지 **명령**만 하면 되기 때문이다. ─그런데 이 성직자계급 외의 모든 이는 **평신도**이므로(정치적 공동체의 최고 지배자도 예외는 아니다) 교회는 결국 권력에 의해서가 아니라 마음에 영향을 미침으로써 국가를 지배한다. 거기에다가 또한 정신적 훈육 자체가 국민의 사고조차도 길들여서 무조건적인 복종에서 국가가 이익을 창출할 수 있는 것처럼 보이게 해서 지배한다. 그러나 그때 은연중 위선의 습관이 신민들의 성실성과 충성을 파괴하고 그들에게 시민적 의무들에서도 가식적인 봉사를 하도록 만들며, 따라서 잘못 취해진 모든 원리가 그런 것처럼 의도와는 정반대 것을 초래하게 한다.

＊　　＊　　＊

그러나 이 모든 것은, 첫눈에는 걱정할 것 없어 보인, 오직 축복을 내리는 종교신앙의 원리들을 전치한 데서 오는 불가피한 결과다. 두원리 중에서 어떤 것을 최상의 조건으로서 (다른 것이 그에 종속하는) 가장 높은 지위에 놓아야 하느냐가 관건이었다. 그러므로 단지 "육[세속]의 기준으로 본 현자",[84] 즉 학자나 현학적인 사람들만이 그들의 참된 구원에 관한 이 계몽을 위해 소명을 받은 것이 아니다. ─이 신앙은 전 인류 종족이 할 수 있어야 하므로─, "세상에서 어리석은 것"[85] 자체, 즉 무식한 자 또는 이해력이 매우 떨어지는 자조차도 그런 가르침과 내적 확신을 요구할 수 있어야 한다고 받아들이는 것은 당연하고 이성적이다. 그런데 역사신앙, 특히 이 신앙은 소식들을 파악하는 데 필요한 개념들이 전적으로 인간학적이고 감성에 잘 부합할 때 바로 이런 유형의 것으로 보인다. 왜냐하면 그렇게 감성적으로

VI 181
A 263; B 279

다듬어지고 단순화된 이야기를 이해하여 서로에게 전달하는 것이나 하나의 의미로 결합할 필요가 전혀 없는 신비에 대해서 문자 그대로 따라서 말하는 것보다 더 쉬운 일은 없기 때문이다. 그래서 그런 신앙은 특히 큰 이익을 약속하는 경우에 너무나 쉽게 보편적으로 받아들여진다. 게다가 아주 오래전부터 참된 것으로 인정받아온 원전에 기초한 그런 이야기의 진리성에 대한 신앙은 너무나 뿌리가 깊다. 따라서 그 신앙은 아주 평범한 인간적 역량에도 당연히 적절하다. 그러나 설사 그런 사건의 선포와 그에 기초한 행동규칙들에 대한 신앙이 학자나 현자들을 위해서 특별히 주어진 것은 아닐지라도 이들을 그 것에서 제외하는 것도 아니다. 여기에서 이제 한편으로는 이 이야기 A 264; B 280
들의 진리성에 대하여, 다른 한편으로는 이 강론에서 얻어야 할 의미에 대하여 매우 큰 의문들이 생긴다. 그래서 그처럼 많은(그 자체로 솔직하게 개진했더라도) 논란에 휘말려 있는 그런 신앙을 보편적이고 단지 축복을 내리는 신앙의 최고조건이라고 인정하는 것은 사람들이 생각할 수 있는 가장 큰 모순일 것이다. ── 그러나 오로지 이성에 의거하고, 어떤 역사적 교리도 필요하지 않으면서 모든 인간에게, 그리고 가장 단순한 인간에게도 마치 문자 그대로 마음속에 쓰여 있는[86] 것처럼 매우 친근한 하나의 실천적 인식이 있다. 그것은 그 이름만 불러도 그 권위에 대해 누구든지 곧바로 동의할 수 있는 법칙이다. 그리고 그것은 모든 사람의 의식 안에서 무조건적인 구속력을 지닌 법칙인 도덕성의 법칙이다. 그뿐만 아니라 이 인식은 이미 그 자체만으로 신에 대한 신앙에 이르거나 적어도 그것만으로 신의 개념을 도덕적 입법자의 개념으로 규정함으로써 모든 사람이 그것을 이 Ⅵ 182
해할 수 있게 하고 최고도로 숭배할 만한 하나의 순수한 종교신앙으로 인도한다. 그야말로 그것[87][인식]은 너무나 자연스럽게 거기로 이르기 때문에 사람들이 시도하고자 하면, 그것[종교신앙][88]에 대해서 어떤 것도 그에게 가르치지 않았더라도 모든 사람에게 전적으로 물어서 알아낼 수 있는 것임을 안다. 그러므로 이 종교신앙에서 시작하고, 그것과 조화를 이루는 역사신앙이 그 뒤를 따르도록 하는 것이 현명한 일일 뿐만 아니라, 이 종교신앙을 최고 조건으로 하는 것은 의무이기도 하다. 우리는 이 최고 조건 아래에서만 역사신앙이 우리에게 언제나 약속하는 구원에 참여할 것이라고 희망할 수 있다. 물론 이때 우리는 이 역사신앙을 순수한 종교신앙이 (순수한 종교신앙은 보편타당한 가르침을 함유하기 때문에) 거기에다 부여하는 해석에 따라서만 그 보편적인 구속력을 인정할 수 있거나 인정해도 좋다. 더 나아가 도덕적 신앙을 가진 사람은 역사신앙이 자신의 순수한 종교적 심정에 활기를 불어넣는 데 유익하다고 할 뿐만 아니라 이런 방식으로만 순수한 도덕적 가치를 갖는다고 보는 한 이러한 역사신앙에도 열려 있다. 왜냐하면 이런 경우에 그는 자유롭고 어떤 위협에도 (이 경우에는 결코 정직할 수 없다) 강박당하지 않기 때문이다.

그러나 교회 안에서 신에 대한 봉사[미사, 전례]가 인간성 일반에 명령한 법칙들에 따르는 신에 대한 순수한 도덕적 숭배를 주로 지향하는 경우에도, 사람들은 교회에서 항상 **경건 이론**이나 순수한 덕론 중 어느 편이, 아니면 각각이 별도로 종교 강론의 내용을 이루어야 하는지 물을 수 있다. 첫째 명칭, 즉 **경건 이론**이 아마도 (오늘날 이해하는) 종교라는 말의 의미를 객관적으로 가장 잘 표현했을 것이다.

경건은 신과 관계에서 도덕적 심정의 두 규정을 포함한다. 신에 대한 **공포**는 **죄책**을 가진 (신민의) 의무, 즉 법칙에 대한 존경에서 신의 명령을 따르는 이런 심정이다. 그러나 신에 대한 **사랑**[89]은 자신의 자유로운 선택과 법칙에 대한 호의에서 (자녀의 의무로) 신의 명령을 따르는 그런 심정이다. 그러므로 이 두 가지는 도덕성을 넘어서 또는 이 도덕성이 의도하는, 그러나 우리 능력을 초월하는 최고선의 완성에 필요한 특성들을 지닌 초감성적 존재자라는 개념을 함유하고 있다. 그런데 이 초감성적 존재자의 본성에 대한 개념은 이 존재자의 이념과 우리의 도덕적 관계를 넘어서는 경우에는 언제나 우리가 의인적이라고 생각할, 그리고 그 때문에 가끔 우리의 윤리적 원칙들에 전적으로 해롭다고 생각할 위험에 빠진다. 그러므로 이 존재자의 이념   VI 183
은 사변적 이성 안에 그 자체만으로 존립할 수 있는 것이 아니며, 심지어 그 근원과 또한 그 힘조차 전적으로 자기 자신에 의거하는 의무 규정과의 관계에 근거하는 것이다. 그러면 최초의 청년 지도에서 또는 강론에서 덕 이론을 경건 이론보다 앞에 다루는 것이 더 자연스러운가, 아니면 경건 이론을 덕 이론 앞에 (아니면 덕 이론에 대해서는 아무런 언급도 없이) 설파하는 것이 더 자연스러운가? 이 양자[90]는 분명히 상호 필연적인 연관 속에 있다. 그러나 이 양자는 하나의 것이 아니기 때문에 하나는 목적, 다른 하나는 단지 수단으로 생각하거나 강론하는 것 말고는 다른 가능성이 없다. 그러나 덕 이론은 자기 자신   A 267; B 283
에 의해(신의 개념 없이 자체로) 존립하지만, 경건 이론은 우리 도덕성과의 관계에서 도덕적·궁극적 목적에 대해 우리의 무능력을 보완해주는 원인으로 생각하는 어떤 한 대상의 개념을 포함한다. 그러므로 경건 이론은 그 자체만으로는 윤리적 노력의 최종목적이 될 수 없고, 단지 그 자체로 한 인간을 더 선하게 만드는 것, 즉 덕의 심정을 강화하는 수단으로만 봉사할 수 있을 뿐이다. 즉 그것은 윤리적 노력(선을 향한 노력, 자체로 신성성을 향한 노력)에 대해 덕 이론으로는 할 수 없는 궁극목적에 대한 기대를 약속하고 보증함으로써 봉사하는 것일 뿐이다. 그와 반대로 덕의 개념은 인간의 영혼에서 얻어진 것이다. 인간은 덕 개념을 비록 아직 전개하지 않은 채이기는 하지만, 이미 전적으로 자신 안에 가지고 있어서 종교의 개념처럼 이성적 추론으로 끄집어낼 필요가 없다. 이러한 덕 개념의 순수성 안에, 즉 우리 안에 있는 아무리 큰 장애라도 극복할 수 있는, 이전에는 추측조차 하지 못했던 능력에 대한 의식을 각성하면서, 또한 인간이 자기 자신의 인격과 그 규정에서 존경하지 않을 수 없고 그가 도달하고자 노력하는 인간성의 존엄 안에 영혼을 고양하는 어떤 것, 단지 그의 신성성을 통해 그리고 덕을 위한 입법자로 숭배를 받을 만한 신성 자체로 인도하는 어떤 것이 존재한다. 그리하여 인간은 이 개념에다가 자신의 준칙에 대한 영향력을 부여하기에는 아직 너무 멀리 떨어져 있을

A 268; B 284 경우에도 그것과 교제하기를 마다하지 않을 것이다. 왜냐하면 이 의무를 우리에 대한 명령으로 만드는 세계지배자라는 개념은 아직 그와 멀리 떨어져 있어서 만일 그가 이 개념에서 시작한다면 (덕의 본질을 함께 이루는) 용기를 잃게 되지만, 그러나 경건을 전제적으로 명령하는 어떤 권능 아래서 비굴하고 노예적인 복종으로 전환시킬 위험에 직면하게 되더라도, 그는 이 이념에 따라 이미 어느 정도는 자신이 고상하게 변화한 것으로 느끼기 때문이다. 그런데 자신의 발을

VI 184 딛고 서려고 하는 이 용기는 그 뒤에 따르는 화해 이론[91]에 의해 자체로 강해진다. 이 이론은 변경할 수 없는 것은 끝난 일로 표상하면서도 우리에게 새로운 행적을 위한 오솔길을 열어주기 때문이다. 그 대신에 만일 이 이론이 작동하기 시작한다면, 일어난 일을 일어나지 않은 것으로 만드는 공허한 노력(속죄)은 그것을 바치는 일로 말미암은 공포와 선에 대한 우리의 전적인 무능력에 대한 표상, 그리고 악으로 퇴락하는 데 대한 불안으로 하여금 인간의 용기를 빼앗아가게

A 269; B 285 함으로써* 인간을 위대하고 선한 어떤 일도 시도하지 못하게 하고,

---

* 민족들의 서로 다른 신앙유형들은 그들에게 점차 시민적 관계에서 외적으로 드러나는 하나의 성격을 부여하는데, 나중에 이것은 마치 그 민족의 전체적인 기질특성처럼 덧붙여진다. 그리하여 유대교는 처음 설립된 이후 생
A 269; B 285 각해낼 수 있는 모든, 부분적으로는 고통스러운 계율들로 모든 다른 민족

오히려 모든 것을 소망에서 기대하는, 이른바 비탄에 잠기고 도덕적 B 286; Ⅵ 185
으로 수동적인 상태로 추락할 수밖에 없도록 만든다. ─ 도덕적인 심

들에서 격리시키고 다른 민족들과 일절 혼합을 방지하려고 함으로써 인간
증오라는 비난을 받게 되었다. 마호메트교는 자부심을 통해 자기를 구별하
는데, 기적 대신에 다른 민족들에 대한 승리와 정복에서 자신들의 신앙을
확증했는바, 그 기도의 의식들은 모두 용감한 것들이다.† 힌두교[92]의 신앙
은 그 신자들에게 마호메트교와는 정반대되는 이유에서 소심정이라는 성
격을 부여한다. ─ 그런데 만일 기독교 신앙의 내적인 속성에서가 아니라
인간의 부패에서 출발하여 모든 덕에 절망하고, 그 종교원리를 오직 경건성
(이것은 위에서 힘에 의해 기대할 수 있는 신의 지복이라는 점에서 수동적 처
신의 원칙으로 이해된다)에 두는 이들에게 저 힌두교 신앙과 비슷한 비난이
가해질 수 있다면, 그것은 확실히 기독교 신앙의 내적 성질에 있는 것이 아
니고, 이 신앙이 마음에 받아들여지는 방식에 있는 것이다. 왜냐하면 이들
은 결코 자기 자신을 신뢰하지 않고, 끊임없는 불안함 속에서 초자연적인
도움을 받아 두리번거리고, 이러한 (겸허가 아닌) 자기경멸[93] 속에서조차
은혜를 얻는 수단을 소유하고 있다고 잘못 생각하기 때문인데, 그 외적 표
현(경건주의 또는 위선적 독실주의에서)[94]은 노예적 심정의 유형을 알려주
는 것이다.

† (이해력은 있지만 무식한 민족의 자기 신앙에 대한 자부심을 지닌) 이런 특별
한 현상은 신의 단일성과 그 초자연적 본성 개념만을 이 세상에서 다시 새
롭게 했다고 생각하는 창설자의 상상에서 유래했을 수 있다. 그리고 만일
그 개념을 이런 창설자의 공적으로 돌리는 것이 정당하다면, 그것은 물론
그가 그 민족을 우상숭배와 다신론의 무정부상태에서 해방시켜서 고귀하
게 만든 것이다. ─ 잘못 이해한 겸허에 근거한 종교 신도들의 셋째 부류의 B 286
특징을 말하면, 그것은[95] 법칙의 신성성을 앞에 세움으로써 자기의 도덕
적 가치의 평가에서 자만심을 낮춘다. 그러나 여기서 마땅히 해야 할 것은 Ⅵ 185
자신을 경멸하는 것이 아니라 오히려 우리 안에 있는 이런 고귀한 소질에
따라서 그 법칙의 신성성과 부합하려고 점점 더 가까워지고자 결의하는
일이다. 그런데도 본래 그러한 결의를 향한 용기로 성립하는 덕은 자만이
라는 혐의 아래 이교도로 축출하고, 그와 반대로 굽실대는 은총의 청원은
칭찬을 받게 된다. ─ 거짓성심[96]은 (모든 인간적 의무를 준수하는) 신의 마
음에 드는 행위들 대신에 외경의 표시로 신과 함께하는 직접적인 종사에
서 경건의 실행을 대체하려는 습관이고, 이 경우에 이런 경건의 실행은 노
역봉사[97]에 속한다. 그런데 이것은 미신에다 이른바 초감성적인(천상의)
감정이라는 광신적 망상을 덧붙이는 일에 지나지 않는다.[98]

정과 관련이 있는 모든 것은 사람들이 자신의 의무들을 종속시키는 최고 개념에 달려 있다. 그러므로 만일 신의 숭배가 덕을 종속시키는 A 270 제일의 것이라면, 이러한 대상은 우상이다. 다시 말해 그 대상은 우리 가 이 세상에서 윤리적 선행에 따라서가 아니라 경배와 아첨으로 마 음에 들게 되기를 희망해도 좋은 하나의 존재자로 생각하게 되며, 그 경우에 종교는 우상숭배가 된다. 그러므로 경건은 덕 없이 지내기 위 한 덕의 대용품이 아니라 오히려 우리의 모든 선한 목적을 최종적으 B 287 로 달성하려는 희망으로 유종의 미를 장식할 수 있는 덕의 완성이다.

§4 신앙의 사실에서 양심의 실마리에 대하여

여기에서 문제가 되는 것은 어떻게 양심이 이끌어져야 하는지가 아니라(왜냐하면 양심은 어떤 지도자도 원하지 않으므로, 그것을 가지 는 것으로 충분하기 때문에), 오히려 어떻게 양심 자체가 가장 심각하 게 생각해야 할 도덕적 결정들의 단초로 기여할 수 있는가다. ─

양심은 그 자체로 스스로에 대해서 의무인 의식이다. 그러나 우리의 모든 표상에 대한 의식은 오직 논리적 의도에서만, 즉 우리가 우리의 표상을 명백히 하려고 할 때, 오직 오롯이 조건적인 방식에서만 필 연적으로 보이고, 따라서 무조건적으로 의무일 수 없다면, 그런 것을 생각하는 것이 어떻게 가능할까?

A 271   옳지 않을 수 있는 어떤 것도 위험을 무릅쓰고서 감행해서는 안 된다 (의심스러운 것은 하지 마라! - 플리니우스[99])는 것은 증명이 필요 없 B 288; Ⅵ 186 는 하나의 도덕 원칙이다. 그러므로 내가 하려고 하는 행위가 옳다는 의식은 무조건적인 의무다. 한 행위가 도대체 옳은지 옳지 않은지에 관해서는 지성이 판단하지 양심이 판단하는 것이 아니다. 또한 모든 가능한 행위들에 대해서, 그것들이 옳은지 옳지 않은지를 아는 것이

절대로 필요한 것도 아니다. 그러나 내가 하려는 행위에 대해서 나는 판단해야 하고 의견이 있어야 할 뿐만 아니라, 또한 그것이 옳지 않은 것이 아니라는 사실 역시 **확실**해야 하는데, 이 요구는 양심의 요청이다. 이에 대립하는 **개연주의**[100]는 어떤 행위를 하려는 경우에 그 행위가 아마도 옳을 수 있을 것이라는 오롯한 의견만으로 이미 충분하다는 원칙이다. 또한 사람들은 양심을 자기 자신을 심판하는 **도덕적 판단력**[101]이라고 정의할 수도 있지만, 다만 이 정의에는 그 안에 들어 있는 개념들에 대한 선행적인 설명이 필요할 것이다. 양심은 법칙의 지배 아래에 있는 사건으로서 행위들을 심판하는 것이 아니다. 왜냐하면 그러한 일은 이성이 주관적·실천적인 한에서 하는 일이기 때문이다. (그래서 양심의 문제[102]와 양심의 변증론[103]의 일종인 사례론이 있다.) 오히려 여기서 이성은 자기가 실제로 그 행위들의 판정을 (그것들이 옳은지 옳지 않은지를) 아주 신중하게 했는지 안 했는지에 대해서 자기 자신을 심판하고, 반대편이든 자기편이든 인간을 이런 A 272 일이 일어났는지 그렇지 않았는지에 대한 증인으로 세운다.

예를 들면, 자신의 규약적인 신앙의 유일성을 경우에 따라서는 순 B 289 교에 이르기까지 고집하는 이단재판관이 불신앙 때문에 소환한 이른바 이단자(그밖에는 착한 시민인)를 심판하지 않으면 안 되는 경우를 가정해본다. 이제 내가 묻고자 하는 것은, 만일 이 재판관이 그 이단자에게 사형선고를 내렸다면, 그 재판관은 자신의 (비록 잘못되었지만) 양심에 따라서 심판했다고 말할 수 있는가, 아니면 오히려 그 재판관이 잘못했든지 혹은 의식적으로 옳지 않게 행했든지, 그를 단적으로 **양심이 없다**고 책망할 수 있는가 하는 것이다. 왜냐하면 그 재판관에게 그가 그런 경우에 여기에서 아마도[104] 옳지 못한 일을 하는 것이 아니라고 결코 완전히 확신할 수 없지 않느냐고 따질 수 있기 때문이다. 그 재판관은 어떤 초자연적으로 계시된 신적 의지가, (아마도 "억지로라도 들어오게 하라"[105]는 격언대로) 잘못 생각하는 불신앙과 함께 불신앙자를 근절하는 일이 의무는 아니더라도 그에게 주어진 권한이라는 확고한 신앙을 가졌다고 짐작할 수 있다. 그러나 그는 정말로 그렇게 알려진 가르침과 이런 의미로 한 인간을 죽이는 일을 감행할 필요가 있다고 그렇게 확신했을까? 한 인간에게서 그의

A 273 종교신앙 때문에 생명을 거두는 일이 (극단적인 경우를 허용하기 위해서) 비상한 방식으로 그에게 알려진 어떤 신적 의지가 그것을 달리

VI 187 조정하지 않았다면 옳지 않다는 것은 확실하다. 그러나 신이 예전에 이런 가공할 만한 의지를 표명했다는 것은 역사문서에 의거한 것으로, 결코 필연적으로 확실한 것은 아니다. 계시는 그에게 오직 인간

B 290 을 통해서만 왔으며, 그것을 받은 인간이 해석한 것이다. 그래서 그 계시가 설령 그에게 (자기 아들을 한 마리 양처럼 도살하라고 아브라함에게 내려진 명령[106])처럼) 신 자신을 통해 온 것처럼 보이더라도, 여기에 어떤 착오가 일어나는 것은 적어도 가능하다. 그렇다면 그는 최고로 옳지 않을지도 모르는 어떤 일을 위험을 무릅쓰고 감행하는 것이 되고, 이 점에서 바로 그는 비양심적으로 행위하는 것이다. ─ 그러므로 모든 역사신앙과 현상신앙에서도 사정은 마찬가지다. 아마도 그 신앙이 요구하거나 허용하는 것이 옳지 않은[107] 것일 수도 있다는 가능성에도, 다시 말해 그 자체로 어떤 인간의 의무를 위반할 위험을 무릅쓰고도 그것을 따르는 데서 어떤 오류에 봉착할 가능성은 언제나 남아 있다.

더 나아가 그런 실정적인(그렇게 간주한) 계시의 율법이 명령하는 행위가 그 자체로 허용한다고 해도, 과연 성직의 고위층이나 교사들이 이른바 그들의 확신에 따라서 그것을 민중에게 신앙조항으로서 (그들의 신분 상실에도) 고백하라고 강요해도 좋은지 묻게 된다. 그

A 274 확신은 역사적인 증명 근거 이외의 다른 근거를 그 자체로 가지고 있

260

지 않지만, 이 민족의 판단 안에는 (자기 자신을 단지 조금만이라도 점검해본다면) 아마도 언제든지 그 증명근거 또는 그것에 대한 고전적 해석에서 생긴 오류의 가능성이 항상 절대적으로 남아 있으므로, 교회지도자들은 민족에게 그런 것인지 어떤지 확실히 알지도 못하는 어떤 것을 하나의 신을 믿는 것과 같이 참되다고, 적어도 내면적으로, 이를테면 신의 면전에서 고백하도록 강요한다. 예컨대 경건을 주기적으로 공공연하게 촉구하기 위해 어떤 특정한 날을 정하는 것을 신이 직접적으로 명령한 종교요소로 인정하거나 민족이 이해한 적도 없는 어떤 비밀을 굳게 믿고 있다고 고백하는 것 등이 그렇다. 민족의 고위성직자는 이때 그 자신도 결코 온전히 확신할 수 없는 어떤 것을 다른 이들에게 믿으라고 강박하는, 스스로 양심에 어긋나는 처신을 하고 있다. 그래서 그는 자기가 행하는 것에 대해, 그런 노역신앙에 따른 모든 남용에 대해 스스로 책임을 지지 않으면 안 되기 때문에 곰곰이 생각해보지 않으면 안 된다. ─ 그러므로 신앙하는 것 안에는 어쩌면 진리가 있을 수도 있겠지만, 동시에 신앙에는 (또는 신앙 자신의 한낱 내적 고백에는) 불성실이 있을 수 있으며, 이 불성실은 그 자체로 벌을 받을 만한 일이다.

앞에서[108] 주석한 것처럼, 단지 최소한이라도 자유 안에서 사고를 시작한 사람들은* 이전에는 신앙의 구속 아래 노예적 상태에 있었기

B 291

VI 188

A 275; B 292

---

* 나는 현명한 인사들조차 쓰는 이러한 표현에[109] 동조할 수 없음을 밝힌다. '(법적 자유를 개편작업 중이지만) 어떤 국민은 자유롭게 될 만큼 성숙하지 않았다', '어떤 토지소유주의 농노들은 아직 자유롭게 될 만큼 성숙하지 않았다' 그리고 또한 '인간 일반은 신앙의 자유에 이를 만큼 아직 성숙하지 않았다'는 등. 그러나 그런 전제들에 따른다면 자유는 결코 들어서지 못할 것이다. 왜냐하면 사람들이 먼저 자유 안에 놓이지 않으면, 자유로 성숙할 수 없기 때문이다. (사람들은 자유 안에서 그들의 힘들을 합목적적으로 사용하려면 자유로워야 한다.) 최초의 시도들은 물론 조야하고, 보통은 타인의 명령이나 또한 배려 아래 있을 때보다 더 힘겹고 위험한 상태에 빠지게

A 275

에(예컨대, 프로테스탄트 교도들), 그들이 (실정적인 것과 사제규율에 속하는 것 등) 믿을 필요가 있는 것을 적게 가지면 가질수록, 곧바로 자신을 이를테면 고귀하게 되었다고 여기기는 하지만, 그러나 이러한 종류의 시도를 할 수 없었거나 하려고 하지 않았던 이들에게서 사정은 정반대다. 왜냐하면 너무 적게 믿는 것보다는 차라리 아주 많이 믿는 것이 더 좋다는 것이 이들의 원칙이기 때문이다. 사람들이 빚진 것보다 더 많이 하는 것은 최소한 아무데도 해가 되지 않으며, 아마도 도움이 될지도 모른다고 생각하는 것이다. ― 종교적 고백에서 불성실성을 원칙으로 삼는(종교는 모든 잘못을, 즉 불성실의 잘못조차 보상해주기 때문에 사람들은 그만큼 더 쉽게 이 원칙을 결단한다) 이러한 망상 위에 신앙 문제에서 이른바 안전준칙[111]이 자리 잡게 된다. 이 준칙에 따르면, 내가 신에게 고백하는 것이 참이라면 그것은 나에게 이루어진 것이다. 그러나 그것이 참이 아니더라도 그 자체로 불허한 것이 아니라면, 그것은 다만 필요하지[112] 않은 것을, 물론 나에게 부담을 주기는 하지만 범죄는 아닌 그런 여분의 것을 믿은 것뿐이다. 자신의 변명의 불성실에서 오는 위험, 무조건적으로 신뢰하여 단언할 수 있는 성질의 것이 아니라고 그 자신도 의식하는 어떤 것을 신 앞에서조차 확실한 것이라고 둘러대는 양심의 손상, 이런 모든 것을 위선자는 아무것도 아닌 것으로 여긴다. ― 진정한, 종교와 유일하게 일

A 276

B 293

VI 189

B 292

된다. 그러나 자기 자신의 시도들을 할 수 있으려면 사람들은 자유롭지 않으면 안 된다는 사실에서만 오로지 이성에 대해서 성숙할 수 있다. 나는 권력을 수중에 쥔 이들이 그때그때 상황에 따라 이 세 족쇄의 절단을 아직도 멀리, 아주 멀리 미룬다는 사실에 아무런 이의가 없다. 그러나 그들에게 한번 복속된 이들에게는 도대체 자유란 적합하지 않고, 그들이 항상 자유에서 멀리 떨어져 있게 하는 것이 정당하다는 것을 원칙으로 삼는 것은 인간을 자유롭도록 창조한[110] 신성 자체의 지상권을 침해하는 일이다. 물론 그러한 원칙을 관철할 수 있다면 국가와 가정, 교회에서 지배하는 일이 더 편할 것이다. 그러나 더 정의롭기도 한가?

치할[113] 수 있는 진정한 안전준칙은 이와 정반대의 것이다. 즉 '축복의 수단이나 그 조건으로서 나 자신의 이성에 따라서가 아니라 단지 계시로만 나에게 알려지고, 역사신앙을 매개로 해서만 내 고백으로 받아들여질 수 있으면서도 순수한 도덕 원칙들과 모순을 일으키지 않는 것에 대하여 나는 확실하다고 믿거나 단언할 수는 없지만, 그렇 A 277 다고 해서 또한 확실하게 거짓이라고 배척할 수도 없다. 그럼에도 나는 그 속에 구원을 가져오는 어떤 것을 품고 있는지에 대해 어떤 것도 규정하지 않고서, 내가 선한 행적에서 가령[114] 도덕적 심정의 결핍 때문에 나를 그런 품격이 없는 것으로 만들지 않는 한 좋은 결과가 올 거라고 기대한다. 이런 준칙 안에서만 참된 도덕적 안전, 곧 양 B 294 심 앞의 안전이 있다. (그리고 인간은 그 이상의 것을 요구할 수 없다.) 그와 반대로 고백하지 않음으로써 나에게 생길지도 모르는 불리한 결과를 간교하게 회피하고, 양쪽 당사자와 관계를 맺어서 함께 타락하는 잘못된 영리함의 수단에는 최고의 위험과 불안이 따른다. —

만일 상징의 저자, 교회의 교사, 아니면 교리를 신의 계시로서 확신하는 바를 내적으로 자기 자신에게 고백하는 모든 인간이, 네 마음을 통찰하는 자[115]의 면전에서 네게 가치가 있고 신성한 모든 것을 포기하며 이 교리가 진리라고 확신할 수 있는지를 묻는다면, 아무리 대담한 신앙의 교사라도 이 경우에 전율하지 않을 수 없을 것이라고 예견하지 않으려면, 나는 인간의 (적어도 선에 대해서 전적으로 무능력하지 않은) 본성에 대해서 매우 불리한 개념을 가지고 있지 않으면 안 된다.† 그러나 만일 그렇다면, 어떤 제한도 허용하지 않는 그런 신 A 278; B 295; Ⅵ 190

---

† 이 또는 저 역사적 교리를 소중한 진리로 믿지 않는 자는 저주받은 자라고 말할 만큼 그렇게 담대한 사람은 또한 "만일 내가 여기서 너희에게 이야기하는 것이 참이 아니라면, 나는 저주받고자 한다!"라고 말할 수 있지 않으면 안 될 것이다. 만약 그처럼 무서운 발언을 할 수 있는 누군가가 있다면, 나

양선언을 강요하고, 주제넘게도 그런 확언이 심지어 의무이고 신에 대한 봉사라고까지 참칭하면서, 그러나 이로써 도덕적인 모든 것(그것과 동일한 종교의 수용)을 위해 반드시 요구해야 하는 인간의 자유를 완전히 내동댕이치고, 선한 의지에 "저는 믿습니다. 주여, 저의 믿음 없음을 도와주소서!"[118]라고 말할 기회를 결코 허용하지 않는 것이 어떻게 양심과 부합할 수 있겠는가.††

B 295 　는 이 사람에게 메카순례자[116]에 대한 페르시아의 잠언에 따라서 자신을 판단할 것을 권한다. 그 잠언은 이렇게 말한다. 만일 누가 한 번 (순례자로서) 메카에 있었다면, 너는 그가 너와 함께 살던 집을 떠나라. 그가 두 번 거기에 있었다면, 그가 있던 거리를 떠나라. 그러나 그가 세 번 거기에 있었다면, 그가 머물고 있는 도시, 아니 아예 그 지방을 떠나라.[117]

†† 오, 정직함이여! 그대, 땅에서 하늘로 날아가 버린 아스트래아[119]여.[120] 어떻게 그대(양심의, 그러니까 모든 내적 종교의 토대)를 거기에서 우리에게로 또다시 끌어내릴 수 있을까? 참으로 유감스럽지만 나는 (사람들이 알고 있는 전체 진리를 말하는) 정직함을 인간의 본성에서 마주치지 않는다는 것을 인정할 수 있다. 그러나 (말하는 바 모든 것을 진실하게 말하고 있다는) 정직함은 모든 인간에게 요구할 수 있어야만 하고, 만일 그것의 개발을 소홀히 해서 우리의 본성 안에 그런 소질조차 없다고 한다면, 인류는 자기 자신의 눈에도 가장 깊은 경멸의 대상이 될 수밖에 없을 것이다. 그러나 인간에게 요구하는 그 마음의 속성은 많은 유혹에 내맡겨져 있고, 많은 희생을 치러야 B 296 　한다. 따라서 또한 도덕적 강점인 다시 말해 (획득해야만 하는) 덕이 필요하지만, 다른 어떤 속성보다도 더 일찍 감시하고 개발하지 않으면 안 된다. 왜냐하면 그에 대립하는 성벽은 일단 뿌리를 내리게 두면 근절하기가 매우 어렵기 때문이다. — 이와 함께 이제 우리의 교육 유형, 특히 종교나 혹은 더 좋기로는 신앙교리의 관점에서 비교해보겠다. 여기서 고백의 충실성(이에 대해서는 한 번도 점검하지 않았다)은 주목하지 못한 채, 교리에 대한 질문의 답변에서 기억이 충실하다면 이미 그것으로 신자를 만드는 데 충분하다고 인정할 수 있는데, 이 신자는 그가 신성하다고 단언하는 것을 전혀 이해하지 못한다. 따라서 사람들은 더 오롯이 내적인 위선자로 만드는 정직성의 결여에 대해 더는 놀라지 않게 된다.

일반적 주석[121]

[은총의 수단에 대하여]

인간이 자유의 법칙들에 따라서 자기 자신만으로 할 수 있는 선한 일을 초자연적인 도움을 받아서만 인간에게 가능한 능력인 **은총**과 구별하여 **자연**이라고 부를 수 있다. 그것은 마치 우리가 자연이라는 표현으로 자유와 식별하는 어떤 물리적 성질을 이해하는 것이 아니라, 우리가 단지 이 능력에 대해 적어도 (덕의) 법칙들을 인식하며, 따라서 이성이 **자연**의 유비인 이 능력에 대해 가시적이고 파악할 수 있는 실마리를 가지고 있기 때문이다. 이와 반대로 은총이 도대체 언제 VI 191 그리고 무엇을 또는 어느 정도까지 우리 안에서 작용하는지는 우리에게 전적으로 가려져 있고, 이성은 이에 대해 초자연적인 것 일반의 (신성성으로서 도덕성은 이에 속한다) 경우에서와 같이 그것이 일어나는 것에 대한 모든 법칙의 지식에서 떠나 있다.

결함은 있지만 우리의 도덕적인 능력에 대한, 그리고 스스로 온전 A 279; B 297 히 순화되지 못하고 최소한 우리의 모든 의무를 충족하기에도 나약한 우리 심정에 대한 초자연적 개입이라는 개념은 초월적이고, 어떤 경험도 그 실재성을 우리에게 보증할 수 없는 오롯한 이념이다. — 그러나 이 이념을 오직 실천적 의도에서만 이념으로 상정하는 것조차 매우 도발적이고 이성과 일치하기에도 어려운 일이다. 왜냐하면 윤리적으로 선한 행실로서 우리에게 돌려져야 마땅한 것은 외부의 영향에서가 아닌 우리 자신의 힘들을 가능한 한 가장 잘 사용하는 것으로만 일어날 것이 틀림없기 때문이다. 그러나 그것의(즉 양자가 병행해서 일어나는 것의) 불가능성도 마찬가지로 증명할 수 없다. 왜냐하면 자유 자체는 비록 그 개념 안에 초자연적인 어떤 것도 함유하지는 않지만, 그럼에도 자유의 가능성은 자립적이면서도 결함이 있는 그 규정을 보충하기 위하여 인간이 상정하고자 하는 초자연적인 것과 같이, 우리가 개념적으로 파악할 수 없는 것으로 머물러 있기 때문이다.

그러나 우리는 자유에 대해서는 적어도 그것을 규정해야 하는 (도덕적인) 법칙들을 알고 있지만, 초자연적인 도움에 대해서는, 도대체 우리 안에서 지각하게 되는 어떤 도덕적인 힘들이 실제로 그것에서 유래하는지, 또한 어떤 경우들에서, 그리고 어떤 조건들 아래서 그것을 기대할 수 있는지를 조금도 인식할 수 없다. 그러므로 우리는 만일 우리가 전자(즉, 우리의 고유한 힘들)를 오직 가능한 대로만 사용한다면, 자연이 우리 안에서 할 수 없는 것을 은총이 일으킬 것이라는 일반적 전제 외에, 전적으로 이 이념을 더는 달리 사용할 수 없을 것이다. 다시 말해, 어떻게 우리가 (선한 행적을 향한 끊임없는 노력 이외에) 은총의 협력을 끌어들일 수 있는지에 대해서도, 또한 어떻게 우리가 어떤 경우들에서 은총을 기대해야만 하는지를 규정할 수 있겠는가와 관련해서도 이 이념을 사용할 수 없을 것이다. — 이 이념

A 280; B 298

은 전적으로 초절적이고 더구나 신성해서, 그에 대해서는 존경의 뜻에서 거리를 취하는 성소의 효험이 있다. 그리하여 우리는 스스로 기적을 행하거나, 우리 안에서 기적을 지각한다는 망상 속에서 모든 이성사용에 대해 우리를 쓸모없게 만들거나 또는[122] 우리가 자신 안에서 구해야 할 것을 소극적인 안일에서 위에서 내려오는 것으로 기대

266

하는 나태로 우리를 빠뜨리는 일을 하지 않게 될 것이다.

이제 수단이란 인간이 어떤 의도를 이루기 위해 **자신의 힘 안에서** VI 192
가지고 있는 모든 중간적 원인인데, 인간이 하늘의 도움을 받을 만하
게 되려면 자신의 윤리적 성질을 될 수 있는 한 개선하고, 자신의 힘
안에서 가지고 있지 않지만 신의 마음에 드는 상태를 완성하기 위
해 진실한 노력을 다하는 길밖에 없다(또 다른 길은 있을 수 없다). 왜
냐하면 인간이 기대하는 그런 신의 도움 자체가 본래 인간의 윤리성
만 의도하기 때문이다. 그러나 불순한 인간은 신의 도움을 거기[도덕
성]에서 구하지 않고, 오히려 (물론 그가 그의 힘 안에서 가지고 있으
나, 그것 자체만으로는 더 선한 인간을 만들 수 없고,[123] 초자연적인 방
식으로 그것을 이루어내야 하는) 어떤 감각적인 실연에서 구하려 한
다는 것은 이미 충분히 아프리오리하게 기대한 것이고 또한 실제로
도 그렇다. 이른바 **은총의 수단**이라는 개념은 비록 (지금 말한 그대로)
그 자신 안에서 모순적이나, 여기서는 자기기만의 수단으로 쓰이는
데, 이 자기기만은 매우 일상적인 것이지만 참된 종교에는 불리한 것
이다.

신의 나라에 속하는 신민들이지만 또한 그에 못지않게 (자유의 법 A 281; B 299
칙들 아래 있는) 그 나라의 시민들로서 신자들이 행하지 않으면 안 되
는 신에 대한 참된(도덕적) 봉사는 신의 나라 자체와 똑같이 불가시
적인 것이다. 그것은 다시 말해 (영과 진리 안에서) **심정의 봉사**[124]이
며, 신을 위해서 정해진 행위들 안에서가 아니라 오직 모든 참된 의
무를 신의 명령으로 준수하는 심정 안에 성립할 수 있다. 그러나 이
불가시적인 것은 가시적인(감성적인) 어떤 것을 통해 인간에게 나타
나는 것이 필요하다. 또는 그 이상으로 그것은 이 가시적인 것을 통
해 실천적인 것을 위해 함께 나서고, 지성적이면서 동시에 (어떤 특
정한 유비에 따라) 직관적으로 될 필요가 있다. 그러나 이 가시적인

것은 신에 대한 봉사에서 우리의 의무를 표상해주는 수단으로서 불가결한 것은 아니지만, 그럼에도 동시에 매우 크게 오해할 위험이 있어서 우리를 슬며시 습격하는 **망상**에 의해 역시[125] 자칫하면 신에 대한 **봉사** 자체로 여겨지고, 또한 보통은 그렇게 불리는 것이다.

이른바 이런 신에 대한 봉사가 그 정신과 참된 의미로, 즉 우리의 안과 밖에 있는 신의 나라에 헌신하는 심정으로 되돌려진다면, 이성으로도 의무의 인지를 네 가지로 구분할 수 있다. 그러나 이런 의무의 인지에는 그것들과 필연적으로 결합하지는 않은 특정한 의식들이 대응하여 따른다. 왜냐하면 이런 의식들을 그 의무 인지를 위한 도식으로 사용해서, 신에 대한 참된 봉사에 대해 주의를 환기하고 그것을 유지하는 것이 예부터 훌륭한 감성적 수단으로 되어왔기 때문이다. 이 수단들은 모두 윤리적으로 – 선한 것을 촉진하려는 의도에 기초한다. 1) 윤리적–선을 우리 자신 안에 확립하고, 선에 대한 심정을 마음속에서 거듭 일깨우는 일(개인기도). 2) 법적으로 성별한 날에 공적으로 함께 모여서 종교적 가르침과 소망들을(그리고 이와 함께 그와 같은 심정을) 발표하고, 그렇게 하여 그것들을 널리 전달하는 윤리적–선의 외적 확산(교회참석). 3) 신입 구성원을 신앙 공동체에 받아들이고 그 안에서 그들을 의무로서 교육해서 후세에 그 윤리적 선을 **전파하는 일**(기독교 세례). 4) 이 구성원들을 하나의 윤리적 단체로 통합하고, 그들 상호 간의 권리와 도덕적 선의 모든 성과의 몫을 평등하게 배분하는 원리에 따른 이 단체의 지속과 반복적인 공적 의식에 의한 **공동체 유지**(성찬식).

종교적 사안에서 모든 시작은, 만일 사람들이 그것을 순전히 도덕적으로만 이해하지 않고, 또한 그 **자체로서** 신의 마음에 들게 되는, 즉 그로써 우리의 모든 소망이 만족되는 수단으로 취한다면 **주물신앙**이다. 그런데 이 신앙은 **자연법칙들**에 따라서나 도덕적 이성법칙들에 따라서도 어떤 것을 일으킬 수 없지만, 만일 사람들이 그 신앙이 그런 것을 일으킬 것이라고 굳게 믿고, 이 신앙에 특정한 의식들을 결합하기만 하면, 그것만으로 소망하는 것을 일으킬 것이라고 확신하는 것이다. 여기서는 행위에 따라서만 모든 윤리적-선이 나온다는 확신 자체가[126] 이미 투철한 경우조차도, 감성적인 인간은 여전히 어려운 그 조건을 피해갈 수 있는 샛길을 찾는다. 즉 그가 노래(의식)만 시작하면, 신이 그것을 충분히 행위 자체로 인정할 것이라고 믿는다. 이것은 물론 만일 그것이 오히려 나태한 의존 속에서 꿈꾼 은총이거나 그 자체가 위선적인 신뢰가 아니라면, 열광적인 신의 은총이라고 부르지 않으면 안 된다. 그렇게 해서 인간은 모든 공적인 신앙양식에 A 283; B 301 서 어떤 특정한 의식들을 은총수단으로 생각해냈다. 그러나 의식들이 기독교 신앙양식에서처럼 모든 신앙양식에서 실천적 이성개념들과 그것들에 적합한 심정에 관계하는 것은 아니다. (예를 들면 마호메트교의 신앙양식에서 다섯 가지 큰 계명, 즉 세정, 기도, 단식, 희사,[127] 메 Ⅵ 194 카 순례 등처럼. 이 가운데 희사 한 가지만은 만일 그것이 인간의 의무에 대한 참으로 덕 있고 동시에 종교적인 심정에서 일어났다면, 그래서 참으로 은총수단으로 간주할 만하다면, 예외로 다룰 수 있을 만할 것이다. 그러나 사실은 그와 반대로 희사도 이 신앙에 따르면 가난한 사람들의 인격 안에서 신에 대한 희생을 바치라는 강압과 함께 성립할 수 있으므로 예외로 다룰 만한 것이 못 된다.)

또한 (이성법칙들에 따르는 이론적 사용의 대상도 아니고 실천적 사용의 대상도 아닌) 초자연적인 것과 관련하여 우리가 이성의 한계를 뛰어넘을 가능성이 있는 세 가지 유형의 망상신앙들이 있다. 즉 첫째로, 객관적인[128] 경험법칙에 따라서 일어나는 것으로 우리 자신도 상정하는 것이 불가능한 어떤 것 자체를 경험으로 인식한다고 하는 신앙(기적에 대한 신앙). 둘째로, 우리 자신도 이성으로는 이해할 수 없지만 우리의 도덕적 최선을 위해 필요한 것으로서 우리의 이성 개념들 안에 상정해야만 한다는 망상(비밀에 대한 신앙). 셋째로, 오롯한 자연수단을 사용하여 우리에게 비밀인 어떤 작용, 곧 우리의 윤리성에 대한 신의 영향을 드러낼 수 있다는 망상(은총수단에 대한 신앙). ― 처음 두 가지의 거짓된 신앙유형에 대해서 우리는 바로 앞에 있는 이 책의 논문 두 편에 대한 일반적 주석에서 다룬 바 있다. 그러므로 우리에게 이제 남은 것은 은총의 수단들[129]을 다루는 일이다. (은총의 수단들은 은총의 작용들,† 다시 말해 초자연적인 도덕적 영향들과는 구별된다. 그것들에서 우리는 오롯이 수동적 태도를 취할 뿐이고, 그에 대한 잘못된 경험은 오롯이 감정에 속하는 광신적 망상이다.)

1. 내적 의식의 신에 대한 봉사, 그리고 그 때문에 은총의 수단으로 여겨지는 기도는 미신적 망상(주물숭배)이다. 왜냐하면 그것은 소망하는 자의 내적 심정의 어떤 설명도 필요하지 않은 존재자에 대한 오롯한 소망들의 설명이므로 이것을 통해서는 아무것도 행해지지 않았고, 신의 명령으로 우리에게 주어진 의무 가운데 어떤 것 하나도 행해지지 않았으므로 신은 실제로 아무런 봉사도 받지 않았기 때문이다.

우리의 모든 행위에서 신의 마음에 들고자 하는 진정한 소망, 즉 우리의 모든 행위에 따르는 심정이 마치 신에 대한 봉사 중 일어난 것처럼 하려는 것이 기도의 정신이고, 그 정신은 '끊임없이'[130] 우리 안에서 일어날 수 있으며 일어나야만 한다. 그러나 이 소망을(설사 그것이 단지 내면적일 뿐이라고 하더라도) 말과 정식으로 치장하는 것*은

---

† 제1논문에 대한 일반적 주석 참조.

* 기도의 정신으로서 저런 소망에서 인간은 (신의 이념을 매개로 자기 심정들을 살아나게 하기 위해) 오직 자기 자신에게만 작용하고자 한다. 그러나 인간이 말로써, 외적으로 설명하는, 이런 소망에서는 신에게 작용하려고 한다. 첫째 의미의 기도는 인간이 신의 현존 자체조차 전적으로 확실하다고 감히 단언하지 않더라도 충분히 솔직하게 행할 수 있다. 부름으로서 둘째

기껏해야 우리 자신 안에 있는 그 심정을 반복적으로 소생하기 위한 수단의 가치만을 지닐 뿐이다. 그리고 직접적으로는 신의 마음에 드 는 일과는 아무런 관계도 없고, 그 때문에 누구에게도 의무일 수 없

형식의 소망은 이 최고의 대상을 인격적으로 현전한다고 상정하거나, 적어도 (그 자체 내면적으로) 마치 그 현전을 확인한 것처럼 행동하고, 그렇지 않더라도 적어도 그것은 해롭지 않고 오히려 그에게 은혜를 베풀어줄 수 있을 것이라고 생각한다. 그러므로 이 후자[부름의 기도]의 (문자적) 기도에서는 솔직성이 전자의 기도(기도의 오롯한 정신)에서처럼 그렇게 완전하지 못하다. — 이 후자의 주석은 만일 경건하고 선의를 가지고 있으나 순화한 그런 종교개념들에 대해서는 엄격한 사람이, 타인이 큰 소리로 기도하는 것은 말할 것도 없고 단지 이런 몸짓을 하는 것만 보아도 놀라는 경우를 생각해보면 누구라도 확증할 수 있을 것이다. 말할 필요도 없이, 사람들은 그가 부끄러워하지 않을 수 없는 상태에서와 마찬가지로 저런 상황에 대해 혼란과 당혹에 빠질 것이라고 스스로 예상할 수 있을 것이다. 그러나 왜 그러한가? 어떤 사람이 자기 자신과 큰 소리로 이야기하는 것을 사람들이 보았다면, 우선 그 사람은 약간 망상기의 발작을 일으키는 것이 아닌가 하는 의혹을 받게 된다. 그리고 사람들은 그 사람이 혼자 있는 곳에서, 그밖에 누군가 다른 사람을 눈앞에서 보는 사람만이 할 수 있는 일이나 몸짓을 하는 것을 발견하면, 앞에서 예로든 [자기 자신과 큰 소리로 이야기하는] 경우가 아니라 하더라도, 그를 똑같이 판단할 것이다. (이는 전혀 부당하지 않다.) — 그러나 복음의 스승은 기도의 정신을 아주 탁월하게 하나의 정식[131]으로 표현하는데, 여기서는 기도와 함께 (문자로서) 그 자체까지도 동시에 없어도 되는 것으로 만들고 있다.[132] 이 기도의 정식 안에서 사람들은 선한 행적을 하려는 시도 외에는 아무것도 발견할 수 없다. 우리의 나약함의 의식과 결합한 이런 시도는 신의 나라의 품격 있는 성원이 되려는 끊임없는 소망을 담고 있다. 따라서 그것은 신이 그의 지혜에 따라서 우리에게 거절할지도 모르는 것에 대한 본래적 청원은 하나도 담고 있지 않으며, 단지 그것이 진실한 (행위의) 것이라면, 그 대상(신의 마음에 드는 인간이 되는 것)을 산출할 하나의 소망만 담고 있다. 오늘 하루 우리 생존의 유지수단(빵)에 대한 소망조차도 그것[소망][133]은 분명히 우리 생존의 지속을 지향하는 것이 아니라 오롯이 동물적으로 느끼는 욕구의 작용이므로, 인간이 욕망하는 것을 특별히 고려한 청원이라기보다는 오히려 우리 안에 있는 자연이 욕망하는 것에 대한 고백이다. 다른 날을 위한 빵을 청원하는 것도 있을 수 있지만 여기서는 분명하게 배제한다. 도덕적인(오직 신의 이념으로만 살아나는) 심정 안에서 일어나는 이러한 종류의 기도는 기도의

다. 왜냐하면 수단은 어떤 목적을 위해 그것이 필요한 사람에게만 명령할 수 있고, 누구나에게 이 (자기 자신 안에서 그리고 본래적으로 자기 자신과, 그러나 명의상으로는 좀 더 이해하기 쉽게 표현한다면 신과 더불어 말을 나누는) 수단이 필요한 것이 전혀 아니며, 그보다는 오히려 도덕적 심정의 계속적인 순화와 고양을 통해 이 기도의 정신만이 우리 안에서 충분히[139] 살아나고, 기도의 문자는 (적어도 우리 자신을 위한) 마침내 떨어져나갈 수 있게 해야 하기 때문이다. 간접적으로 어떤 목적을 지향하는 모든 것처럼, 기도의 문자는 오히려 도덕적 이념의 작용을(주관적으로 고찰한 것은 신심이라고 부른다) 약화한다.

도덕적인 정신으로서 그 대상(하느님 마음에 드는 것) 자체를 산출하므로, 오로지 신앙 안에서만 일어날 수 있다. 후자[신앙]는 기도를 들어주는 것을 확신한다는 것 이상을 말하는 것이 아니다. 그러나 이러한 종류의 신앙이란 우리 안에 있는 도덕성 외에 다른 것일 수 없다. 왜냐하면 그 청원이 오늘 하루만을 위한 빵에 대한 것일지라도, 아무도 그 소원을 들어준다고 확신할 수는 없기 때문이다. 즉 빵을 그에게 베풀어주는 것이 신의 지혜와 필연적으로 결합해 있다고 확신할 수 없다. 아마도 이 빵이 없어서 오늘 그를 굶어 죽게 하는 것이 신의 지혜에 더 부합할 수도 있다. 청원을 집요하게 요구함으로써 신이 그 지혜의 계획에서 (우리의 현재 이익을 위하여) 떠나게 할 수 있지 않은지 시험해보는 것도 역시 불합리한 동시에 불손한 망상이다. 그러므로 우리는 도덕적이지 않은 대상을 취하려는 어떤 기도도 확실히 들어줄 것이라고 여길 수는 없으며, 그런 것을 신앙 안에서 기도할 수는 없다. 심지어는 그야말로 그 대상이 도덕적이라 하더라도, 그것이 단지 초자연적인 영향을 통해서만 가능하다면(또는 우리가 적어도 그것[초자연적인 영향]을 그래서 오롯이 기대한다면, 예를 들면 회심, 즉 거듭남으로 불리는 새로운 인간을 입는 것[134]과 같은, 그 대상을 우리 자신이 그 때문에 얻으려고 애쓰지는 않을 것이므로), 우리의 (자신에게 책임이 있는) 결함을 초자연적인 방식으로 보완해주는 것을 신 자신도 그의 지혜에 맞는 일로 볼지 아닐지는 매우 불확실하기 때문에 그 반대도 기대할 수 있다. 그러므로 인간은 이에 대해서조차 신앙 중에 기도할 수 없다. ─ 여기에서 기적을 행한 신앙이(이것은 언제나 동시에 내면적 기도와 결합해 있다) 어떤 것일 수 있는지가 분명해진다. 신은 인간에게 초자연적으로 작용하는 어떤 힘도 허용할 수 없으므로(그것은 모순이므로), 인간은 자신의 편에서 선하고 이 세계

그런데 이미 예부터 인간이 인식할 수 있었던 것처럼, 근래에 이르러

에서 가능한, 그 스스로 만든 목적들의 개념에 따라서 이에 대해 신의 지혜가 어떤 판단을 내릴지를 규정할 수 없다. 또한 인간은 그 자신 안에서 그리고 그 자신이 만든 소망들을 매개로 하여 신의 권능을 자신의 의도를 위해 사용할 수 없다. 그러므로 기적의 선물, 즉 인간이 그것을 가지는지 그렇지 못하는지가 인간 자신에게 달려 있는 그런 선물("만약 여러분이 겨자씨 한 알만 한 믿음이라도 갖고 있다면 등"[135])은 문자 그대로 이해한다면 전혀 생각할 수 없는 것이다. A 288; B 306

그러므로 그런 신앙이 도대체 어떤 의미가 있을 수 있다면, 그것은 인간의 도덕적 성질이, 만일 그것을 우리가 전적으로 신의 마음에 들게 할 만큼 완전하게(인간은 결코 이에 도달할 수 없다) 갖는다면, 신이 그 자신의 최고지혜 안에 가지고 있는 다른 모든 동인을 넘어서는 압도적인 중요성을 지닌 오롯한 이념이라는 사실을 표현하는 것이다. 따라서 만일 우리가 전적으로 그래야 하고 또한 마땅히 그렇게 되어야 하는, 그리고 (부단한 접근에서) 그렇게 될 수도 있는 존재가 된다면, 자연은 우리의 소망들을 스스로 따라야만 하고, 이 경우에 그 소망들 자체는 결코 어리석은 것은 아니라는 사실이다.

그러나 교회참석에서 의도하는 교화에 관한 것으로는 교회에서 공적 기도가 물론 은총의 수단은 아니지만, 하나의 윤리적 예식이라는 사실이다. 이 윤리적 예식은 그것이 찬송가의 합창에 따른 것이든, 의식상 전체 회중의 이름으로 성직자의 입을 통하여 신을 향한, 인간의 모든 도덕적 관심사를 그 안에 포섭한 부름이든지 간에 마찬가지다. 이 예식이 이것[모든 도덕적인 관심사]을 공적인 관심사로 떠올려서 각자의 소망이 모든 이의 소망과 함께[136] 한 가지 목적(신의 나라 도래)을 향해서 일치한 것으로 생각하지 않으면 안 되는 경우, 단지 감동을 윤리적인 감격으로 고양할 수 있을 뿐이다. (이와 달리 개인의 기도들은 이런 숭고한 이념 없이 행해지므로, 습관에 따라 마음에 미치는 영향을 점차 잃어간다.) 또한 그것은 기도의 정신을 형성하는 도덕적 소망을 의식에서 부름의 형식 안에 표현하는 이성적 근거를 그 A 289; B 307 자체로 개인의 기도들보다 더 많이 가지고 있다. 그러나 이 경우에도 최고존재자의 현전[137]이나 이 웅변적인 인물의 특별한 고유의 힘을 하나의 은총수단으로 생각하는 것은 아니다. 왜냐하면 여기에는 어떤 하나의 특별한 의도, 즉 하나의 외적인, 모든 인간의 통합을 신의 나라에 대한 공동의 소망 안에서[138] 떠올리는 예식으로 각 개인의 도덕적 동기를 한층 더 작동시키려는 의도가 있기 때문이다. 이것은 신의 나라의 최고 지배자를 그가 마치 이 장소에 특별히 임재하는 것처럼 부르는 것으로 더 적절하게 일어날 수 있는 것은 아니다.

최고의 경탄을 일으키게 된 아주 작은 것들에 대한 신의 창조의 깊은 지혜와 거대한 사물들에서 신의 위용에 대한 관찰은 인간의 마음을 가라앉혀서 그 자신의 눈앞에서 비우는 **경배**라고 부르는 기분에 들게 하는 힘을 가지고 있다. 그뿐만 아니라, 또한 이와 함께 그 자신의 도덕적 규정을 돌이켜보면 그 안에는 영혼을 그처럼[140] 고양하는 힘도 있지만, 그에 반해 설령 그것이 (그런 모든 기적에 대해서는 거의 알지 못했던) 다윗[141]왕의 기도라고 하더라도, 그 말들은 공허한 소리처럼 사라져야만 한다. 왜냐하면 신의 손의[142] 그런 직관에서 오는 감정은 말로 표현할 수 없는 것이기 때문이다. — 이밖에도 인간은 종교로 향하는 그 마음의 분위기 때문에 본래 그 자신의 도덕적 개선과 관련이 있는 모든 것을 기꺼이 궁정봉사로 변질시키는데, 여기서 겸허함과 찬미는 대체로 말이 많으면 많을수록 그만큼 도덕적으로 더 적게 느껴진다. 그러므로 오히려 아직 문자가 필요한 아이들에게 부과되는 아주 초기의 기도연습에서도 조심스럽게 엄히 가르쳐야 할 것은 다음과 같다. 말은 (혼자서 속으로 말할 때조차, 심지어는 신의 이념을 파악하기 위해 직관에 근접해야만 하는 마음을 느껴보려는 모든 시도조차) 여기서는 그 자체로 타당하지 않으며, 오직 신의 마음에 드는 행적을 위해 심정에 활력을 불어넣어주는 것만이 중요하고, 그래서 말은 이를 위한 상상력의 수단일 뿐이라는 것을 분명하게 가르쳐야 한다. 그렇지 않으면 그런 모든 겸손한 외경의 증언들은 오롯한 감정에서 성립하는 것이 아닌, 신에 대한 실천적 봉사 대신에 위선적인 신숭배 이외의 어떤 것도 일으키지 못하는 위험을 초래하기 때문이다.

2. 교회에서 엄숙한 외적인 **제의** 일반으로 생각하는 **교회출석**은 그것이 신자들의 공동체의 감성적 표현이라는 점에서 단지 각 개인을 **교화***하기 위해 찬양해야 하는 수단일 뿐만 아니라, 이 지상에서 상상할 수 있는 신국의 시민으로서 신자들에게 **전체**를 위해 직접적으로

부과한 의무이기도 하다. 그러나 그것은 이 교회가 우상숭배로 이끌   VI 199
어가서 양심을 괴롭힐 수도 있는 의식, 예를 들면 신의 무한한 자비
를 어떤 인간의 이름 밑에 인격화하여 행하는 어떤 신에 대한 경배들
을 포함하지 않는다는 전제 아래서만 그런 것이다. 신을 감성적으로
서술하는 것은 "너는 어떤 신상[우상]도 만들어서는 안 된다"[147] 등 이
성의 금지를 위배하는 것이다. 그러나 교회출석 자체를 은총 수단으
로 사용하려고 하면서, 마치 그것을 통해 신에게 직접 봉사한 것처럼
하거나 신이 (종교의 보편성의 오롯한 감성적 표상인) 이 예식의 거행
에 특별한 은총을 결합한 것처럼 하는 것은 하나의 망상이다. 이 망
상은 정치적 공동체에서 선한 시민의 사유유형 및 외적인 예절과 아주
잘 부합하지만, 하느님 나라의 시민으로서 그의 자질에는 아무런 보탬
도 되지 않을 뿐만 아니라 오히려 이것을 거짓되게 하고, 그 심정의   A 292; B 310
잘못된 도덕적 내용을 하나의 기만적인 외관으로 타인의 눈과 자기
자신의 눈마저 가리는 데 쓰일 뿐이다.

---

* 이 표현에 알맞은 의미를 찾는다면, 그것은 아마도 신심이 주관에 미치는 도
덕적 결과를 뜻한다고 말할 수밖에 없을 것이다. 그런데 교화란 (신심의 개
념 속에 이미 있는 것으로서) 감동에서 성립하는 것이 아니다. 비록 대부분
의 자칭 신자들은(그 때문에 이들을 거짓신자라고 부른다) 교화를 전적으로
감동 속에 놓기는 하지만, 교화라는 말은 신심이 인간의 현실적인 개선에
미치는 결과를 의미하지 않으면 안 된다. 그러나 이러한 개선은 다름 아니
라 사람들이 체계적으로 일에 착수하여 충분히 이해한 개념들로 세운 확
고한 원칙들을 마음속에 깊이 새기고, 더 나아가 심정들을 그것과 관계하   A 291; B 309
는 의무들의 여러 중요성에 알맞게, 경향성의 공격들에서 방어하고 안전
하게 하여 새로운 인간을 신의 성전[143]으로 세움으로써만 성취하는 것이
다. 이 건축이 오직 서서히 나아갈 수 있다는 것은 그냥 알게 된다. 그러나
적어도 무엇인가가 행해졌다는[144] 것을 볼 수 있어야 한다. 그런데 인간들
은 (듣거나 읽거나 노래하는 것으로) 아주 많이 교화되었다[145]고 믿지만, 그
러나 단적으로 아무것도 세우지[146] 않았으며, 아무 일도 시작하지 않았다.
왜냐하면 추측해볼 때 그들은 저 도덕적 건축물이 테베의 성처럼 탄식과
동경하는 소망의 음악에 저절로 솟아오를 것으로 희망하기 때문이다.

3. 한 번 치르는 교회공동체의 의전인 **입교식**은 다시 말해 교회의 **성원으로** (기독교에서는 세례로) 처음 인정하는 매우 의미 깊은 예식이다. 그것은 입교자가 자기 신앙을 스스로 고백할 수 있는 경우에는 입교자에게, 그렇지 않으면 신앙에서 그의 교육을 돌볼 책임을 맡은 증인에게 큰 책무를 부과하며, 어떤 신성한 것(인간을 신국의 시민으로 교육하는 것)을 목적으로 한다. 그러나 이것은 그 자체로는 신성한 것 또는 신성성이 아니며, 이 주체 안에서 작용하는 타자의 행위에서 신의 은총을 받아들이는, 그러므로 은총의 수단이 아니다. 최초의 그리스 교회에서 이것은 모든 죄를 한번에 씻을 수 있을 정도로 절대적인 위엄을 가진 것이었고, 이 때문에 이 망상은 또한 이교도의 미신에 못지않은 근친성을 공공연하게 드러냈다.

4. 평등의 법칙들에 따라서 여러 번 반복해서 거행하는 이 교회공동체의 **쇄신, 영속, 전파**의 예식(성찬식)은 기껏해야 그런 교회 창설자의 예시에 따라서(동시에 또한 그를 기념하기 위해서), 같은 식탁에서 음식을 함께 누린다는 의식으로 일어날 수 있다. 이것은 위대한 어떤 것, 즉 인간의 편협하고 이기적이며 비협조적인 사유유형을, 특히 종교적인 사안들에서 세계시민적인 **도덕적 공동체**의 이념으로 확장하는 어떤 것을 그 자신 안에 담고 있다. 그리고 이것은 회중을 공동체 아래서 떠올리는 형제애라는 윤리적 심정으로 되살아나게 하는 좋은 수단이다. 그러나 신이 이런 예식의 행사에 특별한 은총을 연결했다고 칭송하고, 오롯이 교회적 행위일 뿐인 이 예전이 또한 **은총의 수단**이라는 **명제**[148]를 신앙조항으로 채택하는 것은 종교의 정신에 곧바로 어긋나는 작용일 수밖에 없는 하나의 종교망상이다. — 그러므로 **성직제도**는 대체로 성직자가 은총수단의 독점적 소유와 같은 위엄을 과시한 정신의 찬탈적 지배라고 볼 수 있다.

A 293; B 311; Ⅵ 200

종교의 사안들에서 이와 같은 모든 교묘한 자기기만은 하나의 공
통적인 근거를 가지고 있다. 인간은 일상적으로 신성성, 은총, 정의
라는 신적인 모든 도덕적 속성 중에서 직접 둘째 것[은총]으로 향하
는데, 그것은 첫째 것[신성성]의 요구들에 따라야 한다는 두려운 조
건을 회피하기 위한 것이다. 선한 **봉사자**가 되기는 힘든 일이다. (사
람들은 여기서 늘 의무에 대해 말하는 것만 듣는다.) 그래서 그는 기꺼
이 **총애받는** 자가 되기를 원한다. 그렇게 되면 그는 많은 것을 관대하
게 보아 넘기고, 또한 아무리 크게 의무를 위반했을지라도 최고의 사
랑을 받는 어떤 이의 중재로 모든 것이 다시 보상을 받게 된다. 그러
나 이 경우에 그는 항상 전과 같이 쓸모없는 종일 따름이다. 그러나
또한 그는 이러한 자신의 의도의 실행 가능성에 대해서도 몇 가지 현 A 294; B 312
상으로 만족을 얻으려고 자신의 인간에(그의 결함과 함께) 대한 개념
을 늘 하는 것처럼 신성으로 옮겨간다. 우리 인류의 최선의 상위자들
에서도 입법적인 엄격성, 자비로운 은총, 정확한 정의는 (마땅히 그
래야 하지만) 각각 분리되어 있고, 그 자체로는 신민들의 행위들에서
도덕적 효과를 내지 못하다가 인간 지도자의 사유유형에서 그가 의
견을 파악할 때에 서로 뒤섞일 뿐이다. 그러므로 사람들은 단지 이러
한 속성들 중 하나인 인간 의지의 나약한[149] 지혜에 접근하여 다른
두 속성에서는 관대하게 규정하도록 시도할 수 있다. 또한 그는 이
런 일을 오롯이 신의 **은총**으로 향함으로써 신에게도 성취하기를 희
망한다. (그래서 앞에서 말한 속성들, 또는 오히려 인간에 대한 신의 관 VI 201
계를 유비적으로 생각해야만 하는 삼위일체의 이념[150]에 따라 각각 특
수하게 식별하는 것은 종교에서는 중요한 분류다.) 이 목적을 위해 그
는 생각할 수 있는 모든 의식을 열심히 하는데, 그것은 이로써 신의

명령들을 준수할 필요가 없도록 하기 위해 그가 얼마나 그것들을 열심히 숭배하는지를 나타내 보여야 하기 때문이다. 그러므로 그의 나태한 소망들이 신의 명령들에 대한 위반을 보상하는 데 쓰일 수 있도록 하기 위해 "주여! 주여!" 하는데,[151) 그것은 다만 "하늘에 계신 아버지의 뜻을" 행할 필요가 없도록 하기 위한 것이다. 그렇게 해서 그는 진실로 실천적인 심정을 되살아나도록 하기 위해 어떤 수단들을 사용하면서 의식들을 은총의 수단 자체로 이해한다. 심지어는 그 의식들이 은총의 수단이라는 믿음을 종교의 본질적 요소라고(평상적인 사람들은 이것을 종교의 전체라고도) 주장하고 그것에서 자신을 더 선한 인간으로 만드는 자비로운 신의 배려에 맡긴다. 그는 덕(자기가 존경하는 의무를 준수[152)하기 위해 자신의 힘들을 바치는 것) 대신에 경건성(신의 율법들에 대한 수동적인 존경)에 열성을 기울이지만, 전자[경건성]와 결합된 덕만이 사람들이 신의 지복(참된 종교적 심정)이라는 말이 뜻하는 이념을 만드는 것이다. — 이른바 이러한 잘못된 하늘의 총아라는 망상이 자기 안에서 특별한 은총의 작용들을 느끼는 광신적 상상으로 (심지어 신과 은밀한 교제를 한다는 잘못된 친밀성을 참칭하는 데까지) 올라가면, 결국 덕은 그에게 구토를 일으킬 뿐이어서 경멸의 대상이 된다. 그리하여 결국 종교는 항상 인간을 개선하는 데 거의 기여하지 못하고, 이 은총받은 자들의 ('겸양하여') 내적인 광명이 선한 일들을 통해 외부를 향해 빛나는 것도 아니다. 또한 (은총을 받은 자들이 참칭한 것에 따라 요구할 수 있는 것처럼) 특히 종교를 선한 행적 속에서 작용하며 나타나는 덕의 심정으로 대치하기 위해서가 아니라, 그것을 촉진하기 위해 간단하게 자기 안에 받아들이는, 다른 자연스럽고 — 성실한 사람들에게서보다 월등하게 더 빛나는 것도 아니라는 공공연한 비난이 있다고 해도 결코 놀라운 일은 아니다. 그럼에도 복음의 스승은 외적 경험의 외적 증거들 자체를 시금석으로 제

A 295; B 313

278

공했다. 그들의 열매들[153]인 이 시금석에 비추어 사람들은 그것들을, 그리고 각자는 자기 자신을 인식할 수 있는 것이다. 그러나 사람들은 자기들 생각에 특별한 은총을 받은 (선택받은) 자들이 일상에서, 업 A 296; Ⅵ 202 무에서 그리고 위급한 상황에서 신뢰할 수 있으며 자연스럽게 존경 할 만한 인사에 비해 조금도 능가할 것이 없을 뿐만 아니라, 그들이 B 314 오히려 전체적으로 볼 때 후자[자연스럽게 존경할 만한 인사]와 거 의 비교가 안 된다고 밝혔는데, 이것은 은총을 입는 것에서 덕으로 나아가는 것이 올바른 길이 아니라, 오히려 덕에서 은총으로 나아가 는 것이 올바른 길이라는 사실을 증명해주지만 사람들은 이 사실을 아직 보지 못했다.

해제

일러두기

1. 해제와 옮긴이주에서 칸트 저술 인용은 '『저술의 한글 약칭』 학술원판의 권수(로마 숫자) 쪽수(아라비아 숫자)'—예를 들어 '『종교론』 VI 200'—로 표시한다.
2. 『순수이성비판』 인용만은 관례에 따라 학술원판 권수 대신 초판(A) 또는 재판(B)을 표기해 '『순수이성비판』 A 104' 또는 '『순수이성비판』 B 275'와 같이 표시한다.
3. 한국어판 『칸트전집』 (한국칸트학회 기획, 한길사 편집·출간) 인용은 '『칸트전집』 한국어판의 권수와 쪽수'—예를 들어 '『칸트전집』 8 100—로 표시한다.

『이성의 오롯한 한계 안의 종교』

김진 대구한의대학교·철학

1. 프로이센과 칸트

임마누엘 칸트는 18세기 초반에서 19세기의 여명기, 다시 말하면 사상사적으로 계몽주의의 전성기와 낭만주의 시대가 서서히 도래하는 시대를 살았던 그야말로 기념비적인 사상가였다. 칸트가 태어나서 죽을 때까지 프로이센은 제2대 프리드리히 빌헬름 1세('군인 왕'), 제3대 프리드리히 2세('프리드리히 대제'), 제4대 프리드리히 빌헬름 2세, 제5대 프리드리히 빌헬름 3세에 이르기까지 모두 네 명의 왕이 통치했다.

프로이센 왕국은 1701년에 세워졌다. 1618년 신성로마제국의 제후국이었던 호엔촐레른(Hohenzollern)가문의 브란덴부르크 공국은 프로이센공국과 연합하여 '브란덴부르크-프로이센'공국(1618~1701)을 세웠다. 프리드리히 빌헬름 선제후가 1656년부터 1660년까지 세 번의 협정을 맺어 폴란드와 스웨덴의 지배하에 있던 알트슈타트(Altstadt), 크나이프호프(Kneiphof), 뢰베니히트(Löbenicht) 세 지역을 해방시켰다. 이를 바탕으로 그의 아들 프리드리히 3세 선제후(1657~1713, 재위 1688. 5. 9~1713. 2. 25)는 왕국의 영토를 정비하여 1701년 1월 18일, 쾨니히스베르크를 수도로 정하고 프로이센왕국(1701~1918)을 선포했다. 이와 함께 1702년 베를린을 프로이센의 영주도시로 정했다.

프로이센의 수도 쾨니히스베르크는 1255년 독일기사단이 건설한 국제적인 항구도시였으며, 1525년부터 프로이센공국의 수도가 되었다. 1544년, 이 도시에 유럽에서 두 번째로 대학(Albertus-Universität Königsberg: Albertina)이 설립되었다. 프로이센의 초대 왕 프리드리히 1세(1657~1713, 재위 1701. 1. 18~1713. 2. 25)는 수도 쾨니히스베르크에서 대관식을 거행했다. 1724년, 쾨니히스베르크는 앞에서 말한 세 지역을 통합하여 명실상부한 프로이센왕국의 수도이자 왕의 영주도시로 자리 잡게 된다. 이해에 쾨니히스베르크에서 대철학자 칸트가 태어났다. 그리고 1730년에는 철학자이자 문호였던 하만(Johann Georg Hamann, 1730~88)이 태어났다. 제2차 세계대전이 끝난 후 쾨니히스베르크는 구소련에 복속되어 1946년 '칼리닌그라드'(Kaliningrad)로 바뀌었다.

프로이센왕국은 전기에는 전제군주제(1701~1848), 후기에는 입헌군주제(1848~1918)를 채택했으며, 독일과 중부유럽 역사에서 중심 역할을 했다. 프로이센의 제2대 왕 프리드리히 빌헬름 1세(1688~1740, 재위 1713. 2. 25~40. 5. 31)는 재정과 군비를 확충하여 프로이센을 부강한 나라로 만들었던 '군인 왕'으로 유명하다. 칸트가 처음으로 대학 강단에 오른 해인 1755년에 쾨니히스베르크는 500주년 기념행사를 거행했다.[1] 칸트 시대에 쾨니히스베르크대학의

---

1) Bernd Dörflinger, James Jakob Fehr, Rudolf Malter (hrsg.), *Königsberg, 1724-1804. Materialien zum politischen, sozialen und geistesgeschichtlichen Hintergrund von Leben und Werk Immanuel Kants*, Olms, Hildesheim Zürich u.a., 2009, pp.197, 199-200; 백종현, 『한국칸트사전』, 아카넷, 2019, 902쪽

학생 수는 800여 명이었고, 교수는 30~40명 정도였다.[2]

프로이센의 제3대 왕은 '프리드리히 대제'로 더 잘 알려진 프리드리히 2세(1712~86, 재위 1740. 5. 31~1786. 8. 17)이다. 그는 인재를 등용하고 군대 조직을 혁신하여 정복전쟁을 직접 지휘했으며, 사법절차에서 고문을 근절하고 종교신앙에 관용 정책을 베푼 당대 최고의 계몽군주였다. '계몽의 시대'를 연 프리드리히 대제 시대에 칸트는 학문적으로 최고 업적인 『순수이성비판』을 출판했고, 이 책을 1781년 3월 29일, 학문을 좋아하고 보호하려고 애써왔으며, 또한 학문적 후견인으로서 관심과 애정을 애써 감추지 않았던 당시 교육문화·국무장관 제트리츠(Karl Abraham Freiherr von Zedlitz, 1731~93) 남작에게 헌정했다. 칸트는 이 책의 재판을 1787년 4월 23일에 기꺼이 그에게 다시 헌정했다. 인류 역사상 위대한 책들 중 하나인 『순수이성비판』이 계몽시대의 정신·문화·교육 정책을 총괄했던 제트리츠 경에게 두 차례나 헌정되었다는 것은 매우 뜻깊은 일이 아닐 수 없다.

칸트가 쾨니히스베르크대학 총장으로 취임한 1786년 8월 17일에 프리드리히 대제가 서거했고, 프로이센의 왕좌는 그의 조카 프리드리히 빌헬름 2세에게 넘어갔다. 프로이센의 제4대 왕 프리드리히 빌헬름 2세(1744~97, 재위 1786. 8. 17.~1797. 11. 16)는 프리드리히 대왕의 동생 아우구스트 빌헬름의 장자로 대왕에게는 조카가 되었다. 프리드리히 빌헬름 2세가 왕위에 오른 1786년에 칸트는 쾨니히스베르크대학 총장이 되었으며, 1787년에 『순수이성비판』 재판을 발행하

참조.

2) Bernd Dörflinger, James Jakob Fehr, Rudolf Malter (hrsg.), 2009, p.332와 p.363.

고 베를린학술원 회원이 되었다. 『실천이성비판』(『칸트전집』 6 130-356)이 나온 1788년에도 그는 총장 재임의 영예까지 얻을 정도로 일이 순조로웠다. 이 시기 칸트는 학문적 업적이나 명성에서 최대 전성기를 누렸다고 보아도 지나치지 않을 것이다.

그러나 프리드리히 빌헬름 2세는 프리드리히 대제의 계몽주의 정책을 전면 부정할 만한 조치를 취한다. 왕은 프리메이슨의 지도자 스타르크(Johann August von Starck, 1741~1816)의 영향을 받아 개종했고, 당대의 신학적 합리주의 노선에 적대적 태도를 취한 뵐너(Johann Christoph Wöllner, 1732~1800)와 비쇼프베르더(Johann("Hans") Rudolf von Bischoffwerder, 1741~1803) 등과 어울렸다.[3] 결국 프리드리히 빌헬름 2세는 1788년 7월 3일, 프리드리히 대제가 '기만적이고 교활한 사제'라고 힐난했고 칸트와도 악연이었던 뵐너를 국무와 법무 그리고 정신종교 업무까지 총괄하는 장관으로 발탁했다. 뵐너는 일주일 후인 1788년 7월 9일 "프로이센국의 종교법에 관한 칙령"이라는 강력한 종교칙령[4]을 발표했는데, 이는 당시 계몽주의 노선에 대한 반동이었다. 이를 기반으로 그는 교회정치와 교육정책에 막강한 영향력을 행사했다. 뵐너의 종교칙령은 자유주의 진영의 사제들에게 심각할 정도의 압박을 가했으며, 칸트의 친구 하세[5]에게도 불

---

3) Allen W. Wood, "General Introduction", in Immanuel Kant, *Religion and Rational Theology*(The Cambridge Edition of the Works of Immanuel Kant), translated and edited by Allen W. Wood, George Di Giovanni, Cambridge University Press, 1996, p.xv. 뵐너의 종교검열과 교회정치에 대해서는 비거만의 저서를 참고할 수 있다. Uta Wiggermann, *Woellner und das Religionsedikt. Kirchenpolitik und kirchliche Wirklichkeit im Preußen des späten 18. Jahrhunderts*, Mohr Siebeck, Tübingen, 2010.

4) Wöllners Religionsedikt, in Bernd Dörflinger, James Jakob Fehr, Rudolf Malter (hrsg.), 2009, pp.404–410.

5) J.G. Hasse, *Letzte Ausserungen Kants von einem seiner Tischgenossen*, Friedrich

명예를 안겨주었다. 이로써 칸트에게도 암운이 드리우기 시작했다.[6] 그가 단행한 반계몽주의적 검열정책은 당대의 대표적 계몽주의 철학자였던 칸트조차 예외로 두지 않았을 정도로 강경했다. 처음에는 칸트를 비켜가는 듯했지만 결국 당대 최고 철학자를 정조준하고 말았다.

칸트에게 직접 영향을 미친 것은 1788년 12월 19일에 수정, 보완한 뵐너의 둘째 종교칙령이었다. 뵐너는 즉심위원회라 불리는 새로운 검열위원회를 베를린에 설치하고, 헤르메스(J.T. Hermes)와 힐머(G.F. Hillmer)를 검열관으로 임명하여 도덕과 종교를 주제로 하는 모든 저술에 대한 검열을 한층 더 강화했다. 이는 뵐너가 통제하지 못했던 루터파 교구의 종교 합리주의자들을 견제하려는 조처로, 1790년 말에 뵐너와 헤르메스는 신학자들을 검열하는 즉심위원회를 새롭게 가동했다. 칸트 역시 1791년 6월에 볼터스도르프(T.C.G. Woltersdorf)에게 침묵을 종용받았다.[7] 이에 격분한 칸트는 1791년 9월에 『변신론의 실패』[8]라는 글을 발표했는데, 이는 단지 전초전일 뿐이었다.

1792년부터 칸트는 자신의 철학적 종교론을 논문 네 편으로 연속해서 발표하고자 했다.[9] 칸트는 예나에서 발행하는 『월간베를린』(*Berlinische Monatsschrift*)에 그 첫 번째 논문인 「인간의 본성 안에 있는 근본악에 대하여」(*Über das radikale Böse in der menschlichen Natur*)

Nikolovius: Königsberg, 1804.

6) 김진, 「칸트와 그리스도교 종말론」(『칸트연구』 26, 2010); Allen W. Wood, p.xvii.

7) Allen W. Wood, 1996, p. xix.

8) 『변신론의 실패』 VIII 253-272(『칸트전집』 10 239-262).

9) 1793. 5. 4, 칸트가 스토이드린(C.F. Stäudlin)에게 보낸 편지(『서한집』 XI 430) 참조.

라는 논문을 편집자 비스터(Johann Erich Biester, 1749~1816)에게 보내서 검열을 거친 후 출판 허가를 받았다. 그러나 칸트가 같은 해 6월 비스터에게 보낸 두 번째 원고 「인간을 지배하기 위한 선한 원리와 악한 원리의 투쟁에 대하여」는 헤르메스의 검열에 걸려서 출판 거부 판정을 받았다. 편집자 비스터는 7월 말 칸트에게 그 원고를 돌려주었다.

비스터로부터 원고를 돌려받은 칸트는 이미 발표한 첫 번째 논문과 출판을 거부당한 두 번째 논문에다가 논문 두 편을 추가하여 단행본으로 출판하기로 결심하고 쾨니히스베르크대학 신학부에 자신의 저술이 종교신학적 교의체계에 관한 것이 아니라 순수한 철학 저서라는 사실을 판정하도록 위임했다. 쾨니히스베르크대학 신학부는 공정하게 판정하려고 같은 대학의 철학부에도 판정하도록 배정했으나, 칸트는 제자 크라우스(Christian Jacob Kraus, 1753~1807) 교수가 철학 학부장을 맡고 있는 사정을 고려하여 예나대학 철학부가 판정하도록 조정했다. 쾨니히스베르크 신학부에서는 칸트의 원고가 자신들이 검열할 내용이 아니라고 통보해왔다. 칸트의 저술이 신학적 문제를 다룬 것이 아니라는 것이었다. 신학적 문제가 아니라고 한다면 당연히 검열의 제재를 받지 않아도 된다. 칸트는 예나대학 철학부 학장에게서도 같은 내용의 판정을 받아서 출판이 가능하게 되었다. 칸트는 자신의 대표적 종교 저서 『이성의 오롯한 한계 안의 종교』(Die Religion innerhalb der Grenzen der bloßen Vernunft, 이하『종교론』)를 1793년 부활절에 맞추어 간행할 수 있었다.

칸트는 자신의 철학적 종교론을 출판하는 데는 성공했지만 그에 대한 후폭풍이 만만치 않았다. 칸트가『순수이성비판』을 헌정할 정도로 그의 학문을 후원해주던 뷜너의 선임 국무장관 제트리츠가 종교론이 출판되기 직전인 1793년 3월 18일에 사망하여 이 사태에 도움을 줄 영향력 있는 인사는 더 찾을 수 없었다. 새 왕인 프리드리히 빌헬름 2세는 칸트에 대한 반감을 숨기지 않았다. 베를린의 검열기관은 칸트의 원고를 계속 검열했으며, 『이성의 오롯한 한계 안의 종교』 재판(B)을 발행한 1794년 3월에는 그가 종교재판에 회부되어 추방당하거나 이를 피해 망명할 것이라는 소문이 독일 전역으로 퍼져나갔다.[10] 이에 칸트에게 은신처를 제공하겠다는 제안도 들어왔다.[11]

그럼에도 칸트는 1794년 6월에 뵐너의 보수적인 종교정책을 신랄하게 풍자한 『만물의 종말』[12]이라는 글을 발표하여 도덕성 대신에 강압적 권위로 무장한 기독교가 반그리스도의 지배를 받고 있다고 풍자함으로써 프로이센 왕국의 종교정책을 강력하게 비판했다. 칸트의 이 글이 나온 이후 뵐너는 1794년 10월 1일, 자신이 직접 기안한 프리드리히 빌헬름 2세의 편지를 칸트에게 보내 그의 철학과 여러 논문이 성경의 근본 교리를 곡해하거나 경멸한 사실이 있으며, 이로써 청년들의 교사로서 의무를 저버렸다는 비난과 함께 그와 같은 성격의 모든 저술출판 활동을 금지하고, 그가 계속 반항하면 처벌하겠다는 내용을 통보했다. 이로써 칸트의 종교론 저서는 판매 금지 처분을 당했고, 쾨니히스베르크대학에서 그의 종교론 교육도 제재를 받았다. 당시 칸트의 명성이 대단했기 때문에 그의 동료들은 그에게

---

10) 1794년 5월 18일, 칸트가 비스터(Biester)에게 보낸 편지(『서한집』 XI 501) 참조.

11) 1794년 6월 27일, 칸트에게 보낸 J.H. Campe의 편지(『서한집』 XI 512-513) 참조.

12) 칸트가 만 70세 되던 해에 저술한 『만물의 종말』(Das Ender aller Dinge)은 그의 종교사상을 함축적으로 드러낸 중요한 작품이다. 칸트는 이 원고를 『월간베를린』(Berlinische Monatsschrift) 1794년 6월호(pp.495-522)에 게재했다.(『종말』 Ⅷ 327-39; 『칸트전집』 10 319-337) Allen W. Wood, 1996, p.xx, 221-231.

그처럼 무례한 처벌 명령을 무시하도록 권고했으나 칸트는 조용히 황제의 명령을 따르기로 작정했다.

칸트는 자신이 국가종교인 기독교를 손상할 의도가 전혀 없었으며, 자신의 저술은 자연종교에 대한 철학적 평가에 지나지 않을 뿐이라고 주장했다. 그리고 한 편지에서 자기의 확신을 철회하거나 부인하는 것은 할 짓이 아니지만 어떤 경우에 침묵하는 것은 신민의 의무라고 말했다.[13] 우리가 말하는 것은 진실이어야 하지만, 그렇다고 해서 모든 진실을 공공연하게 말하는 것이 의무는 아니라는 것이다. 칸트에 대한 학문적 탄압은 프리드리히 빌헬름 2세가 죽는 1797년 11월 16일까지 지속되었다. 칸트는 침묵을 지켰다. 프리드리히 빌헬름 3세(Friedrich Wilhelm III 1770~1840)(재위 1797~1840)가 즉위하여 반계몽주의 법률들을 폐지하자, 칸트는 1798년『학부논쟁』서문에서 뷜너의 검열 서한을 공개하고 자신의 종교사상을 다시 천명했다.(『학부논쟁』Ⅶ 5-10;『칸트전집』11 260-267) 이성종교와 도덕신앙으로 잘 알려진 칸트의 철학적 종교론은 이후 프로테스탄트 교회에서 매우 중요한 신학적 위상을 갖게 된다.

2. '철학적 종교론'의 구성과 체계

1793년 칸트는 결정적으로 네 번째 비판철학서라고 할 '철학적 종교론', 즉『이성의 오롯한 한계 안의 종교』에서 기독교의 주요한 교의체계들을 이성의 틀 안에서 반성적으로 성찰하고 평가했다. 이

---

13) 1794년 10월 12일 칸트가 Friedrich Wilhelm Ⅱ에게 보낸 편지(『서한집』Ⅺ 527-530);『학부논쟁』Ⅶ 7-10(『칸트전집』11 262-268); Karl Vorländer, *Immanuel Kant. Der Mann und das Werk*, Hamburg, 1977, Ⅱ, p.205.

종교 저술은 이성의 틀 안에서 역사적 계시 신앙과 도덕적 이성 신앙이라는 두 가지 이질적인 신앙 내용이 어떻게 조화롭게 매개될 수 있는지를 보여준다. 칸트는 이 네 번째 비판서에서 인류의 핵심적 가치인 진, 선, 미, 성의 최고 이념을 규명하기 위해 학문(이론)적 지식, 도덕적 실천, 미적 판단과 합목적적 판단 그리고 종교적 신앙이라는 다양한 차원에서 작동하는 이성의 오롯한 기능과 한계를 체계적으로 기술하고자 했다. 여기에서 칸트가 중요하게 생각하는 철학적 문제는 이론적 지식의 객관적 타당성, 도덕적 실천의 동기적 순수성과 자율성, 보편적 판단의 합목적성, 종교적 신앙의 최후정초(마지막 근거 설정)의 가능성 조건을 밝히면서 이 네 가지의 이성 관심 속에서 인간이란 무엇인지를 숙고하는 것이었다. 그리하여 칸트의 이성비판은 최종적으로 인간학의 문제, 즉 '인간이란 무엇인가?'라는 물음에 대한 반성적 근거 설정의 토대를 마련해준다.

칸트는 '철학적 종교론' 서문에서 '도덕은 그 자체 이외의 어떤 다른 초월적 근거도 필요로 하지 않는다'(『종교론』 VI 3 참조)라는 명제와 '도덕은 불가피하게 종교에 이른다'(『종교론』 VI 6 참조)라는 명제를 제시한다. 그가 제시한 이 두 명제는 현상적으로 상반되거나 모순된 것처럼 보인다. 그래서 칸트의 이러한 주장은 실제로 많은 사람을 혼란하게 했다. 혹자는 칸트의 철학적 종교론이 그의 도덕철학적 주장과 전혀 양립할 수 없다고 비판하기도 했다. 그러므로 칸트에서 도덕과 종교의 관계를 어떻게 규정하고, 서로 다른 목적에서 발단하는 이 두 실천적 지향 가치가 그의 선험철학에서 어떻게 모순 없이 자리매김할 수 있는지는 매우 중요한 관심거리가 된다.

칸트에게서 종교는 어떤 사람이 도덕적으로 행할 경우 그 자신의 행복을 얻는 수단이 아니라, 최종적으로 그런 도덕적 행위들과 비례적으로 일치하는 세계가 존재할 것이라는 희망을 가져도 좋다는 이성신앙 또는 도덕종교의 의미를 갖게 된다. 그래서 칸트는 "도덕은 불가피하게 종교에 도달하게 되며, 그로써 도덕은 인간의 밖에 있는 막강한 도덕적 입법자라는 이념을 향해 확장해나간다. 이 입법자의 의지 속에 있는 (세계창조의) 궁극목적은 동시에 인간의 궁극목적이 될 수 있고 또한 그렇게 되어야 하는 것이다"(『종교론』 VI 6)라고 말한다. 여기에서 칸트는 "신이 있다. 그와 함께 이 세계에는 최고선이 있다"라는 명제가(신앙명제로서) 단순히 도덕에서 나온 것이라고 전제할 경우에 그것을 "하나의 아프리오리한 종합명제"라고 규정한다.(『종교론』 VI 6 각주) 칸트는 도덕이 불가피하게 종교에 이르게 됨으로써 비록 실천적 이성 사용의 차원으로 제한하기는 하지만 아프리오리한 종합명제인 신의 존재를 수용한다. 이처럼 칸트는 도덕법칙들을 가장 엄격하게 이행하는 것이 최고선(객관적인 궁극목적)을 초래하는 원인이지만, 인간에게는 이 세계에서 행복(주관적인 궁극목적)과 그것을 누릴 품격을 일치하게 할 능력이 충분하지 않다는, 이 둘 사이의 대립과 불일치를 해소하려고 "하나의 전능한 도덕적 존재를 세계지배자로 상정하지 않을 수 없으며, 이 존재자의 배려 아래서 도덕은 불가피하게 종교에 이른다"(『종교론』 VI 6 각주)라고 보았다. 따라서 여기에서 말하는 '이성비판'은 『순수이성비판』에서 이론적으로 논증할 수 없는 영역들을 분명하게 가려내는 작업이라기보다는 『판단력비판』에서처럼 개별적 판단과 선험적 이념 사이를 매개하는 것과 같은 작업 기능의 차원으로 이해하는 것이 더 적합할 것이다.

칸트의 요청적 신 개념은 『실천이성비판』 이후의 모든 종교철학적 저술에서 매우 중요한 역할을 한다. 특히 칸트의 신 개념은 그의 종교 저술에서 '하느님의 은총판단'과 '지상에서 하느님의 나라'라는 전혀 새로운 요청명제의 변형으로 진화하는 것을 볼 수 있다. 그리고 『판단력비판』에서는 자연현상과 도덕적 세계를 아우르는 목적론적·윤리신학적 신 존재 요청이 핵심적인 논의를 구성하고 있다.

칸트의 종교 저술 『종교론』(1793)은 『순수이성비판』(1781)이 나온지 12년 후 그리고 다른 두 비판서가 나온 지 3년 후 세상에 나왔다. 칸트는 스스로 "철학적 종교론"이라고 부르기도 한 넷째 비판서[14]에서 "나는 무엇을 희망해도 좋은가?"라는 물음으로 '종교' 비판을 수행하면서 도덕과 신앙이 일치할 수 있는 '이성 신앙의 가능성 조건'을 탐색했다. 여기에서 칸트는 그의 종교 저술에서 종교적 이성비판을 수행했다고 볼 수 있으며, 엄밀하게 역사적 계시신앙이 도덕적 이성신앙으로 부단하게 변형해나가는 노력을 중점적으로 기술했다.

칸트는 본래 독립적인 논문 네 편으로 발표하려고 생각했다. 첫 번째 논문을 발표한 후 두 번째 논문이 검열 때문에 게재가 불가능하게 되자 그는 나머지 원고들과 함께 단행본을 발간하기로 결심했다. 이 책은 1793년의 초판 서문과 1794년의 재판 서문을 포함하고 있다.

---

14) 회페는 칸트의 종교 저술을 '넷째 비판'으로 생각할 수 있는지에 대해서 회의적인 태도를 취한다. 우리는 종교가 도덕에 의무를 지고 있다는 칸트의 근본사상을 바탕으로 칸트가 『순수이성비판』에서 '선험신학' (transzendentale Theologie)의 작업을 개시하고 『실천이성비판』에서 그 절정에 이르며 『판단력비판』에서 진전을 보고서 이를 다시 체계적으로 새로운 종교론을 저술했다고 자연스럽게 기대할 수 있다. 하지만 회페는 세 비판서에서 인식능력, 욕구능력, 판단능력을 다루어 그 이외의 아프리오리한 법칙에 대한 능력을 더는 생각할 수 없을 뿐만 아니라, 칸트에게 '종교적 근본능력'이라는 개념은 낯선 것이라고 지적한다. 더구나 칸트는 세 비판서를 바탕으로 『자연과학의 형이상학적 기초원리』(1786, 『칸트전집』 5 189-330) 그리고 『법이론의 형이상학적 기초원리』와 『덕이론의 형이상학적 기초원리』를 합본한 『도덕형이상학』(1797, 『칸트전집』 7) 등 원리적인 형이상학 체계를 수립하고자 했으며, 종교저술은 칸트의 비판기와 형이상학 원리체계 확립기의 과도기에 나타난 저술이라고 평가했다. Otfried Höffe, "Einführung in Kants Religionsschrift", in ders. (hrsg.), *Die Religion innerhalb der Grenzen der bloßen Vernunft*, Akademie Verlag: Berlin, 2011, pp.1-2.

『순수이성비판』의 초판과 재판이 사상적 차이를 드러내는 것과 달리, 이 책의 초판과 재판은 약간의 자구 수정과 각주를 첨가하는 정도(24쪽 증보)에 그쳤으며, 내용에서 특별한 차이를 보이는 것은 아니다.

칸트는 이 책에서 "도덕은 그 자신을 위해서(객관적으로 하고 싶음이나 주관적으로 할 수 있음과 관련하여) 결코 종교가 필요하지 않고, 오히려 순수한 실천이성에 힘입어서 그 자체만으로도 충분하다"(『종교론』 Ⅵ 3)라고 말했다. 이러한 칸트의 주장에 근거하여 슈바이처[15]와 살라[16]는 도덕의 자율성만이 칸트철학의 순수한 요소라고 단정하여, 그의 비판철학적 사유에서 비일관적이고 잘못된 길을 폐기한 것으로 받아들였다. 따라서 이들은 칸트의 실천철학에서 '최고선' 개념과 '신의 존재' 명제를 인정하는 요청이론까지도 길을 잘못 든 '과도기적 사유물'이라고 폄하했다. 다시 말해 도덕적 자율성을 약화하는 요청적 요소들은 『순수이성비판』의 변증론에서 배태하여 『실천이성비판』에서 두드러졌으나, 결국 『판단력비판』과 『종교론』에서는 완전히 사라진다고 해석했던 것이다.

필자는 이들의 주장이 근본적으로 칸트의 비판적 선험주의를 편협하게 만든다고 본다.[17] 칸트는 지식과 신앙, 도덕과 계시의 문제를 바라볼 때 항상 이성의 오롯한 기능과 한계를 염두에 두었다. 칸트는 이론적 지식, 실천적 행위, 미적 판단 그리고 종교적 신앙의 영역에

---

15) Albert Schweitzer, *Die Religionsphilosophie Kant's von der Kritik der reinen Vernunft bis zur Religion innerhalb der Grenzen der bloßen Vernunft*, Freiburg 1899(Georg Olms Verlag, New York, Hildersheim 1974).

16) Giovanni B. Sala, "Kant und die Theologie der Hoffnung", in *Theologie und Philosophie* 56(1981), pp.92-100.

17) Jin Kim, *Kants Postulatenlehre*, Peter Lang; Frankfurt 1988; 김진 『칸트와 요청주의』, UUP, 2005 47-49쪽 참조.

서 이성이 할 수 있는 한계 영역과 그 이상의 것을 향해 나아갈 경우에 먼저 전제하지 않으면 안 되는 가능성 조건들을 숙고해나갔다. 최고선의 첫째 요소인 '도덕성'(신성성)과 관련된 실천적 이성 사용에 국한해서는 실천 주체의 영혼불멸성 요청만이 필연적이지만, 그 둘째 요소인 '행복', 즉 '종교적 희망'과 관련해서는 자연적 인과성과 실천적 자유 인과성을 통일적으로 매개하고 판단할 수 있는 신 존재 요청이 필연적이다. 그러므로 칸트의 비판적 사유 활동에서 순수이성의 대상 개념인 '이념', 실천이성의 '최고선'과 '요청' 사상은 그의 철학 체계에서 이성의 '이론적'·'실천적'·'종교적' 사용이라는 맥락에서 일관되고 발전적으로 펼쳐지고 있다.

칸트는 종교가 오직 도덕적 요구에서 출발하며, 도덕적으로 행하는 사람들은 행복하기를 희망해도 좋다고 생각했다. 따라서 종교는 그 자체로서 의미보다는 인간의 도덕적 행위를 담보하고 의미 있게 할 수 있는 요청적 희망의 내용으로 그 지위를 얻게 된다. 여기에서 인간의 도덕적 행위는 도덕성 이외의 다른 어떤 동기도 필요하지 않다는 자율적 순수성에 기초한다. 그럼에도 도덕적으로 선한 행위를 하는 사람들에게 그에 부합하는 행복이 주어지지 않는다면, 우리가 도덕적으로 행해야 할 아무런 이유도 찾지 못할 수 있다. 다시 말하면 도덕적 주체가 자신의 행복을 얻기 위하여 선한 행위를 의도하는 것은 도덕적이라고 할 수는 없지만, 그렇더라도 어떤 불순한 의도도 갖지 않고서 선한 행위를 한 사람에게는 그의 요구와 관계없이 선한 행위에 부합하는 행복을 보장할 수 있어야 한다. 이러한 세계 이상이 곧 칸트가 말하는 '도덕적 세계질서'다.

계시종교는 처음부터 도덕적·신앙적 행위주체에게 무차별적인 미래의 행복과 희망을 약속한다. 그러나 이성종교는 도덕적으로 행하는 인간에 한해서만 그에 대한 행복을 기대해도 좋다는 희망내용을, 그것도 '요청적' 의미에서만 허용한다. 이것은 인간이 도덕적으로 행위를 할 경우에 능동적으로 작동할 수 있는 도덕적 세계질서만이 '위안적 희망'이 될 수 있으며, 오직 그런 경우에만 도덕성(신성성)과 행복의 비례적인 또는 '완전한' 일치를 이루는 가능성의 조건이 된다.

오늘날 우리는 종교와 신성의 이름으로 자행하는 온갖 범죄를 만난다. 마더 테레사 수녀가 말한 '하느님의 부재'는 성직제도 안의 불의와 비도덕성을 고발한 것이며, 사제들의 아동 성추행을 조직적으로 은폐하는 사악한 세계로 추락하게 한다. 칸트는 바로 이런 것들을 철저하게 비판하고 고발했다. 결국 칸트는 종교를 도덕철학을 완성하기 위한 요청, 즉 '위안적 희망'으로 해석한 것이다.

칸트는 철학적 종교론에서 종교의식을 이성종교와 교회, 성서신앙이라는 두 영역으로 구분했다. 이성종교는 "우리의 모든 의무를 신의 명령으로 인식하는 것"(『종교론』 VI 153)이고, 후자는 역사 속에서 드러나는 종교 현상을 지시하는 것이다. 이 저술에서 칸트는 성서, 계시, 역사의 주관적·경험적·역사적 개념 틀과 종교, 도덕, 이성의 객관적·지성적·도덕적 개념 틀과 대비함으로써 역사적으로 성장하는 교회의 교리 내용이나 제도를 중시하는 '교회신앙'과 종교의 철학적 재구성을 위한 주체·내재적이고 아프리오리한 합리성을 중시하는 '종교신앙'을 이성이라는 지평 위에서 조화롭게 서술하려는 의도를 보여주었다. 칸트는 『순수이성비판』에서 종교의 여지를 마련하고자 이론적 지식의 한계를 설정하는 방식으로 경험적·감관적 현실성과 지성적·객관적 실재성을 구별했으며, 『실천이성비판』에서는 이를 최고선을 완전히 실현할 가능성의 조건으로서 신과 불멸성의 존재를 요청하는 방식으로 수정했다. 『판단력비판』에서는 다시 자연의 나라와 자유의 나라를 통일적으로 매개할 수 있는 선험논리적 신 개념을 요청했다. 그러나『종교론』에서는 이 둘 사이의 대립구조를 역사적 이성변증론으로 완전하게 해소해나가는 방식으로 소개했다. 계몽시대의 이신론자들이 그토록 부정하고자 했던 계시와 기적과 은총의 신앙을 칸트는 역사적 계시신앙의 차원에서 인정하고, 이러한 요소들이 역사과정(변증론)을 거쳐 도덕적 이성신앙의 차원으로 변화해나가는 방식과 과정을 보여주고자 했다. 따라서 칸트의 철학적 종교론에서는 이성 자체의 순수한 기능과 실천적 기능 또는 그둘을 종합적으로 매개하는 판단적 기능이라는 분석적 접근방식 대신에 계시신앙의 주관적·경험적·역사적 측면과 이성신앙의 객관적·지성적·도덕적 측면이 단적이고 오롯한 이성의 한계 안에서 대립과 모순을 극복해나가는 이성의 역사변증법, 즉 종교적 이성사용의 역사적 전개 과정을 생생하게 기술하는 데 그 목적이 있다.[18]

　칸트 종교론의 책 이름(Die Religion innerhalb der Grenzen der bloßen Vernunft)을 우리말로 옮기는 데 많이 고심했는데, 최종적으로 '이성의 오롯한 한계 안의 종교'로 정했다. 여기에서 칸트가 사용한 독일어 '블로스'(bloß)는 '벌거벗은', '외피가 없는', 즉 '드러내놓은', '무장하지 않은' 것에 대해서, 그리고 '오직', '단적으로', '섞이지 않은' 또는 '순수한', '단지', '전적으로' 등을 뜻하는 형용사나 부사로 쓰이는 단어다. '오롯하다'는 말은 '모자람이 없이 온전하다', '완전하다', '원만하다', '완벽하다', '결함이 없이 완전하다'를 뜻하는 순수한 우리말로 '순수하다', '순전하다', '온전하다', '완전하다' 등과 의

---

18) Gerd Irrlitz, *Kant Handbuch. Leben und Werk*, 2. Auflage, J.B. Metzler: Stuttgart, 2010, pp.381-389.

미가 유사하다. 가톨릭성가 6번 "찬미 노래 부르며"의 가사 중 "오롯
한 마음으로"라는 표현이 나오는데, 이는 '순수하고 온전한 마음'이
라는 뜻이다.

　그런데 칸트는 『순수이성비판』과 『실천이성비판』에서 이성의 기
능적 특성을 구분하고자 '순수한'(rein)과 '이론적'(theoretisch) 또는
'실천적'(praktisch)이라고 표현했으나, 철학적 종교론의 제목에서는
'블로스'를 사용했다. 여기서는 이성의 기능적 특성보다는 단지 그
리고 오직 '이성 그 자체의 한계'라는 정도를 뜻하므로, 우리말로는
'순전' 또는 '순수'와 뜻은 비슷하지만 어감은 전혀 다른 '오롯하다'
라는 표현이 더 적절하다고 생각했다. 필자는 전에 칸트의 종교론 해
설본 제목을 "순수한 이성의 한계 안에서의 종교"[19]라고 붙인 적이
있다. 그리고 백종현 교수는 『순전한 이성의 한계 안에서의 종교』로
정하면서 '어떠한 경험적 요소도 섞이지 않은'이라는 뜻을 부여한
'순수한'이라는 표현과 구분해 '순전한'이라는 말을 '어떤 다른 요소
도 섞이지 않은 오로지'의 뜻으로 고정한 바 있다.[20] 그러나 사실상
용어 자체에서 이러한 개념 규정의 차이가 그렇게 분명히 드러난다
고 볼 수는 없다. 실제로 신옥희 교수와 백종현 교수가 한글판 책 제
목에서는 '블로스'(순수한, 순전한, 오롯한, 단적인 등)에 해당하는 번
역어를 생략하기도 한 것은 '이성' 앞에 '순수한' 또는 '순전한'이라
는 표현이 없어도 무방하다는 사실을 인지했기 때문이라고 추정할
수 있다.

　한편, 칸트의 종교론 케임브리지판[21]의 제목(*Religion within the*

---

19) 김진, 『칸트 · 순수한 이성의 한계 안에서의 종교』, 울산대학교출판부(UUP),
　　1999.
20) 임마누엘 칸트, 『이성의 한계 안에서의 종교』, 백종현 옮김, 아카넷, 2017, 21
　　쪽 참조.

Boundaries of Mere Reason)에서 'mere' 역시 '단지', '오로지', '오직'이라는 뜻으로, 이성 기능의 '특성'보다는 '정도'를 더 잘 나타낸다. 우리말에서 '오롯하다'는 '모자람이 없이 온전하다', '완전하다', '원만하다'라는 뜻이다. 독일어 표현을 직역하면 "오롯한 이성의 한계 안(에서)의 종교"가 되겠지만, '에서의'라는 표기가 부적절할 뿐 아니라 독일어 어순을 바꾸어 우리말로 '이성의 오롯한 한계 안의 종교'라고 할 경우에 칸트의 의도를 더 잘 살려낼 수 있다는 생각에 이르게 되었다. 즉 칸트가 이 책에서 이성이라는 틀(한계) 안에서 역사적인 계시 신앙의 측면과 이성적인 도덕 신앙의 측면이 어떻게 조화할 수 있는지 보여주고자 한 사실(『학부논쟁』 Ⅶ 6 각주; 『칸트전집』 11 261)에 착안하여 가장 적절한 우리말 표현을 찾고자 고심했다. 따라서 칸트가 종교적 이성 사용의 변증론을 통하여 기독교 성경에서 계시하는 내용들이 종교신앙과 도덕신앙의 차원으로 이행할 수 있는 조건 그리고 이성의 영역이나 그 한계 안에서 역사(계시)신앙과 도덕(이성)신앙의 일치 가능성 조건을 보여주려고 한 사실을 감안한다면, "이성의 오롯한 한계 안의 종교"라는 제목이 칸트의 저술 의도를 더 적절하게 나타낸다고 볼 수 있다. 칸트는 이 종교저술의 제목 이외에도 "철학적 종교론"이라 쓰기도 했는데, 그의 저술 체계에 비추어 볼 때 『이성의 오롯한 한계 안의 종교』 또는 "철학적 종교론"은 순수이성, 실천이성, 판단력 비판에 이어 종교이성 비판을 수행한다고 볼 수 있다. 따라서 이 책의 제목은 "종교이성비판"으로 불리어도 좋다.

---

21) *Religion within the Boundaries of Mere Reason*, in *Immanuel Kant, Religion and Rational Theology(The Cambridge Edition of the Works of Immanuel Kant)*, translated and edited by Allen W. Wood, George Di Giovanni, Cambridge University Press, 1996, pp.39-231.

3. '철학적 종교론'의 내용 분석

칸트는 종교, 특히 기독교 신앙에 대해 어떤 태도를 보였을까? 칸트의『종교론』(1793, 1794)은 도덕과 종교의 상호관계 속에서 희망의 지평을 탐색한다. 그러나 희망을 주제로 내세우면서도 체계적으로 기술하지는 않았다.『순수이성비판』재판(1787) 서문에서 칸트는 "신앙의 여지를 얻기 위하여 지식을 부정"(『순수이성비판』B XXX)하는 방식으로 '지식과 신앙'의 문제를 정리했다. 이론적 지식의 한계를 규명하면서도 이성종교[도덕신앙]의 통로를 열어둔 것이다. 그는『실천이성비판』(1788)에서 '도덕과 행복'의 결합을 '최고선'으로 상정하고, 그 실현을 위해 '신의 존재'를 요청했다.[22] 이어서 칸트는 제3비판서『판단력비판』(1790)에서 '자연 인과성'과 '자유', 제4비판서라고 할 '철학적 종교론'에서 '도덕과 종교'의 관계를 다루었는데, 이 논의들은 "실천적이면서 동시에 이론적인 물음"인 "나는 무엇을 희망해도 좋은가?"에 대한 것이다. 칸트는 '철학적 종교론'에서 기독교의 원죄론, 구원론, 기독론, 교회론의 문제를 희망의 관점에서 새롭게 해석했다. 그는 역사적 종교는 먼저 계시로 알려지고 추후에 이성이 검증한다는 사실을 인정하고서, 역사적 계시신앙을 넘어서서 순수한 이성의 눈높이로 참된 종교를 정립하고자 했다. 그래서 칸

---

22) 칸트의 신 문제에 대한 논의는 다음 저술들을 참조할 수 있다.(출판연대 순) Niels Otto Schroll-Fleischer, *Der Gottesgedanke in der Philosophie Kants*. Odense University Press, 1981; Giovanni B. Sala, *Kant und die Frage nach Gott*, Walter de Gruyter: Berlin, New York, 1990; Peter Byrne, *Kant on God*, MPG Books, Ashgate Publishing: Hapshire, Burlington, 2007; Norbert Fischer(hrsg.), *Die Gottesfrage in der Philosophie Immanuel Kants*. Herder: Freiburg Basel Wien, 2010; Edward Kanterian, *Kant, God, and Metaphysics. The Secret Thorn*, Routledge: London and New York, 2018.

트는 『학부들의 논쟁』에서 순수한 철학적 종교이론은 "이성의 오롯한 한계 안에서" 이루어지며, 모든 종교는 "(계시 없이) 오롯한 이성에서" 유래하고, 계시신앙의 종교 경전인 성경은 "오롯이 이성을 통해" 그 참된 의미를 알 수 있다고 보았다.(『학부 논쟁』 Ⅶ 6 각주) 역사적 계시신앙은 이성신앙 안의 여러 단계를 거쳐서 궁극적으로 이성종교(도덕신앙, 윤리신학)에 도달해야 한다.[23]

칸트는 초판 서문에서 도덕은 어떤 초월적 존재에 대한 이념이나 종교를 필요로 하지 않는다(『종교론』 Ⅶ 3-11)고 주장하면서도, 도덕은 필연적으로 종교에 이르게 되며, 종교를 통해서 인간 이상의 능력 있는 도덕적 입법자의 이념으로 확장한다(『종교론』 Ⅶ 6)고 번복한다. 이 두 주장은 현상적으로 모순된 것처럼 보인다. 그런데 그는 도덕은 어떤 다른 동기도 필요로 하지 않지만, 도덕의 완성을 위해 도

---

23) 칸트의 "철학적 종교론"에 대한 비중 있는 주석서나 논문집들은 다음과 같다.(출판연대 순)
Clement [Charles Julian] Webb, *Kant's Philosophy of Religion*, Oxford University Press: Oxford, 1926; Josef Bohatec, *Die Religionsphilosophie Kants in der "Religion innerhalb der Grenzen der blossen Vernunft" mit besonderer Berücksichtigung ihrer theologisch-dogmatischen Quellen*, Hoffmann und Campe: Hamburg, 1938; Georg Olms, Hildesheim, 1966; Allen W Wood, *Kant's Moral Religion*, Cornell University Press: New York, 1970; Otfried Höffe(hrsg.), *Immanuel Kant. Die Religion innerhalb der Grenzen der bloßen Vernunft*, Akademie: Berlin, 2011; Gordon E. Michalson(ed.), *KANT'S Religion within the Boundaries of Mere Reason. A Critical Guide*, Cambridge University Press, 2014; Lawrence R. Pasternack, *Kant on Religion within the Boundaries of Mere Reason*, Routledge, 2014; Eddis N. Miller, *Kant's 'Religion within the Boundaries of Mere Reason'*, Bloomsbury Publishing: New York, 2015; Stephen R. Palmquist, *Comprehensive Commentary on Kant's Religion Within the Bounds of Bare Reason*, Wiley Blackwell: Malden, Oxford, 2016; Thomas Paul York, *Kant's Philosophy of Religion and Climate Change*, University of Toronto, 2017.

덕적 행위의 결과에서 생겨나는 '최고선'의 이념(순수B 838-839; 실천A 226)이 필요하다고 생각했다. 그는 '최고선' 개념을 도덕에서 비롯한 '결과적 표상'으로 규정하면서, 도덕적 의무(신성성)의 이행에 비례적으로 일치하는 '행복해도 좋을 품격'의 완성이라고 이해했다. 최고선은 오롯이 인간이 생각할 수 있는 '최선의 세계'인 '도덕적 세계질서'에서만 가능하다.(『종교론』Ⅶ 5) 그런 세계는 가장 높고 도덕적이며 거룩하고 전능한 유일신의 존재를 상정하지 않으면 안 되는데, 그것은 자연의 인과성과 자유의 합목적성을 통일할 수 있는 최고존재자만이 도덕적 주체에게 그의 의무 이행에 부합하는 행복을 희망해도 좋은 신앙을 허용할 수 있기 때문이다. 칸트는 '종교론' 초판 서문 각주에서 '신 존재 요청'과 '최고선'의 문제를 언급하면서,(『종교론』Ⅶ 6-8) 도덕적 입법자의 의지 속에 있는 세계 창조의 궁극목적은 동시에 인간의 궁극목적이 될 수 있다고 주장했다.(『종교론』Ⅶ 7 각주) 그래서 최고선의 이념을 실마리로 삼아 도덕은 결국 종교로 이행하게 되고, 이로써 '희망'은 '이성신앙'과 '도덕신학'의 핵심 주제로 떠올랐다. 도덕법칙은 우리에게 순수한 의무로 이행할 것을 강제하지만, 도덕적으로 선한 행위를 한 인간에게 행복을 보장하지는 못한다. 그래서 칸트는 도덕과 행복의 완전한 조화를 '최고선의 이상'으로 제시했다. 그는 이성존재들에게 행복을 보장할 수 있는 세계통치자[신]의 존재를 『순수이성비판』에서 이성의 대상 개념[이념]으로 규정했고, 『실천이성비판』에서는 실천이성의 요청 개념으로 상정했지만, 여기서는 도덕과 종교의 관계로 다시 성찰한다.

1794년에 쓴 「철학적 종교론」의 재판(B) 서문에서 칸트는 역사적 계시종교와 도덕적 이성종교의 관계를 다루면서, 외연상으로 계시종교가 이성종교보다 더 큰 개념이지만, 역사적 체계로서 계시는 도덕적 개념들에 따라 검토해야 한다고 강조했다.[24] 여기에서 칸트는 이성에 따라서 성경을 도덕적으로 해석할 것을 제안했다. 그는 성경신학을 도덕적으로 접근하려는 시도를 괴팅겐 신학자 미카엘리스의 『도덕』[25])에서 찾았다. 칸트에게 큰 영향을 준 미카엘리스(Johann David Michaelis, 1717~19)와 제믈러(Johann Salomo Semler, 1725~91)[26])는 18세기 자연종교론과 이신론(理神論)의 영향 속에서 성서를 종교사학자와 비판적인 역사연구가의 시선으로 바라보고, 이성과 도덕의 기준으로 계시종교의 진리를 해석했던 독일의 혁신적인 개신교 신학자들이었다.[27]) 칸트 역시 역사적 계시신앙의 요소들을 이성종교 안에서 비판적으로 해석하고자 했으며, 지상에서 하느님 나라를 건설하기 위해 역사적 계시신앙들을 순수한 도덕적 이성신앙으로 변화시키는 무한 노력을 요구했다. 칸트는 1792년에 스토이들린(Carl Fridrich Stäudlin, 1761~1826)[28])이 편찬한 미카엘리스

---

24) 『종교론』 VII 12-14. 그리고 초판 서론 말미에서 칸트는 자신이 직접 당했던 검열제도를 비판적으로 다루었다. 그는 철학이 그리스도교적 계시의 진리 주장에 처음부터 이의를 제기할 수 없다고 보아 철학적 신학과 성경적 신학의 통일 가능성에서 논의를 시작한다.(『종교론』 VII 6-9) 칸트는 역사적 계시와 순수한 이성의 일치라는 가정에서 성경적 역사와 성경의 기본명제들을 도덕적 명제로 이해하고 해석하는 '새로운 해석학적 준칙'을 도입했다.

25) Johann David Michaelis, *Moral.* 1, 2권. *hrsg. und mit der Geschichte der christlichen Sittenlehre begleitet von Carl Friedrich Stäudlin*, Göttingen 1792 – 1793.[Bd. 3-1권: *Geschichte der Sittenlehre Jesu 1*, 1799; 3-2권: *Geschichte der Sittenlehre Jesu 2*, 1802; 3-3권: *Geschichte der Sittenlehre Jesu 3*, 1812; 3-4권: *Geschichte der Sittenlehre Jesu 4, 5.* 1824.]

26) Johann Salomo Semler, *Ueber historische, gesellschaftliche und moralische Religion der Christen*, Leipzig, 1786.

27) Douglas Mc Gaughey, "Kants theologischer Kontext: Eine Stichprobe", in: Otfried Höffe (hrsg.), *Die Religion innerhalb der Grenzen der bloßen Vernunft*, Akademie Verlag: Berlin, 2011, p.273.

28) Carl Fridrich Stäudlin, *Neues Lehrbuch der Moral für Theologen nebst Anleitungen zur Geschichte der Moral und der moralischen Dogmen*, Vandenhoeck und Ruprecht: Göttingen, 1817; *Geschichte des Rationalismus*

의 『도덕』 1권과 2권을 참조한 뒤 자신의 철학적 성서해석에 대한 정당성을 확신했다.[29] 그러나 미카엘리스와 제믈러는 1791년에 사망한데다가 심지어 후자는 죽기 전에 프로이센의 종교검열 정책을 지지하기조차 했다. 그해 6월부터 검열의 소용돌이에 휘말려든 칸트는 1794년 10월 1일 프리드리히 빌헬름 2세의 제재를 받아야만 했다.

다른 한편, 칸트는 초기 정통주의 튀빙겐 신학파를 설립했던 순수한 성서적 초자연주의자 스토르(Gottlob Christian Storr, 1746~1805)의 신학적 주석(1793년의 라틴어판과 1794년 쉬스킨트(Friedrich Gottlieb Süskind, 1767~1829)의 독일어 번역판)[30]에 대해 연로하여 직접 답하지 못한다고 유감을 표명했다. 그는 스토르 교수가 자신의 철학적 종교론에 대한 주석서에서 근면과 공정을 다해 명민하게 검토한 사실에 감사를 표했다. 스토르가 자신의 요청이론을 바탕으로 정통 기독교 신학의 새로운 체계를 수립하려고 했지만, 칸트는 루터교의 신비적 초월주의자들이 그 자신의 주장과 같다거나 비슷하다고 여기는 것에 매우 민감하게 반응했다. 그래서 칸트는 "어떻게 교의학의 교회적 체계가 그 개념들과 정리들에서 순수한 (이론적·실천적) 이성에 따라 가능한가"라는 물음에 간략한 비답만 제시했다. 칸트는 자신의 철학 체계에 대한 이해를 떠나서 단지 '평범한 도덕'이 필요할 뿐이고, 학술적 용어로는 의무에 맞는 행위 습성들인 '현상

---

und Supernationalismus vornehmlich in Beziehung auf das Christentum, Vandenhoeck und Ruprecht: Göttingen 1826.

29) 칸트는 미카엘리스가 『도덕』(제1부 5-11쪽)에서 신학부의 권리를 침해하지 않고도 성공적으로 달성했다고 지적함으로써(『종교론』 VI 13), 자신이 "철학적 종교론"에서 수행한 작업을 정당화했다.

30) Gottlob Christian Storr, *Annotationes quaedam theologicae ad philosophicam Kantii de religione doctrinam*(『칸트의 철학적 종교론에 대한 간략한 신학적 주해』), Tübingen, 1793. Friedrich Gottlieb Süskind, *D. Gottlob Christian Storrs Bemerkungen über Kants philosophische Religionslehre*, Tübingen, 1794.

적 덕'과 도덕적 의무에서 비롯한 항상적 심성인 '지성적 덕'으로 사용할 수 있지만, 특히 후자는 종교론에서 신적 본성의 신비들에 대해서만 제한적으로 사용하도록 했다. 칸트는 특히 이러한 신비들도 누구나 이해할 수 있는 도덕적 개념으로 바꾸는 것이 중요하고(『종교론』VI 13-14), 따라서 모든 성서 내용을 문자적으로 해석하는 대신에 도덕적 의미를 살펴야 한다고 강조했다.

제1편에서 칸트는 선한 원리와 함께 하는 '악한 원리' 또는 '근본악'의 문제에 대한 비판철학적 해명을 시도했다.[31] 이는 기독교 원죄론에 대한 선험철학적 대안이다. 인간의 본성 안에 '선의 근원적 소질'이 있지만, 의지 사용의 국면에서 준칙[행위원칙]은 언제나 '악의 성벽'(『종교론』VI 28-32)에 영향을 받는다는 것이다. 근본악은 실천 주체의 준칙과 밀접한 관련이 있으며, 악한 결과들을 유인한 의지 사용의 자유로운 선택에 대한 책임 문제로 귀결된다.(『종교론』VI 25, 29) 이로써 칸트는 악의 근원을 원죄보다는 '준칙의 타락', 곧 '신의 계명인 도덕법칙의 위반'이라는 새로운 측면에서 이해했다.(『종교론』VI 41 이하) 이로부터 현상적으로 극복할 수 없는 새로운 어려움들이 생겨난다. 전지전능하고 자비하신 신이 만든 이 세상에 어떻게 악이 출현할 수 있었는가? 우리 안에서 악이 최고의 도덕적 심정을 '어떻게' 부패하게 할 수 있었는가?(『종교론』VI 32) 그래서 이 세계는 근본적으로 악한 상황에 처하게 되었는가?(『종교론』VI 19) 인간이 본성적으로 선하다면 그것은 어떻게 악의 성벽에 영향을 받을 수 있는가? 인간이 악으로 기울어질 수 있다면 악의 근원과 출처는 무

---

31) 『종교론』VI 19-53; Christoph Schulte, *radikal böse. Die Karriere des Bösen von Kant bis Nietzsche*, Wilhelm Fink: München, 1999; Volker Dieringer, *Kants Lösung des Theodizeeproblems*, Frommann-Holzboog: Stuttgart, 2009.

엇이고, '악의 성벽'은 어디에서 기인하는가?[32] 이처럼 칸트는 '인간의 본성 안에 있는 악의 근원에 대하여' 물었다.(『종교론』 VI 39-44)

칸트는 제1편 주석에서 타락한 인간의 심정에 선의 근원적 소질을 다시 불어넣을 수 있는가 하는 물음에 대해, 인간은 선에 대한 최초의 소질 자체를 완전하게 상실한 것은 아니었다는 비답을 제시했다. 인간은 심정의 타락에도 선한 의지를 촉진하면 얼마든지 선 자체로 돌아갈 가능성을 지닌 존재라는 것이다.(『종교론』 VI 44) 여기에서 칸트는 인간을 선으로 복귀할 희망이 있는 존재로 묘사했다. 그렇다면 선한 의지의 회복은 어떻게 가능한가? 다시 말해 '신의 은총'은 어떻게 작동하는 것일까?(『종교론』 VI 44-53) 칸트에 따르면 인간의 도덕적 상태는 전적으로 그 자신의 '자의'에 달려 있다. 그래서 선하게 되려고 어떤 초자연적 존재의 도움이 필요하더라도, 그 전에 자기 스스로 '초자연적 협력'을 받을 만한 품격을 갖춘 존재가 되기 위해 "우리의 모든 준칙과 도덕법칙의 일치(『종교론』 VI 46)"를 위한 부단한 전진이 필수적이다. 하지만 심정의 상태와 행위 자체 사이의 '커다란 틈새' 때문에 우리는 여전히 "신성성을 향해 무한하게 전진하는 길목"에 있을 뿐이다.(『종교론』 VI 46-47) 그래서 칸트는 "점진적 개선"에 앞서 "심정의 혁명", 곧 "새로운 창조"와 같은 거듭난 탄생으로 '새로운 인간'이 될 수 있다고 주장했다.[33] 그러나 도덕적 개선의

---

32) 이 물음에 대해 칸트는 '탐구할 수 없다'고 대답했다. 다만 그는 성경이 악의 근원을 '시간에서 최초의 것'으로 묘사하므로, '악의 성벽' 이전에 '무죄상태'가 있었음을 알 수 있다고 강조했다.(『종교론』 VI 43) 성경은 악의 시작이 '악의 성벽'이 아니라 '죄'에서 비롯한다는 것을 보여주었다. 이 경우에 도덕법칙은, 본능적 경향성으로 유혹에 빠지기 쉽고 순수하지 못한 인간에게, '금지'의 형태로 주어졌지만(창세 2, 16-17), 최초의 인간 아담과 여자는 신의 계명을 의심하고 감성적 충동에 따라 무죄상태에서 타락하게 되었다.(창세 3, 4-6)
33) 그러나 어떤 사람이 한갓 법적으로뿐만 아니라 도덕적으로 선한(신의 마음

불가능성과 무능력에 취한 잘못된 이성은 '도덕'보다는 '행복'을 최상의 원칙으로 하는 "은총을 구하는 종교"에 탐닉한다.(『종교론』 VI 51) 그러나 도덕적 이성신앙은, 선한 인간이 되기 위해 최선을 다해 노력하는 경우에만, "자신의 힘으로 할 수 없는 일"에 대해 신의 은총을 기대해도 좋다고 가르친다. 칸트는 '기독교'만이 이런 '도덕종교'에 속한다고 주장했다.(『종교론』 VI 52)

　　제2편에서 칸트는 성경의 기독론과 구원론을 도덕신앙적으로 해석했다.(『종교론』 VI 57-89) '선의 근원적 소질'과 '악의 성벽'이 어떻게 인간 안에서 '선한 원리'와 '악한 원리'로 대립하고, 어떻게 인간에 대한 권리를 주장하는지를 다루면서, 특히 '인류의 스승 예수 그리스도'를 '선한 원리'가 역사 속에서 구체적으로 드러난 인격적 이념이라는 교의체계에 어떤 어려움들이 있고 그 해결책은 무엇인지를 보여주고 있다. 그렇다면 선한 원리와 악한 원리 사이에서 인간을 지배하기 위한 투쟁에도 인간은 어떻게 악에서 자유로울 수 있는가? 칸트는 악의 원인이 자신 안에 있든지 밖에 있든지 그 도덕적 책임은 항상 자기 것이라고 생각했다. 그리고 인간에 대한 선한 원리의 권리주장은 신의 창조 목적, 곧 '도덕적으로 완전한 인간'에 있다고 보았다.(『종교론』 VI 60-78) 신의 의지에서 나온 행복의 최고 조건은 도덕적 완전성이다. 이처럼 "신의 마음에 드는 완전한 인간의 이

에 드는) 인간, 즉 예지적인 성격의 덕을 가진 사람이라는 것은, 그는 어떤 것을 의무로 인식했을 때 의무자체의 표상 이외에 어떤 다른 동기도 더는 필요하지 않은 그런 사람이 된다는 것을 뜻한다. 그러므로 준칙의 기초가 불순하다면 점진적인 개혁으로는 가능하지 않고 인간 안에 있는 심정의 혁명(심정의 신성성이 준칙으로 이행하는 것)으로 이루지 않으면 안 된다. 그는 오직 새로운 창조(요한 3, 5; 1모세[창세] 1, 2 비교 참조)와 같은 일종의 재생으로, 그리고 심성의 변화로만 새로운 인간이 될 수 있다.(『종교론』 VI 47)

념"은 신의 본질에서 나온 것으로, 영원 전부터 "신 안에" 이미 존재하고 있는 "신의 독생자"인 "예수 그리스도"이다. 신의 뜻에 맞는 인간, 그의 자녀가 되기를 바란다면 그의 심정을 본받아야만 한다.[34] 복음서는 우리에게 그리스도처럼 거룩하게 되라고 요구한다.(마태 5, 48; 1베드 1, 16) 예수가 자연적 인간으로서 완전한 인간이 될 수 있었다면 우리 역시 완전한 인간이 되어야 마땅할 것이다. 그러나 한편으로 신의 아들인 그리스도 역시 인간이기에 그 원형적 이념의 실현이 선천성이나 자율적 노력에 따른 것인지는 여전히 풀리지 않은 채로 있다. 이와 함께 그리스도의 정의는 그의 심정과 완전하게 일치하지만 우리는 그렇지 않다는 점에서 이러한 요구는 현상적으로 실현 불가능한 것처럼 보인다. 첫째, 우리는 '결함 있는 선'과 '도달해야 할 선' 사이의 '무한한 간격'으로 '무한한 전진'을 향한 노력에도 그 이념을 성취하는 것은 현실적으로 어려워 보인다.(『종교론』 VI 67) 둘째, 이처럼 도덕적 결함을 지닌 인간이 '도덕적 행복'을 성취하려면 "언제나 선을 향해 전진할 수 있는 심정의 현실성과 지속성에 대한 보증"이 필요하지만, 우리는 심정의 '불변성'과 '지속성'을 파악할 수 없으므로 모든 가능한 도덕적 행위를 이성적으로 판단하는 것조차도 어렵다.(『종교론』 VI 67-69) 셋째, 선을 향한 도정에서도 신 앞에서 심판을 받을 경우에 우리 모두가 비난받을 수밖에 없기 때문이다.(『종교론』 VI 72) 도덕적 심정과 일치하는 선행의 지속적 실천도 언제나 '악에서 출발'하므로 그 죄책은 그가 개심한 후에도 그대로 남아 있어서, 모든 인간은 근본악에서 자유롭지 못하다.

---

34) 『종교론』 VI 60-61 참조. "한처음에 말씀이 계셨다. 말씀은 하느님과 함께 계셨는데 말씀은 하느님이셨다. 그분께서는 한처음에 하느님과 함께 계셨다. 모든 것이 그분을 통하여 생겨났고 그분 없이 생겨난 것은 하나도 없다. 그분 안에 생명이 있었으니 그 생명은 사람들의 빛이었다."(요한 1, 1-4)

칸트는 이런 어려움들을 해소하기 위해 신의 '은총판단'이라는 새로운 요청명제를 도입한다.(『종교론』 VI 75) 우리를 심판하는 신은 바로 '모든 사람을 위해 죄책을 짊어지신 대리자', '고통과 죽음으로 최고의 정의를 넉넉히 실행하신 구속자', '재판관 앞에서 인간들을 의롭게 하신 변호자'이므로, 도덕적 개선을 위해 무한히 노력하는 우리에게 은총을 내려주실 것이라고 희망해도 좋다고 여긴 것이다.(『종교론』 VI 74) 이로써 '신의 은총판단'은 '속죄'와 '칭의'의 신비를 가능하게 하는 근거가 된다.(『종교론』 VI 75-76) 이것을 칸트는 오로지 도덕적 수행을 보완하는 차원에서만 도입하여, 도덕에서 종교로의 이행 원칙을 철저하게 존중했다. 이로써 '악의 나라'에서 벗어나려고 희망하는 사람들을 위한 도덕적 세계질서가 가능해진 것이다.(『종교론』 VI 81-83)

제2편 주석에서 칸트는 '도덕종교'와 '기적'의 상관성을 다루는데(『종교론』 VI 84), 역사적으로 거의 모든 종교는 기적을 중시했지만 도덕종교는 그것을 불필요한 것으로 여기고, 도덕적 의무를 '신의 계명'으로 여겼다. '세계의 창조자'이자 '자연과 도덕적 질서의 통치자'인 신은 우리가 알지 못하는 법칙으로 기적을 일으킬 수도 있겠지만, 인간 이성으로는 자연법칙 이외의 어떤 다른 신적인 법칙도 파악할 수 없다. 이에 따라 칸트는 유신론적 기적의 판별 기준으로 신이 행한 모든 것은 좋을 것이라는 '보편적 도덕법칙'만을 제시했다.(『종교론』 VI 86) 그래서 기적의 종교적 효용성은 역사적 계시신앙을 유지하는 토대였으나 도덕성을 중시하는 이성종교에서는 무의미하게 된다.(『종교론』 VI 88)

제3편에서 칸트는 '선한 원리의 승리'와 '지상에서 하느님 나라'를 다루었다.(『종교론』 VI 93-147) 이 주제는 기독교의 '최고선' 지

향으로서 '지상의 신국' 건설(아우구스티누스)에 대한 윤리공동체적 해명이다. 그렇다면 '지상의 신국'에서 '선한 원리의 승리'는 어떻게 가능한가? 칸트는 '윤리적 공동체', 즉 '윤리적 법칙 아래 있는 신의 백성'은 오직 '교회의 형식'에서만 성립할 수 있다고 보았다. 그 성립 조건은 모두에게 보편적으로 타당한 도덕법이다. 이를 위해 모두의 심정을 통찰할 수 있는 최고 입법자를 상정해야 한다.(『종교론』 VI 98-99) 그리고 이 '마음의 통찰자', '도덕적 세계 통치자'에 대한 신앙은 모든 구성원이 '역사적 계시신앙'에서 '순수한 종교신앙'으로 변화하려고 무한한 노력을 기울일 때만 유의미할 것이다. 이런 '도덕적 노력'은 '지상 신국의 도래'라는 '신비'가 이루어질 가능성 조건이다.(『종교론』 VI 115) 이 신국은 원칙적으로 역사적 국가에서 지상의 메시아 왕국이나 정치적 정의의 진보로 실현한 제국일 수 없다. "참된(가시적인) 교회는 신의(도덕의) 나라를 지상에서 드러내는 그런 교회이다."(『종교론』 VI 101) 모든 '교회신앙'은 항상 '역사적인 것'(계시)에서 출발하고, 그 신앙은 '성경'에 가장 잘 기초하지만, 어떤 특정한 시간과 장소에서만 영향력을 가질 수 있다. 이에 반해 '불가시적 교회'는 신의 도덕적 통치 아래에 있는 모든 의인의 연합체 이념(『종교론』 VI 102)으로서, 모든 시간과 장소에서 모든 인간에게 타당한 이성신앙으로서 순수한 '종교신앙'이다.(『종교론』 VI 102) 이러한 신앙만이 보편적 교회의 기초가 되는 오직 유일한 신앙이다. 그래서 신은 모든 종교에서 우리의 모든 의무를 보편적으로 숭배해야 하는 '도덕법칙의 입법자'로 나타난다.(『종교론』 VI 104) 우리의 심정 속에 기록해놓은 순수한 도덕적 입법은 모든 참된 종교 자체의 필수 조건이다. 그 때문에 우리의 이성은 신성성과 도덕성을 같은 것으로 인식하고, '순수하게 도덕적인 단 하나의 종교'만을 상정할 수 있다. 이에 근거하여 칸트는 유대교, 마호메트교, 기독교, 가톨릭교, 루터

교처럼 다양한 (교회)신앙의 유형이 존재할 수 있지만, '오직 하나의 참된 종교'가 있을 뿐이라고 말했다.(『종교론』 VI 108 이하) 이 수많은 종파의 교회들은 신앙유형의 상이성에서 분리된 것이다. 그것들은 역사적 계시신앙에 기초한 교회신앙의 차원에 머물러 있는 한 순수하고 참된 종교신앙일 수 없다. 어떤 유형의 신앙에서 출발한 교회라도 그 구성원들이 도덕법을 신의 계명으로 고백하면 '오직 하나의 참된 종교'에 속한다. 그처럼 '유일한 보편 교회'는 '최고선의 완전한 실현'을 요구할 뿐이다. 그래서 칸트는 모든 역사적 교회[계시]신앙은 순수하고 참된 오직 유일한 종교신앙을 그 먹줄[최고 해석자]로 삼아야 한다고 강조했다.

역사적 계시신앙에 기초한 교회는 보편성에 대한 권리주장을 할수 없다. 역사적 교회신앙은 어떤 다른 가능한 구원의 길도 없는 '속죄신앙'에서 출발하고, 그런 믿음을 '의무'로 간주하고, 선한 행위의 신앙을 '은총'으로 여긴다. 이에 반해 도덕적 종교신앙은 선한 행위를 은총의 조건에 필요한 의무로 인식하고 속죄를 은총의 내용으로 여겨서 오직 은총만을 추구하는 신앙을 '미신적'이라고 지탄하고, '은총의 최상 조건'인 도덕적 의무를 준칙으로 채택해야 행복을 기대할 수 있다고 믿는다.(『종교론』 VI 118) 그러므로 교회신앙이 도덕신앙으로 나아가려면 모든 경전 해석에서 이성종교의 원칙들을 최고원리로 삼지 않으면 안 된다.(『종교론』 VI 109-110, 112-114) 참된 교회는 도덕성에 기초하고, 신의 마음에 흡족한 거룩한 신앙도 순수하고 자유로운 심정에서 우러나기 때문이다. '영원히 행복할 도덕적 감수성(존엄성)'을 지닌 사람들만이 순수하고 참된 종교신앙을 따르는 것이다.(『종교론』 VI 115) 현상적으로 대립하는 것처럼 보이는 속죄(은총)신앙과 도덕신앙의 화해와 일치 가능성을 칸트는 오직 신의 아들에 대한 신앙에서 찾았으며,(『종교론』 VI 119) 점진적으로 교회신앙이 이성종교로 이행할 때 지상의 신국 실현을 기대해도 좋다고 말했다.(『종교론』 VI 122) 이로부터 칸트는 선한 원리의 점진적 지배 노력에 따른 정치공동체 실현을 중시했던 유대교와 보편적 교회 설립을 우선시했던 기독교를 구분했다.(『종교론』 VI 124-136) 그는 도덕적 종교신앙을 지향하는 교회의 역사에서 유대교 신앙을 전적으로 배제했으며(『종교론』 VI 125-126), 그 때문에 유대인 출신의 신칸트학파 창시자 코헨의 비판을 불러오기도 했다.[35] 그리스도 복음의 도덕적 측면을 중시했던 칸트는 교회신앙이 이성신앙으로 완전하게 이행하는 것을 지상의 신국 건설로 이해했다.(『종교론』 VI 134) 칸트는 예수가 지상적 행복에 대한 희망 대신 고통과 희생의 감수를 강조했던 사실에서 지상의 신국을 '도덕성을 지향하는 나라', 오직 '이성으로 인식할 수 있는 나라'로 보았던 것이다.(루카 17, 21-22)

칸트는 제3편 주석에서 '종교신앙의 비밀'을 다루었는데, 이는 공적으로 인정할 수 없고, 보편적으로 전달할 수 없으며, 주관적으로만 감지하는 어떤 '신비'나 '거룩한 것'을 논의 대상으로 한다.(『종교론』 VI 137-138) 따라서 이성의 실천적 사용에서만 상정할 수 있는 '순수한 이성신앙의 대상'과 같은 신비한 존재를 객관적으로 입증하는 것은 불가능하고, 오직 도덕적 소질의 주관적 측면에서만 알 수 있다. 우리는 도덕적 심정이 요구하는 최고선의 이념을 자신의 힘만으로 성취할 수 없다 해도, 그 실현을 위한 무한한 노력을 의무로 인식하는데, 여기에서 칸트는 최고선의 실현을 지원할 수 있는 '도덕적 세계지배자의 협력이나 실연에 대한 믿음'을 상정한다. 참된 보편적 종교신앙은 '전능하신 천지창조자'['도덕적으로 신성한 입법자'], '자

---

35) Hermann Cohen, *Kants Begründung der Ethik nebst ihren Anwendungen auf Recht, Religion und Geschichte*, Bruno Cassirer: Berlin, 1910; *Religion der Vernunft aus den Quellen des Judentums*, Fourier: Wiesbaden, 1988.

비로운 인류의 통치자'['도덕적 부양자'], '신성한 법칙의 관리자'['공정한 재판관']인 신에 대한 도덕적 신앙이다.(『종교론』 VI 139) 이에 따라 '신의 자비'는 피조물에 대한 무조건적 호의가 아니라 신의 마음에 드는 도덕적 노력으로 보완을 기대할 수 있다. '신의 정의'도 무조건적 자비보다는 거룩한 법칙의 요구와 일치하려는 부단한 노력으로 신의 은총을 희망할 수 있다. 이 신성들에 대한 삼위일체의 표상도 실천적 이념으로 이해하면 순수한 도덕종교와 일치할 수 있다.(『종교론』 VI 142) 칸트는 기독교의 '소명', '속죄', '선택'이라는 세 가지 신비도 도덕신앙적으로 해석했는데(『종교론』 VI 142-144), 신은 이에 대해 우리가 이론적으로 입증할 수 있는 아무것도 계시하지 않았지만, 실천적으로는 우리 행위에 필요한 모든 것을 이성과 성경 안에서 누구나 분별하도록 이미 충분하게 계시했다고 주장했다.

제4편에서 칸트는 선한 원리의 지배 아래서 참된 봉사와 거짓 봉사, 종교와 성직제도, 은총론을 도덕신앙적으로 정립하고자 했다.(『종교론』 VI 151-202) 그는 선한 '품행의 종교'를 강조하면서, 율법과 계율 숭배를 중시하는 '은총신앙'의 기회주의적 태도를 배척했다. 윤리공동체는 오직 이성종교에 기반하여 건설할 수 있지만, 공적으로 '교회'라는 감성적 형식의 표상으로 나타난다.(『종교론』 VI 151) 교회 건설은 인간의 심정에서 선을 발견할 경우에만 가능하다. 교회 봉사자들이 역사적·법규적 사실에만 의존하여 기복을 조장한다면 선한 원리의 지배 아래에 있는 윤리공동체를 그르칠 것이다. 신을 흡족하게 하는 수단이라고 항변해도 결국 신의 뜻에 어긋난 결과를 불러올 것이다. 그렇다면 "종교 일반에서 신에 대한 봉사"는 어떻게 해야 하는가?(『종교론』 VI 153-167) '우리의 모든 의무를 신의 명령'으로 인식하는 것이 '종교'라고 받아들이면 된다. '자연종교로서 기독

교'는 도덕적 세계를 입안한 신 존재와 도덕적 완성에 필요한 자유와 불멸성을 요청하는 실천이성을 먹줄로 삼아야 한다.(『종교론』 VI 157-163) 성경은 도덕적으로 문란했던 시대의 교회신앙에 맞서서 순수한 자연종교를 처음으로 선포한 어떤 스승의 이야기를 전한다. 그래서 칸트는 예수를 참된 교회의 창설자라고 높이 평가했다.(『종교론』 VI 159-161) 사람의 아들 예수는 법규적 교회의 의무보다는 신의 마음에 들 수 있는 순수한 도덕적 심정만으로 완전한 거룩함을 지향하는 순수한 이성종교를 다져나갔다. 스스로 율법의 완성을 위해 왔다[36]고 선언했던 그는 도덕적 선을 위해 아무런 노력도 하지 않은 채 하늘만 쳐다보는 자들의 모든 희망을 박탈했다.

그렇다면 칸트는 역사적 종교로서 기독교를 어떻게 생각하는가? 기독교는 이성 개념과 역사적 사실[계시]에 기초하며, 이에 따라 그는 교회봉사 역시 도덕적 이성신앙을 지향하는 종교라고 보았다.(『종교론』 VI 163-167) 선의 원리가 지배하는 교회의 참된 봉사에 반하여, 사이비 거짓봉사자들은 교회법규들을 절대적 의무로 여기고, 도덕적 의도와 전혀 관련 없는 단순한 의례들과 부역신앙이 축복을 가져다준다고 혹세무민했다. 그러나 참된 스승의 제자들은 모든 시대와 모든 민족에게 타당한 종교 자체의 한 부분으로 여겼다.(『종교론』 VI 165-166) 이에 따라 칸트는 도덕법이 아닌 규약적 신앙을 신에 대한 '본질적 봉사'나 신의 마음에 들 최고조건으로 여기는 '종교망상'을 지탄하는 한편,[37] '참된 종교'의 도덕적 원리에 따른 오롯

---

36) "그러나 나는 너희에게 말한다. 음욕을 품고 여자를 바라보는 자는 누구나 이미 마음으로 그 여자와 간음한 것이다."(마태 5, 28) "그러므로 하늘의 너희 아버지께서 완전하신 것처럼 너희도 완전한 사람이 되어야 한다." (마태 5, 48) "내가 율법이나 예언서들을 폐지하러 온 줄로 생각하지 마라. 폐지하러 온 것이 아니라 오히려 완성하러 왔다."(마태 5, 17)
37) 『종교론』 VI 170-171. "인간이 신의 마음에 들기 위해 선한 행적 이외에 무

한 수행으로 신에게 다가설 수 있다는 희망을 제시했다. 그럼에도 인간은 도덕적 행위원칙을 조금만 이탈해도 거짓된 봉사에 한없이 빠져들 수 있다.(『종교론』 VI 172) 심지어 사제, 은둔자, 탁발승, 수도사들조차 자신의 도덕적 심정 대신에 경건하고 거룩한 체 허세를 부리는 경우가 많다. 이렇게 덕의 원리를 따르는 '자연'[본성], 그리고 기도와 간구로 보충할 수 있다고 믿는 '은총'은 대립하는 것처럼 보인다.(『종교론』 VI 174) 인간은 도덕적 심정의 개선이 아닌 초자연적 도움으로 자신의 무능력을 보완하려는 경향이 있다.(『종교론』 VI 178) 그래서 칸트는 물신숭배가 지배하는 '역사적 교회의 성직제도'와 '자연적 공포가 불러일으킨 강력한 초월적 존재자에 대한 숭배'는 신이나 우상에 대한 노예적 봉사일 뿐이라고 폄훼했다.(『종교론』 VI 174-175) 이렇게 신앙고백과 전례로써 신의 마음에 들고자 하는 '광신적 종교망상'은 '도덕적 이성의 죽음'을 뜻한다.(『종교론』 VI 174-176) 이로부터 교회가 순수한 도덕신앙을 추구하더라도 신적 지복을 구하는 '경건 이론'과 '덕 이론' 중에서 무엇을 중시해야 하는지를 헤아려야 한다.(『종교론』 VI 182-183) 도덕성과 관련하여 경건은 우리의 무능력을 보완하는 원인이 될 수 있지만, 그 자체로는 도덕적 노력의 최종 목적이 되지 못한다. '경건의 원리'는 한 인간을 더 선하게 만드는 덕의 심정을 강화하는 수단으로 쓰일 뿐이다. 그러나 덕의 원리는 인간의 영혼에서 얻어지며, 덕을 위한 입법자로서 숭배받을 만한 신에게 우리를 인도한다. '덕의 원리'는 자신의 노력 없이 모든 것을 소망하지 않는다. 신의 숭배가 일차적이고, 그것에 덕이 종속된다면, 그것은 우상에 지나지 않는다. 따라서 경건은 '덕의 대용품'이

엇인가를 할 수 있다고 호도하는 모든 것은 오롯한 종교망상이고 신에 대한 거짓봉사다."

될 수 없으며, '덕의 완성'으로만 "선한 목적을 최종적으로 달성하려는 희망"이 가능하다고 생각해야 한다.(『종교론』 VI 185)

이제 칸트는 신앙에서 양심이 어떻게 작동하는지를 다룬다. '양심'은 "그 자체로 스스로에 대해서 의무인 의식"이다.(『종교론』 VI 185) 내가 하려는 행위가 옳다는 의식은 '무조건적 의무'이다. 하지만 어떤 행위의 옳고 그름을 판단하는 것은 양심이 아니라 지성이다. 이처럼 칸트는 자신의 행위가 잘못되지 않았다고 확신하는 것을 중요하게 여겼으며, 이런 도덕적 확신의 요구를 '양심의 요청'(Postulat des Gewissens)[38]으로 불렀다. 양심의 요청은 계시의 요구와는 다르다. 어떤 종파적 규약에 충실한 재판관이 다른 이단 신앙을 가진 사람에게 사형선고를 내린다면, 그가 확고한 신념을 가졌더라도 양심에 따른 것이라고 할 수 없다. 칸트는 또한 신이 아브라함에게 아들 이사악을 제물로 바치라는 요구에서도 오류의 여지를 지적했다.[39] 이처럼 역사적 계시신앙에 상존하는 오류의 가능성이 도덕적 의무를 훼손한다는 사실을 알면서도 성직자들이 마치 신처럼 절대적 권위로 지시하고 강요하는 것은 양심에 어긋나는 일이다.(『종교론』 VI 187) 사제들이 요구하는 신앙고백이나 부흥회는 참된 신앙과 아무런 관련도 없으며, 그들 자신도 확신할 수 없는 것들이다. 진정한 의미에서 종교는 역사적 계시신앙이 전하더라도 이성과 도덕에 부합하는 것만을 믿는다. 이러한 신앙은 이론적으로는 단정할 수도, 부정할 수도 없는 명제에 대한 것이며, 우리의 도덕적 행실에 비례하는 희망

---

38) 바움가르텐은 '양심'을 "자기 자신을 심판하는 도덕적 판단력"이라고 정의했지만(A.G. Baumgarten, *Ethica Philosophica*, Halle, 1751, § 173), 칸트는 '양심'을 옳고 그름에 대한 '지성적 판단'보다는 '도덕적 확신'으로 이해했다.

39) 『종교론』 VI 186-187. "그분께서 말씀하셨다. '너의 아들, 네가 사랑하는 외아들 이사악을 데리고 모리야 땅으로 가거라. 그곳, 내가 너에게 일러주는 산에서 그를 나에게 번제물로 바쳐라.'"(창세 22, 2)

을 갖게 해준다.

칸트는 제4편 주석에서 규약적 종교에서 은총수단들은 어떻게 도덕적 자율성과 모순 없이 양립할 수 있는가라는 물음을 제기하고, '자연'과 '은총', 그리고 '봉사'의 관계를 순수한 이성신앙으로 다루고자 했다. '자연'은 자유의 법칙에 따라 자기 힘으로 할 수 있는 것이고, '은총'은 자기 힘으로 할 수 없는 것을 초자연적인 힘의 도움을 받아 이루는 것이다. 초자연적 협력의 은총은 그 객관적 실재성을 경험할 수 없는 초월적 이념이기에(『종교론』 VI 191-192), 자신의 힘으로 행하는 도덕적 행위와 아무런 관련도 없다. 따라서 '은총'은 도덕적 완전성의 실현에 필연적으로 요구해야 할 요청명제로 인식하는 경우에만 의미를 가질 수 있다. 칸트가 제시한 '은총의 협력'은 자연[도덕성]의 한계와 결핍을 보완하려고 행복의 가능성을 설정한 요청적 희망 내용이다. 그럼에도 이 은총 수단을 도덕성 대신에 요구하는 것은 자기기만에 불과하다.(『종교론』 VI 191) 이성의 한계를 넘어서는 '망상신앙'에는 '기적', '신비', '은총수단'에 대한 신앙들이 있다. 이는 객관적 경험법칙으로 인식할 수 없는 자의적인 망상들이다.[40] 역사적 계시신앙은 흔히 기도, 교회 참석, 세례, 성찬식 등에 대한 가시적인 봉사를 은총 수단으로 활용해왔다. 사람들은 대체로 신의 도덕적 품성에서 요구하는 거룩함처럼 두려운 조건들은 외면하면서도, 관대한 사랑과 은총으로 신의 아들의 중보로 변제받을 수 있다고 생각했다. 칸트는 신의 은총만을 바라는 희망의 갈구를 경계했다.(『종교론』 VI 200-202) 도덕에 근거한 독실하고 참된 종교적 심정이 신의 마음에 드는 덕과 경건의 결합을 이끈다. 그 길은 "덕에서 은

---

40) 『종교론』 VI 192-194 참조. 칸트는 마호메트교의 다섯 가지 큰 계명, 즉 세정, 기도, 단식, 희사, 메카순례도 이에 속한다고 보았다.

총으로" 이어진다. "도덕에서 종교로 이행해야 한다"라는 칸트의 원
칙은 그의 고유한 철학적 종교론의 토대를 이룬다.[41] 종교가 필요하
지 않은 도덕만이 신의 은총판단을 요청해도 좋을 참된 이성종교의
진정한 정초 근거가 될 수 있다.[42]

41) 『종교론』 VI. "그러므로 도덕은 그 스스로를 위해서(객관적으로 하고 싶음이
  나, 주관적으로 할 수 있음과 관련하여) 결코 종교가 필요하지 않고, 오히려
  순수한 실천이성에 힘입어서 그 자체만으로도 충분하다."
42) 칸트의 『종교론』에서 이성과 신앙, 도덕, 행복, 종교의 문제에 대한 논의는
  다음 저술을 참조할 수 있다.(출판연대 순) Albert Schweitzer, *The Essence of
  Faith. Philosophy of Religion*, Philosophical Library: New York, 1966; Bernard
  M. G. Reardon, *Kant as Philosophical Theologian*. Barnes & Noble Books:
  Totowa, New Jersey, 1988; Philip J. Rossi and Michael Wreen(eds.), *Kant's
  Philosophy of Religion Reconsidered*, Indiana University Press: Bloomington
  and Indianapolis, 1991; Peters, Curtis H., *Kant's Philosophy of Hope*, Peter
  Lang: New York, 1993; Paul Guyer, *Kant on Freedom, Law, and Happiness*,
  Cambridge University Press, 2000; Alexander Heit, *Versöhnte Vernunft. Eine
  Studie zur systematischen Bedeutung des Rechtfertigungsgedankens für Kants
  Religionsphilosophie*. Vandenhoeck & Ruprecht: Göttingen, 2006; Chris L.
  Firestone, *Kant and Theology at the Boundaries of Reason*, Ashgate: Burlington,
  2009; Pamela Sue Anderson, Jordan Bell, *Kant and Theology*, T&T Clark:
  London and New York, 2010; Christopher J. Insole, *Kant and the Creation
  of Freedom. A Theological Problem*, Oxford University Press, 2013; Thomas
  Höwing, *The Highest Good in Kant's Philosophy*, Walter de Gruyter: Berlin
  and Boston, 2016; Matthias Hoesch, *Vernunft und Vorsehung. Säkularisierte
  Eschatologie in Kants Religions- und Geschichtsphilosophie*, De Gruyter: Berlin,
  2014; Thomas Höwing(ed.), *The Highest Good in Kant's Philosophy*, De
  Gruyter: Berlin Boston, 2016; Anna Szyrwińska, *Wiedergeborene Freiheit. Der
  Einfluss des Pietismus auf die Ethik Immanuel Kants*, Springer: Wiesbaden,
  2017; 김진, 『칸트와 종교』, 세창출판사, 2018.

4. 칸트 종교론의 영향사

역설적이기는 하지만 칸트의 종교철학은 익명으로 출간된 피히테의 계시비판을 칸트 작품으로 오인할 정도로 칸트의 종교론, 특히 그의 요청이론은 당대에 이미 널리 알려져 있었다. 튀빙겐대학의 정통신학파로 알려진 스토르[43]는 제자 쉬스킨트,[44] 플라트(Johann Friedrich Flatt, 1759~1821)[45]와 함께 칸트의 요청이론을 원용하여 정통보수 기독교 신학을 체계화하고자 했다. 스토르의 튀빙겐신학파는 칸트의 요청이론으로 정통 기독교의 모든 교의체계를 정당화하려고 시도함으로써 칸트의 종교철학을 정통보수 기독교 신학의 시녀로 삼으려고 했다. 그러나 이와 같은 칸트 해석은 칸트사상이 어떤 과정을 거쳐 전개되었는지 살피지 않은 결정적 오류를 범했다. 하지만 칸트는 그를 '영리한 사람'이라고 받아들이는 듯한 태도를 취했다.

이와 반대로 그 유명한 알베르트 슈바이처는 튀빙겐대학에 제출한 철학박사 논문 『칸트의 종교철학』에서 칸트의 요청이론이 그의 도덕적 주장과 모순되는 변종이라고 보았다.[46] 실제로 칸트에서 도덕과

---

43) *Bemerkungen über Kants philosophische Religionslehre*, Tübingen: Cotta, 1794.

44) *Über das Recht der Vernunft in Ansehung der negativen Bestimmung der Offenbarung*, 1797; *In welchem Sinne hat Jesus die Göttlichkeit seiner Religions- und Sittenlehre behauptet?*, 1802.

45) *Briefe über den moralischen Erkenntnisgrund der Religion überhaupt, und besonders in Beziehung auf die Kantische Philosophie*, Tübingen, 1788.

46) 슈바이처(Albert Schweitzer 1875~1965)는 철학박사 논문 『칸트의 종교철학』(*Die Religionsphilosophie Kant's von der Kritik der reinen Vernunft bis Zur Religion innerhalb der Grenzen der bloßen Vernunft*, Freiburg 1899: New York, 1974)에서 칸트의 요청이론과 종교론은 그의 도덕철학과 모순된다고 보았다. 그러나 슈바이처의 이러한 주장은 칸트가 제시한 철학의 근본 물음이 제시하는 방향성을 도외시한 잘못된 귀결이다. 칸트의 세 비판서와 종교 저술까지를 비

종교의 문제에 한 번쯤 천착한 사람이라면 칸트의 모호한 태도로 곤란에 빠져본 경험이 있을 것이다. 슈바이처 이외에도 지오반니 살라 역시 칸트의 실천철학에서 도덕성의 우위를 강조했다. 그렇지만 필자는 칸트에서 도덕과 종교를 대립적인 것으로만 파악하여 다른 하나를 지양하려는 주장에는 비판적인 태도를 밝혀왔다. 칸트의 요청 개념을 적극적으로 해석해왔기 때문이다. 칸트는 이론철학에서 이성의 한계를 지적하는 데 그치지 않고, 실천철학에서 도덕적 요구에서 제기되는 최고선의 문제들을 동시에 해결하고자 시도했다. 이성의 이론적 사용의 한계에서 제기되는 문제를 이성의 실천적 사용과 또한 그 종교적 사용에서 의미 있게 설명하려고 고심한 것이다. 그런 의미에서 칸트의 '철학적 종교론', 즉『이성의 오롯한 한계 안의 종교』는 종교이성에 대한 비판철학적 저술이라고 보아도 좋다. 다시 말하면 칸트는 인간의 이성능력, 특히 순수이성, 실천이성, 판단력을 비판적으로 반성할 뿐만 아니라 도덕적 요구에 부응하는 종교적 이성 사용이 가능하다는 사실을 열어준 것이다.

　슈바이처나 스토르 같은 이들은 칸트를 기독교적 시선으로 바라봄으로써 우연적으로든 의도적으로든 그의 독창적인 종교철학 기획을 왜곡하는 결과를 초래했다. 스토르가 칸트의 요청이론을 지나치

판기 작품으로 볼 수 있는 것은 칸트가 인간의 근본 물음을 '앎'(wissen)의 문제(인식론과 형이상학), '함'(tun)의 문제(윤리학), '바람'(hoffen)의 문제(종교철학과 역사철학)로 규정하기 때문이다. 세 비판서와 네 번째 비판서를 하나의 지평에서 바라볼 때, '인식'(Erkenntnis)과 '실천'(Praxis)과 '희망'(Hoffnung)의 삼중주 속에서 비로소 '인간이란 무엇인가?'라는 물음에 대한 답을 찾을 수 있다. 슈바이처는 칸트가 실천이성의 대상 개념인 최고선의 이상에서 자연법과 도덕법의 구조 상이성에서 기인하는, "인간의 힘으로 할 수 있는" 도덕적 노력과 "그의 힘으로 할 수 없는" 구원의 신비, 즉 행복해도 좋을 품격을 갖춘 자에게 은총판단으로 희망의 차원을 열어두었다는 사실을 간과했다.

게 과용함으로써 정통 기독교 신학을 위한 시녀로 추락시키려고 했던 것과 반대로, 슈바이처는 칸트의 '요청이론'을 지나치게 과소평가하여 칸트의 사유체계가 일관적이지 못한 잘못된 변종이라고 해석함으로써 칸트의 '도덕신앙', '이성종교', '종교신앙'이라는 새로운 개념들에 대한 의미 지평을 초토화하려고 했다. 칸트의 종교철학에서 가장 중요한 핵심은 '요청'(Postulat) 개념이다. 칸트는 이 개념을 당시 자신의 시대에 직면했던 문제들을 무모순적으로 해결하려는 철학적 숙고들의 성과로 여겼다. 따라서 칸트의 종교철학적 기획들의 핵심인 요청적 사유방법론을 칸트적 의미에서 정확하게 이해하는 것은 매우 중요하며, 이로써 칸트의 종교철학적 논의에서 요청이론은 상호문화적 이해를 위한 해석학 또는 종교대화 방법론의 확장과 발전에도 매우 유용하다는 사실을 확인할 수 있다.

칸트의 종교철학적 주장들은 당시의 그리스도교 신앙 정책과 충돌했음에도 당대 철학계의 주류인사들이었던 멘델스존과 야코비, 피히테, 셸링, 횔덜린, 헤겔 등과 같이 다른 세계관을 지닌 사상가들에게도 그들만의 특유한 영감을 불러일으키는 데 결정적 작용을 했다. 피히테, 셸링, 헤겔과 같은 독일관념론 철학자들은 대체로 칸트의 종교 문제에서 영향을 받았다.

피히테(Johann Gottlieb Fichte, 1762~1814)는 『종교철학』(1971), 『모든 계시비판의 시도』(1792)에서 칸트의 종교사상을 수용했으며, 1798년에 발생한 '무신론 논쟁'을 계기로 칸트를 극복하려는 모습을 보여주었다. 그럼에도 피히테는 종교를 윤리와 같은 것으로 여겼다는 점에서 근본적으로 칸트와 생각이 같았다. 그는 신적인 것은 올바른 행위로 구성할 수 있으며, 살아 움직이는 도덕질서가 신 자체라고 보았다. 우리에게는 다른 신이 필요하지 않으며, 다른 신은 파악할 수 없다. 이런 주장 때문에 그는 무신론자로 매도당하게 된다.[47]

셸링(F.W.J. Schelling, 1775~1854)은 17세 때 원죄에 관한 논문을 썼으며, 피히테의 신 개념을 부정했다. 튀빙겐 신학교 시절 셸링은 휠덜린과 함께 칸트철학에 심취했으며, 칸트의 요청이론을 정통 기독교 교의체계의 정당화에 활용한 플라트 교수에게 비판적 견해를 취했다. 그러나 멘델스존과 야코비의 범신론 논쟁으로 스피노자 철학에 탐닉하면서 그 역시 범신론을 수용하게 되었다. 또한 그는 신으로부터 생겨나는 것은 아무것도 존재하지 않는다는 피히테의 주장에 대하여, 만일 그것에서 아무것도 생겨나지 않는다면 신 자체가 존재하지 않는다고 비판했다. 그러나 셸링은 피히테가 부정했던 신을 신의 '인간화'(Menschwerdung)라는 역사적·실증적 사실로 받아들인다. 예수 그리스도의 성육신 사건에서 우리가 신의 영광을 보게 된다는 것이다. 셸링은 쿠자누스와 뵈메의 영향을 받아서 자연철학과 동일철학의 틀을 다졌으며, 경험적 역사성과 실증성을 기반으로 하는 실존철학의 선구를 이루었다.[48]

튀빙겐 시절의 헤겔(G.W.F. Hegel, 1970~1830)은 셸링이나 휠덜린과 달리 칸트철학에 비판적이었다. 그러나 초기 저서 『기독교의 정신과 운명』(1798~1800)을 집필하는 과정에서 도덕을 중시하는 칸트의 견해에 동조했다. 이에 근거하여 헤겔은 예수의 정신을 '도덕보다 높게 드높인 정신'으로 평가했다. 그러나 헤겔은 스피노자의 영

47) J.G. Fichte, *Versuch einer Kritik aller Offenbarung*, 1792(Meiner: Hamburg, 1983); *Über den Grund unseres Glaubens an eine göttliche Weltregierung*, 1798, in *Sämtliche Werke*, Bd. V, hrsg. von I.H. Fichte, Berlin, 1971, pp.177-189; *Anweisung zum seligen Leben, oder auch die Religionslehre*, 1806(Meiner: Hamburg, 1983).

48) F.W.J. Schelling, *Bruno oder über das göttliche und natürliche Princip der Dinge*, 1802(Meiner: Hamburg 2005); *Philosophie und Religion*, 1804(hrsg. Alfred Denker, Verlag Karl Alber, 2008).

향 속에서 범신론적 주지주의를 견지했고, 정신의 역사를 절대정신의 내면화, 골고다 언덕, 절대정신이 왕 위에 있는 현실로서 진리로 파악하여 종교의 실정성을 강조함으로써 칸트에게 비판적인 태도를 취했다. 그러다가 헤겔은 『민중종교와 그리스도교에 대한 단편들』 (1793~94), 『신앙과 지식』(1802), 『그리스도교의 실증성』(1795~96) 등에서 칸트주의와 반칸트주의를 동시에 보여준다.[49] 헤겔은 칸트의 도덕신앙보다는 실정종교의 우위성을 강조했다.

칸트가 유대인 사상가들에게 준 영향은 멘델스존(Moses Mendelssohn, 1729~86), 코헨(Hermann Cohen, 1842~1918), 블로흐 (Ernst Bloch, 1885~1977) 등에서 절정에 이른다. 멘델스존은 칸트와 비판적으로 대결하면서 칸트 반대론자에서 계몽사상의 동반자로 사상적 변화의 길을 걸었다.[50] 신칸트학파의 코헨은 칸트의 절대적인 영향 속에서, 그러나 이성신앙의 원형을 기독교로 규정한 칸트와 반대로 그 원형을 유대교에서 찾으려고 시도하면서, 칸트의 요청인 신 개념 대신에 실재존재로서 신 개념을 강조했다. 코헨은 도덕성을 강조하는 유대종교의 근본 태도가 칸트에 좀더 근접할 수 있다고 보았다.[51] 희망의 철학자 블로흐는 칸트의 요청적 희망이론을 마르크스

---

49) G.W.F. Hegel, *Fragmente über Volksreligion und Christentum*, 1793~94; *Die Positivität der christlichen Religion*, 1795~96; *Entwürfe über Religion und Liebe*, 1797~1798; *Der Geist des Christentums und sein Schicksal*, 1798~1800(이상은 Hegel, *Frühe Schriften*, in *Werke: in 20 Bde*, Suhrkamp Verlag, Frankfurt, 1970에 수록). *Glauben und Wissen*, 1802(Hegel, *Jenaer Schriften*, 1801~1807, in *Werke: in 20 Bde*, Suhrkamp Verlag, Frankfurt, 1970).

50) *Phädon oder über die Unsterblichkeit der Seele*, 1767; *Jerusalem oder über religiöse Macht und Judenthum*, 1783; *Morgenstunden oder Vorlesungen über das Dasein Gottes*, 1785.

51) "Innere Beziehungen der Kantischen Philosophie zum Judentum", in *Jüdische Schriften*, Bd. 1: *Ethische und religiöse Grundfragen*, Berlin, 1924; *Die Religion der Vernunft aus den Quellen des Judentums*, Leipzig: Fock, 1919; 2. Auflage,

주의적·페르시아 이원론적 차원으로 전개함으로써 무신론의 영역으로 변형했다. 블로흐는 하느님의 존재를 넘어설 수 있는 자유의 왕국, 즉 '하느님 없는 하느님 나라'를 인간의 새로운 유토피아적 지향 목표로 제시함으로써 기독교 안의 무신론을 새롭게 구성했다.[52]

칸트가 가톨릭 사상에 미친 영향은 가톨릭교회에서 초기칸트주의자들, 특히 무쉘레(Sebastian Mutschelle, 1749~1800),[53] 로이쓰(Matern Reuß, 1751~98)[54] 등에서 마르샬(Joseph Maréchal, 1878~1944)의『형이상학의 출발점: 인식 문제의 역사적·이론적 발전에 대한 학습』[55]을 거쳐서 셰플러(Richard Schaeffler, 1926~2019)[56]에 이르는 현대 가톨릭 철학자들에 이르기까지 지속적으로 이어졌다. 칸트의 사상은 당시 가톨릭 사상가들에게 급속도로 알려졌으며, 화해 불가능할 정도의 적대적 태도를 취하는 반칸트주의자와 그의 사상을 지지하는 칸트주의자로 크게 나뉘었다. 대표적 반칸트주의자 스타트러(Benedict Stattler, 1728~1797)는『순수이성비판』에서 형이상학과 종교에 대하여 적대적 태도를 취한다는 이유로 칸트를 반종교적인 사람으로 매도했다.[57] 근본악이나 예정설에 대한 칸트의 주장은 기독

Frankfurt am Main: J. Kauffmann, 1929(Darmstadt, 1966).

52) *Das Prinzip Hoffnung*, Frankfurt, 1959; *Atheismus im Christentum. Zur Religion des Exodus und des Reichs*, Frankfurt, 1968.

53) *Moraltheolgie oder theologische Moral*, Bd.1, München, 1800; Bd.2, 1803.

54) *Ein Beitrag zur Geschichte des Frühkantianismus an katholischen Hochschulen*, Freiburg, 1932; *Ein Beitrag zur Geschichte der Aufklärung*, Freiburg, 1952.

55) *Le point de départ de la métaphysique. Leçons sur le développement historique et théorique du problème de la connaissance*, I, II, III, Brugge and Paris, 1922~23; IV, Brussels, 1947; V, Louvain and Paris, 1926.

56) "Kant als Philosoph der Hoffnung", in *Theologie und Philosophie*, 56, 1981; *Was dürfen wir hoffen? Die katholische Theologie der Hoffnung zwischen Blochs utopischem Denken und der reformatorischen Rechtfertigungslehre*, Darmstadt, 1979.

교 신앙에서 논란을 불러일으켰으나, 반대로 로이쓰와 같은 학자는 칸트의 주장에 관심을 나타내기도 했다. 칸트와 가톨릭 신앙의 관계는 순수이성의 위치를 어디에 설정할 것인가 하는 물음과 함께 로츠(Lotz), 마르샬(Maréchal) 등이 스콜라철학적 형이상학으로 편입할 가능성을 논점으로 부각하기도 했다. 최근에 가톨릭 종교철학자 셰플러는 칸트의 요청이론을 인식론과 종교철학 전반에 확장하는 시도를 했다.[58] 칸트의 사상은 리츨(Albrecht Ritschl), 헤르만(Wihelm Herrmann), 카프탄(Julius Kaftan), 트뢸취(Ernst Troeltsch) 등 개신교 신학자들에게도 강력한 영향력을 행사했다. 이들 개신교 사상가들은 칸트의 이성신앙 및 도덕신학의 개념을 신학의 영역에 접목하려고 시도했다.

칸트의 종교론에서 전복적인 주장들은 스피노자의 신학-정치론의 정신을 계승했으며, 그 이후 종교사상가들과 신학자들에게도 큰 영향을 주었다. 20세기에 이르면서 블로흐의 희망철학과 큉(Hans Küng, 1928~)의 "세계윤리"[59] 사상 그리고 힉(John Hick 1922~2012)의 종교사상은 동아시아 사상, 특히 불교와 유교를 새롭게 해석하는 데도 방법론적인 기여를 할 수 있다는 사실에서 주목할 만하다. 이처

---

57) Benedict Stattler, *Anti-Kant*. München, 1788; *Wahres Verhältniss der Kantischen Philosophie zur christlichen Religion und Moral, nach dem nunmehr redlich gethanen Geständnisse des Hrn. Kant's und seiner eifrigsten Anhänger, allen redlichen Christen zum reifen Bedacht vorgestellt vom Verfasser des Anti-Kant*, München, 1794; *Vom Anti-Kant*, München, 1795.

58) Richard Schaeffler, *Philosophisch von Gott reden. Überlegungen zum Verhältnis einer Philosophischen Theologie zur christlichen Glaubensverkündigung*, München, 2006.

59) *Projekt Weltethos*, München, 1990; *Weltfrieden durch Religionsfrieden. Antworten aus den Weltreligionen*, München, 1993.

럼 칸트의 종교사상은 그가 서구의 대표적 신앙유형이라고 할 수 있는 기독교의 교의체계를 넘어서서 종교 일반에 대한 철학적 사유의 길을 모색하고 있다. 칸트가 제시한 '하나의 종교'와 '다양한 신앙'은 도덕을 기초로 하는 새로운 이성신앙(종교신앙)을 가능하게 하고, 현대 종교다원주의에 대한 적극적이고 포용적인 이해를 가능하게 한다. 이 점에서 칸트의 종교론은 다양한 세계 신앙을 아우르는 이념적 지평이 될 수 있다.

옮긴이주

이성의 오롯한 한계 안의 종교

초판의 머리말

1) "초판의"라는 말은 1794년의 재판을 발간할 때 1793년 A판을 특정하기 위해서 첨가한 것이다.

2) "sowohl objektiv, was das Wollen, als subjektiv, was das Können betrifft". 칸트는 여기에서 '하고 싶은 것과 관련 있는 것'[욕망]을 '객관적'인 것으로, '할 수 있는 것'과 관련 있는 것[능력]을 '주관적'인 것으로 구분했다.

3) 'Maximen'. '준칙'(準則)은 개개인의 '행위원칙'을 뜻한다.

4) 'Willkür'. 이것을 신옥희는 '의지'(意志), 백종현은 『순수이성비판』에서는 '자의'(恣意) 그리고 『종교론』에서는 '의사'(意思)로 옮겼다. 칸트의 '준칙' 개념은 마음 내키는 대로 아무렇게나 생각한다는 '자의'(恣意) 개념보다는 자신의 뜻을 담고 있는 '자의'(自意)라는 개념과 쌍을 이룬다. 칸트에서 자의(自意)는 어떤 사람이 자신의 뜻을 자유롭게 세워서 어떤 것을 선택하거나 방향을 정하는 준칙 또는 행위원칙(Maxime)의 근거가 된다.

5) 'formale'는 학술원판에 따른 것이다. A판에는 fremde('낯선', '타인의')로 되어 있다.

6) 'Wohlbehagen'.

7) 'Selbstliebe'.

8) 'Glückseligkeit'.

9) 포어랜더(Karl Vorländer)가 '그것들'(Jenen)을 '그것'의 3격인 'jenem'(Gesetz 법칙)이나 'jener'(Moral 도덕)를 뜻하는 것으로 수정해야 한다고 제안한 데 대해서, 보베르민(Wobbermin)은 형식적인 근거와 실질적인 근거에서 두 가지 제안 모두 다음의 근거들로 반박한다. 첫째, 칸트는 단수형 '법칙'을 다섯

문장에서만 사용했다는 것이다.(칸트는 A판 서문의 해당 출처 이전에 Gesetz
를 단수형으로 1회, 복수형으로 2회 사용했다.) 둘째, 칸트는 일반적으로 준
칙을 '도덕'(Moral)으로 소급하지 않고, '도덕법'의 단수형(Moralgesetz) 또
는 복수형(Moralgesetze)으로 소급했다.(Wobbermin, Georg(hrsg.), *Die Religion
innerhalb der Grenzen der bloßen Vernunft*, in *Kant's Gesammlete Schriften*, hrsg.
von der Königlich Preußischen Akademie der Wissenschaften, Band VI, Berlin,
1907, p.506) 그럼에도 포어랜더는 그 논리적 관계가 불분명하다고 지적한
다.(Immanuel Kant, *Die Religion innerhalb der Grenzen der blossen Vernunft*. hrsg.
von Karl Vorländer, 9, Aufl, Hamburg: Meiner, 1990, p.4)

10) A판에서 "그것[도덕]은 그와 같은 것[결과로서 드러나는 목적]에 대해 필
연적인 관계에 서 있다"("[···] daß, sie zu einem dergleichen in notwendiger
Beziehung stehe")가 B판에서는 "그것[도덕]은 그런 목적에 대해 필연적인 관
계를 갖는다"("[···] daß sie auf einen solchen Zweck eine notwendige Beziehung
habe")로 수정되었다.(Vorländer, 앞의 책, p.4)

11) '(fini sin consequentiam veniens)'.

12) 'die Idee eines shöchsten Guts'. 칸트의 '최고선' 개념은 '신', '도덕적 세계',
'도덕성과 행복의 비례적 결합' 등의 개념으로도 나타났다. 또한 칸트는 주
요 저술에 따라서 '최고선의 이상'(『순수이성비판』 A 810; B 838), '최고의 근
원적 선'(『실천이성비판』 V 125; 『칸트전집』 6 303), '최고선의 파생적 선', 즉
'최선의 세계'(『실천이성비판』 V 125; 『칸트전집』 6 303), '최고의 파생적 선
의 두 요소'(『순수이성비판』 A 810-811; B 838-839), '종적으로 전혀 다른 최
고선의 두 요소', 즉 '도덕성과 행복의 비례적인 결합'(『실천이성비판』 V 113;
『칸트전집』 6 286) 등으로 표현하기도 했다.

13) 이는 칸트의 『실천이성비판』의 변증론에서 다루었던 "순수한 실천이성의
요청으로서 신의 존재"(V 124-132; 『칸트전집』 5 301-311)에 대한 논의를 가
리킨다.

14) 'Zuneigung'.

15) 'Würdigkeit'.

16) 원문에는 라틴어 '(nexu effectivo)'[작용 연관]이 병기되어 있다.

17) 원문에는 라틴어 '(nexu finali)'[목적 연관]이 병기되어 있다.

18) 포어랜더는 "욕구로서 저것을"(Jenes als Bedürfniß) 대신에 "저 욕구"(Jenes
Bedürfnis)로 읽어야 이해하기가 더 낫다고 제안한다.(Vorländer, 앞의 책, p.8)

19) 'Heil'. '성화'(聖化), '신성'(神性), '거룩함'을 뜻한다.

20) 'statutarisch'. 규약을 준수하는, 규약적인, 규약상의, 정관에 따른.

21) '*Berlinische Monatsschrift*'.

22) 첫째 판에서는 여기서 문단 하나가 더 이어진다.(Vorländer, 앞의 책, p.12)

재판의 머리말

1) B판에서 추가한 것이다.

2) 'Kunstlehre'.

3) 'Vernunftbegriff a priori'. 여기서 '아프리오리'는 '경험에 앞서서 경험을 가능하게 하는 이성 개념'을 뜻한다.

4) 미카엘리스(Johann David Michaelis 1717~91)는 괴팅겐대학교 철학교수였으며, 그의 주저 『도덕』(*Moral*)은 1792/3년에 그의 후계자 슈토이틀린(Carl Friedrich Stäudlin, 1761~1826)에 의해 간행되었다. 미카엘리스는 본래 신학자였으나 루터파의 아우구스부르크 신앙고백서(1530년)에 서명하지 않았던 탓에 신학부 정교수직을 얻지 못하고 철학을 가르쳤다. 철학과 신학을 겸비한 그는 나중에 칸트의 관심을 끌게 했던 도덕신학의 기초를 정비했다. 뵐너의 검열정책으로 제재를 받았던 칸트는 자신의 입장을 옹호하려고 철학적 종교론 재판(B)서문에서 작고한 괴팅겐대학의 철학적 신학자였던 미카엘리스가 『도덕』(제1부 5-11쪽)에서 신학부의 권리를 침해하지 않고서 성공적으로 달성했다고 지적함으로써 자신이 "철학적 종교론"에서 수행하려는 작업을 정당화하기도 했으며, 『학부논쟁』(Ⅶ 8; 『칸트전집』 11 264)에서도 그를 언급했다.(Vorländer, 앞의 책, p.14-15)

5) 스토르(Gottlob Christian Storr, 1746~1805)는 튀빙겐 신학 교수로서 초자연주의적 신비사상을 주장했다. 1793년에 『칸트의 철학적 종교론에 대한 간략한 신학적 주해』(*Annotationes quaedam theologicae ad philosophicam Kantii de religione doctrinam*)를 저술했고, 쉬스킨트(Fr.G. Süskind)에 의해 독일어판(*D. Gottlob Christian Storrs Bemerkungen über Kants philosophische Religionslehre*, Tübingen, 1794)이 간행되었다. 이 논문에서 스토르는 칸트가 "철학적 종교론"에서 수행했던 작업을 정당화하였다.(『종교론』 B XXIV; 『칸트전집』 8 35) 이에 대해 칸트는 튀빙겐신학파를 창시한 스토르 교수가 자신의 철학적 종교론에 대한 주석서에서 근면과 공정을 다해 명민하게 검토한 사실에 대해 깊은 감사를 표했다. 그러나 구체적인 답변은 유보하고서, 다만 칸트 자신이 제기한 "어떻게 교의학의 교회적 체계가 그 개념들과 정리들에서 순수한 (이론적·실천적) 이성에 따라 가능한가"라는 물음에 대해 간략한 비답만을 던져놓았다. 칸트는 자신의 철학 체계에 대한 이해를 떠나서 단지 '평범한 도덕'이 필요할 뿐이고, 학술적 용어로는 의무에 맞는 행위 습성들로서 '현상적인 덕'과 도덕적 의무에서 비롯한 항상적인 심성으로서 '지성적 덕'으로 사용할 수 있지만, 특히 후자는 종교론에서 신적 본성의 신비들에 대해서만 제한적으로 사용하는 것이 좋을 것이라고 말한다. 그러나 이러한 신비들을 누구나 이해할 수 있도록 도덕적 개념으로 바꾸는 것이 중요하다고 말한다.(『종교론』 B XXIV-XXV; 『칸트전집』 8 35-36) 이에 따라 칸트는 모든 성서 내용을 문자적으로 해석

하기보다는 도덕적인 의미를 살려내야 한다고 강조했다.

6) 독일 북동 지역의 해안도시.

7) 묄러(J.G.P. Möller 1729~1807)가 1779~1807년까지 발간한 잡지 『최신비판소식』(*Neueste critische Nachrichten*)으로, 제29호는 1793년 그라이프스발트에서 나왔다.(『준비원고와 보충』 XXIII 520-523; 임마누엘 칸트, 백종현 옮김, 『이성의 한계 안에서의 종교』, 아카넷, 2011, p.167)

8) 'Virtus phaenomenon'.

9) 'Virtus noumenon'.

10) 'Sache'.

제1편 선한 원리와 악한 원리의 동거 또는 인간의 본성 안에 있는 근본악에 대하여

1) 칸트가 1792년 『월간베를린』 4월호에 발표한 최초 원고의 제목은 "인간의 본성 안에 있는 근본악에 대하여"다. 따라서 앞부분은 1793년 단행본으로 발간할 때 덧붙여진 것이다.

2) 'Aetas parentum, peior avis, tulit Nos nequiores, mox daturos Progeniem vitiosiorem. Horat.' (*Oden* III 6) 호라티우스(Horatius, 기원전 65~기원전 8)는 베르길리우스(Publius Vergilius Maro, 기원전 70~기원전 19)와 함께 로마 황금기의 대표 시인이다. 칸트는 호라티우스의 『송가』(頌歌) III, 6에서 인용했다.(Stephen R. Palmquist, *Comprehensive Commentary on Kant's Religion within the Bounds of Bare Reason*, Wiley Blackwell; Malden, Oxford, 2016, p.44; Vorländer, 앞의 책, p.17)

3) 'Siba, Siwen'.

4) 'Ruttra, Rutra, Rudra'.

5) 'Welterhalter'. '세계관리자'로도 옮길 수 있다.

6) 'Wischnu'.

7) 'Brahma'.

8) 칸트시대의 계몽주의적 낙관주의[진보] 사상을 반영한 매우 중요한 개념이며, 그의 도덕철학에서 최고선을 실현하기 위한 첫째 조건으로서 도덕적 완전성인 신성성을 향하는 부단한 '전진' 또는 '접근'을 뜻한다.

9) Lucius Annaeus Seneca(ca. 기원전 4~기원후 65).

10) 'Gattung'.

11) 'Natur'. 본성(本性)을 뜻하지만, '자유'와 대립하는 맥락에서 쓰일 때는 '자연'이나 '자연본성'으로 읽어도 좋을 것이다.

12) 'Neigung'. 인간의 성정이 쉽게 악으로 기울어지는 성향을 뜻한다.

13) derselben(그것들의). 칸트와 다른 편집자들은 복수 'derselben'[der Charaktere

성격들]으로 읽었다(특히 학술원판과 바이세델판). 그러나 포어랜더는 단수 'dessen'으로 읽었다.(Vorländer, 앞의 책, p.20) 왜냐하면 바로 앞에서 칸트가 "이 성격들 중 한 성격"(von einem [Charakter] dieser Charaktere)에 대하여 단수로 언급했고, 또한 바로 뒤에서 "그것[성격]이 악할 경우"(wenn er [der Charakter] böse ist)와 "그것[성격]이 선할 경우에"에서 단수로 썼으며, 이어서 "그것[성격]의 창시자"에서도 단수로 언급했기 때문이다.

14) 'disjunktiver Satz zum Grunde'.

15) 'adiaphora'. 가하지도 불가하지도 않으면서, 아무래도 좋다는 모호한 관망적 입장을 말한다.

16) 'Rigoristen'.

17) 'Latitudinarier'.

18) 'Indifferentisten'.

19) 'Synkretisten'.

20) 이는 재판에서 초판 원주에 추가한 것이다.

21) 실러(Friedrich von Schiller,1759~1805)는 미를 '윤리적 선의 상징'으로 본 칸트의 미학적 입장을 발전시켜서 미란 감성적·객관적 현상인 동시에 자율적·이성적 세계에 속하는 것으로 인간에게 자유와 행복을 가져다주는 이른바 '현상에서 자유'라고 규정한다. 실러는 『인간의 미적 교육에 대하여』(1795)에서 인간을 감성적 충동(소재충동)과 이성적 충동(형식충동)이라는 반대적인 힘에 따라 움직이지만, 그 양자를 유희충동으로 통합하는 존재라고 규정한다. 실러가 1793년 6월에 잡지 『탈리아』(Thalia) 제2호에 기고한 『도덕에서 우아와 존엄』을 칸트는 『월간베를린』의 편집인 비스터(Johann Erich Biester, 1749~1816)가 보낸 편지에서 알게 되었고(비스터가 칸트에게 보낸 1793년 10월 5일 자 편지, XI 456), 그 후 종교론의 재판에 이 각주를 부가했다. 실러는 이 저술에서 자연과 도덕성, 물질과 정신, 경향성과 의무의 통일을 언급하면서 우아와 존엄을 강조했다. 『탈리아』는 실러가 1784년 만하임 극장의 극작가로 활동하면서 창간했던 역사, 철학, 문학, 연극 분야의 학술지로, 1785년의 창간호 이름은 『라인 탈리아』(Rheinische Thalia)였고, 2호부터 11호(1791년)까지는 『탈리아』로, 1792년부터 다시 『신 탈리아』(Neue Thalia)라는 이름으로 바뀌어 1793년까지 발간되었다. 탈리아는 아홉 뮤즈(Muse) 가운데 하나이고, 그라치아 세 자매 중에서도 희곡과 오락을 관장하는 여신이다.(Palmquist, 앞의 책, p.55; 백종현, 앞의 책, pp.183-184)

22) 그라치에(Grazie) 자매들은 우아를 상징하는 로마의 여신들이며, 그리스신화에는 카리테스로 등장한다. 미의 여신 비너스(아프로디테)와 동행한다.

23) 뮤즈의 인도자 아폴론(Appolon)의 별명이다.

24) 'Venus Uraniad'. 정신적 존재로 숭배받는 우라노스의 딸 비너스 또는 아프로디테를 뜻한다.

25) 사람들이 감각적 사랑의 신(神)으로 숭배하는 비너스 디오네(Venus Dione)는 제우스와 디오네 사이의 딸로 육체적 사랑을 상징한다.

26) 실러에 대한 이 각주 전체는 B판에 추가한 것이다.(Vorländer 23)

27) 'dessen'. 이는 B판에서 추가한 것이다.(Vorländer 23)

28) 'einzelnen'. A판에는 'jeden einzelnen'(모든 개별적인)으로 되어 있다.(Vorländer 25)

29) 'ganze Gattung'.

30) 포어랜더는 "[welches] sich als selbst"(그것[법칙]은 자체[동기]로서)를 "[welches] sich selbst und zwar als höchste?"(그것[법칙]은 그 자체[동기]와 물론 최고 [동기로서])로 읽을 것을 제안한다.(Vorländer, 앞의 책, p.25)

31) "unter den allgemeinen Titel"에서 칸트는 'den'을 'dem'으로 적었다.(Vorländer, 앞의 책, p.26)

32) A판에서는 "durch den Trieb zum Geschlecht und zur Erhaltung" 중 'zur'가 빠져 있다.(Vorländer 26)

33) 'Laster'.

34) 'teuflische Laster'. 본래는 '악마적 패악들'이지만, 여기서는 문맥상 '야수적 패악들'이라고 했다.

35) 'Bösartigkeit'.

36) 'seine'. "daß die freie Willkür es in ihre Maxime aufnimmt"에서 칸트는 'ihre'[die freie Willkür]를 'seine'로 잘못 표기했다. 포어랜더에 따르면 아르놀트(Emil Arnoldt, Charakteristik von Kants Vorlesungen über Metaphysik und möglichst vollständiges Verzeichnis aller von ihm gehatener oder auch nur angekündigter Vorlesungen, in Arnoldt's Gesammelte Schriften, Bd.5, hrsg. von otto Schöndörffer, Berlin 1909, pp.369-371)는 칸트가 놓친 잘못된 표기를 이미 알아차렸다.(Vorländer, 앞의 책, p.27)

37) 'Hang'. '성벽'(性癖)은 어떤 사람이 빠져 있는 '습성적 욕망'(propensio)을 뜻한다.

38) 'Neigung'. '경향성'은 쉽게 기울게 되는 '습성적 욕구'(concupiscentia)를 뜻하는데, 후자는 B판에서 추가한 것이다.(Vorländer 28)

39) 이 각주는 B판에서 추가한 것이다.(Vorländer 29)

40) 'Gebrechlichkeit'.

41) 'Unlauterkeit'. '불순성'은 '불결'(impuritas)과 '불량성'(improbitas)을 내포한다.

42) 'fragilitas'.

43) "사실 내 안에, 곧 내 육 안에 선이 자리 잡고 있지 않음을 나는 압니다. 나에게 원의가 있기는 하지만 그 좋은 것을 하지는 못합니다."(로마 7, 18) "나는 내가 하는 것을 이해하지 못합니다. 나는 내가 바라는 것을 하지 않고 오히

려 내가 싫어하는 것을 합니다."(로마 7, 15)

44) 'Bösartigkeit'. '악의성'은 '허물'(vitiositas)이나 '삐딱함'(pravitas)을 내포한다.

45) 'Verderbtheit'. '부패성'은 '타락'(corruptio)을 뜻한다.

46) 'Verkehrtheit'. '전도성'은 '전복'(perversitas)을 뜻한다.

47) 'von guten Sitten(benemoratus)'.

48) "하느님께서 우리에게 새 계약의 일꾼이 되는 자격을 주셨습니다. 이 계약은 문자가 아니라 성령으로 된 것입니다. 문자는 사람을 죽이고 성령은 사람을 살립니다."(2코린 3, 6) "그러나 우리가 이제는 우리를 사로잡고 있던 율법과 관련해서는 죽음으로써 그것에서 벗어났습니다. 그리하여 법전이라는 옛 방식이 아니라 성령이라는 새 방식으로 하느님을 섬기게 되었습니다." (로마 7, 6)

49) 'Sünde'. 칸트는 죄를 도덕적 동기에서 벗어난 경우라고 생각했지만, 바울로는 죄를 믿음에서 우러나오지 않는 행위라고 정의했다. "그러나 의심을 하면서 먹는 사람은 이미 단죄를 받았습니다. 그것이 믿음에서 우러나온 행위가 아니기 때문입니다. 믿음에서 우러나오지 않는 행위는 다 죄입니다."(로마 14, 23)

50) '(peccatum originarium)'. '원죄'는 '원초적인 죄'를 뜻한다.

51) '(peccatum derivativum)'. 패악은 '파생적인 죄'를 뜻한다.

52) 'factum phaenomenon'.

53) 'angeboren'. '생득적'[타고난]이라는 생물학적 표현은 그 고유한 의미를 넘어서서, 행위 이전에 앞서[미리] 주어져 있는 것이라는 칸트 특유의 '아포리오리한' 의미를 갖는다. 칸트의 인식론에서 '선험적'(transzendental) 또는 '아프리오리'의 개념이 칸트 당대의 유전학적 선천성에 대한 논쟁의 산물이라는 측면은 흥미 있는 주제가 될 수 있다.

54) Horaz(Q.F.Horatius), *Satiren(Satirae)* I 3, 68.(Vorländer, 앞의 책, p.33)

55) 'gelegenheitliche'. '가끔', '때에 따라서'라는 이 말은 A판과 B판, 그리고 하르텐슈타인판에 근거를 두지만, 『월간베를린』판과 로젠크란츠판, 그리고 포어랜더판에는 'gelegentliche'로 되어 있다.(Vorländer, 앞의 책, p.33)

56) 'verderblicher'. '상하기 쉬운', '곧 못 쓰게 되는', '파멸의 근원이 되는'이란 뜻을 가진 이 말은 『월간베를린』판에 따른 것이나, A판에서는 'verdorbener' (상한), 포어랜더판에서는 'verderbter'(타락한)로 개정했다.(Vorländer, 앞의 책, p.33)

57) 토포아(Topoa)는 토푸아(Tofua)로 불리기도 하며 오스트레일리아 동쪽 사모아제도 아래쪽에 위치한 통가(Tonga)에 속하는 작은 섬이다.

58) 프랑스의 탐험가이자 자연학자인 소나르(Pierre Sonnerat, 1748~1814)의 『1774년부터 1781년까지 동인도에서 중국에 이르는 항해』(*Voyage aux Indes*

orientales et à la Chine, fait depuis 1774 jusquà 1781, 1782)에서 이에 대한 기록을 읽을 수 있다.(백종현, 앞의 책, p.201)

59) 헌(Samuel Hearne, 1745~92)은 쿠크 선장의 세 번째 탐험여행에 동행했던 영국 출신의 여행가다.(Vorländer, 앞의 책, p.34)

60) 이 각주는 B판에서 추가했다.(Vorländer 34)

61) 이 구절은 『아들에게 보낸 체스터필드의 편지』(*Chesterfields Briefen an seinen Sohn*)에서 인용한 것이다. 체스터필드(Philip Dormer Stanhope, 4th Earl of Chesterfield KGPC, 1694~1773)는 영국의 정치가이자 서신수필가로 유명하다. 1737년 시작해서 30년 이상에 걸쳐서 영어, 프랑스어, 라틴어로 써서 그의 아들 스태너프(Eugenia Stanhope)에게 보낸 400여 통의 편지를 엮은 책 (*Letters to His Son on the Art of Becoming a Man of the World and a Gentleman*)으로 1774년에 출판되었다.

62) 'Naturstandes'. 칸트의 수고(手稿)와 『월간베를린』본에는 'Naturzustandes' (자연상태)로 되어 있다.

63) 이 전체 각주는 B판에서 추가한것이다. 칸트는 『영구평화론』에서 "전쟁은 악인을 제거하는 것보다 악인을 더 많이 만든다는 점에서 나쁘다"라는 격언을 인용했다.(Ⅷ 365; 『칸트전집』11 49)

64) 칸트는 『종교론』 이후의 저술 『영구평화론』(1795)에서 인류세계의 영원한 평화를 이룩하려면 "각 국가의 시민적 체제는 공화적 체제"(Ⅷ 349; 『칸트전집』11 28)여야 하고, "국제법은 자유국가들의 연방주의에 기초해야만 한다"(Ⅷ 354; 『칸트전집』11 33)라는 구상을 내놓았으며, "세계 시민법은 보편적 우호 조건들에 국한되어야한다"(Ⅷ 357; 『칸트전집』11 39)는 이른바 방문권을 강조하면서, 세계평화를 위해서 '세계공화국'(Weltrepubulik)으로서 '국제국가'(Völkerstaat, civitas genitium)를 건설하는 것보다는 현실적으로 실현 가능한 개별국가들의 존립을 보장하는 하나의 '평화연맹'(Friedensbund, foedus pacificum)으로서 '국제연맹'(Völkerbund)을 구성하자고 제안했다.

65) 'philosophischer Chiliasm'.

66) 'theologischer Chiliasm'.

67) 'wovon'. A판과 B판에는 'worin'으로 되어 있으나 이는 명백한 오타라고 보았다.(Vorländer 37)

68) 앞의 B 13; Ⅵ 24 이하 참조.

69) 'Bosheit'.

70) 'Verkehrtheit des Herzens'.

71) 'angeborne Schuld(reatus)'.

72) 'Gebrechlichkeit, Unlauterkeit als unvorsätzlich(culpa)'. 칸트는 허약성과 불순성을 고의적으로 행한 과실(過失)로 보지 않았다.

73) 칸트는 사기(dolus)를 고의적인 범죄(vorsätzliche Schuld)로 보았는데, 이 죄과

가 인간 심성(Herz)의 어떤 간악성(gewisse Tücke des menschlichen Herzens), 다시 말해 '불량한 간계'(dolus malus)에서 나온다고 여겼기 때문이다. 여기에서 칸트가 자주 혼용하는 Herz는 '심성'이나 '마음'으로, Gesinnung은 '심정'으로 옮겼다.

74) 'sich selbst blauen Dunst vorzumachen'. 백종현은 이 표현을 담배 혹은 아편을 피워서 파란 연기로 자신을 마비시킨다는 의미에서 '기만하다'로 번역했다. 칸트는 다른 곳에서 '양심을 위한 아편'(B 105; VI 78 각주)이라고도 표현했다.(백종현, 앞의 책, p.210 각주 96 참조)

75) 'Nichtswürdigkeit'. 이 말은 '비열함', '몰염치', '몰가치성', '후안무치'(厚顔無恥)처럼, 명백한 잘못을 저지르고도 뻔뻔스럽게 외면하면서 다른 사람의 작은 잘못에 대해서는 침소봉대하여 야단을 치는, 불공정하고 무책임한 태도를 뜻한다.

76) 영국 최초의 수상 월폴(Robert Walpole, 1676~1745)을 가리킨다.(Vorländer 41)

77) "거기에는 아무런 차별도 없습니다. 모든 사람이 죄를 지어 하느님의 영광을 잃었습니다."(로마 3, 22~23)

78) 'intelligibele Tat'.

79) 'sensible Tat'.

80) 이 학술원판에는 'nur Beurteilung'이지만, A판에는 'nur die Beurteilung'으로 되어 있다.(Vorländer 1990:41)

81) 오비디우스의 『변신』(Metamorphoses) 제13장, 140.(Vorländer 43)

82) "그리고 주 하느님께서는 사람에게 이렇게 명령하셨다. '너는 동산에 있는 모든 나무에서 열매를 따 먹어도 된다. 그러나 선과 악을 알게 하는 나무에서는 따 먹으면 안 된다. 그 열매를 따 먹는 날, 너는 반드시 죽을 것이다.'"(창세 2, 16~17)

83) 'geradezu'. 이는 『월간베를린』판에 따른 것이다. 아르놀트판 375 참조. A판과 B판은 'gerade'로 되어 있다.(Vorländer 1990:45)

84) "여자가 쳐다보니 그 나무 열매는 먹음직하고 소담스러워 보였다. 그뿐만 아니라 그것은 슬기롭게 해줄 것처럼 탐스러웠다. 그래서 여자가 열매 하나를 따서 먹고 자기와 함께 있는 남편에게도 주자. 그도 그것을 먹었다."(창세 3, 6)

85) "그러자 뱀이 여자에게 말했다. '너희는 결코 죽지 않는다. 너희가 그것을 먹는 날, 너희 눈이 열려 하느님처럼 되어서 선과 악을 알게 될 줄을 하느님께서 아시고 그렇게 말씀하신 것이다.'"(창세 3, 4~5)

86) "너희는 너희 아비인 악마에게서 났고, 너희 아비의 욕망대로 하기를 원한다. 그는 처음부터 살인자로서, 진리 편에 서본 적이 없다. 그 안에 진리가 없기 때문이다. 그가 거짓을 말할 때에는 본성에서 그렇게 말하는 것이다. 그

가 거짓말쟁이며 거짓의 아비이기 때문이다."(요한 8, 44)

87) 호라티우스, 『풍자시』(*Satirae*), I1, 9.(Vorländer 45)

88) 'Sündenfall'. 바오로는 타락(墮落)의 결과가 죽음이라고 해석했다. "그러므로 한 사람을 통하여 죄가 세상에 들어왔고 죄를 통하여 죽음이 들어왔듯이, 또한 이렇게 모두 죄를 지었으므로 모든 사람에게 죽음이 미치게 되었습니다."(로마 5,12) "아담 안에서 모든 사람이 죽는 것과 같이 그리스도 안에서 모든 사람이 살아날 것입니다."(1코린 15, 22)

89) 'erhabnerer'. B판은 'erhabener'다. 칸트 스스로 수고에서 교정했다.(Vorländer 47)

90) 이 "일반적 주석"은 A판에서 숫자 'V'로 표기한 것이다.(Vorländer 48)

91) 칸트는 여기에다 "은총의 작용들에 대하여"라는 표제를 붙일 수 있다고 했다.(B 63; VI 52 각주)

92) "이와 같이 좋은 나무는 모두 좋은 열매를 맺고 나쁜 나무는 나쁜 열매를 맺는다. 좋은 나무가 나쁜 열매를 맺을 수 없고 나쁜 나무가 좋은 열매를 맺을 수 없다."(마태 7, 17~18)

93) 'beide'. B판에는 'auch'(역시).(Vorländer 49)

94) 'Wohlwollens an sich selbst'.

95) 'Liebe des Wohlwollens'. B판의 'Wohlgefallen'은 잘못 표기한 것이다. A판과 『월간베를린』판은 'Wohlwollens'로 바르게 표기했다.(Vorländer 49)

96) 'diese'. 포어랜더는 'dieses'가 더 좋은 표현이라고 본다.(Vorländer, 앞의 책, p.50)

97) 'Vernunftliebe seiner selbst'.

98) 'mithin bloß aus Pflicht'. 보버민(Wobbermin)은 『월간베를린』판에 없던 이 부분을 학술원판에 추가했다.(Vorländer 51)

99) 'Heiligkeit'. 칸트는 순수한 도덕성을 '신성성'(神聖性)으로 표현하기도 했다. 이는 도덕적인 인간이 부단하게 정진하여 도달해야 할 이상적인 목표이지만, 인간의 노력만으로는 결코 도달할 수 없는 지평으로 상정한 개념이다. 칸트는 도덕적 신성성과 행복 개념의 통일적인 결합[비례적인 일치]을 인간이 궁극적으로 추구해야 할 최고선으로 규정하였다.

100) 'ein großer Zwischenraum'. 인간은 평생 동안, 그리고 생을 마감하여 미래 세계인 내세에서까지 부단한 정진을 하더라도, 여전히 도덕법이 요구하는 완전성에 도달하지 못한 상태에 있다. 이 '커다란 틈새' 혹은 '사이 공간', '간격'은 우리의 부단한 도덕적 노력에도 아직 신성성의 경지에 이르지 못한 거리감을 표현한 것이다. 도덕은 우리에게 무조건적으로 순수한 도덕적 동기만을 행위 원칙으로 삼아야 한다고 요구하지만, 행복은 현실적으로 도덕원칙에 의해서만 얻을 수 있는 것이 아니다. 최고선의 두 가지 필수적인 요소들의 완전한 결합을 담보하기 위해 칸트는 도덕적 행위주체의 정체성,

통일성, 불멸성을 요청하는 한편, 그런 도덕적 실천에도 여전히 죄인들을 공의와 자비의 마음을 갖춘 하느님[신]의 은총판단으로 의롭다고 인정받을 수 있는 조처를 요구하게 된다. 이것이 가능하려면 자연과 자유의 일치, 자연법과 도덕법의 통일을 가능하게 할 수 있는 전지전능하고, 무소부재하며, 공의와 자비를 갖춘 전선(全善)하신 하느님의 존재 요청과 함께 그분의 은총판단 요청을 상정하지 않으면 안 되는 것이다. 그러므로 이 '틈새'는 도덕법이 인간에게 의무로서 부과하는 도덕적 신성성과의 일치 요구와 인간의 도덕적 허약성과 불완전성 사이의 괴리를 뜻하는 동시에, 칸트의 최고선 규정이 현상적으로 불가능한 것처럼 보이는 도덕성과 행복의 일치를 인간 자신의 노력만으로 성취할 수 없다는 사실을 보여준다.

101) '(virtus phaenomenon)'.

102) 'Herzensänderung'. '심성의 변화'는 '개심'(改心), '새 사람으로 거듭남'을 뜻하지만, 이를 수행하는 과정에서도 '틈새'의 문제가 도사리고 있다. 칸트는 '더 나은 상태를 향한' 부단한 '전진'과 '진보'의 변증법에서 필연적으로 제기되는 이 '틈새'의 문제를 해소하기 위해 요청적 희망사유를 전개했던 것이다.

103) 'Sitten'. 윤리(倫理)는 도덕, 인륜, 신성성을 향한 삶의 행적(行蹟)을 총칭한다.

104) '(virtus noumenon)'.

105) 학술원판의 "Daß aber jemand nicht bloß ein gesetzlich, […], (virtus noumenon), werde, welcher, […]" 부분이 A판에는 "Um aber nicht bloß ein gesetzlich, […], (virtus noumenon), zu werden"으로 되어 있다.(Vorländer 51)

106) "예수님께서 대답하셨다. '내가 진실로 진실로 너에게 말한다. 누구든지 물과 성령으로 태어나지 않으면, 하느님 나라에 들어갈 수 없다. 인간의 진정한 탄생은 그리스도 안에서 새로 거듭나는 두 번째 창조를 통해서 이루어진다.'"(요한 3, 5)

107) "땅은 아직 꼴을 갖추지 못하고 비어 있었는데, 어둠이 심연을 덮고 하느님의 영이 그 물 위를 감돌고 있었다."(창세 1, 2) 아직 꼴을 갖추지 못한 땅과 어두운 심연이 하느님의 영과 대조를 이루고 있는 이 장면은 하느님의 첫 번째 창조를 기다리고 있는 것이다.

108) "서로 거짓말을 하지 마십시오. 여러분은 옛 인간을 그 행실과 함께 벗어버리고, 새 인간을 입은 사람입니다. 새 인간은 자기를 창조하신 분의 모상에 따라 끊임없이 새로워지면서 참지식에 이르게 됩니다."(콜로 3, 9~10)

109) "그러자 예수님께서 그에게 이르셨다. '내가 진실로 진실로 너에게 말한다. 누구든지 위로부터 태어나지 않으면 하느님의 나라를 볼 수 없다.' 니코데모가 예수님께 말했다. '이미 늙은 사람이 어떻게 또 태어날 수 있겠습니까? 어머니 배 속에 다시 들어갔다가 태어날 수야 없지 않습니까?' 예수님

께서 대답하셨다. '내가 진실로 진실로 너에게 말한다. 누구든지 물과 성령으로 태어나지 않으면, 하느님 나라에 들어갈 수 없다. 육에서 태어난 것은 육이고 영에서 태어난 것은 영이다.'"(요한 3, 3~6) "그래서 누구든지 그리스도 안에 있으면 그는 새로운 피조물입니다. 옛것은 지나갔습니다. 보십시오, 새것이 되었습니다."(2코린 5, 17) "여러분은 옛 인간을 그 행실과 함께 벗어버리고, 새 인간을 입은 사람입니다. 새 인간은 자기를 창조하신 분의 모상에 따라 끊임없이 새로워지면서 참지식에 이르게 됩니다."(콜로 3, 9~10) "진리의 의로움과 거룩함 속에서 하느님의 모습에 따라 창조된 새 인간을 입어야 한다는 것입니다."(에페 4, 24)

110) Phalaris licet imperet, ut sis falsus, et admoto dictet perjuria tauro. 유베날(Decimus Iunius Iuvenalis, ca. 58~127), 『풍자』(*Saturae*), VIII, 80 이하.(Vorländer, 앞의 책, p.54)

111) 'gewiß und unmittelbar'. 『월간베를린』판과 A판에 따른 것이다. B판과 하르텐슈타인판에는 'und'가 빠져 있다.(Vorländer 54)

112) "자유의 개념과 […] 사라진다"는 B판에서 추가한 것이다.(Vorländer 55)

113) 'Dogmatik'.

114) 'Ascetik'.

115) 'das neue Herz'. "너희가 지은 모든 죄악을 떨쳐버리고, 새 마음과 새 영을 갖추어라. 이스라엘 집안아, 너희가 어찌하여 죽으려 하느냐?"(에제 18, 31)

116) 'Religion der Gunstbewerbung'.

117) 'Religion des guten Lebenswandels'.

118) "그리하여 예수님께서 이르셨다. 어떤 귀족이 왕권을 받아오려고 먼 고장으로 떠나게 되었다. 그래서 그는 종 열 사람을 불러 열 미나를 나누어주며, '내가 올 때까지 벌이를 하여라' 하고 그들에게 일렀다. […] 첫째 종이 들어와서, '주인님, 주인님의 한 미나로 열 미나를 벌어들였습니다' 하고 말했다. 그러자 주인이 그에게 일렀다. '잘했다, 착한 종아! 네가 아주 작은 일에 성실했으니 열 고을을 다스리는 권한을 가져라.' […] 그런데 다른 종은 와서 이렇게 말했다. '주인님, 주인님의 한 미나가 여기에 있습니다. 저는 이것을 수건에 싸서 보관해두었습니다. 주인님께서 냉혹하신 분이어서 가져다놓지 않은 것을 가져가시고 뿌리지 않은 것을 거두어가시기에 저는 주인님이 두려웠습니다.' […] '내가 너희에게 말한다. 누구든지 가진 자는 더 받고, 가진 것이 없는 자는 가진 것마저 빼앗길 것이다.'"(루카 19, 11~27 '미나의 비유')

"하늘나라는 어떤 사람이 여행을 떠나면서 종들을 불러 재산을 맡기는 것과 같다. 그는 각자의 능력에 따라 한 사람에게는 다섯 탈렌트, 다른 사람에게는 두 탈렌트, 또 다른 사람에게는 한 탈렌트를 주고 여행을 떠났다. 다섯 탈렌트를 받은 이는 곧 가서 그 돈을 활용하여 다섯 탈렌트를 더 벌었다.

[…] 그러나 한 탈렌트를 받은 이는 물러가서 땅을 파고 주인의 그 돈을 숨 겼다. 오랜 뒤에 종들의 주인이 와서 그들과 셈을 하게 되었다. […] 저자에 게서 그 한 탈렌트를 빼앗아 열 탈렌트를 가진 이에게 주어라. 누구든지 가 진 자는 더 받아 넉넉해지고, 가진 것이 없는 자는 가진 것마저 빼앗길 것이 다. 그리고 저 쓸모없는 종은 바깥 어둠 속으로 내던져 버려라. 거기에서 그 는 울며 이를 갈 것이다."(마태 25, 14~30 '탈렌트의 비유')

119) 'Seligkeit'. 정복(淨福), 지복(至福).

120) 『월간베를린』의 논문은 이 자리에 "쾨니히스베르크. I. 칸트"(Königsberg. I. Kant)라고 적었다.

121) 'Gnadenwirkungen'.

122) 'Gnadenmitteln'.

123) 'Aberglaube'.

124) 'Illuminatism'.

125) 'Adeptenwahn'.

126) 'Thaumaturgie'.

127) 이 "일반적 주석"은 B판에서 추가한 것이다.(Vorländer 58)

제2편 인간을 지배하기 위한 선한 원리와 악한 원리의 투쟁에 대하여

1) 'letzteren'. B판에는 'letzten'으로 되어 있다.(Vorländer 60)

2) 'res integra'.

3) 'es aber'. "Was es aber, ohne daß […]"의 의미로 읽어야 한다.(Vorländer 60)

4) 'würde'. 로젠크란츠판에는 "würden"으로 되어 있다.(Vorländer 60)

5) 이 교부는 아우구스티누스(Augustin: Sanctus Aurelius Augustinus Hipponensis, 354~430)를 뜻하지만, 지금까지 이에 정확하게 들어맞는 인용 출처는 밝혀 지지 않았다.(Wobbermin, 앞의 책, p.502. 각주 58[38]; Wood, 앞의 책, p.102; Vorländer, 앞의 책, p.60) 팜퀴스트는 아우구스티누스가 보통 '빛나는 패악' 을 로마서에서 덕목과 관련하여 사용하지만 그의 저서 『신국』에서는 'vitia splendida'라는 표현이 발견되지 않는다고 했다.(Palmquist, 앞의 책, p.156, 각 주 2)

6) 'sondern'. 학술원판은 "nicht selbst aufreiben, sondern"이지만, A판에는 "untereinander selbst aufreiben und"로 되어 있다.(Vorländer 61)

7) 'das Moralisch-Gesetzwidrige'.

8) 'und'. A판에는 'und'가 빠져 있다.(Vorländer 61)

9) 'Dasein des Sittlich-Bösen im Menschen'.

10) 'Macht der Triebfedern der Sinnlichkeit'.

11) 'Ahctung fürs Gesetz'.

12) 'Ohnmach der Triebfeder der Vernunf'.

13) "우리의 전투 상대는 인간이 아니라, 권세와 권력들과 이 어두운 세계의 지배자들과 하늘에 있는 악령들입니다."(에페 6, 12)

14) 이상 두 인용문은 칸트가 「요한복음」 2~3장을 필요에 따라서 발췌한 것이다.

15) "아드님은 하느님 영광의 광채이시며, 하느님 본질의 모상으로서, 만물을 당신의 강력한 말씀으로 지탱하십니다."(히브 1, 3)

16) "하느님께서는 세상을 너무나 사랑하신 나머지 외아들을 내주시어 그를 믿는 사람은 누구나 멸망하지 않고, 영원한 생명을 얻게 하셨다."(요한 3, 16 참조)

17) "그분께서는 당신을 받아들이는 이들, 당신의 이름을 믿는 모든 이에게 하느님의 자녀가 되는 권한을 주셨다."(요한 1, 12) "너희는 원수를 사랑하여라. 그리고 너희를 박해하는 자들을 위하여 기도하여라. 그래야 너희가 하늘에 계신 너희 아버지의 자녀가 될 수 있다."(마태 5, 44~45)

18) 'und sich zu ihr herablasse'. 이는 B판에서 추가한 것이다.

19) 'diese'[수난의 견인]. A판에서는 'sie'(Erduldung von Leiden).(Vorländer 64)

20) 'Lebenswandel'.

21) 'für ihn geschehen sein müßten'. A판에는 'für ihn geschehen'.(Vorländer 66)

22) 'ihn'[Menschen 인간]. 칸트는 A판과 B판에서 모두 'ihn'으로 썼으나, 보버민은 학술원판에서 'es'[das Urbild 원형]로 수정했다. 포어랜더는 보버민의 es를 das Urteil(판단)이라고 병기해놓았는데, 이는 das Urbild(원형)를 착각한 것으로 보인다. 포어랜더는 'es'를 다시 'ihn'[Menschen]으로 수정했다.(Vorländer, 앞의 책, p.67) 팜퀴스트는 칸트가 여기에서 '완전한 인간'의 이념으로서 '원형'을 다루었으므로, 자신도 칸트를 따라서 'ihn'[him]으로 표기한다고 밝혔다.(Palmquist, 앞의 책, p.171, 각주 77) 이는 문단의 머리에서 '원형'과 같은 의미로 쓰이는 "진정으로 신적인 심정을 가진 그런 인간" 또는 "하느님 마음에 드는 인간의 예증"에서 '인간'을 가리킨다고 본 것이다.

23) 'Naturneigungen'.

24) 'angeborene unveränderliche Reinheit des Willens'.

25) 'Distanz'. '간격'은 아직 더 성취해야 할 '거리'와 '틈새'를 뜻한다.

26) 'Verhalten'. '행실'은 '삶의 자취'를 뜻하는 행적의 장면들을 구성하는 그때마다의 '태도'를 뜻한다.

27) 'κατ᾽ ἀλήθειαν'(진리에 의한).

28) Albrecht von Haller(1708~77). 스위스 베른 출신의 의학자, 생리학자 할러는 당대의 뛰어난 석학이었다. 그는 튀빙겐대학을 거쳐 레이던대학으로 가서 의학을 공부하고, 1736년에 신설된 괴팅겐대학교 해부학·외과학·식물학 교수로 초빙되었다. 그는 생물학적 현상에서는 물리학과 화학으로는 해

명할 수 없는 초자연적인 것이 있으며, 그것을 생기론의 입장에서 신경조직의 자극 감응설을 들어 해명하려고 했다. 할러는 괴팅겐대학의 교수초빙이 있기 2년 전에 출판한 『화의 근원에 대하여』(*Über den Ursprung des Übels*, 1734)라는 시집에서 "더구나 신은 강제를 사랑하지 않으며, 결함을 가진 세계는 의지 없는 천사들의 나라보다 더 좋다. 신은 강요하는 것을 행하지 않고 지켜보며, 덕의 실행 자체는 선택을 통해서만 비로소 좋은 것이다."(제2권, 33-36행)라고 썼는데, 칸트는 이 구절의 전반부를 여기에서 인용하고 있으며, 푈리츠의 "철학적 종교론 강의"(XXVIII, 989-1126) 제2부 "도덕신학"에서도 할러의 "의지 없는 천사들에 대하여"(von willenlosen Engeln)를 인용하였다.(XXVIII 1077; Palmquist, 앞의 책, p.173)

29) "하느님께서는 세상을 너무나 사랑하신 나머지 외아들을 내주시어, 그를 믿는 사람은 멸망하지 않고 영원한 생명을 얻게 하셨다."(요한 3, 16)

30) 'Anthromorphism'. '의인론'(擬人論) 또는 '신인동형동성설'(神人同形同性說)이다.

31) 'ein gewaltiger Sprung'. '급진적인[강력한] 비약'(μετάβασις εἰς ἄλλο γένος)은 칸트가 『순수이성비판』의 넷째 이율배반에 대한 주석에서 신 존재 증명을 위한 우주론적 논증이 보여준 아주 특이한 현상이다.(A 458; B 486) 감성적인 현상세계의 원인 계열에서 어떤 존재자의 최초 원인을 추적해나갈 경우에 최초의 시작에서 '자기원인'인 어떤 필연적 존재자를 상정하게 되는데, 아퀴나스는 이러한 '제일 원인'을 신이라고 불렀다. 나중에 러셀은 그 신의 존재원인을 재차 물어봄으로써 아퀴나스가 단행한 '절차단절'에 반대하여 또다시 무한퇴행으로 빠져들게 했으나, 칸트는 이 필연적 존재자는 감성적으로 더는 파악할 수 없는, 즉 감성적인 원인계열에서는 더 발견할 수 없는 것으로서 순수 지성적인 계열에 속한다고 보았다. 다시 말하면 우주론적 신 존재 논증의 마지막 순간에 출현하는 자기원인으로서 필연적 존재자는 현상세계에서 지성세계로 질적 변이를 초래한다는 것이다.

32) 요한 8, 46.

33) "'내가 거룩하니 너희도 거룩한 사람이 되어야 한다'고 성경에 기록되어 있기 때문입니다."(1베드 1, 16) "그러므로 하늘의 너희 아버지께서 완전하신 것처럼 너희도 완전한 사람이 되어야 한다."(마태 5, 48)

34) 'Vorbild'. 전범(典範), 본보기.

35) 'Sinnesänderung'. '의식의 변화'는 '회심'(回心), '거듭남'을 뜻한다.

36) 'der Ursache und Wirkungen'. 포어랜더는 'Ursachen'이 아닌가 하고 지적한다.(Vorländer, 앞의 책, p.71)

37) 'Herzenskündiger'. 마음[심성]을 통찰하는 자는 곧 신이다. "너희는 사람들 앞에서 스스로 의롭다고 하는 자들이다. 그러나 하느님께서는 너희 마음을 아신다. 사실 사람들에게 높이 평가되는 것이 하느님 앞에서는 혐오스러운

것이다."(루카 16, 15) "모든 사람의 마음을 다 아시는 주님"(사도 1, 24), "사
람의 마음을 아시는 하느님."(사도 15, 8)

38) 'göttliche Gütigkeit'. A판과 포어랜더판에 따랐다. 바이셰델판에서는 '신적
인 행복'(göttliche Glückseligkeit)으로 수정했다.

39) 'moralische Glückseligkeit'.

40) 'hier'. B판에서 추가한 것이다.(Vorländer, 앞의 책, p.71)

41) 'physische Glückseligkeit'.

42) "너희는 먼저 하느님의 나라와 그분의 의로움을 찾아라. 그러면 이 모든 것
도 곁들여 받게 될 것이다."(마태 6, 33)

43) "그리고 이 성령께서 몸소, 우리가 하느님의 자녀임을 우리의 영에게 증언
해주십니다."(로마 8, 16)

44) "사랑하는 여러분, 여러분은 늘 순종했습니다. 내가 함께 있을 때만이 아니
라 지금처럼 떨어져 있을 때에는 더욱더 그러했습니다. 그러므로 두렵고 떨
리는 마음으로 여러분 자신의 구원을 위하여 힘쓰십시오."(필리 2, 12)

45) 'im Fortgange seines Lebens an sich'. 키르히만(Kirchmann)판(Berlin, 1867,
p.78)에는 'an sich'가 빠져 있다.(Vorländer, 앞의 책, p.73)

46) 'müßte'. A판에는 'müsse'로 되어 있다.(Vorländer, 앞의 책, p.73)

47) Francis Moore(세례 1708~56?). 영국의 여행작가로 1730년 왕립 아프리카
회사의 작가로 채용되어 그해 7월부터 1735년까지 아프리카 잠비아를 여
행하고 『아프리카의 내륙 여행』(*Travels Into the Interior Parts of Africa* 2판, D.
Henry and R. Cave, London 1738)을 출판했다. 이 책의 발췌본은 존슨(Samuel
Johnson) 외, 『전시된 세계』(*The World Displayed*, 1740); 애슬리(Thomas Astley)
의 『항해와 여행』(*A New General Collection of Voyages and Travels*, 1745) 등에 수
록되어 널리 알려졌다.(wikipedia)

48) 'späten'. A판에는 "spätern."(Vorländer, 앞의 책, p.74)

49) 괄호 안의(sondern entweder [⋯] gestraft)는 B판에서 추가한 것이
다.(Vorländer, 앞의 책, p.74)

50) 'auf die Gesinnung'. 하르텐슈타인판(*Kant's Werke*, GA6, Leipzing, 1839, p.235
각주)에는 'auf'가 빠져 있다.(Vorländer 75)

51) 'Tröster(Paraklet)'.

52) 'überschwenglich'. A판에는 'moralischen'(도덕적)으로 되어 있다.(Vorländer,
앞의 책, p.77)

53) 앞의 B 85; VI 67에서처럼 마음을 통찰하는 신의 판결(Richterausspruch)을
가리킨다.

54) 'Dewas'.

55) 말브랑슈(Nicolas Malebranche, 1638~1715).

56) "그분께서는 우리의 죄를 당신의 몸에 친히 지시고 십자 나무에 달리시어,

죄에서는 죽은 우리가 의로움을 위하여 살게 해주셨습니다. 그분의 상처로 여러분은 병이 나았습니다."(1베드 2, 24 참조)

57) "서로 거짓말을 하지 마십시오. 여러분은 옛 인간을 그 행실과 함께 벗어버리고, 새 인간을 입은 사람입니다. 새 인간은 자기를 창조하신 분의 모상에 따라 끊임없이 새로워지면서 참지식에 이르게 됩니다."(콜로 3, 9~10) "곧 지난날의 생활 방식에 젖어 사람을 속이는 욕망으로 멸망해가는 옛 인간을 벗어버리고, 여러분의 영과 마음이 새로워져, 진리의 의로움과 거룩함 속에서 하느님의 모습에 따라 창조된 새 인간을 입어야 한다는 것입니다."(에페 4, 22~24)

58) "그리스도 예수님께 속한 이들은 자기 육을 그 욕정과 욕망과 함께 십자가에 못 박았습니다."(갈라 5, 24) "우리는 압니다. 우리의 옛 인간이 그분과 함께 십자가에 못 박힘으로써 죄의 지배를 받는 몸이 소멸하여, 우리가 더 이상 죄의 종노릇을 하지 않게 되었습니다."(로마 6, 6)

59) 'Stellvertreter'.

60) 'Erlöser'. 구속자, 구원자, 구주(救主)이다.

61) 'Sachverwalter'. 변호자, 관리자이다.

62) 'gerechtfertigt'. 의롭다고 인정받은, 칭의(稱義)의, 정당화된.

63) 'hätten gelten'. 하르텐슈타인판(Leipzing, 앞의 책, p.240 각주)에는 "hatten"으로 되어 있다.(Vorländer, 앞의 책, p.81)

64) 이 각주는 원본 텍스트에는 없고 B판에서 추가한 것이다.(Vorländer, 앞의 책, p.81)

65) 'gebesserten'. A판에는 "vermeinten gebesserten"(더 개선되었다고 잘못 생각한)으로 되어 있다. (Vorländer, 앞의 책, p.81)

66) 'Urteilsspruch aus Gnade'.

67) 'Rechtfertigung'. 칭의(稱義) 또는 의인(義認)이다.

68) 'Hoffnung'.

69) 칸트는 "um an die Stelle der That zu gelten"이라고 했으나 포어랜더와 카시러는 1797년의 N. Theol. Journal에서 "an die Stelle […] treten"으로 추정했다.(Vorländer, 앞의 책, p.82)

70) 이곳 학술원판에는 "abgelegt habe, […] neue Gesinnung habe"이나, A판에는 "abgelegt hat, […] neue Gesinnung hat"로 되어 있다.(Vorländer, 앞의 책, p.83)

71) 'ganzes Leben'.

72) "너를 고소한 자와 함께 법정으로 가는 도중에 얼른 타협하여라. 그러지 않으면 고소한 자가 너를 재판관에게 넘기고 재판관은 너를 형리에게 넘겨 네가 감옥에 갇힐 것이다."(마태 5, 25)

73) 이 각주는 B판에서 추가한 것이다.(Vorländer, 앞의 책, p.84)

74) "하느님께서 그들에게 복을 내리며 말씀하셨다. '자식을 많이 낳고 번성하

여 땅을 가득 채우고 지배하여라. 그리고 바다의 물고기와 하늘의 새와 땅을 기어 다니는 온갖 생물을 다스려라.'"(창세 1, 28)

75) '(dominus directus)'.

76) '(dominium utile)'.

77) Pierr-Francois Xavier de Charlevoix(1682~1761). 북미지역에서 활동한 프랑스 출신 예수회 선교사로 *Histoire et description generale de la Nouvelle-France* (3 Vol., Paris 1744)라는 저서를 남겼다. 칸트는『판단력비판』(V 204)에서도 '이쿼로이'인 사례를 들었다.(Wobbermin, 앞의 책, p.503; Vorländer, 앞의 책, p.85; Palmquist, 앞의 책, p.217)

78) 'irokesischen'. 이로쿼이족은 주로 북아메리카 온타리오호 부근에 살던 인디언 부족이다.

79) 'Unschuld'. 순정함은 '무죄'를 뜻한다.

80) 'Epigenesis'.

81) 'Präexistenz'.

82) 'Einwickelung(Einwicklung)'. 움싸는 것, 난자(卵子), 포자(胞子), 포궁(胞宮), 자궁(子宮)을 뜻한다. 포어랜더는 하르텐슈타인, 키르히만, 케르바흐가 이것을 Entwickelung(발육, 전개)으로 잘못 수정했다고 지적했다.(Vorländer 87)

83) 'ovulorum'.

84) 'animalcul. sperm(animalculorum speramaticorum)'.

85) 위의 B 41; Ⅵ 40 참조. "나는 너희와 더 이상 많은 이야기를 나누지 않겠다. 이 세상의 우두머리가 오고 있기 때문이다. 그는 나에게 아무 권한도 없다." (요한 14, 30) "이제 이 세상은 심판을 받는다. 이제 이 세상의 우두머리가 밖으로 쫓겨날 것이다."(요한 12, 31)

86) "악마는 다시 그분을 매우 높은 산으로 데리고 가서, 세상의 모든 나라와 그 영광을 보여주며, '당신이 땅에 엎드려 나에게 경배하면 저 모든 것을 당신에게 주겠소' 하고 말했다."(마태 4, 8~9)

87) 바르트(Karl Friedrich Bahrdt, 1741~92)는 계몽시대에 활동한 독일 개신교 신학자이자 작가였다. 16세 때 라이프치히에서 크루시우스(Christian August Crusius)에게 사사하고, 1761년 박사학위를 마쳤다. 1766년 라이프치히대학 성서문헌학 정교수가 되었으나 2년 만에 스캔들로 물러나고, 1769년에 다시 에르푸르트(Erfurt)에서 성서고대학 교수가 되었다.『도덕신학의 체계』(*System der Moraltheologie*, Eisenach, 1770)를 발표한 후, 그의 합리주의와 계몽사상이 빌미가 되어 1771년 기센(Gießen)으로 옮겼다. 이 시기에 두 권으로 된『조직신학에 관한 서신』(*Briefe über die systematische Theologie*, Eisenach, 1770-72)과『교의개념의 계몽과 정정』(*Vorschläge zur Aufklärung und Berichtigung des Lehrbegriffs unserer Kirche*, Riga, 1771)을 저술했다. 1773년에 헤르더와 마찰을 빚었고, 1775년에 세 번째로 교수직을 잃었다. 이때 4부

로 구성된 『최근래의 신 계시』(*Neueste Offenbarungen Gottes in Briefen und Erzählungen*, Riga, 1773-75)를 발표했으며, 이어서 『박애주의적 교육안』(*Philanthropinischer Erziehungsplan, Eichenberg*, Frankfurt am Main, 1776)을 저술한 후 1777년에는 영국에서 머물렀다. 1779년 프로이센 장관 제트리츠(Karl Abraham von Zedlitz)의 허락으로 할레(Halle)에 머물면서 작가, 정통신학자, 그리고 철학부에서 강사로 활동했으나 프리드리히 2세 사망(1786) 이후 프리드리히 빌헬름 2세 치하에서 출판의 자유에 대한 글을 익명으로 기고했다.(anonym, *Ueber Preßfreyheit und deren Gränzen. Zur Beherzigung der Regenten, Censoren und Schriftsteller*, 1. Aufl. anonym, Züllichau 1787. 이 글은 1794년에 새로 출판되었다. Carl Friedrich Bahrdt, *Ueber Preßfreiheit und deren Grenzen. Ein Wort für Regenten und Schriftsteller*, Züllichau, 1794) 그는 뵐러의 종교칙령(1788)이 선포되면서 또다시 모든 직을 잃었다. 바르트는 부인이 추방된 후인 1783년 광명단 설립자 바이스하우프트(Johann Adam Weishaupt, 1748~1830)의 지식을 바탕으로 유사-광명단 비밀조직인 〈22 독일 연합〉(Deutsche Union der XXⅡ)을 결성했다. 1789년에 그는 뵐러의 종교칙령을 조소하는 희곡을 저술했다. 1790년 그는 〈독일 연합〉 사건으로 체포되어 경험한 2년간의 감옥 생활을 네 권의 자전적 회고록(*Eine Geschichte seines Lebens*, Berlin, 1790(Neustadt a. d. Haardt, 1870))과 2부로 구성된 감옥 이야기와 일기(*Geschichte und Tagebuch meines Gefängnisses nebst geheimen Urkunden und Aufschlüssen über Deutsche Union*, Berlin, 1790)로 남겼으며, 국가와 종교의 관계에서 본 섭정과 백성의 권리와 의무에 관한 책을 집필하기도 했다.(*Rechte und Obliegenheiten der Regenten und Untertanen in Beziehung auf Staat und Religion*, Riga, 1792)

88) 볼펜뷔텔(Wolfenbüttel)은 오커(Oker) 강변에 소재한 독일 니더작센(Niedersachsen)주의 가장 큰 지방도시다.

89) 'ihrer[Menschheit]'. A판에는 'ihrer ganzen'.(Vorländer, 앞의 책, p.89)

90) 'konnte'. A판에는 'kann'.(Vorländer, 앞의 책, p.89)

91) "피조물도 멸망의 종살이에서 벗어나, 하느님의 자녀들이 누리는 영광의 자유를 얻을 것입니다."(로마 8, 21).

92) "그분께서 당신의 땅에 오셨지만 그분의 백성은 그분을 맞아들이지 않았다. 그분께서는 당신을 받아들이는 이들, 당신의 이름을 믿는 모든 이에게 하느님의 자녀가 되는 권한을 주셨다."(요한 1, 11~12)

93) "그리스도께서는 우리를 위하여 당신 자신을 내어주시어, 우리를 모든 불의에서 해방하시고 또 깨끗하게 하시며, 선행에 열성을 기울이는 당신 소유의 깨끗한 백성이 되게 하셨습니다."(티토 2, 14)

94) 'Besiegung'.

95) 'immer'. 칸트는 'sich immer'로 썼다.(Vorländer, 앞의 책, p.90)

96) 'Betrug'.

97) 'fausseté'.

98) "너는 베드로이다. 내가 이 반석 위에 내 교회를 세울 터인즉, 저승의 세력도 그것을 이기지 못할 것이다."(마태 16, 18)

99) "그러자 예수님께서 이르셨다. '막지 마라. 내 이름으로 기적을 일으키고 나서, 바로 나를 나쁘게 말할 수 있는 사람은 없다. 우리를 반대하지 않는 이는 우리를 지지하는 사람이다.'"(마르 9, 39~40) "그러자 예수님께서 그에게 이르셨다. '막지 마라. 너희를 반대하지 않는 이는 너희를 지지하는 사람이다.'"(루카 9, 50)

100) 칸트는 이 일반적 주석에 관하여 "기적들에 대하여"라는 표제를 붙였다.(B 63; VI 52 각주 참조)

101) 'Satzungen'.

102) 'Observanzen'.

103) "예수님께서는 그에게 이르셨다. '너희는 표징과 이적을 보지 않으면 믿지 않을 것이다.'"(요한 4, 48)

104) "진실한 예배자들이 영과 진리 안에서 아버지께 예배를 드릴 때가 온다., 지금이 바로 그때다."(요한 4, 23)

105) 'neue Revolution'. 키르히만판에는 '종교'로 되어 있다.(Vorländer, 앞의 책, p.92)

106) 'wahre Religion'.

107) 'in jeder Seele'. A판에는 'in jeder Menschen Seele'(각자의 인간 영혼)로 되어 있다.(Vorländer, 앞의 책, p.93)

108) 'Hülle'. 포장, 외피, 싸개, 베일.

109) 'Alters Wunder'.

110) 'neue Wunder'.

111) 페닝거(Johann Konrad Pfenninger, 1747~92)는 칸트 시대의 스위스 신학자, 교회성가 작사자다. 취리히에서 신학, 철학, 고대어를 공부했다. 1775년에 계몽주의자 라바터(Johann Caspar Lavater)를 친구로 만났으며, 그것에서 지대한 사상적 영향을 받았다. 그는 『진리의 사랑, 지성에 대한 마음의 영향, 성경 공부를 위한 잘못된 방법과 올바른 방법에 관한 다섯 편의 강의』(*Fünf Vorlesungen, von der Liebe der Wahrheit, von dem Einflusse des Herzens in den Verstand, von fehlerhafter und richtiger Methode, die heilige Schrift zu studiren*, Zürich, 1773); 『인간지성에 대한 찬사』(*Appellation an den Menschenverstand*, Hamburg, 1776); 『신약성서에 대한 철학적 강의』(*Philosophische Vorlesungen über das sogenannte Neue Testament*, sechs Bände, Leipzig, 1785-89) 등의 저서를 남겼다.

112) 라바터(Johann Kaspar Lavater, 1741~1801)는 계몽주의 시대의 스위스 취

리히 출신 개혁주의 신학자, 목사, 철학자, 작가다. 1774년 라인 지역 여행에서 괴테(Johann Wolfgang von Goethe)를 비롯한 여러 문인을 알게 되었다. 1786년 브레멘에서 설교자로 활동했으며, 1793년 코펜하겐 여행에서 베른스토르프(Bernstorff) 장관의 초청을 받기도 했다. 그는 프랑스혁명에 대해 비판적인 태도를 취했고, 특히 프랑스 군대의 스위스 점령을 강하게 비난했다. 그는 1799년 5월에 체포되어 바젤로 강제 연행되었다가 6월 10일 훈방되어 취리히로 돌아왔다. 저서로는 『영원성의 조망』(*Aussichten in die Ewigkeit*, 4권, 1768~78), 『성령의 선물에 대한 세 가지 물음』(*Drey Fragen von den Gabendes Heiligen Geistes*, 1769), 『베를린의 모세스 멘델스존에 대한 답변』(*Antwortan den Herrn Moses Mendelssohn zu Berlin*, 1770), 『은밀한 일기, 자기 자신의 관찰자에 대하여』(*Geheimes Tagebuch. Von einem Beobachter Seiner Selbst*, 1771), 『관상학에 대하여』(*Von der Physiognomik*, 1772), 『요나서 설교』(*Predigten über das Buch Jonas*, 1773), 『아브라함과 이삭』(*Abraham und Isaak*, 1776), 『메시아 예수 또는 주님의 미래』(*Jesus Messias, oder Die Zukunft des Herrn*, 1780), 『폰티우스 필라투스 또는 작은 곳의 성경과 큰 곳의 인간』(*Pontius Pilatus. Oder Die Bibelim Kleinen und Der Menschim Grossen*, 1782~85), 『이른바 동물적 자기학(磁氣學)에 대한 역사』(*Etwas Geschichtliches vom sog. thierischen Magnetismus*, 1785), 『기독교 종교강의』(*Christlicher Religionsunterricht für denkende Jünglinge*, 1788), 『인간적인 마음』(*Das Menschliche Herz*, 1798) 등이 있다.

113) A판에는 'da sie doch'가 빠져 있다.(Vorländer, 앞의 책, p.93)

114) 'die alten Wunder'. A판에는 'Wunder'가 빠져 있다.(Vorländer, 앞의 책, p.93)

115) "그분께서 말씀하셨다. '너의 아들, 네가 사랑하는 외아들 이사악을 데리고 모리야 땅으로 가거라. 그곳, 내가 너에게 일러주는 산에서 그를 나에게 번제물로 바쳐라.'"(창세 22, 2)

116) "사탄도 빛의 천사로 위장합니다."(2코린 11, 14)

117) 『지옥의 프로테우스 또는 천의 얼굴을 가진 변신가』(*Der höllische Proteus oder tausendkünstige Versteller*, Nürnberg, 1708[1690, 1695])는 핑크스(Erasmus Finx)라고도 불리는 독일 출신의 석학으로서 작가이자 성가작사자인 프란치스치(Erasmus Francisci 1627~94)의 저작이다.(퀴겔겐(Kügelgen), in Kantstudien I, S. 295; Vorländer, 앞의 책, p.96; 백종현 289, 각주 88)

118) 이 각주는 B판에서 추가한 것이다.(Vorländer, 앞의 책, p.96)

119) 'Gabe'. A판의 "Daß aber die Gabe"가 학술원판에서는 "Daß man durch die Gabe […]"로 수정되었다.

120) 'und'. A판에는 'und man so'로 되어 있다.

121) A판에서는 "werden, durch die Ankündigung […] Wunders aber dasselbe niedergeschlagen wird." 학술원판에서는 "werden, da es hingegen durch die

Ankündigung [⋯] Wunders niedergeschlagen wird." 여기서는 학술원판에 따라 옮겼다.

제3편 악한 원리에 대한 선한 원리의 승리, 그리고 지상의 하느님 나라 건설

1) "그러나 하느님께 감사하게도, 여러분이 전에는 죄의 종이었지만, 이제는 여러분이 전해 받은 표준 가르침에 마음으로부터 순종하게 되었습니다. 여러분은 죄에서 해방되어 의로움의 종이 되었습니다."(로마 6, 17~18)
2) A판에는 'als'(로서)가 빠져 있다.(Vorländer, 앞의 책, p.100)
3) "[⋯] aufgefunden werden könnten"에서 'könnten'이 A판에서는 'können'이다.(Vorländer, 앞의 책, p.100)
4) "[⋯] können, [⋯] einsehen"이 케르바흐(Kehrbach, 앞의 책, p.1879)판에는 "[⋯] hinwirken, ist [⋯] einsehen können"으로 되어 있다.(Vorländer, 앞의 책, p.100)
5) 'ethisches gemeines Wesen'.
6) 'jemals'. B판에는 'jemals'가 빠져 있다.(Vorländer, 앞의 책, p.101)
7) 'juridischer Naturzustand'.
8) 'ethischer Naturzustand'.
9) '(in adjecto) Widerspruch (in adjecto)'.
10) 'die Tugendpflichten'(덕 의무)에서 A판에는 'die'가 빠져 있다.
11) 'wie es'(마치 그것은)가 A판에서는 'wie es auch'(마치 그것은 또한)로 되어 있다.(Vorländer, 앞의 책, p.103)
12) "Befehdung des guten Princips, das in jedem Menschen liegt, durch das Böse"에서 'Böse'가 A판에는 'böse'로 되어 있다.(Vorländer, 앞의 책, p.103)
13) B 128; VI 94.
14) 칸트가 'jenes'라고 쓴 것을 하르텐슈타인이 'jedes'로 고쳤다.(Vorländer, 앞의 책, p.104)
15) 'Werkzeuge des Bösen'.
16) 'ferner'는 B판에서 추가한 것이다.(Vorländer, 앞의 책, p.104)
17) 홉스(Thomas Hobbes, 1588~1679), 『시민론』(De cive, 1642), cap. 1, 12.(Vorländer, 앞의 책, p.104)
18) 'status belli'.
19) 'des Erwerbs oder der Erhaltung derselben'이 A판에는 'ihres Erwerbs oder Erhaltung nach'로 되어 있다.(Vorländer, 앞의 책, p.104)
20) 'sich befleißigen soll'이 A판에는 'sich befleißigt'로 되어 있다.(Vorländer, 앞의 책, p.104)
21) 'das gemeinschafliche Gut'.

22) 'das höchste sittliche Gut'.

23) 'Veranstaltung'. 일반적인 의미는 '행사', '개최', 또는 '흥행'이다. 여기서는 '실연'(實演)으로 번역했는데, 이 행사는 세상 속에 신의 '생각을 드러낸 것' [사역(思繹)]으로서 '실제 연출'을 뜻한다.

24) "우리가 당신들에게 그 이름으로 가르치지 말라고 단단히 지시하지 않았소? 그런데 보시오. 당신들은 온 예루살렘에 당신들의 가르침을 퍼뜨리면서 그 사람의 피에 대한 책임을 우리에게 씌우려 했소." 그러자 베드로와 사도들이 대답했다. "사람에게 순종하는 것보다 하느님께 순종하는 것이 더욱 마땅합니다.(사도 5, 28~29)

25) "우리야 당연히 우리가 저지른 짓에 합당한 벌을 받지만, 이분은 아무런 잘못도 하지 않으셨다."(루카 23, 41)

26) 'ein Volk Gottes'. 하느님의 백성. "여러분은 한때 하느님의 백성이 아니었지만 이제는 그분의 백성입니다. 여러분은 자비를 입지 못한 자들이었지만 이제는 자비를 입은 사람들입니다."(베드 1, 2, 10) 이는 바로 호세아서에서 말하는 것과도 같습니다. "나는 내 백성이 아닌 자들을 '내 백성'이라 부르고 사랑받지 못한 여인을 '사랑받는 여인'이라 부르리라."(로마 9, 25)

27) 3편의 제2부(B 183; VI 124 이하).

28) 앞의 B 113; VI 82 참조. "그리스도께서는 우리를 위하여 당신 자신을 내어주시어, 우리를 모든 불의에서 해방하시고 또 깨끗하게 하시며, 선행에 열성을 기울이는 당신 소유의 백성이 되게 하셨습니다."(티토 2, 14)

29) 'Rotte'. 도당(徒黨), 패거리. "그러자 유다인들이 시기하여 거리의 불량배들을 데려다가 군중을 선동하게 하여 그 도시를 혼란에 빠뜨렸다. 그러면서 야손의 집으로 몰려가 바오로 일행을 백성 앞으로 끌어내리려고 그들을 찾았다."(사도 17, 5) "이츠하르의 아들이고 크핫의 손자이며 레위의 증손인 코라가, 르우벤의 자손들인 엘리압의 아들 다탄과 아비람, 그리고 펠렛의 아들 온과 함께 뻔뻔스럽게 행동했다. 이자들이 이스라엘 자손들 가운데에서 이백오십 명과 함께 모세에게 맞서 일어났다. 이들은 집회에서 뽑힌 공동체의 수장들로서 이름난 사람들이었다. 그들이 모세와 아론에게 몰려와서 말했다. '당신들은 너무하오. 온 공동체가 다 거룩하고, 주님께서 그들 가운데에 계시는데, 어찌하여 당신들은 주님의 회중 위에 군림하려 하오?' 이 말을 듣고 모세는 얼굴을 땅에 대고 엎드렸다."(민수 16, 1~4)

30) 'sinnlichen'. B판에는 'sittlichen'(윤리적)으로 되어 있으나 포어랜더는 명백한 인쇄 오류로 보았다. 그러나 윤리적 본성의 조건에서 인간의 한계를 상정할 수 있을 것이다.

31) "아버지의 나라가 오게 하시며 아버지의 뜻이 하늘에서와 같이 땅에서도 이루어지게 하소서."(마태 6, 10) 예수님께서 그들에게 이르셨다. "너희는 기도할 때 이렇게 하여라. '아버지 아버지의 이름을 거룩히 드러내시며 아버지

의 나라가 오게 하소서. 날마다 저희에게 일용할 양식을 주시고 저희에게 잘 못한 모든 이를 저희도 용서하오니 저희의 죄를 용서하시고 저희를 유혹에 빠지지 않게 하소서.'"(루카 11, 2~4)

32) 'unsichtbare Kirche'. 불가시적 교회. "보이는 것이 아니라 보이지 않는 것을 우리가 바라보기 때문입니다. 보이는 것은 잠시뿐이지만 보이지 않는 것은 영원합니다."(코린 24, 18)

33) 'sichtbare Kirche'.

34) 'unter ihren Oberen, welche'를 칸트와 지금까지 편집자들은 'welche unter ihren Oberen'으로 썼다.(Vorländer, 앞의 책, p.109)

35) "여러분이 전에는 양처럼 길을 잃고 헤매었지만, 이제는 여러분 영혼의 목 자이시며 보호자이신 그분께 돌아왔습니다."(1베드 2, 25)

36) 'Gemeinde'. 이 공동체는 교회를 뜻한다.

37) 'Illuminatismus'. 제1편, B 64; VI 53에 실린 '광명회'를 참조.

38) 'der reine Religionsglaube'.

39) 'übersinnlicher'. 칸트와 이전까지의 판본에서는 'sinnlicher'로 쓰다가 『신 신학잡지』(Das Neuetheologische Journal, Hrsg. von H.E.G.Paulus, Bd. IX, 1797, p.304)에서 처음으로 수정되었다.(Vorländer, 앞의 책, p.111)

40) 'doch wenigstens durch passiven Gehorsam'은 B판에서 추가한 것이다. A판 에는 그것 대신에 'dadurch'로 되어 있다.(Vorländer, 앞의 책, p.111)

41) 'Dienst Gottes'. '신에 대한 봉사'는 궁극적으로 '미사', 즉 예배를 드리는 것 이다.

42) 'ein historischer Glaube'.

43) 'ein reiner Vernunftglaube'.

44) 'selbst'는 B판에서 추가한 것이다.(Vorländer, 앞의 책, p.113)

45) "나에게 '주님, 주님!' 한다고 모두 하늘나라에 들어가는 것이 아니다. 하늘 에 계신 내 아버지의 뜻을 실행하는 이라야 들어간다."(마태 7, 21)

46) 'gar Usurpation höheren Ansehens'가 A판에는 'gar ein usurpiertes Ansehen' 으로 되어 있다.(Vorländer, 앞의 책, p.114)

47) 'die gehörig vorbereiteten Fortschritte'가 A판에는 'die gewöhnlichen vorbereitenden'으로 되어 있으나 A판의 정오표에서 이미 수정했다. (Vorländer, 앞의 책, p.115)

48) 'gottesdienstliche Religion(cultus)'.

49) 'durch Vernunft uns schon'이 A판에는 'der Vernunft und schon'으로 되어 있다.(Vorländer, 앞의 책, p.115)

50) 'für ihm'. A판에는 'ihn'으로 되어 있다.(Vorländer, 앞의 책, p.115)

51) 이는 B판에서 추가한 것이다.(Vorländer, 앞의 책, p.115)

52) 'Kirchenglaube'.

53) 'fordert'(요구하다). 칸트와 지금까지의 판본에는 'fördert'(촉진하다)로 되어 있다.(Vorländer, 앞의 책, p.116)

54) 'Einwürfe'. A판에는 'Zweifel'(의심)로 되어 있다.(Vorländer, 앞의 책, p.116)

55) 'bestimmten'. A판에는 'bestellten'(선임된)으로 되어 있다.(Vorländer, 앞의 책, p.116)

56) 'Vehikeln'. A판에는 단수형인 'Vehikel'로 되어 있다.(Vorländer, 앞의 책, p.117)

57) 칸트의 수고(手稿)와 A판에는 'man'으로 되어 있다.(Vorländer, 앞의 책, p.117)

58) Georgius(Agostino Antonio Giorgi, 1711~97), *Alphabetum Tibetanum*(1762). 이 책은 티베트 선교사를 파송하기 위해 1995년에 영역본으로 재간행되었다. *Alphabetum Tibetanum: The Beginnings of Tibetology in the Western World*, Editiones Voce: Cologne, 1995.

59) 'Tangut-Chadzar'.

60) 'Haeretici, Häretiker'.

61) 'Manichaei, Manichäer'.

62) 'alleinige Rechtgläubigkeit'.

63) 'Orthodoxie'.

64) 'katholische'.

65) 'protestantische'.

66) 'protestantische Katholiken'.

67) 'katholische Protestanten'.

68) 'spätesten'. A판에는 'durch späteste'로 되어 있는데 명백한 오식이다. (Vorländer, 앞의 책, p.119)

69) 'nur'. A판에 따른 것이다. 하르텐슈타인과 키르히만의 B판본에는 'nur oder'라는 오식이 있다.(Vorländer, 앞의 책, p.120)

70) "'네 이웃을 사랑해야 한다. 네 원수는 미워해야 한다'고 이르신 말씀을 너희는 들었다. 그러나 나는 너희에게 말한다. 너희는 원수를 사랑하여라. 그리고 너희를 박해하는 자들을 위하여 기도하여라."(마태 5, 43~44)

71) "사랑하는 여러분, 스스로 복수할 생각을 하지 말고 하느님의 진노에 맡기십시오. 성경에서도 "복수는 내가 할 일, 내가 보복하리라" 하고 주님께서 말씀하십니다."(로마 12, 19) "그들의 발이 비틀거릴 때 복수와 보복은 내가 할 일, 멸망의 날이 가까웠고 그들의 재난이 재빨리 다가온다."(신명 32, 35)

72) B판에서 추가한 것이다.

73) 'nachgerade'. 이는 B판에서 추가한 것이다.(Vorländer, 앞의 책, p.121)

74) 'ebenso'. A판에는 'so'로 되어 있다.(Vorländer, 앞의 책, p.121)

75) 칸트는 네덜란드 출신 동양학자, 지도학자, 언어학자 리일란드(Adriaan

Reeland, 1676~1718)의 저서 『이슬람교에 대한 두 권의 책』(*De religione mohammedanica libri duo*, Utrecht 1705; Utrecht 1717, Ⅱ, § 17)에서 인용했다.(Vorländer, 앞의 책, p.121; 백종현, 앞의 책, p.324, 각주 67) 이 책은 영어판(1712), 독일어판(1716, 1717), 네덜란드어판(1718), 프랑스어판(1721)으로도 나왔다.

76) 칸트는 'ihres Bedas'로 표기했으나 포어랜더는 'ihrer Vedas'로 고쳤다.(Vorländer, 앞의 책, p.121)

77) 제1권 '사제종교의 시가'에 대한 언급(B 3; Ⅵ 19) 참조.

78) "믿음에 실천이 없으면 그러한 믿음은 죽은 것입니다."(야고 2, 17)

79) "성경은 전부 하느님의 영감으로 쓰인 것으로, 가르치고 꾸짖고 바로잡고 의롭게 살도록 교육하는 데에 유익합니다. 그리하여 하느님의 사람이 온갖 선행을 할 능력을 갖춘 유능한 사람이 되게 해줍니다."(2티모 3, 16~17)

80) "그러나 그분 곧 진리의 영께서 오시면 너희를 모든 진리 안으로 이끌어주실 것이다. 그분께서는 스스로 이야기하지 않으시고 들으시는 것만 이야기하시며, 또 앞으로 올 일들을 너희에게 알려주실 것이다."(요한 16, 13)

81) "현인의 가르침은 생명의 샘이라 죽음의 올가미에서 벗어나게 한다."(잠언 13, 14)

82) "너희는 성경에서 영원한 생명을 찾아 얻겠다는 생각으로 성경을 연구한다. 바로 그 성경이 나를 위하여 증언한다."(요한 5, 39)

83) 'dem Volke'. A판에는 'ihm'으로 되어 있다.(Vorländer, 앞의 책, p.123)

84) A판에는 'er'로 되어 있지만, B판에서는 'es'로 고쳤다.(Vorländer, 앞의 책, p.123)

85) 'in sehr alten Zeiten und jetzt todten Sprechen'이 A판에는 'alten, jetzt toten'으로 되어 있다.(Vorländer, 앞의 책, p.123)

86) 'Schriftgelehrsamkeit'. 성서지식.

87) 'diese'가 A판에는 'die'로 되어 있다.(Vorländer, 앞의 책, p.123)

88) A판에는 'aber'(그러나)로 되어 있다.(Vorländer, 앞의 책, p.123)

89) A판에는 'daher der Ausleger [⋯] bedarf doch noch u.s.w'('그러므로 해석가는 [⋯]를 필요로 한다')로 되어 있다.(Vorländer, 앞의 책, p.124)

90) 'an den Gesetzgeber'가 A판에는 'an ihn'으로 되어 있다.(Vorländer, 앞의 책, p.124)

91) 이 부분('weil sie unter seiner Würde ist')은 B판에서 추가한 것이다.(Vorländer, 앞의 책, p.124)

92) "누구나 하느님의 뜻을 실천하려고만 하면, 이 가르침이 하느님에게서 오는 것인지 내가 스스로 말하는 것인지 알게 될 것이다."(요한 7, 17)

93) 'aber'. A판에는 'und'로 되어 있다.(Vorländer, 앞의 책, p.126)

94) 'solches'. A판에는 'solcher'로 되어 있다.(Vorländer, 앞의 책, p.126)

95) 'seligmachender Glaube'.

96) 'Fronglaube, fides mercenaria, servilis'. 맹목적으로 또는 이해타산적으로 봉사하는 노역신앙(奴役信仰)을 말한다.

97) 'Lohnglaube, fides servilis'. 노역 봉사에 대한 보수를 바라는 신앙[報酬信仰]을 말한다.

98) 'freier Glaube, fides ingenua'. 순수하고 진정한 마음에서 우러나오는 신앙[自由信仰]을 말한다.

99) 'guten'. B판에서 추가한 것이다.(Vorländer, 앞의 책, p.127)

100) 'Gutes'. A판에는 'Guten'으로 되어 있다.(Vorländer, 앞의 책, p.128)

101) "worauf will er […] gründen?"은 B판에서 추가한 것이다.(Vorländer, 앞의 책, p.129)

102) 『신 신학잡지』(Das Neuetheologische Journal)에서는 'Requisits'(필수사항)로 추정한다.(Vorländer, 앞의 책, p.130)

103) 'der gute Lebenswandel'.

104) 'Gnadensache'.

105) 'Richtschnur'. 먹줄은 '근본원칙'을 뜻한다.

106) 'der rationale Glaube'.

107) 'Gottmensch'. 신인(神人).

108) 이것은 B판에서 추가한 것이다.(Vorländer, 앞의 책, p.131)

109) 'Verdienst'. A판에는 'Verdienst jetzt'로 되어 있다.(Vorländer, 앞의 책, p.132)

110) '(auch des ungelehrten)'은 B판에서 추가한 것이다.(Vorländer, 앞의 책, p.132)

111) 'an Obrigkeiten'이 A판에는 'an der Obrigkeiten'으로 되어 있다.(Vorländer, 앞의 책, p.133)

112) 'dagegen'은 B판에서 추가한 것이다.(Vorländer, 앞의 책, p.133)

113) "이렇게 하느님께서는 당신이 원하시는 대로 어떤 사람에게는 자비를 베푸시고, 당신이 원하시는 대로 어떤 사람은 완고하게 만드십니다."(로마 9, 18)

114) B판과 학술원판은 'anthropopathisch'(인간정감적)이지만 포어랜더는 'anthropomorphistisch'(신인동형적)로 고쳤다.(Vorländer, 앞의 책, p.134)

115) 'Voherbeschließene'.

116) 'allsehendes Wissen'.

117) 'salto mortale'.

118) 야코비는 이성에 머무는 한 결정론을 회피할 수 없다고 보면서 신앙의 자유를 얻으려면 목숨을 건 모험이 필요하다고 강조했다.(F.H. Jacobi, *Über die Lehre des Spinoza in Briefen an Herrn Moses Mendelssohn*, Bleslau, 1785, pp.32-33) 이에 대해서 칸트는 이성을 떠난 신앙이야말로 인간 운명의 결정론으로 귀착한다고 비판했다.

119) "그러나 아드님께서도 모든 것이 당신께 굴복할 때에는, 당신께 모든 것을 굴복시켜주신 분께 굴복하실 것입니다. 그리하여 하느님께서는 모든 것 안에서 모든 것이 되실 것입니다."(1코린 15, 28)

120) "내가 아이였을 때에는 아이처럼 말하고 아이처럼 생각하고 아이처럼 헤아렸습니다. 그러나 어른이 되어서는 아이 적의 것들을 그만두었습니다." (1코린 13, 11)

121) 'äußeren'. 이는 B판에서 추가한 것이다.(Vorländer, 앞의 책, p.135)

122) 'geschehenden'. 일어나는. B판에는 'geschehenen'(일어난)으로 되어 있다.(Vorländer, 앞의 책, p.135)

123) "그러나 내가 하느님의 영으로 마귀들을 쫓아내는 것이면, 하느님의 나라가 이미 너희에게 와 있는 것이다."(마태 12, 28)

124) 'Hemmumgen' 장애들. 칸트는 'Hemmung'으로 썼으나 지금까지는 로젠크란츠만이 'Hemmungen'으로 고쳤다.(Vorländer, 앞의 책, p.136)

125) 'gottesdienstlicher Pflicht'.

126) 'Satzungen und Observanzen'.

127) 'wahren Aufklärung(einer Gesetzlichkeit, die aus der moralischen Freiheit hervorgeht)'. 'moralischen'은 A판에는 빠져 있다.(Vorländer, 앞의 책, p.136)

128) 'Zwangsmittel'. B판과 학술원판에는 'Zwangsmittels'(강제수단)이지만, A판과 포어랜더판에는 'Zwangsglaubens'(강제신앙)으로 되어 있다.(Vorländer, 앞의 책, p.136)

129) A판에는 'Vernunftreligion gemäß'(이성종교에 부합하는)로 되어 있다. (Vorländer, 앞의 책, p.136)

130) 이 부분은 B판에서 추가한 것이다.(Vorländer, 앞의 책, p.137)

131) 'Tugendgesetz'. 덕의 법칙, '덕률'(德律)을 뜻한다.

132) 'gottesdienstlicher Religionsglaube'.

133) 'moralischer Religionsglaube'.

134) 'Vernunftglaube'.

135) 'Geschichtsglaube'.

136) "칸트의 원고에 있는 'der Satzungen'(종규들의)은(Emil Arnoldt, *Charakteristik von Kants Vorlesung über Metaphysik und möglichst vollständiges Verzeichnis aller von ihm gehaltenen oder auch nur angekündigten Vorlesungen.* Berlin 1909, 405) 인쇄 과정에서 오인하여 누락한 것이므로 복원했다." (Vorländer, 앞의 책, p.138)

137) 'verschiedene Glaubensarten'.

138) 'eine und derselbe Kirche'.

139) 학술원판에는 'übrig bliebe'이지만 A판에는 'bleibt'로 되어 있다.(Vorländer, 앞의 책, p.139)

140) 'daß'가 A판에는 'daß nicht'로 되어 있다. 아마도 오자 또는 오식일 것으로 보인다.(Vorländer 140)

141) 'Untergötter'.

142) 'macht'. A판에는 'machte'(했던)로 적혀 있다.(Vorländer, 앞의 책, p.141)

143) 'Lehrer des Evangelium'.

144) "여러분을 부르신 분께서 거룩하신 것처럼 여러분도 모든 행실에서 거룩한 사람이 되십시오. '내가 거룩하니 너희도 거룩한 사람이 되어야 한다.'고 성경에 기록되어 있기 때문입니다."(1베드 1, 15~16)

145) "[…] nach dem Tode dadurch ausgesetzt wird, daß […]"에서, B판에는 'dadurch'가 빠져 있다.(Vorländer, 앞의 책, p.143)

146) "내가 너희에게 명령한 모든 것을 가르쳐 지키게 하여라. 보라, 내가 세상 끝 날까지 언제나 너희와 함께 있겠다."(마태 28, 20)

147) 칸트가 슈뢰크(Johann Matthias Schröckh, 1733~1808)의 『기독교 교회사』(*Christliche Kirchengeschichte,* 35Bde., Leipzig, 1772~1803)에서 정보를 얻었을 것이라는 주장이 있다.(백종현, 앞의 책, p.354)

148) A판에는 'seiner'이지만, 학술원판에는 'ihrer'로 되어 있다.(Vorländer, 앞의 책, p.144)

149) 'drückten'. 칸트가 'drückte'라고 한 것을 보버민이 'drückten'으로 고쳤다.(Vorländer, 앞의 책, p.145)

150) 'Pfaffentum'.

151) 칸트가 'kraftlos gemacht wurden'이라고 표기한 것을 포어랜더는 'wurde'로 고쳤다.(Vorländer, 앞의 책, p.146)

152) 'tantum religio potuit suadere malorum!' 이는 칸트가 루크레티우스(Titus Lucretius Carus, 기원전 99~기원전 55)의 『사물의 본성에 관하여』(*De rerum natura,* I, 101)에서 인용한 것이다. Vorländer, 앞의 책, p.146)

153) 'das Buch'. A판에는 'das Buch'이지만, 포어랜더에서는 'dies Buch'로 고쳤다.(Vorländer, 앞의 책, p.147)

154) 'daß sie sich nicht getrauen'이 A판에는 'so, daß'로 되어 있다.(Vorländer, 앞의 책, p.149)

155) 'dasjenige, dem innerlich'이 A판에는 'eben, daß dem'으로 되어 있다.(Vorländer, 앞의 책, p.149)

156) 'das Bewußtsein seiner Freiheit'에서 B판에는 'das'가 빠져 있다.(Vorländer, 앞의 책, p.149)

157) 'dieser'가 A판에는 'jener'로 되어 있다.(Vorländer, 앞의 책, p.149)

158) 'Weltbesten'.

159) 'das Reich Gottes auf Erden'.

160) 산상수훈(마태 5~7) 참조.

161) 'eine gänzliche Verzichthuung'에서 칸트의 원고에는 'eine'가 빠져 있다.(Vorländer, 앞의 책, p.150)

162) "기뻐하고 즐거워하여라. 너희가 하늘에서 받을 상이 크다. 사실 너희에 앞서 예언자들도 그렇게 박해를 받았다."(마태 5, 12)

163) "너희는 그들이 맺은 열매를 보고 그들을 알아볼 수 있다. 가시나무에서 어떻게 포도를 거두어들이고, 엉겅퀴에서 어떻게 무화과를 거두어들이겠느냐? 이와 같이 좋은 나무는 모두 좋은 열매를 맺고 나쁜 나무는 나쁜 열매를 맺는다. 좋은 나무가 나쁜 열매를 맺을 수 없고 나쁜 나무가 좋은 열매를 맺을 수 없다. 좋은 열매를 맺지 않는 나무는 모두 잘려 불에 던져진다."(마태 7, 16~19)

164) "마지막으로 파멸되어야 하는 원수는 죽음입니다."(1코린 15, 26)

165) 'Gott sei alles in allemist'; 'Deus omnia in omnibus.'; "그리하여 하느님께서는 모든 것 안에서 모든 것이 되실 것입니다."(1코린 15, 28)

166) 이 마지막 문단은 B판에서 추가한 것이다.(Vorländer, 앞의 책, p.151)

167) 'der Chiliasm'. 천년왕국. 'der Chiliasm[Chiliasmus]'에서 B판에서는 'des'로 고쳤다.(Vorländer, 앞의 책, p.152)

168) 'regnum divinum pactitium'.

169) 'nach der babylonischen'에서 칸트가 'vor'라고 한 것을 포어랜더가 'nach'로 고쳤다.(Vorländer 153) 고대 이스라엘의 유대왕국 사람들은 기원전 597년부터 기원전 538년까지 신바빌로니아에서 포로생활을 했다. 성경은 당시 포로의 수를 '사천육백명'으로 기록했다.(예레 52, 30)

170) 'Zoroaster'.

171) 'Parsis'.

172) 'Destur'. 페르시아어의 의미로는 '도정에서'(aus dem Wege)를 뜻하는 페르시아 사제의 최고위층을 지칭한다.(D. Sanders, *Fremdwörterbuch* I, 257a; Vorländer, 앞의 책, p.153)

173) 'Zendavesta'.

174) 'Zigeuner'. 칸트 시대의 집시 관련 문헌으로는 뤼디거(Johann Christian Christoph Rüdiger, 1751~1822)의 『인도에서 집시의 언어와 유래』(*Von der Sprache und Herkunft der Zigeuner aus Indien*, Leipzig, 1782), 그리고 그렐만(Heinrich Moritz Gottlieb Grellmann, 1756~1804)의 『집시』(초판 *Die Zigeuner. Ein historischer Versuch über die Lebensart und Verfassung, Sitten und Schicksale dieses Volks in Europa, nebst ihrem Ursprunge*, Dessau, Leipzig, 1783; 개정판 *Historischer Versuch über die Zigeuner betreffend die Lebensart und Verfassung, Sitten und Schicksale dieses Volks seit seiner Erscheinung in Europa, und dessen Ursprung*, Johann Christian Dieterich, Göttingen, 1787)가 있다.

175) 'Malabar'. 말라바해안은 인도의 서남해 쪽에 있다.

176) 이 원주는 B판에서 추가한 것이다.(Vorländer, 앞의 책, p.152)

177) 'ein Geheimnis'.

178) A판에는 'innerlich'가 빠져 있다.(Vorländer, 앞의 책, p.154)

179) 'finde'. A판에는 'finden'으로 되어 있다.(Vorländer, 앞의 책, p.154)

180) Isaac Newton(1643~1727).

181) 'omnipraesentia phaenomenon; die göttliche Allgegenwart in der Erscheinung'.

182) 'arcana, Verborgenheiten (arcana) der Natur'.

183) 'Geheimnishaltung, secreta'. 기밀들, 비밀. A판과 학술원판에는 'Geheimhaltung'으로 되어 있다.(Vorländer, 앞의 책, p.155)

184) 'etwa'. A판에는 'etwa'가 빠져 있다.(Vorländer, 앞의 책, p.155)

185) 'nützlich sein möchte'. A판에는 'nützlich'로 되어 있다.(Vorländer, 앞의 책, p.155)

186) B 63; VI 52참조.

187) Gott an sich selbst(seine Natur). 'seine Natur'는 B판에서 추가한 것이다.(Vorländer, 앞의 책, p.156)

188) 'was er für uns als moralische Wesen sei'.

189) 'als eines unveränderlichen, allwissenden, allmächtigen etc. Wesens'.

190) 'der allgemeine wahre Religionsglaube der Glaube an Gott'.

191) 1) als den allmächtigen Schöpfer Himmels und der Erden, d.i. moralisch als heiligen Gesetzgeber, 2) an ihn, den Erhalter des menschlichen Geschlechts, als gütigen Regierer und moralischen Versorger desselben, 3) an ihn, den Verwalter seiner eigenen heiligen Gesetze, d. i. als gerechten Richter.

192) 'wie'. A판에는 'so, wie'로 되어 있다.(Vorländer, 앞의 책, p.157)

193) 'vorgestellt'. A판에는 'vorgestellt wird'로 되어 있다.(Vorländer, 앞의 책, p.157)

194) 'obere Gewalt(pouvoir)'.

195) 'demselben'. A판에는 'in einem einigen'(하나의 통일적인)으로 되어 있다.(Vorländer, 앞의 책, p.157)

196) 'müßte'. A판에는 'mußte'로 되어 있다.(Vorländer, 앞의 책, p.157)

197) 'Ormuzd'.

198) 'Mithra'.

199) 'Ahriman'.

200) 'Phta'.

201) 'Kneph'.

202) 'Neith'.

203) 'Odin'.

204) ‘Freya’.

205) ‘Freyer’.

206) ‘Thor’.

207) 이 주석은 B판에서 추가한 것이다.(Vorländer, 앞의 책, p.158)

208) ‘Anthropomorphismen’.

209) ‘gnädig’. 자비롭고 은혜로우신.

210) ‘in einen anthropomorphistischen Fronglaube’. 노역신앙(勞役信仰).

211) 칸트는 “schon als existirende freie Wesen”으로 표기했으나 포어랜더는 “als schon existirende freie Wesen”으로 고쳤다.(Vorländer, 앞의 책, p.158)

212) ‘Bürgerschaft’. A판에는 ‘Bürgschaft’, 수고본에는 ‘zu Bürgern’으로 되어 있다.(Vorländer, 앞의 책, p.160)

213) ‘diesen Beistand’는 B판에서 추가한 것이다.(Vorländer, 앞의 책, p.161)

214) ‘moralische Lebensgeschichte’.

215) 이 주석은 B판에서 추가한 것이다.(Vorländer, 앞의 책, p.162)

216) ‘aus welchen eine freie Handlung’이 A판에는 ‘aus welchen Ursachen dieses aber’로 되어 있다.(Vorländer, 앞의 책, p.162)

217) 이 주석은 B판에서 추가한 것이다.(Vorländer, 앞의 책, p.162)

218) A판에는 ‘er’로 되어 있다.(Vorländer, 앞의 책, p.162)

219) ‘aber’는 A판에는 없다.(Vorländer, 앞의 책, p.163)

220) ‘Liebe des Gesetzes’.

221) “하느님께서 우리에게 베푸시는 사랑을 우리는 알게 되었고 또 믿게 되었습니다. 하느님은 사랑이십니다. 사랑 안에 머무르는 사람은 하느님 안에 머무르고 하느님께서도 그 사람 안에 머무르십니다.”(1요한 4, 16)

222) ‘Glaubensprinzip’. A판에는 ‘Glaubensgesetz’(신앙법칙)로 되어 있다.(Vorländer, 앞의 책, p.163)

223) ‘ferner’. “ferner in ihm […] Idee, dem von ihm selbst gezeugten und geliebten Urbilde”가 A판에는 “ferner, der in ihm […] Idee der von ihm […] geliebten, dem Urbilde”로 되어 있다.(Vorländer, 앞의 책, p.163)

224) ‘erhaltenden’. 로젠크란츠판에는 ‘enthaltenden’(포괄하는)으로 되어 있다.(Vorländer, 앞의 책, p.163)

225) “내가 아버지에게서 너희에게로 보낼 보호자, 곧 아버지에게서 나오시는 진리의 영이 오시면, 그분께서 나를 증언하실 것이다.”(요한 15, 26)

226) “그러나 그분 곧 진리의 영께서 오시면 너희를 모든 진리 안으로 이끌어주실 것이다. 그분께서는 스스로 이야기하지 않으시고 들으시는 것만 이야기하시며, 또 앞으로 올 일들을 너희에게 알려주실 것이다.”(요한 16, 13)

227) B판에는 ‘über’가 빠져 있다.(Vorländer, 앞의 책, p.164)

228) 고대사회에서 브라보이타(Brabeuta)는 경기재판관이지만, 칸트 시대에는

대학의 토론회에서 의장을 뜻한다.(Vorländer, 앞의 책, p.164)

229) B 221에서 덧붙여진 긴 문장, 즉 "심판은 첫째의 경우에 […] 하나의 동일한 인격에 관하여 판결하는 것이다"는 B판에서 추가한 것이다.(Vorländer, 앞의 책, p.164)

230) "나는 하느님 앞에서, 또 산 이와 죽은 이를 심판하실 그리스도 예수님 앞에서, 그리고 그분의 나타나심과 다스리심을 걸고 그대에게 엄숙히 지시합니다."(2티모 4, 1)

231) 'der bloße Buchstabenglaube'.

제4편: 선한 원리의 지배 아래에서 봉사와 거짓봉사, 또는 종교와 성직제도에 대하여

1) "회개하여라. 하늘나라가 가까이 왔다."(마태 6, 10)

2) '(officium sui generis)'.

3) 'unter ihnen'. A판에는 'diejenigen unter ihnen aber'로 되어 있다.(Vorländer, 앞의 책, p.164)

4) 'statutarische Gesetze'.

5) 원문에는 라틴어 '(Cultus)'가 병기되어 있다.

6) 'cultus spurius'.

7) 'in der That'(실제로)는 B판에서 추가한 것이다.(Vorländer, 앞의 책, p.170)

8) 'mache'. 칸트의 수고본에 따른 것이다. 하지만 인쇄는 'macht로 되어 있다.(Vorländer, 앞의 책, p.170)

9) 'Bekenntnis'. 칸트가 'Bekenntnisses'라고 쓴 것을 하르텐슈타인이 고쳤다.(Vorländer, 앞의 책, p.170)

10) "그러자 베드로와 사도들이 대답했다. '사람에게 순종하는 것보다 하느님께 순종하는 것이 더욱 마땅합니다.'"(사도 5, 29)

11) 'nach der Beschaffenheit'. B판에는 'der'가 빠져 있다.(Vorländer, 앞의 책, p.172)

12) 'sonst'. A판에는 'selbst'로 되어 있다.(Vorländer, 앞의 책, p.173)

13) 'aber'. A판에는 'also'로 되어 있다.(Vorländer, 앞의 책, p.174)

14) 'die Gültigkeit für jedermann(universitas vel omnitudo distributiva)'. A판에는 'universalitas'로 되어 있다.

15) 원문에는 라틴어 '(minitrerium)'이 병기되어 있다.

16) 'Beamten(officiales)'.

17) 'Vereinigung(omnitudo collectiva)'. 『순수이성비판』 A 582, B 610; A 644, B 672.

18) 'sollen'. A판에는 'sollten'으로 되어 있다.(Vorländer, 앞의 책, p.176)

19) 학술원판은 'streitig machen'이지만 A판에는 'streiten'으로 되어 있다. (Vorländer, 앞의 책, p.176)

20) "우리의 추천서는 여러분 자신입니다. 우리 마음에 새겨진 이 추천서는, 모든 사람이 알고 있으며 또 읽을 수 있습니다."(2코린 3, 2)

21) 'könne'. A판에는 'kann'으로 되어 있다.(Vorländer, 앞의 책, p.177)

22) "너희는 좁은 문으로 들어가라. 멸망으로 이끄는 문은 넓고 길도 널찍하여 그리로 들어가는 자들이 많다. 생명으로 이끄는 문은 얼마나 좁고 또 그 길은 얼마나 비좁은지, 그리로 찾아드는 이들이 적다."(마태 7, 13~14)

23) 'Heiligsten'('가장 신성한 것')이 재판에는 '신성한 것'(Heiligen)으로 고쳐졌다. 칸트는 2년 후에 발표한 『영구평화론』에서 "신이 지상에서 가지고 있는 가장 성스러운 일, 즉 인간의 법[권리]를 관리하는 직무"(Ⅷ 353: 『순수이성비판』 11 32)라고 말한다.

24) "너희는 말할 때에 '예' 할 것은 '예' 하고, '아니요' 할 것은 '아니요'라고만 하여라. 그 이상의 것은 악에서 나오는 것이다."(마태 5, 37)

25) 칸트는 그리스도를 '유대 율법의 완성자'로 보았는데, 여기에서 칸트는 예수가 역사적 계시신앙의 차원을 넘어서서 도덕적인 이성신앙의 맥락에서 해석하여 유대교를 새롭게 완성한 것으로 이해했다. 여기에서 '성경 지식'(Schriftgelehrsamkeit)은 성서주석학으로서 '역사적 종교'의 근본 텍스트를 지칭하고, '순수한 이성종교'는 도덕적인 이성신앙을 지칭하는 것으로 볼 수 있다.

26) 'es'는 'das jüdische Gesetz'다. A판에는 'sie'로 되어 있다.(Vorländer, 앞의 책, p.177)

27) "너희는 그들이 맺은 열매를 보고 그들을 알아볼 수 있다. 가시나무에서 어떻게 포도를 거두어들이고, 엉겅퀴에서 어떻게 무화과를 거두어들이겠느냐?"(마태 7, 16)

28) 'hinterlistige Hoffnung'.

29) "나에게 '주님, 주님!' 한다고 모두 하늘나라에 들어가는 것이 아니다. 하늘에 계신 내 아버지의 뜻을 실행하는 이라야 들어간다."(마태 7, 21)

30) "이와 같이 너희의 빛이 사람들 앞을 비추어, 그들이 너희의 착한 행실을 보고 하늘에 계신 너희 아버지를 찬양하게 하여라."(마태 5, 16)

31) "너희는 단식할 때에 위선자들처럼 침통한 표정을 짓지 마라. 그들은 단식한다는 것을 사람들에게 드러내 보이려고 얼굴을 찌푸린다. 내가 진실로 너희에게 말한다. 그들은 자기들이 받을 상을 이미 받았다. 너는 단식할 때 머리에 기름을 바르고 얼굴을 씻어라. 그리하여 네가 단식한다는 것을 사람들에게 드러내 보이지 말고, 숨어 계신 네 아버지께 보여라. 그러면 숨은 일도 보시는 네 아버지께서 너에게 갚아주실 것이다."(마태 6, 16~18)

32) "예수님께서 또 다른 비유를 들어 그들에게 말씀하셨다. '하늘나라는 겨자

씨와 같다. 어떤 사람이 그것을 가져다가 자기 밭에 뿌렸다. 겨자씨는 어떤 씨앗보다도 작지만, 자라면 어떤 풀보다도 커져 나무가 되고 하늘의 새들이 와서 그 가지에 깃들인다.' 예수님께서 또 다른 비유를 그들에게 말씀하셨다. '하늘나라는 누룩과 같다. 어떤 여자가 그것을 가져다가 밀가루 서 말 속에 집어넣었더니, 마침내 온통 부풀어 올랐다.'"(마태 13, 31~33)

33) "예수님께서 그에게 말씀하셨다. '네 마음을 다하고 네 목숨을 다하고 네 정신을 다하여 주 너의 하느님을 사랑해야 한다.' 이것이 가장 크고 첫째가는 계명이다. 둘째도 이와 같다. '네 이웃을 너 자신처럼 사랑해야 한다'는 것이다."(마태 22, 37~39)

34) "누구든지 가진 자는 더 받아 넉넉해지고, 가진 것이 없는 자는 가진 것마저 빼앗길 것이다."(마태 25, 29)

35) 'Belohnung einer künftigen Welt'.

36) "사람들이 나 때문에 너희를 모욕하고 박해하며, 너희를 거슬러 거짓으로 온갖 사악한 말을 하면, 너희는 행복하다! 기뻐하고 즐거워하여라. 너희가 하늘에서 받을 상이 크다. 사실 너희에 앞서 예언자들도 그렇게 박해를 받았다."(마태 5, 11~12)

37) 'Eigennütz'.

38) "그러자 집사는 속으로 말했다. '주인이 내게서 집사 자리를 빼앗으려고 하니 어떻게 하지? 땅을 파자니 힘에 부치고 빌어먹자니 창피한 노릇이다. 옳지, 이렇게 하자. 내가 집사 자리에서 밀려나면 사람들이 나를 저희 집으로 맞아들이게 해야지.' 그래서 그는 주인에게 빚진 사람들을 하나씩 불러 첫 사람에게 물었다. '내 주인에게 얼마를 빚졌소?' 그가 '기름 백 항아리요' 하자, 집사가 그에게 '당신의 빚 문서를 받으시오. 그리고 얼른 앉아 쉰이라고 적으시오' 하고 말했다. 이어서 다른 사람에게 '당신은 얼마를 빚졌소?' 하고 물었다. 그가 '밀 백 섬이오' 하자, 집사가 그에게 '당신의 빚 문서를 받아 여든이라고 적으시오' 하고 말했다. 주인은 그 불의한 집사를 칭찬했다. 그가 영리하게 대처했기 때문이다. 사실 이 세상의 자녀들이 저희끼리 거래하는 데에는 빛의 자녀들보다 영리하다. 내가 너희에게 말한다. '불의한 재물로 친구들을 만들어라. 그래서 재물이 없어질 때에 그들이 너희를 영원한 거처로 맞아들이게 하여라.'"(루카 16, 3~9)

39) "'너희는 내가 굶주렸을 때에 먹을 것을 주었고, 내가 목말랐을 때에 마실 것을 주었으며, 내가 나그네였을 때에 따뜻이 맞아들였다. 또 내가 헐벗었을 때에 입을 것을 주었고, 내가 병들었을 때에 돌보아주었으며, 내가 감옥에 있을 때에 찾아주었다.' 그러면 그 의인들이 이렇게 말할 것이다. '주님, 저희가 언제 주님께서 굶주리신 것을 보고 먹을 것을 드렸고, 목마르신 것을 보고 마실 것을 드렸습니까? 언제 주님께서 나그네 되신 것을 보고 따뜻이 맞아들였고, 헐벗으신 것을 보고 입을 것을 드렸습니까? 언제 주님께서

병드시거나 감옥에 계신 것을 보고 찾아가 뵈었습니까?' 그러면 임금이 대답할 것이다. '내가 진실로 너희에게 말한다. 너희가 내 형제들인 이 가장 작은 이들 가운데 한 사람에게 해준 것이 바로 나에게 해준 것이다.'"(마태 25, 35~40)

40) 'Gelehrten'.

41) 'Glaube(fides sacra)'.

42) 'Offenbarungsglaube(fides statutaria)'.

43) 'fides elicita'. 이는 명증한 상태에 이르도록 '도출해낸 신앙'이란 뜻이다. 본질적으로 자유롭게 해석한 신앙[자유신앙]은 이성적으로 자명하거나 또는 적절한 이론적 논증근거들에서 도출[유래]한 것이어야 한다. 그래서 칸트는 성서학자들이 성경의 모든 내용을 이처럼 자명하게 설명하는 것을 본분으로 삼아야 한다고 주장했다. 지오반니의 케임브리지판(George di Giovanni 1996)은 이를 'elicited faith'(184)로, 팜퀴스트(Palmquist 2016)는 'elicited/ enticed faith'(410, n.12; 413, n.24)로 옮겼다.

44) 'fides imperata'.

45) "또 그 모든 계명과 조문과 함께 율법을 폐지하셨습니다. 그렇게 하여 당신 안에서 두 인간을 하나의 새 인간으로 창조하시어 평화를 이룩하시고, 십자가를 통하여 양쪽을 한 몸 안에서 하느님과 화해시키시어, 그 적개심을 당신 안에서 없애셨습니다."(에페 2, 15~16)

46) 칸트는 기독교의 신앙지식[교학신앙]이 역사적 계시신앙에 바탕을 두고 있어서 본질적으로 자유로운 신앙은 아니지만, 성서신학자들의 노력으로 어느 정도 과학적 이론들을 검토하고 반영했다고 인정한다. 그럼에도 칸트는 역사신앙과 계시신앙에서 신의 명령은 노예적 봉사신앙을 강요할 위험성이 크다고 보아서, 기독교의 교학신앙에서 종교적 사실내용을 이성적으로 이해하고 해석할 여지를 열어두는 것이 필수적이라고 주장했다. 뵐너의 종교 칙령은 이러한 칸트의 주장을 침묵하도록 강제했다.

47) 칸트는 기독교 신앙이 명령신앙과 노예신앙에서 벗어나려면 "항상 적어도 자유롭게 해석한 역사신앙"이라는 사실을 가르쳐야 한다고 보았다. 그래서 계시신앙에서 신적 명령의 요소들은 "자명하게 드러난 역사신앙"("fides historice elicita"(VI 164); "Historically elicited/enticed faith"(Palmquist, 앞의 책, p.413))으로 순화되어야 한다. 파울루스는 "믿음을 통하여 은총으로 구원을" 받은 것은 우리에게서 나온 것이 아니라 "하느님의 선물"이라고 말하면서도, "우리는 선행을 하도록 그리스도 예수님 안에서 창조"되었고, "하느님께서는 우리가 선행을 하며 살아가도록 그 선행을 미리 준비"하셨다고 강조했다.(에페 2, 8~10) 여기에서 믿음, 구원, 은총의 의미지평이 도덕성이라는 것을 확인할 수 있다.

48) 원문에는 라틴어 '(ministrium)'이 병기되어 있다.

49) 원문에는 라틴어 '(imperium)'이 병기되어 있다.

50) 지금까지 이 인용문의 출처가 밝혀지지 않았다고 알려졌지만(예를 들면 Theodor Meyer Greene, Hoyt Hopewell Hudson, *Religion within the Limits of Reason Alone*, New York: Harper & Row, 1960², 153, 그리고 George di Giovanni, *Religion within the Boundaries of Mere Reason*, 1996, 467), 팜퀴스트는 프루하르의 2009년판 칸트 종교론(Werner Pluhar, *Religion within the Bounds of Bare Reason*, Indianapolis: Hackett, 2009, 182)에서 영(Edward Young)의 『원본 저술의 추정』(*Conjectures of an Original Composition: In a Letter to the Author of Sir Charles Grandison*. London, 1759) 30쪽에 있는 삼손 이야기가 그 전거일 것이라고 밝혔다고 소개한다.(Stephen R. Palmquist, *Comprehensive Commentary on Kant's Religion within the Bounds of Bare Reason*, Oxford: John Wiley & Sons, Ltd., 2016, 415, n. 35.) 이것은 필리스타인들이 삼손의 눈을 후벼내어 멀게 하자(판관 16, 21), 삼손은 필리스티아 제후들과 그들의 백성들이 모인 자리에서 신전의 기둥을 무너뜨려 수천 명의 필리스타인을 죽게 하고 그 자신도 함께 죽었다는 이야기다.(판관 16, 23~30)

51) 이 구절은 A판에서 검열되지 않았다.(Vorländer, 앞의 책, p.185)

52) Moses Mendelssohn(1729~86), *Jerusalem oder über religiöse Macht und Judentum*, Berlin, 1783.(Vorländer, 앞의 책, p.185)

53) 이 주석은 B판에서 추가한 것이다.(Vorländer, 앞의 책, p.185)

54) 칸트는 'enthielten'으로 썼으나 학술원판과 1797년의 『신 신학잡지』는 'erhielten'으로 고쳤다.(Vorländer, 앞의 책, p.187)

55) "누가 쓸모없는 신을 빚어 만들고 우상을 부어 만드느냐?"(이사 44, 10)

56) 이것은 B판에서 추가한 것이다.(Vorländer, 앞의 책, p.187)

57) 'dazu'. A판에는 'dazu auch'로 되어 있다.(Vorländer, 앞의 책, p.189)

58) A판에는 "wir nur"로 되어 있다.

59) "vorgestellt werden"에서 칸트는 'werden'을 'werde'라고 썼다.(Vorländer, 앞의 책, p.190)

60) 'Wert an sich'. A판에는 'an sich'가 없다.(Vorländer, 앞의 책, p.190)

61) "그러나 이제는 율법과 상관없이 하느님의 의로움이 나타났습니다. 이는 율법과 예언자들이 증언하는 것입니다."(로마 3, 21) "하느님에게서 오는 의로움을 알지 못한 채 자기의 의로움을 내세우려고 힘을 쓰면서, 하느님의 의로움에 복종하지 않았기 때문입니다."(로마 10, 3)

62) B 105; VI 78 각주 참조.

63) 'in Zahlung'. B판에는 'in'이 빠져 있다.(Vorländer, 앞의 책, p.193)

64) 파에드루스(Phaedrus 기원전 20~기원후 51)는 로마시대의 우화작가이자 시인으로, 노예 신분이었다가 아우구스투스(Augustus)에 의해 풀려났다. 여기서 칸트는 파에드루스의 우화집("Caesar to the Chamberlain," in Book II of the

Fables of Phaedrus)에서 변형하여 인용했는데, "natio gratis anhelans, multa agendo nihil agens"를 바이셰텔은 "ein Volk, das umsonst keucht, das, mit vielem beschäftigt, nichts schafft."(*Schriften zur Ethik und Religionsphilosophie in Immanuel Kant. Werke in zehn Bänden*, Bd. 7, hrsg. von Wilhelm Weischedel, Darmstadt, 1983, p.844)으로 번역했다. Palmquist, 앞의 책, p.432(IV, 172. 17-30에 대한 각주)도 참조.

65) 'Loretto'. 팜퀴스트는 칸트가 성모 마리아 숭배를 위한 순례 장소로서 언급했을 가능성이 있다고 보았다. Palmquist, 앞의 책, p.515; 참조. 이탈리아의 로레토 성가(聖家) 성지는 나자렛에 있던 것을 1291년 천사들이 일리리아(크로아티아)로 옮겼다가 1294년에 다시 로레토로 옮겼다고 전해진다. 교황 요한 바오로 2세는 로레토 성가(聖家)를 "동정 마리아께 봉헌된 가장 중요한 국제적인 기념성당"으로서 여러 세기를 걸쳐 모든 가톨릭 신자에게 "마리아 신심의 진정한 심장부"로 인정받고 있다고 말했고, 교황 요한 23세는 로레토를 첫 사목방문지로 선택했다.(가톨릭신문 2011. 5. 1., 2744호 8면)

66) 'Gebet-Rad'. 티베트의 라마교도가 기도할 때 손에 들고 하는 기도용 염주(Gebetsmühle)를 지칭하는 것으로 보인다. 칸트의 묘사와 관련해서는 P.S. Pallas, 『러시아 여러 지방의 여행』(*Reise durch verchiedene Provinzen des Russischen Reiches*), Leipzig, 1771, 1, 385 이하 참조.(백종현, 앞의 책, p.420)

67) 포어랜더는 1792년 6월 22일자 『일반문헌 지성지』(*Intelligenzblatt der Allgemeinen Literatur-Zeitung*)에 의거해서 "은총의 작용들을 자연(덕)의 작용들과 구별할 수 있고, 더구나 전자[은총의 덕]를 통해서 후자[덕의 작용]를 산출할 수 있다고 장담하는 것은 광신이다"라고 고쳤다. 칸트는 A판과 B판에서 "unterscheiden oder die letzteren"으로 고쳤으나 하르텐슈타인이 1797년에 『신 신학잡지』에서 'ersteren'으로 고쳤다.(Vorländer, 앞의 책, p.195)

68) "바람은 불고 싶은 데로 분다. 너는 그 소리를 들어도 어디에서 와 어디로 가는지 모른다. 영에서 태어난 이도 다 이와 같다."(요한 3, 8)

69) 칸트는 재판 원주에서 '파파'(πάπα)로 표기했고, 대부분 편집자들은 칸트의 표기를 따랐다.(Ernst Cassirer(hrsg), *Immanuel Kants Werke*, Bd, VI(Schriften von 1790-1796), Berlin, Bruno Cassirer, 1923, p.325; 종교B 269 각주; Weischedel 847; Vorländer 197); 학술원판을 편집한 보버민(Wobbermin)은 칸트가 잘못 쓴 것으로 보이는 그리스어 표기를 '파파'(παππα)로 수정했다.(AA-Ⅵ 175). (고대)그리스어에서 '아버지'를 뜻하는 단어는 πατήρ, πατρός(마태 2, 22, 마가 5, 40, 루카 1, 17, 요한 4, 53), ἀββά(마가 14, 36, 로마 8, 15, 갈라 4, 6) 등이다. father(영어), Vater(독일어)는 '파테르'에 속하고, 우리말 '아빠'와 '아버지'는 '압빠'에 속한다. 그래서 칸트가 '아버지'를 뜻하는 그리스어 표기 '파파'는 잘못된 것일 수 있다. 하지만 보버만에 따라

서 WP와 GG는 πάππα로, GH는 'papa'로 고쳤다. 칸트는 재판 원주에서 πάπα(파파)로 표기했는데, 이는 가톨릭 교회의 정신적 아버지인 '교황'을 지칭하기 위해서 그리스어에는 없는 철자(πάπα)를 잘못 썼을 가능성이 높다. 그럼에도 팜퀴스트는 칸트가 이 잘못된 철자법을 의도적으로 사용했을 가능성을 제기하는데, 이는 칸트의 용어 파펜툼(Paffentum)을 '성직자'를 뜻하는 독일어 '파페'(Paffe. 이는 성직자를 경멸하는 용어)와 어원적 연관성을 높이기 위한 것으로 추정할 수 있기 때문이다.(WP 195n) 반면에, GH는 '성직권주의'(clericalism), GG는 '사제제도'(priestdom)라는 좀더 중립적인 의미로 사용할 것을 제안했다. JR은 '사제주의'(priestdom, JR 403-4n)를 주장했고, 그를 따라서 JS는 3장에서 다루고 있는 신에 대한 참된 봉사와 잘못된 봉사를 구분하는 방식으로 성직제도를 비판적으로 발전시켰다. 팜퀴스트는 4장에서 신의 참된 봉사와 거짓된 봉사의 전체적인 구분과 함께, 3장의 성직제도에 대한 비판은 키르케고르의 수많은 후기 저술에서 보여준 기독교에 대한 유사한 비판들에 깊은 영향을 미쳤다고 주장했다.(Palmquist 439, 175 n. 27); [약어표시 참조: WP(Werner Pluhar, 2009), GG(George di Giovanni, 1996), GH(Theodore Meyer Greene and Hoyt Hopewell Hudson, 1960[1934]), JR(John Richardson, 1799), JS(John William Semple, 1838)]

70) 이 주석은 B판에서 추가한 것이다.(Vorländer, 앞의 책, p.197)

71) 'Wogulitzen'. A판에는 모굴리첸(Mogulitzen)으로 되어 있다. 오늘날 이 이름은 보굴리치(Wogulitschi) 또는 보굴렌(Wogulen)으로 표기한다. 보굴족(Voguls)은 (오늘날 통상적으로 만시족[the Mansi]으로 부르는데) 북부 우랄산맥의 시베리아 서부 지역에 거주하는 부족이고, 헝가리어처럼 러시아-우그릭 계통에 속한다. 보굴/만시 전통에 대한 영어 기록은 드물지만, 린트롭(Aado Lintrop)의 "The Mansi: History and Present Day"(http://u4haplogroup. blogspot.com/2009/08/mansi-history-and-present-day.html, 2023.4.30 접속)를 참조할 수 있다. 이 민족 집단을 기독교로 개종시키려는 시도는 칸트 시대 훨씬 전에 시작되었고, 성공하지 못한 것으로 악명 높다.(Palmquist, 441) 위에서 칸트가 사용한 전거는 멜린(Mellin)의 『백과전서 사전』(Encyklop. Wörterbuch I, 114-115)에도 나와 있지 않다.(Vorländer, 앞의 책, p.197) 백종현은 칸트가 J.G. Georgi, 『러시아 제국의 모든 민족과 그 삶의 양식, 종교, 관습, 주거 및 다른 특이성에 대한 기록』(Beschreibung aller Nationen des Rußischen Reiches, ihrer Lebensart, Religion, Gebräuche, Wohnungen und übrigen Merkwürdigkeiten, Leipzig, 1776)을 참조했을 것이라고 추정한다.(백종현, 앞의 책, p.424)

72) 청교도는 일반적으로 16세기와 17세기 동안 유명했던 다양한 개신교 종파를 가리키는데, 그들은 너무 영향력이 있다고 믿었던 영국교회를 가톨릭 교회의 측면에서 정화하려고 했다. 분리주의(Separatist)로 알려진 독립교파

(Independents)는 1610년 존 로빈슨(John Robinson)이 설립한 청교도 단체이다. 그들은 17세기 중엽에 영국에서 가장 영향력이 컸지만, 종교적 박해로 많은 사람이 신세계로 이주했다.(Palmquist, 앞의 책, p.441)

73) 'gegen ihn'. '그[최고 존재자]에 대한'은 A판에 'ihn überhaupt'(그 [최고 존재자] 자체)로 되어 있다.(Vorländer, 앞의 책, p.198)

74) 'der moralische Dienst Gottes(officium liberum)'.

75) 'der Lohndienst(officium mercenarium)'.

76) 'wissen'. A판에는 'wissen können'으로 되어 있다.(Vorländer, 앞의 책, p.199)

77) 'als Mittel'. 1793년 6월 22일자 『일반문학지성지』(*Intelligenzblatt der Allgemeinen Literatur-Zeitung*)에서 이미 고쳤음에도 칸트의 A, B판에는 'als'가 빠져 있다.(Vorländer, 앞의 책, p.199)

78) A판에는 'des Besitzes'가 없다.(Vorländer, 앞의 책, p.199)

79) 칸트가 'erstere'(전자)라고 한 것을 포어랜더는 '물리적 수단'이라고 보충했다.(Vorländer, 앞의 책, p.201)

80) "피조물도 멸망의 종살이에서 해방되어 하느님의 자녀들이 누리는 영광의 자유를 얻을 것입니다."(로마 8, 21)

81) "정녕 내 멍에는 편하고, 내 짐은 가볍다."(마태 11, 30)

82) "이것이 나의 계명이다. 내가 너희를 사랑한 것처럼 너희도 서로 사랑하여라."(요한 15, 12)

83) 'derselben'. 칸트는 'desselben'(주물봉사)이라고 썼으나 보버민(Wobbermin)이 'derselben'(교회)으로 고쳤다.(Vorländer, 앞의 책, p.202)

84) 'Weise nach dem Fleisch'. 육[세속]의 기준으로 본 현자. "형제 여러분, 여러분이 부르심을 받았을 때를 생각해보십시오. 속된 기준으로 보아 지혜로운 이가 많지 않았고 유력한 이도 많지 않았으며 가문이 좋은 사람도 많지 않았습니다."(1코린 1, 26)

85) "그런데 하느님께서는 지혜로운 자들을 부끄럽게 하시려고 이 세상의 어리석은 것을 선택하셨습니다. 그리고 하느님께서는 강한 것을 부끄럽게 하시려고 이 세상의 약한 것을 선택하셨습니다."(1코린 1, 27)

86) "우리의 추천서는 여러분 자신입니다. 우리 마음에 새겨진 이 추천서는, 모든 사람이 알고 있으며 또 읽을 수 있습니다."(2코린 3, 2) B 239; VI 159 참조.

87) 'es'. 칸트는 'er'로, 보버민은 'es'로 썼지만 포어랜더는 'sie'(=die Erkenntnis)로 고쳤다.(Vorländer, 앞의 책, p.205)

88) 'er'[종교신앙]. 포어랜더에 따른다.

89) 'Liebe Gottes'. 신에 대한 사랑. A판에는 'Gottes'가 빠져 있다.(Vorländer, 앞의 책, p.206)

90) 회의주의자 샤롱(Pierre Charron, 1541~1603)이 보르도에서 몽테뉴의 회의주의적 사상을 기독교의 반합리주의와 연결시킨 도덕철학적 체계인 『지혜

론』(*De la essagesse*, Bordeaux, 1601, 1603)에서 다룬 내용이다.(Richard Popkin, *The History of Scepticism from Erasmus to Spinoza*, 1979, 56~57쪽 참조) 경건함 은 하느님에 대한 관계에서 도덕적 확신의 두 가지 결정을 포함하는데, 신 에 대한 두려움은 죄책의 의무와 도덕법에 대한 존경에 대한 확신이지만, 신 의 사랑은 각자의 자유로운 선택과 법에 대한 만족에서 오는 확신이다. 따라 서 두 결정 모두 도덕성 이외에도 그것이 지향하는 최고선의 완성에 필요한 행복을 요구하는데, 이것은 우리의 능력으로 할 수 있는 도덕성을 향한 부 단한 노력과 함께 우리의 힘으로 해결할 수 없는, 이른바 도덕적 삶의 행적 에 비례하는 행복과 조화시킬 수 있는 초감각적 존재의 요청까지를 포함하 고 있다. 칸트가 여기서 인용한 내용은 스토이트린(C.F. Stäudlin)의 『기독교 체계의 비판에 대한 이념』(*Ideen zur Kritik des Systems der christlichen Religion*, Göttingen 1791, 474쪽)에서도 찾아볼 수 있다.(Palmquist, 앞의 책, p.456; 백종 현, 앞의 책, p.435)

91) 'Versöhnungslehre'.

92) 'Der hinduische Glaube'. A판에는 'heidnische'(이교도의)라고 되어 있다. 『예나일반문헌지』(*"Jenaische Allgemeine Literaturzeitung"*) 1793년 6월 22일 자.(Vorländer, 앞의 책, p.208)

93) 'Selbstverachtung'. A판에는 'Kleinmütigkeit'(소심함)로 되어 있다. (Vorländer, 앞의 책, p.208)

94) 'oder der Frömmelei'(또는 위선적 독실주의)는 B판에서 추가한 것이다. (Vorländer, 앞의 책, p.208)

95) 'welche'. 칸트는 'welcher'로 썼으나 포어랜더가 'welche'로 고쳤 다.(Vorländer, 앞의 책, p.208)

96) 원문에는 라틴어 '(bigotterie, devotio spuria)'가 병기되어 있다.

97) 원문에는 라틴어 '(opus operatum)'가 병기되어 있다.

98) 이 주석은 B판에서 추가한 것이다.(Vorländer, 앞의 책, p.209)

99) 'quod dubitas, nefeceris'『서한집』(*Epistolae*), I, 18, 5. 플리니우스(Gaius Plinius Caecilius Secundus, 61~112)는 로마의 문학가, 자연철학자, 행정가로서 역사 학자 타키투스와 친교가 있었으며, 당시 로마제국의 총독으로서 77년에 완 성된 자연사 백과사전인 『박물지』(*Naturalis Historia*)를 편찬한 그의 숙부이 자 양부인 세쿤두스(Gaius Plinius Secundus Major, 23~79. '대플리니우스')와 함께 '소플리니우스'로 불렸다. 다만 팜퀴스트는 『서한집』의 저자를 대플리 니우스(Pliny, 23 - 79 ce)로 잘못 지정했다.(Palmquist, 앞의 책, p.464 각주 116)

100) 'Probabilismus'. 16세기의 개연론[확률론]은 다른 행위가 더 좋을 가능성 이 있더라도 적어도 그 행위가 좋을 수 있는 확률이 있다면 그 행위가 허 용된다는 관점이다. 스페인 출신의 예수회 사제 루이스 몰리나(Luis de Molina, 1535~1600)는 이 입장을 옹호했으나, 얀센주의자들과 블레즈 파스

칸트는 이를 단호히 반대했다. 개연주의[확률주의](n. 12. 119 참조)에 따르면, 개인은 어떤 행동을 취하기 전에 적어도 그것이 옳을 수 있다고 판단할 의무가 있다. 그러나 칸트는 양심이 인간의 논리적 판단에 의한 이해를 필요로 하지 않는다고 주장하여 이러한 입장에 반대한다. 양심은 우리가 제안한 선택의 개념에 "나는 그것을 수행하고 싶다"라고 단언하는 바로 그 행위에서 "잘못되지 않았다"라는 확실성에 대한 인식을 강요하는 '가설'이다. 양심을 행동 지침으로 삼는 경우, 자신이 원하는 것을 옳다고 알고 있는 것으로 제한하게 된다.(Palmquist, 앞의 책, p.464-465)

101) 'die sich selbst richtende moralische Urteilskraft'.

102) 'casus conscientia'. 양심의 결의론(決疑論).

103) 'Dialektik des Gewissens'.

104) A판에는 'vielleicht'(아마도)이고 B판에는 'völlig'(전적으로)다. 하르텐슈타인과 키르히만은 B판에 따랐으나 포어랜더는 다시 'vielleicht'로 고쳤다.(Vorländer, 앞의 책, p.210)

105) 'compellite intrare'. "억지로라도 들어오게 하라." "주인이 다시 종에게 일렀다. '큰길과 울타리 쪽으로 나가 어떻게 해서라도 사람들을 들어오게 하여, 내 집이 가득 차게 하여라.'"(루카 14, 23)

106) "그분께서 말씀하셨다. '너의 아들, 네가 사랑하는 외아들 이사악을 데리고 모리야 땅으로 가거라. 그곳, 내가 너에게 일러주는 산에서 그를 나에게 번제물로 바쳐라.'"(창세 22, 2)

107) A판에는 'fordert, erlaubt oder unrecht'(요구하고 허용하거나 또는 옳지 않은)로 되어 있다. 1793년 6월 22일자 Intelligenzblatt는 'erlaubt'(허용하는) 대신에 'unerlaubt'(허용하지 않은)로 정했다.(Vorländer, 앞의 책, p.211)

108) B 265; VI 173 각주 참조.

109) 'in den Ausdruck'. A판에는 'im'으로 되어 있다.(Vorländer, 앞의 책, p.208)

110) "die den Menschen zur Freiheit schuf." 칸트와 카시러는 'der'로 썼고 포어랜더가 'die'로 고쳤다.(Vorländer, 앞의 책, p.212)

111) 원문에는 라틴어 '(argumentum a tuto)'가 병기되어 있다.

112) "was zwar nicht nötig war, mir aber nur etwa eine Beschwerde"에서 'zwar', 'war', 'aber'는 A판에 없다. 수고본에 나온 문장은 아르놀트 395쪽 참조: "so habe ich bloß überflüssig geglaubt, was nicht nötig war(mir zwar eine Beschwerde [⋯] ist, zugezogen)."(Vorländer, 앞의 책, p.213)

113) 'vereinbare'. 칸트가 'vereinbarte'로 쓴 것을 포어랜더가 고쳤다.(Vorländer, 앞의 책, p.213)

114) 'etwa'. A판에는 'etwa'가 없다.(Vorländer, 앞의 책, p.214)

115) 'Herzenskündiger'. 마음을 통찰하는 자. B 85; VI 67의 각주 참조.

116) "아이 아버지가 곧바로, '저는 믿습니다. 믿음 없는 저를 도와주십시오' 하

고 외쳤다."(마르 9, 24)

117) 'Hadgi, Hadschi'.

118) 이 주석은 B판에서 추가한 것이다.(Vorländer, 앞의 책, p.214)

119) 'Astraea, Astraia'. 아스트래아(그리스어: Ἀστραία.)는 제우스와 정의의 여신 테미스 사이의 딸로, 어머니와 함께 '정의의 여신'으로 알려져 있다.

120) 오비디우스(Ovid: Publius Ovidius Naso, BC 43~AD 17)의 『변신』(*Metamorphoseon libri*), I, 150.(Vorländer, 앞의 책, p.215)

121) 칸트가 B 63; Ⅵ 52 각주에서 '은총의 수단들에 대하여'라고 제목을 붙였다.

122) 'oder'. A판에는 'aber'(그러나)로 되어 있다.(Vorländer, 앞의 책, p.217)

123) 'machen können'. A판에는 'können'이 빠져 있다.(Vorländer, 앞의 책, p.217)

124) 'im Geist und in der Wahrheit'는 B판에서 추가한 것이다.(Vorländer, 앞의 책, p.218) "그런데 진실한 예배자들이 영과 진리 안에서 아버지께 예배를 드리게 될 때가 오고 있으니, 바로 지금입니다."(요한 4, 23)

125) A판에는 'doch'(역시)가 'aber'(그러나)로 되어 있다.(Vorländer, 앞의 책, p.215)

126) 'Selbst'. 하르텐슈타인은 'Sonst'(그렇지 않으면)로 고쳤다.(Immanuel Kant's Schriften zur Philosophie der Religion, Hrsg. von Gustav Hartenstein, Leipzig 1839, p. 289; Vorländer, 앞의 책, p.219)

127) 'das Almosengeben'. 희사(喜捨)는 B판에서 추가되었다.(Vorländer, 앞의 책, p.219)

128) 'objektiven'은 B판에서 추가한 것이다.(Vorländer, 앞의 책, p.220)

129) 'Gnadenmitteln'. A판에는 'von dem an Gnadenmittel'로 되어 있다.(Vorländer, 앞의 책, p.220)

130) "끊임없이 기도하십시오."(1테살 5, 17)

131) "하늘에 계신 저희 아버지. 아버지의 이름을 거룩히 드러내시며 아버지의 나라가 오게 하시며 아버지의 뜻이 하늘에서와 같이 땅에서도 이루어지게 하소서. 오늘 저희에게 일용할 양식을 주시고 저희에게 잘못한 이를 저희도 용서하였듯이 저희 잘못을 용서하시고 저희를 유혹에 빠지지 않게 하시고 저희를 악에서 구하소서." ── 주의 기도문(마태 6, 9~13)

132) "너희 아버지께서는 너희가 청하기도 전에 무엇이 필요한지 알고 계신다."(마태 6, 8)

133) 'er'는 'der Wunsch'(소망)이다. 칸트는 'es'라고 표기했고, 포어랜더가 고쳤다.(AA Ⅵ 195 각주; Vorländer, 앞의 책, p.222)

134) "여러분은 옛 인간을 그 행실과 함께 벗어버리고, 새 인간을 입은 사람입니다."(콜로 3, 9)

135) "너희가 겨자씨 한 알만 한 믿음이라도 있으면, 이 산더러 '여기서 저기로

옮겨가라' 하더라도 그대로 옮겨갈 것이다."(마태 17, 20) "너희가 겨자씨
한 알만 한 믿음이라도 있다면, 이 돌무화과나무더러 '뽑혀서 바다에 심겨
라' 하더라도 그것이 너희에게 복종할 것이다."(루카 17, 6)

136) 칸트가 'sich mit'이라고 한 것을 포어랜더가 'mit'으로 고쳤다.(Vorländer,
　　 앞의 책, p.223)

137) 'Vergegenwärtigung des höchsten Wesens'.

138) 'im gemeinschaftlichen Wunsche des Reiches Gottes'. A판에는 'im'이 'zum'
　　 으로 되어 있다.(Vorländer, 앞의 책, p.223)

139) 'hinreichend'. A판에는 'hinreichend'가 빠져 있다.(Vorländer, 앞의 책, p.224)

140) 'so'. B판에는 'so'가 빠져 있다.(Vorländer, 앞의 책, p.224)

141) David(BC 1107~BC 1037) 다윗.

142) 'der Hand Gottes'는 B판에서 추가한 것이다.(Vorländer, 앞의 책, p.224)

143) "여러분은 사도들과 예언자들의 기초 위에 세워진 건물이고, 그리스도 예
　　 수님께서는 바로 모퉁잇돌이십니다. 그리스도 안에서 전체가 잘 결합된 이
　　 건물이 주님 안에서 거룩한 성전으로 자라납니다."(에페 2, 20~21)

144) 'verrichtet worden'.

145) 'erbaut'.

146) 'gebauet'.

147) "너는 위로 하늘에 있는 것이든, 아래로 땅 위에 있는 것이든, 땅 아래로 물
　　 속에 있는 것이든 그 모습을 본뜬 어떤 신상도 만들어서는 안 된다. 너는
　　 그것들에게 경배하거나, 그것들을 섬기지 못한다."(탈출 20, 4~5) "너에게
　　 는 나 말고 다른 신이 있어서는 안 된다. 너는 위로 하늘에 있는 것이든, 아
　　 래로 땅 위에 있는 것이든, 땅 아래로 물속에 있는 것이든 어떤 형상으로도
　　 신상을 만들어서는 안 된다."(신명 5, 7~8)

148) 'den Satz'는 B판에서 추가한 것이다.(Vorländer, 앞의 책, p.227)

149) 'gebrechlichen'. A판에는 'Gebrechlichkeit der'(나약함)로 되어 있
　　 다.(Vorländer, 앞의 책, p.228)

150) 'Idee einer dreifachen Persönlichkeit'.

151) "나더러 '주님, 주님!' 한다고 모두 하늘 나라에 들어가는 것이 아니다. 하
　　 늘에 계신 내 아버지의 뜻을 실행하는 이라야 들어간다."(마태 7, 21)

152) 'Beobachtung'. 'zur Beobachtung'은 B판에는 빠져 있다.(Vorländer, 앞의 책,
　　 p.228)

153) "너희는 그들이 맺은 열매를 보고 알아볼 수 있다."(마태 7, 16)

찾아보기

1. 이름 찾기

2. 개념 찾기

지은이

임마누엘 칸트

1724년 4월 22일 프로이센(Preußen) 쾨니히스베르크(Königsberg)에서 수공업자의 아들로 태어났다. 1730~32년까지 병원 부설 학교를, 1732~40년까지 오늘날 김나지움(Gymnasium)에 해당하는 콜레기움 프리데리키아눔(Collegium Fridericianum)을 다녔다. 1740년에 쾨니히스베르크대학교에 입학해 주로 철학, 수학, 자연과학을 공부했다. 1746년 대학 수업을 마친 후 10년 가까이 가정교사 생활을 했다.

1749년에 첫 저서 『살아 있는 힘의 참된 측정에 관한 사상』을 출판했다. 1755/56년도 겨울학기부터 사강사(Privatdozent)로 쾨니히스베르크대학교에서 강의를 시작했다. 『자연신학 원칙과 도덕 원칙의 명확성에 관한 연구』(1764)가 1763년 베를린 학술원 현상 공모에서 2등상을 받았다. 1766년 쾨니히스베르크 왕립 도서관의 부사서로 일하게 됨으로써 처음으로 고정 급여를 받는 직책을 얻었다. 1770년 쾨니히스베르크대학교에서 논리학과 형이상학을 담당하는 정교수가 되었고, 교수취임 논문으로 『감성계와 지성계의 형식과 원리』를 발표했다.

그 뒤 『순수이성비판』(1781), 『도덕형이상학 정초』(1785), 『실천이성비판』(1788), 『판단력비판』(1790), 『도덕형이상학』(1797) 등을 출판했다.

1786년 여름학기와 1788년 여름학기에 대학 총장직을 맡았고, 1796년 여름학기까지 강의했다. 1804년 2월 12일 쾨니히스베르크에서 사망했고 2월 28일 대학 교회의 교수 묘지에 안장되었다.

칸트의 생애는 지극히 평범했다. 그의 생애에서 우리 관심을 끌 만한 사건을 굳이 들자면 『이성의 오롯한 한계 안의 종교』(1793) 때문에 검열 당국과 빚은 마찰을 언급할 수 있겠다. 더욱이 중년 이후 칸트는 일과표를 정확히 지키는 지극히 규칙적인 삶을 영위한다. 하지만 단조롭게 보이는 그의 삶은 의도적으로 노력한 결과였다. 그는 자기 삶에 방해가 되는 세인의 주목을 원하지 않았다. 세속적인 명예나 찬사는 그가 바라는 바가 아니었다.

김진 Kim Jin

현재 대구한의대학교 향산교양교육연구소 연구교수, 울산대학교 명예교수로 재직하고 있으며, 울산 옥동에 '희망학 아카이브'를 개소했다. 서강대학교 연구교수, 원광대학교 초빙교수를 역임했다. 주요 연구분야는 근현대 독일철학, 형이상학, 동서비교철학, 종교철학, 로고테라피와 실존심리철학, 정치신학, 희망철학 등이다.

독일 루어대학(Ruhr-Universität Bochum)에서 리하르트 셰플러(Richard Schaeffler, 1926~2019) 교수의 지도 아래 1988년 「칸트의 요청이론」(Kants Postulatenlehre)으로 철학박사 학위를 받았다. 1989년 3월 울산대학교 철학 교수로 부임해 2020년 8월에 은퇴했다. 2020년 울산대학교 K-MOOC '희망의 인문학' 강좌가 선정되어, 지금까지 온라인 강의를 진행하고 있다.

한국칸트학회와 대한철학회 학회장을 지냈고, 대한철학회·새한철학회·한국철학회·철학연구회·범한철학회·동서철학회·한국칸트학회·한국니체학회·한국현대정신분석학회의 종신회원이다.

주요 저서로는 『철학의 현실문제들』(1994), 『새로운 불교해석』(1996 문광부추천도서), 『아펠과 철학의 변형』(1998), 『퓌지스와 존재사유』(2003), 『칸트와 불교』(2000 문광부추천도서, 2004 개정증보판), 『하느님의 길: 초월실재의 인식과 종교대화』(2005), 『처용설화의 해석학』(2007 문광부추천도서), 『한국사회를 움직이는 현대철학자들』(2009 문광부추천도서), 『다석 류영모의 종교사상』(2012), 『콜버그의 도덕발달』(2013 문체부우수학술도서), 『아산연구총서 제4권』(2015, 공저), 『인생교과서 칸트』(2015, 공저), 『칸트와 종교』(2019 세종학술도서), 『하이데거의 정치신학』(2020), 『형이상학』(2020) 등이 있으며, 현재 2017년 한국연구재단 인문사회분야 우수학자 지원과제 '희망철학연구'를 종료하고 출판을 준비하고 있다.

Immanuel Kant

Die Religion innerhalb der Grenzen der bloßen Vernunft

Translated by Kim Jin

Published by Hangilsa Publishing Co., Ltd., Korea, 2023

칸트전집 8

이성의 오롯한 한계 안의 종교

지은이 임마누엘 칸트
옮긴이 김진
펴낸이 김언호

펴낸곳 (주)도서출판 한길사
등록 1976년 12월 24일 제74호
주소 10881 경기도 파주시 광인사길 37
홈페이지 www.hangilsa.co.kr
전자우편 hangilsa@hangilsa.co.kr
전화 031-955-2000~3 **팩스** 031-955-2005

부사장 박관순 **총괄이사** 김서영 **관리이사** 곽명호
영업이사 이경호 **경영이사** 김관영 **편집주간** 백은숙
편집 최현경 박희진 노유연 이한민 박홍민 김영길
관리 이주환 문주상 이희문 원선아 이진아 **마케팅** 정아린
디자인 창포 031-955-2097
CTP 출력·인쇄 영림 **제책** 영림

제1판 제1쇄 2023년 9월 5일

값 38,000원
ISBN 978-89-356-7837-2 94160
ISBN 978-89-356-6781-9 (세트)

• 이 『칸트전집』 번역사업은 2013년부터 2016년까지 정부(교육부)의 재원으로
한국연구재단의 지원을 받아 수행된 연구임.
(NRF-2013S1A5B4A01044377)